荊楚文庫

〔光緒〕黄安縣志（上）

〔清〕陳瑞瀾　陶大夏　修
〔清〕吴言昌　王儀吉　纂

荊楚文庫編纂出版委員會
武漢大學出版社

荊楚文庫

〔光緒〕黄安縣志

GUANGXU HUANG'AN XIANZHI

圖書在版編目(CIP)數據

〔光緒〕黄安縣志.全二册/〔清〕陳瑞瀾,〔清〕陶大夏修;〔清〕吴言昌,〔清〕王儀吉纂.—武漢:武漢大學出版社,2024.9

ISBN 978-7-307-24181-7

Ⅰ.光…

Ⅱ.①陳… ②陶… ③吴… ④王…

Ⅲ.黄安縣—地方志—清代

Ⅳ.K296.34

中國國家版本館 CIP 數據核字(2023)第 237294 號

責任編輯:朱凌雲

整體設計:范漢成　曾顯惠　思　蒙

責任校對:李孟瀟

出版發行:武漢大學出版社(中國·武漢)

地址:武昌珞珈山

電話:(027)87215822　　郵政編碼:430072

録排:武漢恒清圖文菲林輸出工作室

印刷:湖北新華印務有限公司

開本:787mm×1092mm　1/16

印張:52.25　插頁:12

版次:2024 年 9 月第 1 版　2024 年 9 月第 1 次印刷

定價:218.00 元(全二册)

ISBN 978-7-307-24181-7

9 787307 241817

《荆楚文庫·方志編》編纂組

組　　長：劉偉成　陽海清（執行）

副 組 長：劉傑民（執行）　王　濤　謝春枝　郝　敏　嚴繼東　范志毅（執行）

參編人員（以姓氏筆畫爲序）：

王　濤　李云超　宋澤宇　范志毅　郝　敏　柳　巍　馬盛南　陳建勛

夏漢群　梅　琳　陽海清　彭余焕　彭筱潲　楊愛華　雷　静　劉偉成

劉傑民　劉水清　謝春枝　戴　波　嚴繼東

編　　審：周　榮

顧　　問：沈乃文　李國慶　吴　格

出版説明

湖北乃九省通衢，北學南學交會融通之地，文明昌盛，歷代文獻豐厚。守望傳統，編纂荆楚文獻，湖北淵源有自。清同治年間設立官書局，以整理鄉邦文獻爲旨趣。光緒年間張之洞督鄂後，以崇文書局推進典籍集成，湖北鄉賢身體力行之，編纂《湖北文徵》，集元明清三代湖北先哲遺作，收兩千七百餘作者文八千餘篇，洋洋六百萬言。盧氏兄弟輯録湖北先賢之作而成《湖北先正遺書》。至當代，武漢多所大學、圖書館在鄉邦典籍整理方面亦多所用力。爲傳承和弘揚優秀傳統文化，湖北省委、省政府決定編纂大型歷史文獻叢書《荆楚文庫》。

《荆楚文庫》以『搶救、保護、整理、出版』湖北文獻爲宗旨，分三編集藏。

甲、文獻編。收録歷代鄂籍人士著述，長期寓居湖北人士著述，省外人士探究湖北著述。包括傳世文獻、出土文獻和民間文獻。

乙、方志編。收録歷代省志、府縣志等。

丙、研究編。收録今人研究評述荆楚人物、史地、風物的學術著作和工具書及圖册。

文獻編、方志編録籍以一九四九年爲下限。

研究編簡體横排，文獻編繁體横排，方志編影印或點校出版。

《荆楚文庫》編纂出版委員會

二〇一五年十一月

前言

《〔光緒〕黄安縣志》十卷首一卷，清陳瑞瀾、陶大夏修，清吴言昌、王儀吉纂，清光緒八年（一八八二）刻本。牌記鐫『光緒八年重修 黄安縣志 尊經閣藏板』。

陳瑞瀾，字藝亭，清湖南湘鄉人，拔貢，官黄安知縣。陶大夏，字柳泉，河南新野人，同治十年（一八七一）進士，官黄安知縣。吴言昌，邑人，即選訓導。王儀吉，邑人，貢生。

邑志始於明萬曆之《黄安初乘》，清康熙四年（一六六五）、三十六年（一六九七）各有續修。道光二年（一八二二），邑令林縉光又續。其後四十餘年，安邑屢遭兵燹，舊典散佚，鄉團、武備、忠孝、節烈、營建修繕等應增入者尤多。同治七年（一八六八），朱錫綬上任黄安縣令，延請張家俊等續修縣志。次年書稿已成，而朱錫綬即去任。至同治九年（一八七〇），繼任縣令柴鐘嶽方將書稿付梓。光緒七年（一八八一），陳瑞瀾到任，是時黄州重修府志，瑞瀾奉修志之檄，令吴言昌、王儀吉等以同治志爲基礎，搜集採訪十餘年來之損益續入，三閱月而成書。

志分十卷首一卷，共十綱：地理、建置、學校、祀典、賦役、職官、選舉、人物、藝文、雜志，卷首列序、舊序、凡例、姓氏、圖考等，卷終有跋。同治志以道光志爲基礎，其凡例言：『舊志照刊，間有借易處，統以「舊志」劃清。其現舉報各件彙爲「新纂」，舊志與新輯不分者，標明「合纂」。』而光緒志保留同治志所有原有書板，卷首新增是志職員名單，並增入『積儲志』，以小字標注『光緒八年續修』，此外體例完全一致。正文新增内容以『職官』『人物』『藝文』『雜志』爲主。較之道光志，同治、光緒二志改動不多。『圖考』新增新建萃英書院之圖。『建置』一門載入變亂之後重修之砦堡、祠宇等。『學校』一門道光志下僅有附目，同治、光緒二志則遵照新頒制度細分子目，詳細標注。『賦役』俱照《賦役全書》，另道光志成後，有四百餘名邑人聯名呈請經營南糧改折之事，又有嘉慶四年（一七九九）黄安邑令稟免驛站之事，皆有益於後人，是志詳細記録。

『人物』新增『孝婦』『賢淑』『節孝』等子目。『雜志』之『兵事』目詳細記載道光以來戰事。

據《中國地方志聯合目録》，是志有清光緒八年刻本，藏於首都、上海、浙江、湖北、四川等館。本次據湖北省圖書館藏本影印，有字跡不清者，以同館同版藏本相應葉替補。該志存在少許不同藏本筒子葉排列順序不同的現象，版心亦有頁碼錯亂的情況。（彭筱漵）

目録

卷首

卷之一 地理志

卷之二 建置志

卷之七　選舉志

卷之八　人物志

卷终

光緒八年重修

黃安縣志

尊經閣藏板

志猶史也所以紀山川壇則人文物
產風俗民情以備太史輶軒之採
也士大夫登懷遠矚上下古今法
往觀一邑志乘而稽諸於天下得
失治亂之故其所見者大也詩而禮
樂文章之故利弊與草草之原已

黃安縣志　序　一

多殊觀與時遷變有不必故爲
其異不可强爲其同者是則遠近
之難拘後先之不相假守土者不
能辭其責矣黃安邑志創自有
明萊簡耿公九河劉公踵其成我
朝稽古右文超越百代康熙己卯丁

巳道光壬午間一再修之迄同治
己巳袁君庚材續纂編輯綱舉
目張粹然大備已光緒七年辛巳
夏余權篆斯邑越明年郡中
重修府志維時距同治己巳又十
有餘年矣其中斟酌損益因時

黃安縣志　序　二

制宜而忠孝節義之昭垂聲名
文物之煥發可歌可傳者又不知
凡幾夫立今日而溯往事寂寞
空山舊典遺文半渾淪落守
鼓搜抉發雖信今傳後益世與
世既遠人與人俱非考古者所爲

有蒼茫憑弔之感焉至若閱時未久文獻猶存其得諸見之聞之者不難羅列以成書即極之山深林邃之區犬牙錯雜之地亦以搜採之易為功未可任其散佚也茲奉　府檄續訪近年事蹟彙

纂成篇而舊志曾多成書亟應廣刷以供披覽因并是編付厥梨棗俾後來者得所考稽是役也事簡成速閱三月而即竣余於五縣之暇樂綜其成而經緯經營纂脩整訂在事諸君之力也抑余思之黃

安者黃岡麻城黃陂之析壤也錯處三邑毗隣光羅雖稱要隘今其文風蒸蒸日上民俗樸質可喜君子學道小人易使黃安識安其土而顧名思義其以道無窮推而廣之是在乎人吾儕讀書致道當先其大且遠者潛

心天民大人之學博觀當世得失之林世正需才有志竟成安天下裕如也是則區區之私所厚望於都人士者也黃安云乎哉黃安志云乎哉

光緒八年六月朔日知黃安縣事湘鄉陳瑞瀾樵亭謹叙

重修黄安縣志序

古者輶軒采詩以觀風太師陳風而驗化蓋五方異性百里殊俗擇野人游女之謳思誨正文貞淫之感發洵盛衰之考鑒亦輿圖之要覽也泊乎歌詠不作載筆斯肇春秋而降

著作代興
聖朝涵濡至教二百餘年和親康樂户盡可封鑿井畊田民皆順則風俗之盛上媲唐虞自粵捻跳梁戎馬蹂躪版籍未嘗不少零落爲治羣醜掃蕩寰海鏡清食德服疇循轍用矩都

邑相望仍復各得其所於時有忠義奮發節烈昭著者芳蹤不忍令其落漠懿行不可聽其銷沈也須　憲奉通志章程諭邑紳治鄉采訪其亦觀風驗化之遺意歟安邑僻處萬山都邑之盛殊乏修陳物産之菁未堪

誇美懿惟擬之壤之秀靈承
累洽之餘澤廉泉讓水猶有遺風冀希耰鋤尚斟薄俗適上湘　陳甃亭父臺來莅茲土以鴻詞超選之才膺列宿上應之任然編輯筆行將敷藻金坡竹帛垂銘何難揚芬彤管迺

不惜名邑人以會議吾吉周諮詢衆論
以發謀僉曰商榷議以事閲典要責
重訂修一事〻絕無與勸懲一言〻
激無關法戒則志〻為書固無係於
風化也其刻雕藻繢者又或買鬻書
券博引無題譽鶴當筵誇張失實

求其詞簡而事該義嚴而紀備
蓋亦難矣夫惟理熟者義精識超
者斷定鎔以經傳〻旨緯以淵雅〻
才三長克擅史筆也而志亦未嘗不然
縣是協因寅以和衷集衆思而廣益
開三掃徑遥矚名儒良〻迎郊鼓邀

宿學顧辭白屋者宦海蓬飄千青雲
者書城蠹研北海〻樽屢泣南州〻榻
空懸惟吉等近市或卜鄰晏宅面城
或閒賦潘居至室敢擬落臺濫竽忘
嘲南郭謹承　鈞命勉預協修深憲
承譌莫辨狐簡浪操金根〻點竄貽

譏伏獵〻謀書致誚杕踵事未便增華
而拾遺聊為補缺緣前志告竣伊邇
如翻刻而梨棗猶新且跡編緒年無
多因續尾而軸籤綴後兼綜條貫兮
至署〻寅清秉鑑持衡歸　琴堂
〻丙照旋復草創粗成花封改命纂

領三鄉福臨一路者爲　柳泉陶父臺
文章司命使出星垣人物權衡評
高月旦鐫工方付剞劂復加釐訂脫
藁未經詮次悉賴編分　青覽而遴
丹忱再竭董成是役　當事煞費
苦心但書成輒復開卷兢兢望道不

逮者惟是任分楷墨音操土風慚疎
藻斧錄麼適鐸翹企　荃衡時同
事吳君少岩秦君雨岩孟君六陔
熊君吉垣秦君吉雲姪敘亭
光緒八年歲次壬午夏六月邑人王儀吉識

鄂居天下中而黃郡之膝又甲於全
鄂有明嘉靖時析黃岡麻城黃陂
各境創置安邑與河南光山羅山
鄰則又鄂之要隘也
國
朝定鼎閱二百二十有六年戡亂致治
聲教訖四海固不獨安邑一隅日臻上
理而履斯土者即小以證大據近以

例遠知天下之承平久矣邑有志紀自
前歷年既錯雜體裁而不詳迨康
熙乙卯丁巳一冊纂修之道光壬午
復踵輯以續之乃燦然具備焉夫
寰區沿察古今遞嬗山川人物各
毅陳於耳目間其中體例有繁
簡事類有分合就　大清一統志

觀之省與省不同就湖北省志觀之
郡與郡不同就黃州郡志觀之邑
與邑又不同因地制宜補罅隙
有不可挾成見以為之者璜先後遊
鄂垣十載頻預修志事茲復捧檄
來安邑為　司馬嘯雲朱君襄斯盛
舉學植荒蕪何敢言筆削第即

前志之體例事類引伸其間區近
事而隸於後庶展卷亦較相清耳
薰風南至暑影方長山溪宵深乘
篝可達其有采訪所及而未能遍
載者姑從闕疑以俟君子
同治八年六月朔日湖北候補知縣
奉賢袁璜虞樹謹叙

重修黃安縣志序

聖朝稽古右文所以備太史輶軒
採者莫志書若也夫吾人弔古蒼茫
臨風感喟問師儒之董戒每有撫芹
藻而延訪無蹤者考祖父之典型且
有讀家乘而摩挲不置者況志書所
關非淺尤不可不講明而切究耶楚
北自兵燹以後藏書家大半湮滅無

存即各府州縣志書亦半多殘缺余
蓋愁然傷之黃安古江黃地前明析
為縣治先是恭簡耿公創立初乘繼
此承乏斯邑者九河劉公及嶺南林
公續為纂修迄今又多歷年所矣其
一切所當因革損益者又不知凡幾
此皆守土者之責也已巳秋七月蒞
任郏城甫下車披閱邑乘即已若網

在綱有條不紊凡山川人文物產靡不犂然畢舉他如風俗之美惡制度之煩滅亦莫不燦然而大備余不敏不獲贊襄其事猶幸聿覩厥成斯不獨邑乘之光抑亦諸君子之光也爰樂得而為之序

同治八年己巳秋九月下浣知黃安縣事古六胡承組書於雙泉堂

天下皆邑之所積也有一統志而天下之山川風物賅焉有邑志而一邑之山川風物著焉山川風物有今古斯輿志不能無纂修安邑自有明嘉靖時析黃岡麻城黃陂各境創置為縣是恭爾耿公權輿初乘後九河劉公纂之道光壬午嶺南林公鏻文又纂之迄今閱數十寒暑矣烟雲變態劫火空餘舊典遺文淪歸散佚而代有傳聞尤慮採訪難及漢武山高水長致偕羽陵而俱處者歲己巳冬余捧檄來是邑適邑志續修告成經兵燹之後而補輯搜羅燦然

大備由此見
國家聲教誕敷弛者張之畧者詳之薄海
風同之盛蓋罔不視此也至其間人文之
秀蔚節義之昭垂民情之樸華物產
之豐嗇前志所載者不必盡異乎後後
志所載者亦不必盡同乎前披圖而考
觀其所已然思其所由然守土者能勿
兢兢焉然則是書之成豈特為一邑
之良史云乎哉
同治九年歲次庚午正月下浣權
知黃安縣事建平柴鍾嶽撰

重修黃安縣志序

安邑建自前明嘉靖年間初無乘創於恭
簡耿公時榛莽新闢體製粗具美哉始基
之矣閱百二十餘年邑侯九河劉公踵而
脩之視前志加詳然猶略也道光辛巳壬
午年宰斯土者為粵東林公黼文倡議續
脩偕都人士共為釐訂凡山川人物民俗
土風罔不犂然具備迄今又閱四十餘年
矣比歲兵燹其中鄉團武備忠孝節烈營
繕建脩以及奇傑諸士應增入者尤夥前
邑侯文公穆齋諸公蘭谷每擬重纂以邊
警未遑也戊辰春朱君嘯篔權篆以脩志
稟請委辦袁君廉叔吳江名宿也由拔萃
科爲鄂縣令己巳夏奉上台檄來邑督脩

使君家世閥閱工文字日以筆墨自娛尤
以端士習培文教為務與朱公商訂延請
邑紳甚相得故操觚染翰家悉樂於從事
所得諸採訪者偕俊等紀事纂言刪繁就
簡分類編次付諸剞劂氏八閱月而告成
此一役也朱公嘯篔創於前胡公轡如柴
公秀珊踵於後袁使君實相與以成之維

時常同事者明經吳子端委廣文張子雲
錦吳子言昌李子溶孝廉黃子鵠茂才吳
子道昌王子念祖校勘舛訛與三鄉共襄
是舉者詳訂而增輯焉聞見所遺度或不
免繼此而搜羅補輯是所望於來者

同治八年己巳歲嘉平月邑人張家俊識

黃安初乘原序　學使王　圻上海

籍家有言誌猶史也志體經見則自禹貢周職方始
漢以降殆濫觴矣譚者謂常璩之志華陽盛宏之記
荆州格古而辭簡要之言有枝葉先民所不貴也明
興輿圖開拓視古百倍自統志外郡邑載乘在在有
之顧多繁蕪不根所紀山川風俗壤則民數無裨省
方實政乃今覩耿師楚侗公所著黃安初乘則彬彬
乎文獻矣黃故楚疆在春秋為江黃地國初置縣所
屬於黃郡者為州一為縣七而黃安之建則創自肅

廟蓋黃岡麻城黃陂之析壤也時我耿師為侍御力
主其議先是茲土去三邑遼邈寧多萑苻之警逮今
永戢為桑梓利猶懼載乘缺畧無以信今傳後故公
特身任之圻讀公所自叙卷目次第條理血脈貫串
言言關國計切民務蓋意倣禹貢職方而體裁則良
史矣即使常盛二家覩之退避三舍而況繁蕪不根
者乎或謂我師道德功言並垂不朽乃茲總肅百僚
游登八座凡四方要害九土綱維皆所規畫奚限梓
里圻曰不然昔尼父操筆削之權以我魯而準列國

故曰舍魯何適公之黄安獨非孔氏之魯乎公將以
一邑風天下俾有志作述者倣而爲之文如其簡事
如其核義例如其嚴且詳此豈徒以邑乘名哉間又
讀公所志往績謂以有盡觀無盡公之爲心亦遠矣
卷凡二目僅十有三有道者之言信不贅云萬歷歲
次乙酉夏五月撰

黄安初乘原序

鄧應祈内江

丙戌秋余來宰麻城於時會稽余君領黄安令有年
矣麻黄故稱唇齒邑其間民表裏出入壤繡錯舂相
聞也余下車問俗從父老諏旁邑與革利病及長吏

治行卓絶者且慕若將模楷之于是得首聞君聲蓋
嘖嘖誦黄安令者口碑莫盡矣已稍稍從君遊習知
君寛仁明斷揮霍沉密彬彬質有其文焉因益願交
讙君問叩其治邑狀曰行何德政而令頌聲載道也
者則君頋笑不應也無何而出黄安初乘示余余讀
而嘆曰嘻君之治黄安固若斯乎固若斯乎今天下
語吏治難矣無論其斤斤奉三尺不敢破拘攣而操
短長即其傳記所載布在方册物執以彰之語言以
詔之勸戒以維之表儀以範之而且也先後殊軌廢
置異宜上下別等遠近各制大小雜用輕重兩参明
闇并燭寛猛互存若是數者乃欲巨細畢舉詳畧不
遺方圓兼周左右共貫勢不必一責以殊途時不必
同强以合轍自非轉符隨機陰陽提樞安能勝其任
而愉快哉乃今觀君之理黄安也舉凡禮樂文章民
風土行錢穀要害土宜物産沿革變更虛實强弱靡
不炯若觀火歷如辨指修廢舉墜表隱張微易求爲
模因害制利矯枉而直正陂以平變而通之使自從
之張而弛之使自宜之潤色藻繪揮挾擬搦順而引

之以適于道即取初乘一書援前驗後比長絜大毛
舉而悉質之則君之政績斑斑具在何得只令張季
黄次公之徒若班氏所傳循良者卓卓稱上治也又
不寧唯是天下之事有傳則久有徵則信有人則舉
有時則合不可闕也黄安自創建至今幾三十載嚮
者欲舒積者將湮而都御史耿公以理道微言振起
絶學漸被其鄉君蒞兹土復日夕鼓舞濡染品式而
節宣之文獻興矣且是書也創于耿公而成于君無

耿公則載籍寔據而美不傳無君則掌故悉虛而史不信耿公由性命發言故其詞贍其體辨其事核君以經術飾治故其績昭然燦然犂然炳然益與是書相證不爽也則兩者若相待也則是書之所以不朽也萬歷戊子歲仲春撰

重脩初乘原序　　金學曾錢塘

前史叙循良期令家給人足無愁嘆之聲要矣未溯厥本也孔子過郰鄹之墟有感於先王之澤未遠慨然欲進于教深哉其思乎國家鑒古興理建樹百司

以寄海宇又率百里爲邑邑首置令使親附百姓其稍僻遠者往往復開設縣治立官師提衡之慮民之弗義蹈於辟也民之多辟久矣文罔羃縻之幾何其無辟長人者務教化以生其善心耳黃安古黃子封内地錯黃陂黃岡麻城間以去郡絶遠故其自阻法度遁糧差保豪猾藏命作姦多萑苻警至頻三邑調度之不得嘉靖中鄉先生楚侗耿公謂非邑之不可制士民走請于朝下使者議邑之使即其中城郭以爲邑置令長以下官治之公因自爲志命曰黃安初乘其叙經始疆理之規與山川人物風俗文獻官師之紀備矣侍御周君梓其書歸於邑藏史缺不佞叙之益不佞往視楚學嘗嘆黃安風氣之美至于今不能無慨也夫黃安故稱難治一成邑而漓者淳亂者擾風俗厚龎而英賢輩出蔚然巖邑無亦令長承上德意滋養滲漉倡率化道之效耶今去建邑時甫四十年耳剗方樸實風俗日敝向所稱雅馴樸茂者漸滔辟矣窮鄉僻壤有饑寒之虞者懼其迫而走險安從責其善心也然則課農桑足衣食先禮教厚風俗

必躬必親以無忘前事返之淳樸令久安長治而稱上意焉可後哉焉可後哉侍御黃安人不佞鄉所拔士先是礦稅興侍御移書部使者力陳縣無礦且不宜輕動召亂使璫之獨免黃安礦稅以故全楚騷動而邑中晏然法得備以補史乘之闕云萬歷壬寅仲秋撰

重脩初乘原序　　侍御周家棟邑人

環天下皆邑也或因封以續古或剏堞以棘時聯絡山川綱紀身臂夫豈無所繇來哉然抑有開邑而並

得一時名世以爲邑開者乎今父老之言曰以劉莊襄之威重陸中丞輩之經營而遷延築舍竟罔功焉耿恭簡一鳴而建萬世之安邑固有待也夫余謂不有先生則無以宣滯陳謨而壯任事之氣不有先生諸仲則無以披荊萃渙而合三疆之成兩者豈偶然哉然先生寧惟開邑且並一邑之人心開之自先生伯仲蹶起吾里而獨奮然以其身上接姚江絶學之緒元屑輿義非余小子所能窺然余父伯並遊先生之門與先生諸仲左提右挈以闢草萊而一時烏合

嚮集景附猋起者無不釋耒賣劍灑志同心以傾耳先生之訓即今通邑人士不必知先生之學而猶知有所謂先生之學互鄉窮陬不迷善惡之所刺褒孝子順孫悌弟節婦勉強而知爲世所重畏友諍朋論心切劘相與正色斥過而恥爲向諛媕節篤行之士伏嶵岩而持古道者有司欲弋之而不可得此孰非先生之所遺哉乃先生猶脱藁初乘以詔來兹乘言初也即所謂洪荒之羲畫也然余有感於今昔之變矣邑建甫四十年耳民固素鮮蓋藏而猶能力穡鋤已以卒公家之賦頃自礦榷之令一下而金貂大璫一啣王綸而掇山藪者所至必贅括帑算賦公私一空國狗之瘈寧不噬乎此其變變在民貧耳筆耕訟以衡命於國門外者不具論而侈口習儇橫機鬭捷以向爲譺者果盡先民之程也甚則相姤相軋惟力是逞而名義幾爲不足畏此其變變在俗偷民貧則先生所開之邑壞俗偷則先生所開邑之人心壞數十年生聚數十年教訓吾安知所終始乎夫占氣運者謂國家此日似天之有秋冬余以爲颯栗寒凝吾邑

與他邑雖同一氣候而含葆固蒂洩而未盡者總之視他邑稍遲而其零落亦必稍後自非身政教之任者休養生息於下而挽回倡導於上則自今以往益不可保而先生開邑之心孤矣然則作乘者夫豈無憂患乎哉夫豈無憂患乎哉昔余令越時先生以初乘見遺欲壽諸梓余以吏事未遑也今余適拔越而先生歍世已七年所乃爲板之以終先生之志蓋比延陵掛劍之意云萬曆壬寅歲仲夏撰

增脩初乘原序　邑侯蕭　恒　關中

天下大矣自列邑有志而山川之蒼莽人物之班次土風之沿革道里之遼遠以及草木蟲魚之畜殖文章節義之精華靡不悉載黄安雖小亦邑也締造未開界楚豫之壤最號萑苻隆萬間耿恭簡先生爲大司農總度支之數得以耑請建縣割三邑之隅輸三邑之賦不逾年而成兹邑凡城池學社刑獄貢稅之事視他邑不少缺與子言孝與臣言忠至今觀於鄉而斷斷如也余就外傅時慕恭簡先生之爲人如日星之可仰睇如麟鳳之不世出安得親挹餘韻以愜

余懷而

簡命再頒承乏兹土簿書之暇時得與長君公府先輩看竹觀魚名園清賞可謂掇刹林之丹桂擷唐苑之緗桃也濫竽七載善政無聞移守臨邛更逢錯節余自惟叱馭西行有日矣巫山秋雨劍閣猿啼回思疇昔之居諸茶竈筆牀不忘寤寐滄桑勿改日月如駛郎使曳組蘭臺飄纓雲閣不知與安邑之縉紳父老尚得相遇於邂逅否也爰搜倣簏有黄安初乘一書爲恭簡先生撰述出入懷袖指點煙雲以當晤對但慮此書之不壽諸梨棗而浸失其傳幸公府先生紹衣前志欲廣諏而備述之斷碣荒崖有可採者盡付剞劂將勒爲不刊之書以昭金石屬序于余余又何嫌數語爲貂之續而且以見余之繾綣於兹土也康熙四年乙巳歲中和節之後一日撰

黄安縣志自序

邑侯劉承啓　九河

自龍門有八書而後之作史者宗其書蘭臺有十志而後之作史者宗其志夫志者心之所之也孔子不曰志在春秋乎古者列國各有史官以記其事故春

秋爲經中之史則志之所在卽書也諸葛武侯稱王佐才其治蜀不設史官使後世鮮所考據識者猶議其躬校簿書精於細而忽于鉅而况才不逮武侯者哉今之邑猶古列國今之邑志猶古列國之史故志必自縣始而府而省彙爲一統志層累而上乃詳且確所謂滙衆流然後知朝宗之大挹列宿然後知北極之尊尊者職要卑者職詳理勢然爾乙亥冬余謁典銓得安邑固知安爲明嘉靖時割黄岡麻城黄陂三邑之裔疆百數十年來理學名儒比肩接踵人文

物産越鄙猶聞風慕之既蒞任未嘗不亟欲辨形勢之險易明土田之沃瘠稽戶口之登耗核賦稅之贏縮考風俗之澆漓舉其利弊與釐勒成一書永垂不易相其緩急而輕重布之顧以簿書鞅掌未暇問及筆墨事然或晤對賢哲則訪其舊或驅車田間則諏諸野或道逢碑碣則摩其字或惠投編帙則攷其文寤寐圖維冀得一當無如保固疆圉必有其程則辨險易之難也調劑區畫必有其窾則明沃瘠之難也斟酌損益必有其準則核贏縮之難也勸懲旌別必

有其方則考澆漓之難也一旦而欲清弊源抉蠹本移風易俗返樸還澆俾耳目一而心志齊非徵文考獻刊定成規以傳永久斷斷乎不可也考安邑自草昧初開即有耿恭簡公所著初乘一書畧載縣事然已久而多缺繼則從事修葺者廣陵絕響噫亦可慨矣方今

朝廷聲教誕敷化成廣被安雖彈丸小邑乎其農服先疇而士遵舊德者率皆

聖天子湛恩汪濊之所及也使于百數十年之人文物産

利弊興除聽其淪落于荒烟蔓草而無所表見尚可謂之知務也乎爰于丁丑閏春奮勉舉事延黃岡詹陟園名宿主其稿籍屬耿子宗坤鍾子應遜盧子紘慈吳子宏翊詹子士齊分校之矢公矢慎稿戶商確如是者三閱月而余亦藉手告成事焉就中分列十二卷每于卷首畧引其端而結之以論總以明乎志內之所關係者甚重初非泛及也唐韓昌黎與張韶州詩云願借圖經將入界又張籍贈鄭尚書句曰嶺南封管送圖經可知圖經所載自古不容假易及時

而修之豈特備一邑之觀乎況恭簡與八先生倡明理學以後彬彬蔚起代有賢哲文章道義之涵濡忠孝節烈之蘊蓄藉榮史冊允彰不朽苟或實未必至而欲竊其名則公道在天是非在人南董雖不可作乎而三代之直尚未泯故是役也事取其覈而郢書杜撰之必屏也議取其公而納交要譽之必察也諏取其斷而聚訟築室之勿泥也三資者備庶幾乎適觀厥成而無愧也乎若云稽往竢來布在方策遂謂有合于龍門蘭臺之遺意也則非余之所敢居也康

熈三十六年桂月上澣撰

黄安縣志序

詹大衡 黄岡

黄安爲吾郡名區每望天臺僊居五雲摩空紆弟直凌霄漢方三邑未割以前先文憲公同始遷倣邑輒不憚越境跋履濟勝迄今坊額不刋有以也逮二世祖少保公微生三子長中翰綬即先祖次洗馬𦅸居黄陂次廕監㴑居安代遠地隔媿生也晩從未經其地歲丁丑春三月九河劉公光仲先生以世家名宿涖安邑甫朞革故鼎新百廢具舉固已士悅民安旣

修黌序更公廨葺治城垣樓堞更念邑創百餘年綈造伊始畧載初乘迄今又歷年所矣因孜孜以邑乘爲急務從吾友周廣文我席寓書於余屬爲纂裁余謝不敏者再四詎越數日公親自赤壁扁舟渡江枉駕草堂復申前説德容盎溢引人以深公爲余本郡鄰近父母余面不敢辭而中實媿甚稔知九蒼之峻無待于翳薈之翔四濵之深無取于蹄涔之積矧乘猶史也司馬子長家世史官猶不免誤闕止爲子我盧陵五代史壯輿輩尙多摘其譌謬旣慮猶此失彼又恐挂一漏萬聽逹者聞其疾而不聞其舒烏焉成馬掾觚家能無惕息乎公曰否否不然大興利而除弊獎正而斥衺長吏之事也蒐訪舊聞酌通時變斟量參合正其牴牾而刊其謬誤特恐非簿書鞅掌之所得暇及耳嘗聞諸先正曰郡邑之志滿天下求其近可以忝水經遠可以追遷史者止有成都崧江二志成都弭律于升菴崧江喻糜于眉叟安以彈丸小邑介楚豫之交凡疆域山川扼塞要害城郭溝塗田井賦役學校公署仕宦選舉人物隱逸節孝以及

壇祠仙釋方術禽獸草木一邑之禮樂于是乎在文獻于是乎徵名教于是乎彰民情風尙于是乎托夫豈徒遐稽博採資爲潤色而已乎試思先聖何以妥侑而見尊崇之實提封何以錯繡而獲磐石之安等威何以明辨而嚴上下之體經賦有定額何以不煩追呼而足也營籍有常役何以不待鳩集而來也高風亮節逸侶貞媛幽芳久湮未闡者何以悉表揚而無脫漏也薦紳先生貿然辱臨者軒葢時有何以交淡如水相信而不疑也通經學古肄業膠宮者濟濟

彬彬何以環境內拂楮濡毫敲金戛玉而惠教者比肩接踵也凡今之所欲言而不暇及者殊難以更僕數至矣哉何其鴻纖無遺本末畢徹耶余聞之而愈覺慢然矣以公之學行公之才以公之才運公之心已然者且不勝書將然者方未有艾行見薰蒸大化比戶可封革薄從忠還淳返樸匪曰志一邑之盛已也即入膺

內召左右凝丞不過本此治一邑者推而廣之以佐治天下裕如爾余雖獲來是地局局數月同分校耿君資

生鍾君敏來盧君其度吳君慎旃及余從子士齊稽筆以從而撫衷滋愧猶嚌昔也管窺之見曾何裨于高深之萬一哉然躬逢盛典自有不能已於言者故書之康熙三十六年蒲月中澣撰

黃安縣志序

編修張希良 邑人

皇上稽古右文蘭臺石室之英抱槧摛毫日不暇給凡郡國紀載皆得上之太史以備考按而吾邑自造邦之始大司農恭簡耿公著初乘歷百五十年屢欲繼作卒無成書予每從史局目覩縹緗深引以爲恥屬九河劉明府蒞吾邑諮詢一切予首舉邑在萬山中不通舟楫其漕糧久入條鞭恭簡公有力焉惟南糧本折無成畫歲煩詳請尙爲民累自乙丑通籍首陳之大司農相國余公徐崑山繼長民部又陳之忠節葉公今大中丞吳公與督糧馮公先後之楚皆力請焉且言麻梅大冶通山俱艱輓運往時忠烈楊公欲爲通山圖永利遺書當事字字血淚事垂成而寢予悲其志載其書於通志中安邑南糧僅四千石侯能剏非常之原永請改折萬世利也又言邑雖彈丸山原雄

膴土風厚善萃三邑之人文爲一郡會於吳公西山之隱德詹公同文之著作吳公朝陽之高節耿公恭簡之理學耿公叔臺之經濟俱足炳麟千秋而其間孝子節婦義俠隱淪潛而未耀者難更僕數也及今無述後將奚徵矧侯大家績學才擅三長與舉廢墜先此二者而徐及其餘則安人之幸矣侯首肯焉旣下車而刁訟者不敢窺公府萑苻屏跡修廟學課生徒諸所張施頌聲大起又數月則遺予書云改折體大且有待邑志則捐貲從事已邀同麗朋詹公暨邑

紳士刻日編纂矣侯之不托空言而知無不爲風發飈迅如此書成屬予序予維今之令長簿書期會外率贅疣視之曰吾俗吏此其說不然志者一邑之精神眉目也於沿革見古今之形勝焉於疆域見金湯之保乂焉於田賦見民力之艱難焉於蠲賑見惠鮮之得失焉於學校祠祀見時代之興替祈報之是非焉於風俗職官見剛柔之異性寬猛之殊施焉他如選舉以彰教化之盛衰人物以表不朽之樹立而閨範之節烈貫金石藝文之彪炳懸宇宙也酌其盈虛

補其偏弊而政不外是矣謂非長吏事乎且非特此而已今

聖天子疇咨吏治必及學問賢令長固將待徵召入爲侍從者也昔有官毘陵者召對問錫山不知曰郡有名山不知政可知矣假令俗吏自甘房州杜若幾何其不爲天下笑哉如我侯操此以往有餘矣侯所爲志蒐求博而裁斷精忠厚謹嚴深得良吏遺意條然與初乘並垂百五十年曠闕舉之一旦吾儕何幸而際此也若時當大凱方且卧鼓弢弓邊塞積糧俱無所用卽前者第一務言猶於侯有厚望焉時康熙丁丑七夕後五日撰

重修黃安縣志序　郡侯成　善　麗山

邑之有志猶國之有史也自周官職方氏掌天下之圖又有外史掌四方之志此後世郡邑志所由始其間山川人物風俗制度罔不班班可考然有志矣使後無修之者將向之所紀山川人物之屬亦有時而不傳是邑賴有志尤賴嗣輯之有人也昔劉知幾論作史三長學問尙已頣之淹貫之才則聞見不廣無

以盡修之能少論斷之識則搜討未精無以提修之要故必有作全史之才識而後能修一邑之興志修志可輕言與黃安古江黃地前明析爲縣治自恭簡耿公著有初乘迨九河劉邑令纂志以來歷今百有餘年矣舊獻典文久將散佚且志成以後一切應紀之事積年累世竟聽其廢而不修斯亦爲政者之責也嶺南林君徽文宰是邑有年政通人和以簿書之暇爲纂修之舉叅互稽考補後來之缺遺兼訂前志之脫悞不矯異不阿徇自春徂秋九閱月而編成舉

凡山川之靈奇人文之美秀物産之蕃盛以及風俗制度之因革損益燦然大備洵一邑之良史也非才與識之過乎人又豈易盡其能而并提其要哉時道光二年歲次壬午嘉平上浣知黄州府事麗山成善撰幷書

重修縣志序

邑侯林緡光莪池

嘉慶丙子秋九月蒞邾城披閲邑乘僅鈔本多訛誤亟欲修之而未逮也今春邑人士爲之請自維譾劣不能任苐職在有司責無可諉爰偕學博侯玉陽安

國汪蓮儕瀛山長盧鏡亭爌晨夕討論採而輯之以舊志爲宗參以省郡二志分十綱各以其目附焉方邑之未建也縣且無有何有於志自明嘉靖閒秦鉞李大夏諸君子起而爲之倡值耿恭簡公定向仕於朝力爲贊畫始得割三壤以成邑定百廛以居民迄今士食舊德農服先疇熙熙攘攘蔚爲都會且南糧折而民無輓運之勞驛站免而戸鮮差徭之累國家深仁厚澤涵養而休息之者百餘年於兹矣先是耿恭簡公著初乘厥後九河劉前令繼脩之越今百有二十餘載山川猶是城郭猶是而戸口之殷蕃土田之增闢名儒碩彦代有其人治績循聲卓焉稱最或忠孝垂爲盛事或節烈傳爲美談壺範揚彤管之休文筆擅詞林之雅以至善士逸民緇流羽客取其一節可爲世風不亟爲表彰之不幾湮没而無傳哉因即所舉報者博採輿論筆之於書以竢後君子決擇焉若以云史則吾不敢則吾不敏也時道光二年九月分修者教諭侯安國訓導汪瀛優貢盧爌校對者爲生員耿秉鏞盧昺雲吳世楠監生吳盛桂候選

按經余開緡仝校者爲舉人韓致中王俟祜孝廉方正黄日槐署黄陂縣教諭張葆純貢生陳中銑生員王鴻翥鄒聯奎吳業熊吳咸余開先監生秦光鼎熊天軾程士洛也

纂修凡例

一是書汰其浮文務歸簡要康熙三十六年以前藍本舊志缺者補之訛者正之繁者去之以後則博採輿論叅以省郡二志未敢臆爲軒輊於人物尤加謹焉

一圖考縣境縣城學宮縣署以及八景皆仍其舊惟新建考棚增修萃英書院並繪以圖而各詮其畧於後

一古蹟如程鄉社坵龍邱故居先儒講學之墟名賢税駕之所皆邾城勝事槪從其舊至有名墳墓亦隨報載入

一城池以固守衛歷志之明創始之難與踵修之不易其他建置各從其類近來變亂民各築砦堡爲藩蔽已燬祠宇又復重修於舊志外就所採聞一併載入

一學校於黌宮制度儀章殿廡從祀皆遵新頒式敬謹詳註此外有關學校者併附及焉

一祀典悉遵
大清通禮併附以各祠廟以昭建造之廣

一賦役照全書備載惟南糧改折在前志已修之後當日邑人士連名呈請大費經營今粮入條編或利其利而忘其所自爰按全卷節録並聯名之人四百餘一一記載以見其有功於桑梓又嘉慶四年前令陳公禀免驛站皆大有便於民故詳録之

一職官無論實授攝篆悉載之有功德者併爲之傳

一選舉科甲外恩拔優副歲皆以貢士書例貢不由廩增附以及國學皆不書前志所載國學均係考職之員故仍之

一人物未分年代除照前志開載外其餘因舉報有遲速先後之不同不能停筆以待然凡屬前朝與舊志

者文內已爲聲説

一儒林必學養純粹抱負宏深方云無忝然存心立品迥異恒流説禮敦詩有裨後進亦一時之望也故據採入者載之以風儒士

一忠義孝友懿行也今因賊害男女死義者多凡有舉報必爲表揚以見秉性之正足挽頹風

一善善欲長故於忠義孝友之外別立善行凡醕謹樸誠好善樂施之士槪從節取俾後之人勿以善小而不爲於世道或亦有裨也

一閨範中孝貞節烈未奉　旌表例不應列入然既孝奉翁姑抗志氷霜聽其草木同腐可乎故同賢淑備錄之以彰婦德

一藝文首制誥尊王也外此惟有關於本邑者始存之

一祥異惟志建縣後兵事則嘉慶二年教匪竄境頗遭荼毒茲粵匪捻逆滋害尤頻我邑仗義倡團率多遇害詳記之以見義烈之士草野閒大有人也

一程鄉隸於灄源杏花村隸於泰仙是二程夫子方山子應入僑寓而前志不登又何心隱傳見明史前志謂不知何許人或別有所據歟未敢强爲同異也

一舊志照刊間有僭易處統以舊志劃淸其現舉報各件彙爲新纂舊志與新輯不分者標明合纂閱者宜分別觀之

重脩縣志姓氏

鑒定

署湖北按察使司按察使漢黃德道　鄭蘭

黃州府知府　英啟

主脩

署黃安縣知縣　朱錫綬

署黃安縣知縣　胡承組

署黃安縣知縣　柴鍾嶽

委脩邑志湖北即補縣　袁瓚

監脩

加內閣中書銜黃安縣儒學教諭　楊覲光

署黃安縣學訓導　平建章

黃安縣儒學訓導　佘用時

纂脩

舉人前任大冶縣學教諭銜訓導俸滿保陞縣接保卓異加一級　張家俊

歲貢生　吳端委

協脩

歲貢郎選訓導　張雲錦

五品職銜議敘加一級遇缺儘先即選訓導 吳言昌
舉人補用知縣 黃鵠
優生 吳道昌

參校

舉人 彭宗逵
舉人 王承志
候選訓導 李溶
生員 戴貢楠
保六品銜附生 王念祖

分編

歲貢生 江鎮東
歲貢生 熊漢
歲貢生候選訓導 江月華

綜理採訪

候選巿經歷 李翔鳳
保舉五品銜候選從九 張樑才
貢生 吳楚璋
生員 熊汝桂

生員 秦光坦
生員 李雄飛
監生 祝華三

督催捐款

中和司巡檢 李隆發
黃安縣城守 李貞福
黃陂站巡檢 陳濟洪
黃安縣典史 沈嵩祥

刊刻梓人 曹月堂

續修縣志姓氏

鑒定

欽加二品銜湖北分巡漢黃德道監督江漢關兼辦通商事宜 惲彦[illegible]

主修

特授湖北黃州府知府 英啟

署理黃安縣知縣 陳瑞瀾

特授黃安縣知縣 陶大夏

監修

黃安縣儒學教諭 王世清

中書科中書銜黃安縣儒學訓導 方宗堃

纂修

協修

五品職銜議叙加一級遇缺儘先郎選訓導 吳言昌

恩貢生 王儀吉

歲貢生 秦兆霖

督理纂修舉人揀選知縣 熊飛

督理纂修舉人 王學典

優廩生 孟祜謙

署正銜八旗漢教習選拔 秦慶鈞

分校

優貢生 鄒學泗

候選訓導廩貢 黃光祖

生員 黃顯祖

生員 程漸達

貢生 程典鰲

藍翎五品頂戴候選從九 石楚珩

貢生 吳芳烈

六品職銜選用府經歷 何聿修

生員 鄒子康

綜理採訪

生員 黃梅雨

藍翎州同銜 李華秀

中書科中書銜 謝介眉

貢生 張世純

附貢生 秦錦嵐

優廩生 孟立垣

五品藍翎州同銜　黄登瀛
監生　吳寶田

黄安縣志目錄

積儲志 光緒八年續修

倉穀

一城倉貯穀五千七百六十石七斗六升

一南倉貯穀三千一百六十六石七斗四升

一北倉貯穀四千八十八石二斗三升

社穀

塔兜會　松溪會　東岳會

棗林會　方廟會　王德會

從義會　葉油會　老山會

以上各會穀糶稟銷

上庄會　繳北倉清

傅左會　上半繳清　西半穀糶稟銷

雙城會　繳北倉清

大城會　繳城倉清

高橋會　置田九斗逐年完高會公錢糧

卓旺會　除繳南倉外有社田四斗零

其餘各會社穀有無存卷備查

縣境全圖

北抵光山縣
雙城司址
雙山壘汛
天台夜月
黃楊寨
雙山壘
長水會
龍潭會
長山會
高公山
打磨山
笪兒會
割茅會
紫雲寨
柏林會
明月會
遊仙山
陡墩會
縣治
道安會
陡山
養濟院
武廟
大有會
葉油會
石堰幽尋
三角會
沙平會
杏壁朝霞
付左司
東畈會
土墩會
五雲層塔
向山
松溪會
水岩會
方廟會
中和司
卓旺會
卓旺山
紫潭河
張店會
南抵黃岡縣
東抵麻城縣界四十里

黄安縣志

卷首　縣境圖考

界八十里

西抵黄陂縣界四十里

界八十里

青山不童碧澗如帶地勢坱圠林麓黝儵幽圜不以雄麗鬱繆與通都大邑侈勝也而僻介楚徼要自爾成爲奧區者分固麻陂名境而合爲名邑綰束西南三鄉而北據鄭壘登城而湼遠入境而內偕講學以揆文潔寇以奮武益以見山川磅礴之氣蒼萃於茲而重也制邑度地居民之衷爲盡善也圖縣境第一

縣城圖

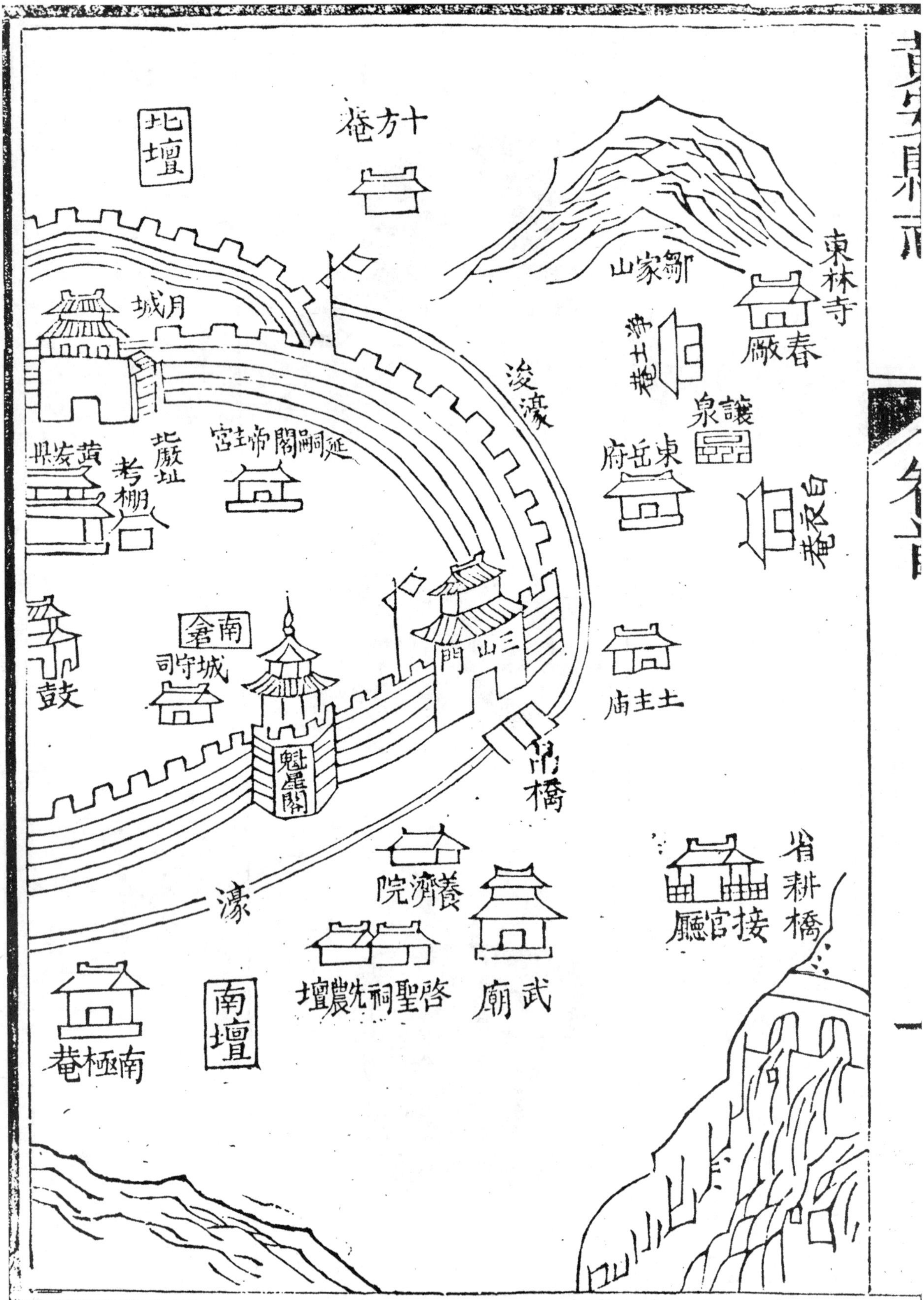
北壇
十方庵
鄒家山
東林寺
月城
春廠
淨土庵
浚濠
讓泉
東岳府
延祠閣帝主宮
黄安縣
考棚
指巖址
白衣庵
南倉
城守司
鼓
三山門
土主廟
魁星閣
陽橋
養濟院
濠
省耕橋
接官廳
武廟
啓聖祠先農壇
南壇
南極庵

黄安縣志

卷首

縣城圖

二

龍神祠
古城
萃英書院
署
火王廟
捕衙
保赤堂
西倉
台
文廟
台
城隍廟
樓
迴瀾門
吊橋
文昌宮
鰲峯亭
載陽門
書院
演武廳
吊橋
社稷壇
教場
引龍岡

方縣之未設也安邑之城猶是他邑之鄉也既立郡必築城於是規形勢之奧藏與山川之拱繞凡文武官廨以逮祠廟之在祀典者備建其中兵燹十年堞垣完整衣冠文物代有偉人知當日之卜吉允臧其經畫已非苟焉者圖郡城第二

學宮圖

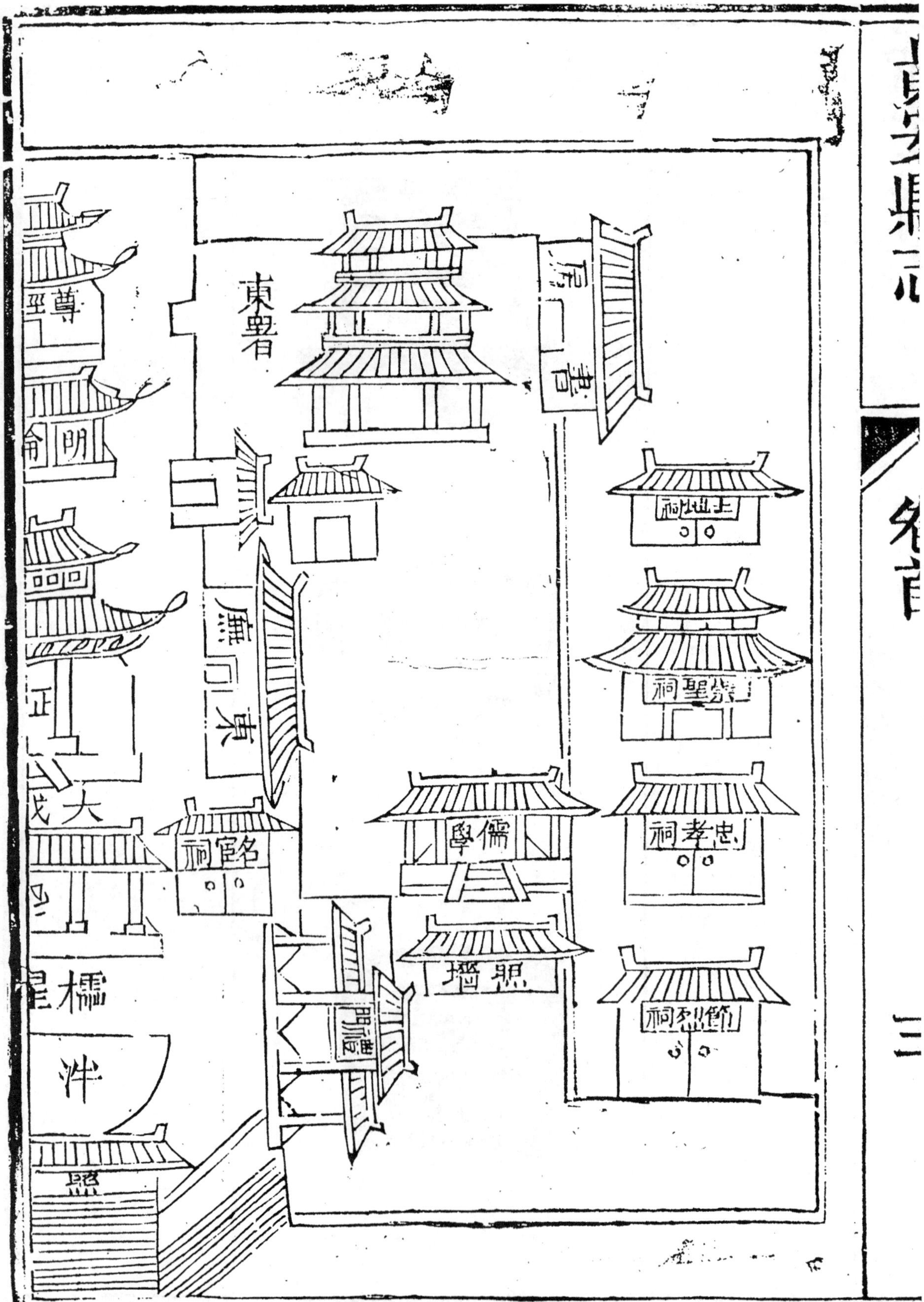
東署
土地祠
崇聖祠
忠孝祠
節烈祠
儒學
照墻
名宦祠
東廡
尊經
明倫
大成
櫺星
泮
照

黄安縣志　卷首　學宮圖考　四

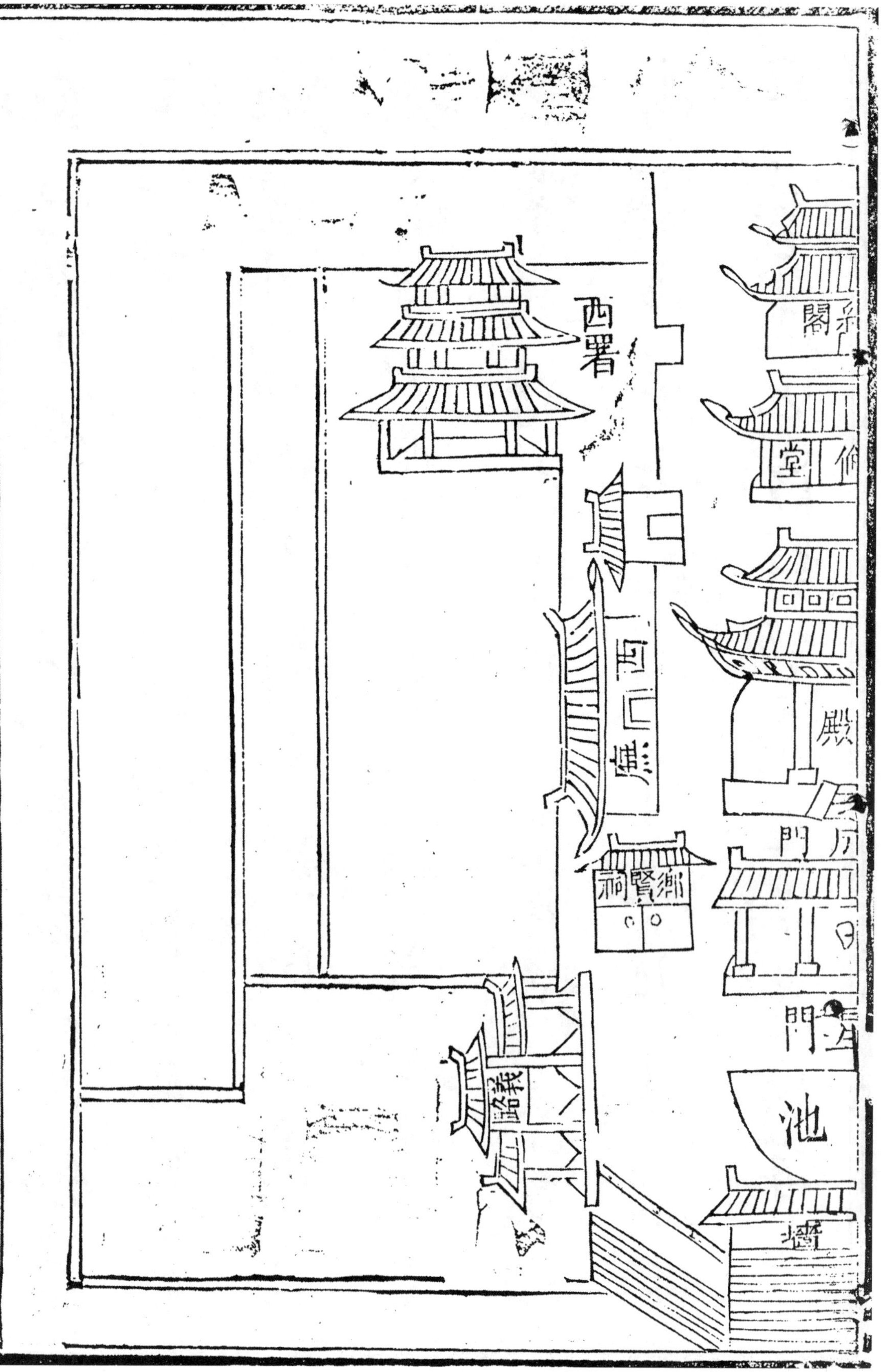

孔子居於魯故後世郡邑立學仿魯之泮宮以祀孔子門曰櫺星殿曰大成薄海靡都國而司鐸之署附其側焉郡城多力學者自前明迄今績文之士噪於時人傑地靈並擅其美地當城西南古柏離奇池水清冽徹底風乍至遠近聞絃誦聲云圖學宮第二

縣署圖

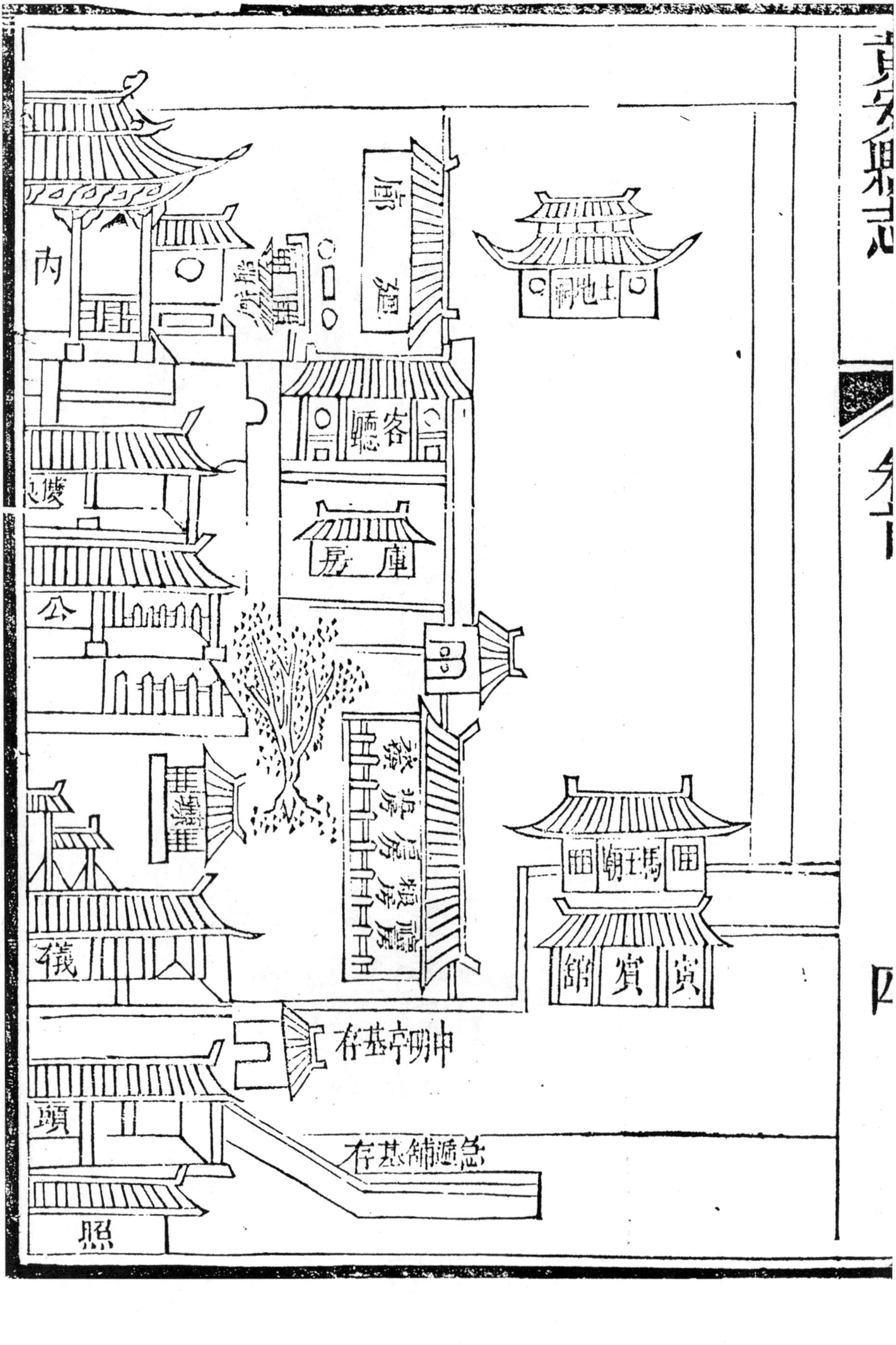
土地祠
客廳
庫房
刑房
承發房
馬王廟
賓館
中明亭基存
急遞舖基存
內
樓
公
儀
頭
照

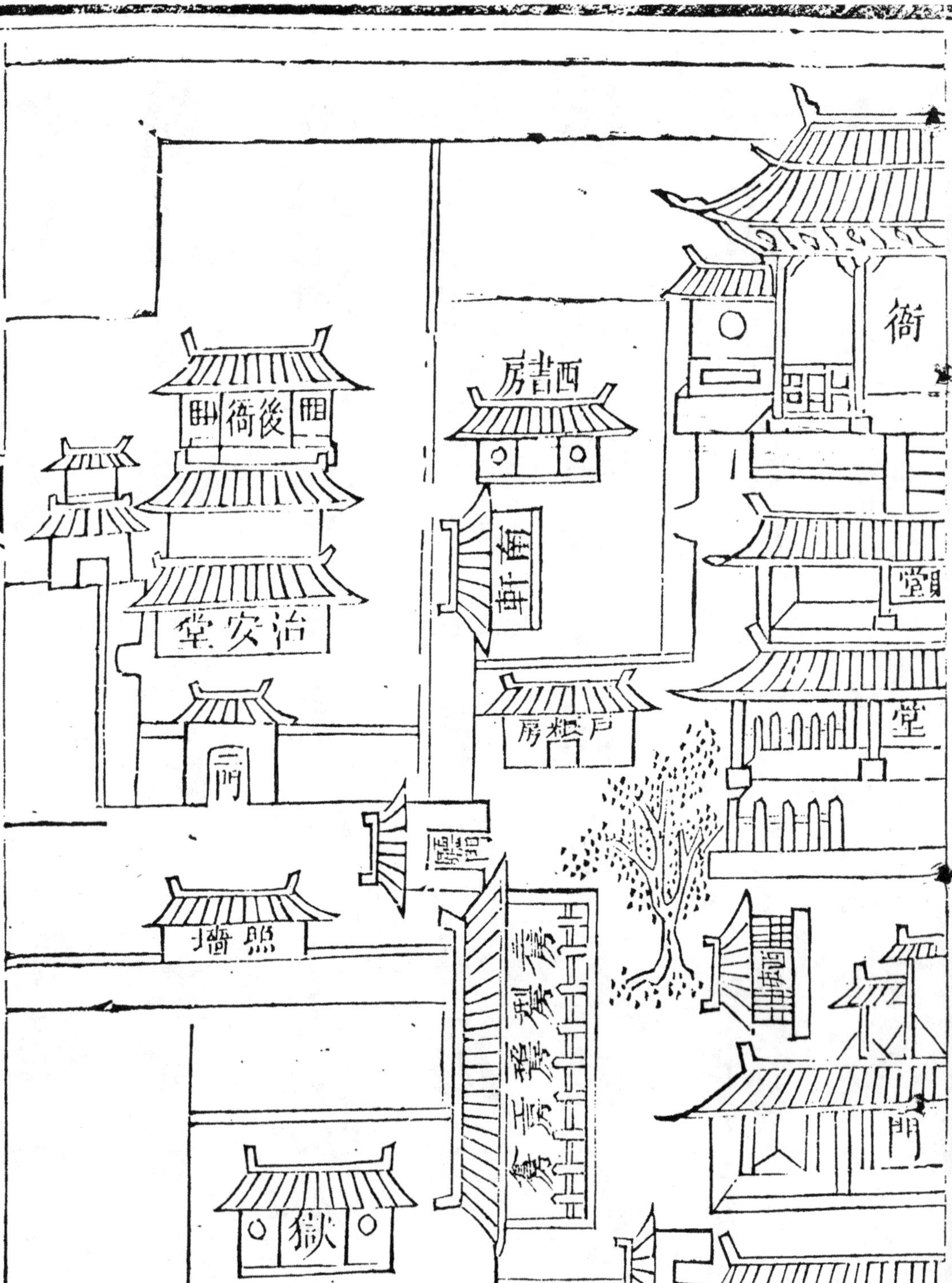

衙
後衙
西書房
南軒
治安堂
戶糧房
照墻
獄
堂
門
墻

古之以諸侯有庫門有雉門有治朝路寢議以長民者不可不嚮明而治以布化於百里間今之縣令類是已城居以寄此中官廨又居城之中無異也無所石無奇花異卉之植於庭非徽遊觀也民風樸厚不飾以華麗導其侈也圖所署第四

官閣雙泉

黄安縣志

卷首

八景圖考

六

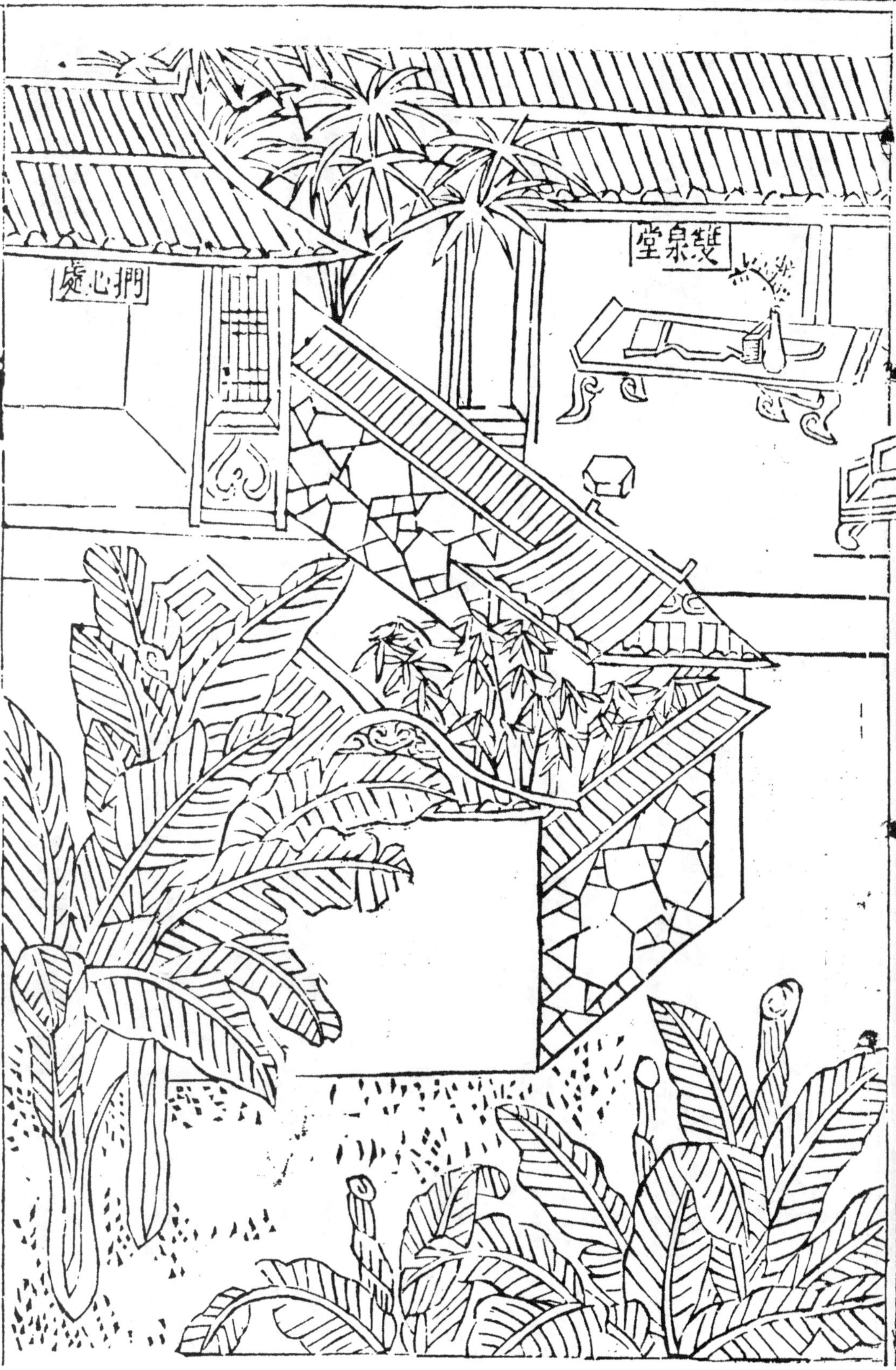

雙泉絶勝也昔為乎官閣也前令劉公承啟澗基建堂雙泉出焉因以為名並列諸八景迄今閱二百年堂經屢葺泉如故也甃石為八井二相距丈許約深數尺不竭不溢湛然澄清蒞斯堂者鑑於水鑑於民將取之左右逢其原矣圖官閣雙泉第五

五雲層塔

黃安縣志　卷首　八景圖考　十二

出城南二十里有山曰五雲由永安橋西南入山攀磴而上逶迤東一里許石壁摩天衆山皆小頂有塔七級為學宫文峰百里内皆望見之躡級登高江天入望微雨初霽雲鏡山腰無異黄山雲海也下而北為虎洞為御天窩閣五雲層塔第六

杏墅春融

問有橋

黄安縣志

卷首　八景圖考　十

杏墅者杏花村也去城東二里許宋
元為豫楚孔道々無車馬喧夾有古
井味甘冽有橋曰問有村側茅居幾
家懸酒帘當旭日和升夕陽西下煙
霞異狀不可擬議村前繡壤交錯
菜作方興時荷蓑戴笠鋤雨犁雲一
幅天然圖畫也圖杏墅春融第七

鰲峰秋霽

文昌宮
仙湖書院

黄安縣志

卷首　八景圖考　十二

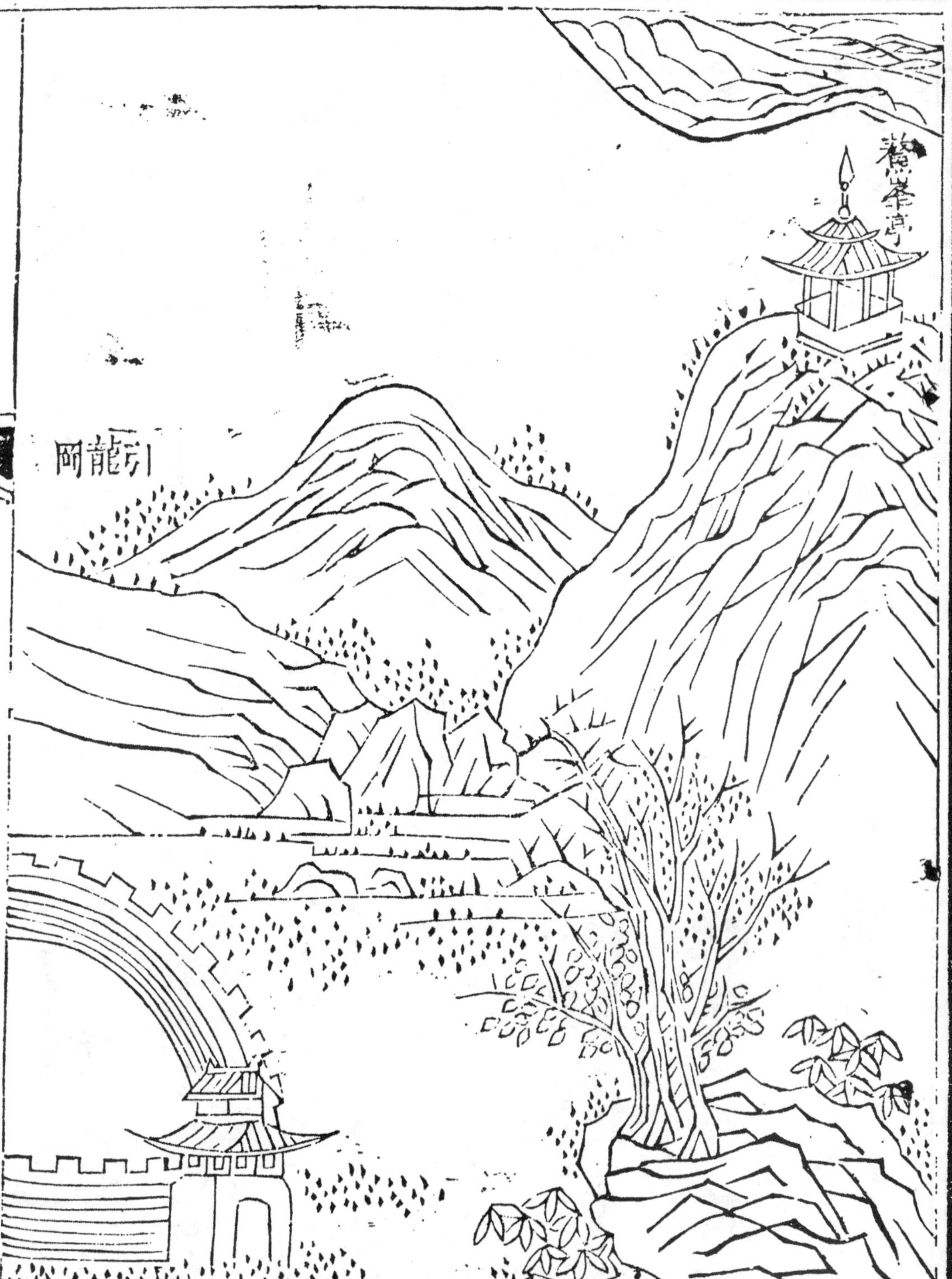

鼇峰在城西里許，山形由到龍崗委蛇而來，一峰突起，如鼇頭，上有亭，可眺遠。近城中諸水會流成小澗，繞峰麓入河。麓即仙湖書院，過小板橋為文昌閣、五楹，欄護之，漁歌牧笛，水色山光，皆供幽賞，秋景尤佳。邑人於此作題詠會焉。圖鼇峰秋霽第八

石堰幽尋

黃安縣志 卷首 八景圖考 十四

石堰千工堰也為明耿氏別墅由洗手盤循溪曲折而入有橋跨溪兩山對峙堰中石小者如盤如缶大者如筆如冢如獅象虬龍百態千形不可名狀又數里古柳夾路其蔭上合如門過此為張家寺為歸元寺出谷口為養元寺皆勝景也圖石堰幽尋第九

乳山開眺

鳳山寺
龍泉

小溪

邑之北境有乳山山有寺居山之半殿東出泉前僧砌石為池池旱不竭潦不漫也泉清而數魚間有噀蟹皆紫金色流至寺門泉伏前有普陀巖巖之石多竅或斷瓦之以剌口僅存無不活巖下泉復出流數丈伏石山下旋又出流數丈伏以坡下遂不更現凡三明三暗云

圖乳山澗眺第十

天臺夜月

黃安縣志

卷首　八景圖考　十六

天臺兔峰剪芳與仙居黄楊相將角元求爲避兵之所全活無算昭初各歸土著空山無人徑僻且險樵夫牧豎亦罕至焉淩秋景簡恒遊其地一時焦弱侯周柳塘諸公至有題咏遂以名勝到惟是天臺之勝不僅夜月夜月無山無之獨發以天臺者以月上時俯視層峰晶瑩可數得月較勝耳或曰天臺有留月岩無月巖如有月猶泥之乎言景也圖天臺夜月

第十一

佀馬重巒

別天
枕石樓雲

黃安縣志　卷首　八景圖考　二十四

似馬諸勝圖詳之矣圖似馬並圖雷臺何耶蓋似馬踞雷臺之麓無雷臺則似馬孤立雖具騰驤之勢皮相者或失之牝牡驪黄外也惟有林木以息車馬有僧寮以憩遊屐憑高而眺衆山羅列則於似馬賞其奇者又於雷臺得兼備矣圖似馬雷臺第十二

考棚圖

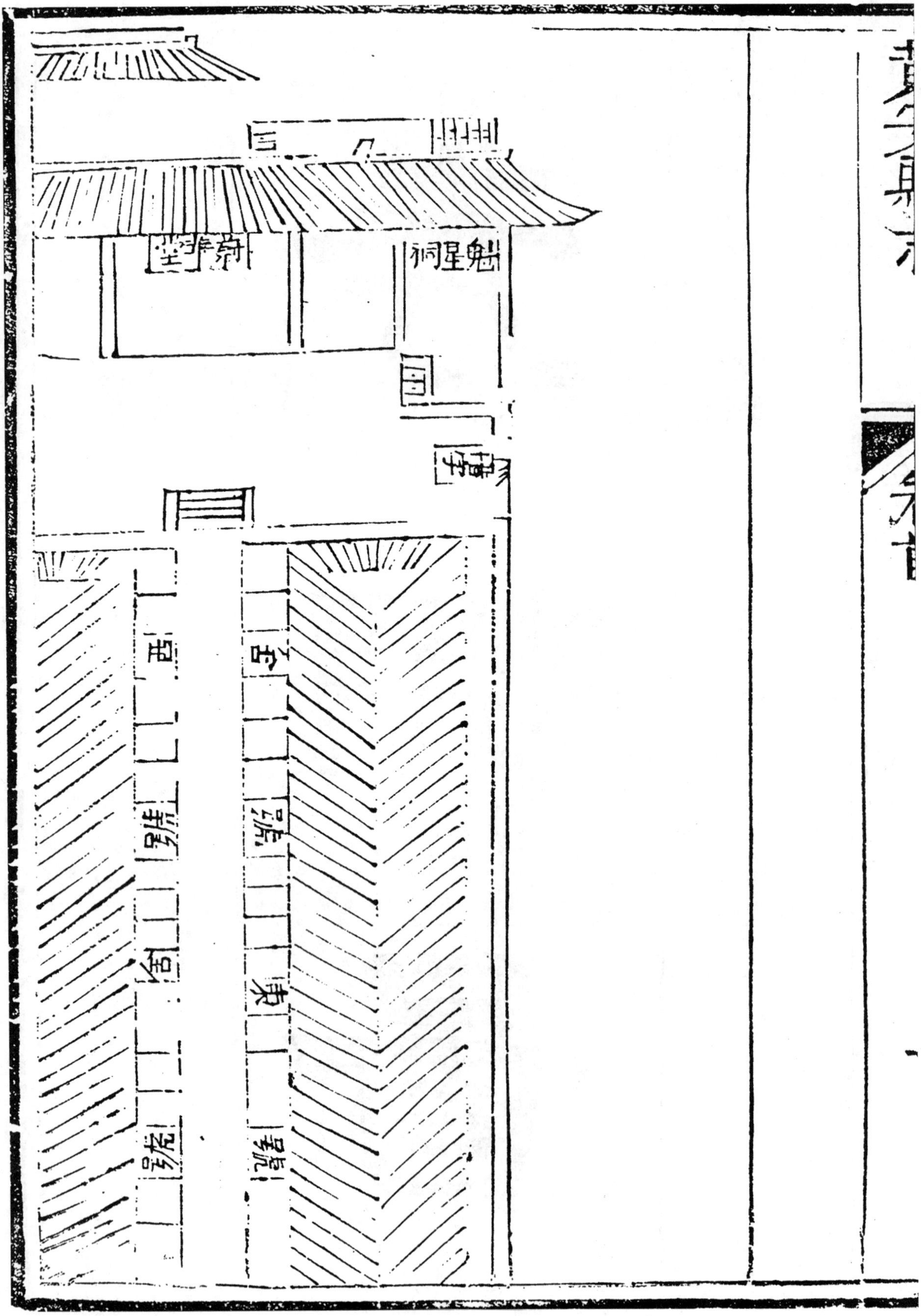
魁星祠

黄安縣志　卷首　考棚圖　二

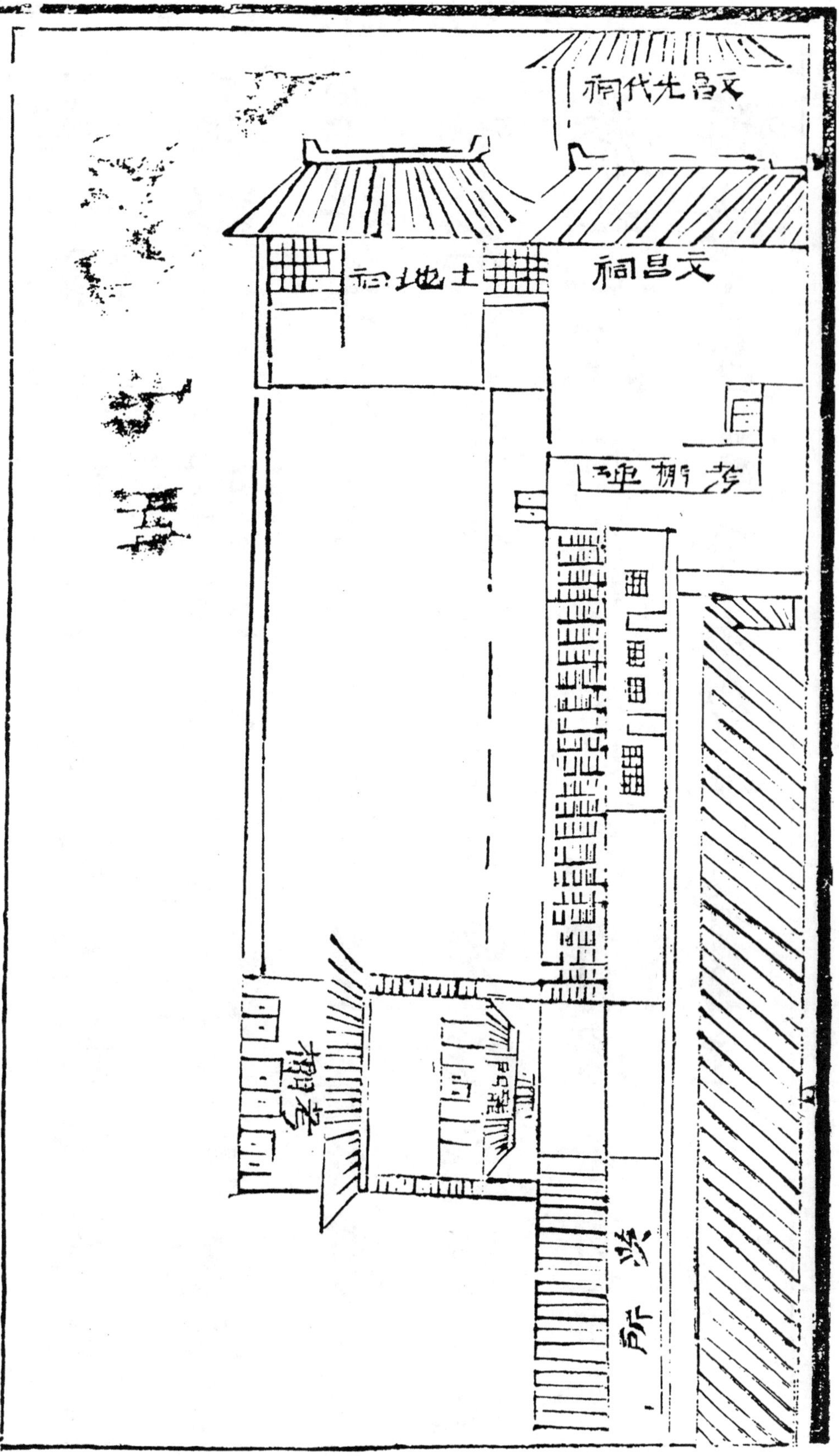

今太守許公賡藻昔宰黃安時憫童試之漂搖於風雨而錯峙於湫隘也乃集資鳩工購爽塏之地建文昌閣擬其下址為號舍士人德之益勵於學二十年來登賢書成進士者接踵競起養之也深斯發之也久此當不湮至今猶秩秩然照圖考冊第十三

萃英書院

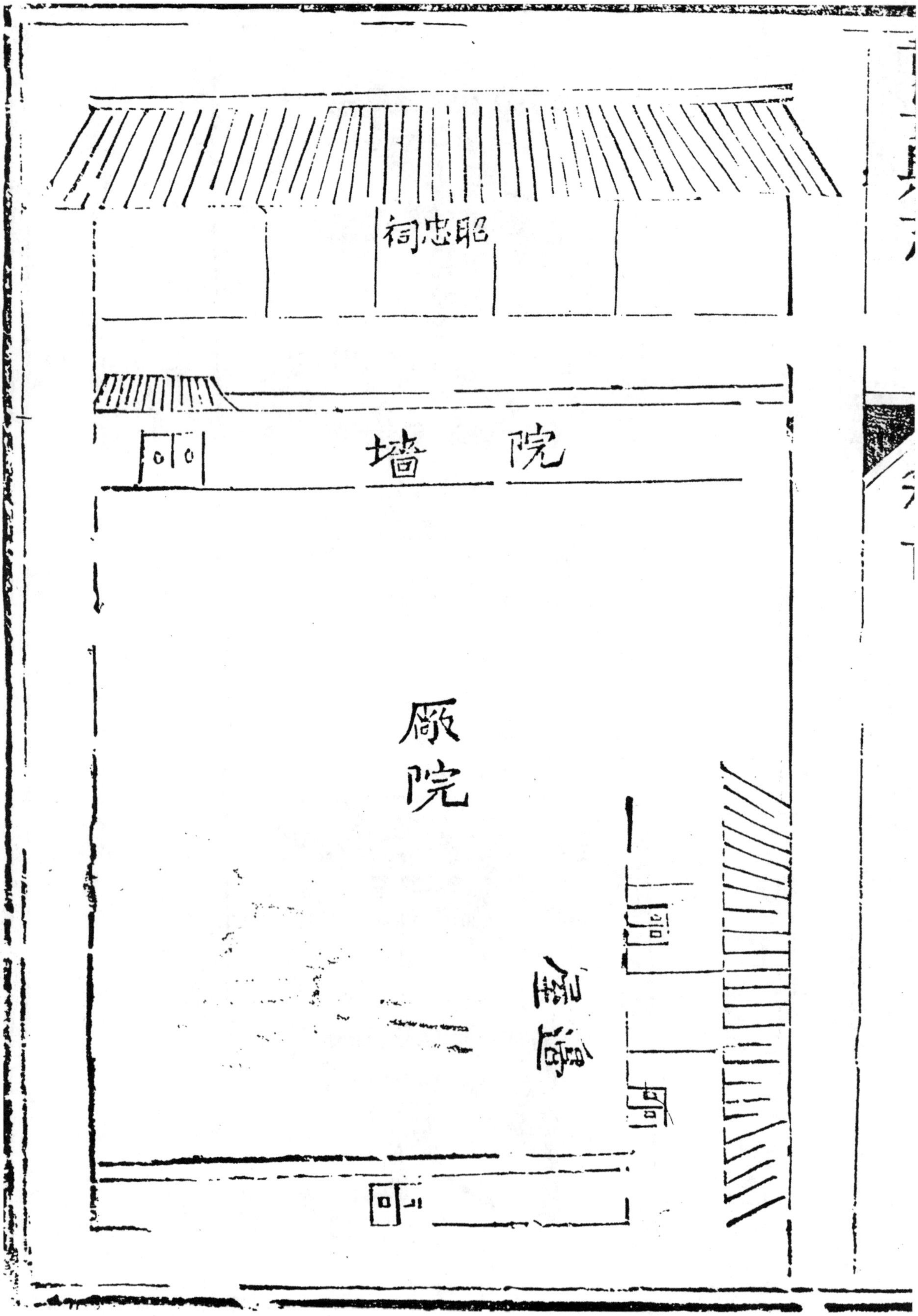
昭忠祠
院墻
廠院

黃安縣志

卷首

書院圖

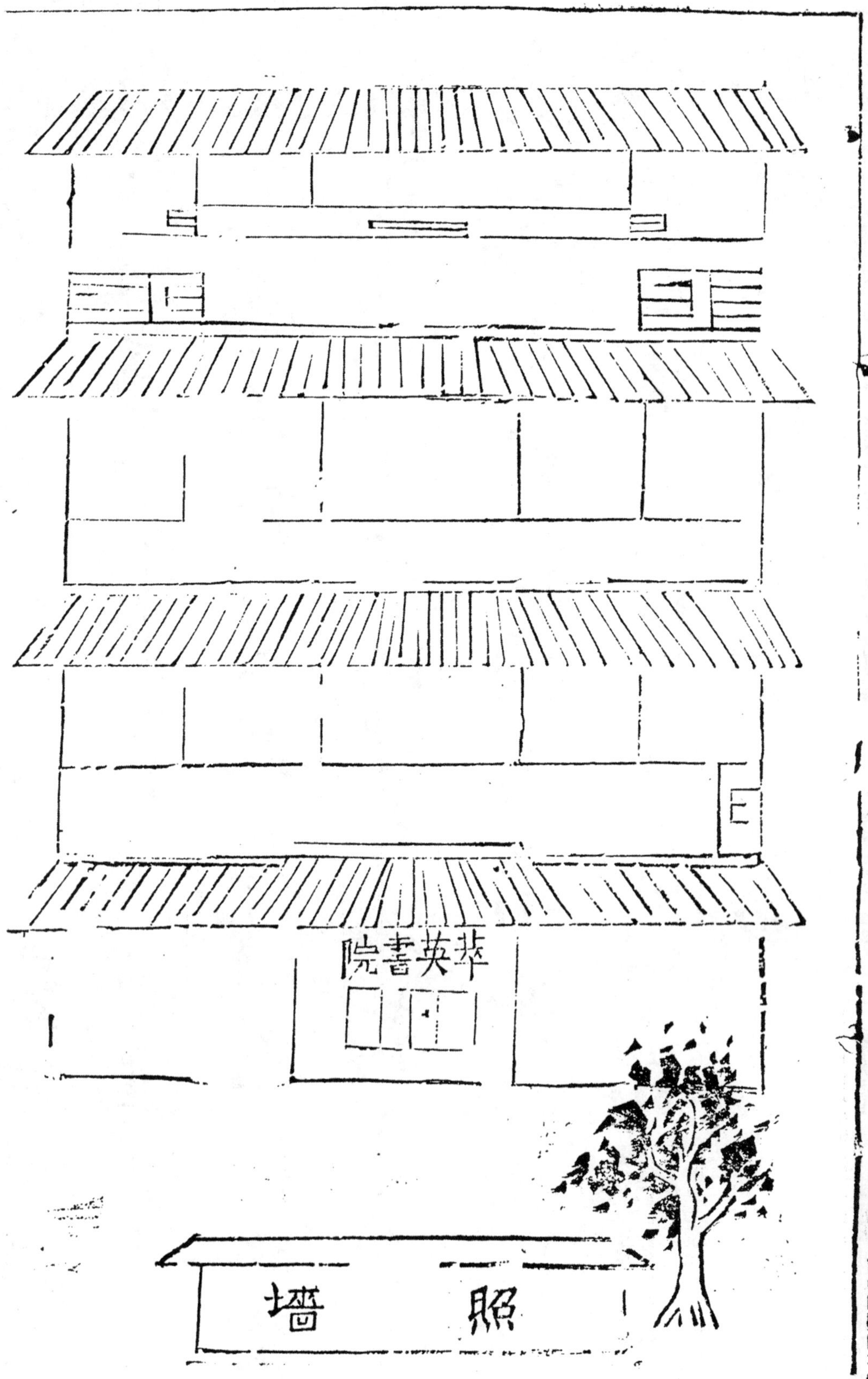

學官訓諸生細童子剛毅所共及書院之設蓋以補學校之闕焉邑之書院東偏既析其地為昭忠祠兵燹頻仍棟宇頹圮葺而新之庶使負笈來者弦誦各得其所右臨水曲左倚松根讀書之樂雲風為也因華英書院第十四

黄安縣志卷之一

署黄安縣事朱錫綬 胡承祖 主輯

地理志

沿革

安邑剏自前明嘉靖四十二年披榛啓宇度地居民經始之功亶偉哉沿流泝源釐然具在可考而知也志沿革

黄安分土本黄岡麻城黄陂之裔疆按禹貢地界荆豫之交周封建爲黄國秦罷侯置守爲南郡漢爲西陵屬

江夏郡晉仍西陵屬弋陽郡南北朝爲南安信安南司州屬齊安郡隋爲木蘭麻城黄陂屬永安郡唐爲黄岡亭州南司州屬淮南節度宋爲黄岡麻城黄陂屬淮西路元屬黄州路江北道隷河南行省至正中徐壽輝兵起里人鄒普勝馮瑄佐之嘗據雙城砦宋元之季即此爲邊徼兵衝焉明初洪武甲辰命陶安撫定戊申改路爲府三邑俱屬黄州治而轄於湖廣布政使司此壤始爲中土第去各治遼遠聲教難暨鞠爲盜藪積逋滯訟官司苦之增建之議始起嘉靖壬寅里中監生秦鉞省祭李大夏伏闕上書言狀下所司勘議時都御史平湖陸公杰御史開州史公褒善咸主議利建而承委臨勘者多以難阻越丁未郡守祥符郭公鳳儀牒上兩台具呈建邑便狀而駁前所稱難者乃時主議者意異格之越壬寅本邑宫保尚書耿恭簡公定向方登賢書患苦剝廬乃爲書上都御史慈谿馮公岳馮公主其議益力而時郡侯暨諸邑大夫莫有任之者卒閣不報嗣是盜益充斥民罹焚刦之慘至有舉家就屠無噍類者及庚申耿恭簡公方釋褐南宫爲殿中執法偕無爲劉公崙

新簡楚撫面申前議故劉公甫入疆首以是檄麻城令廣安蘇君松趣蒐故牒上其事無何劉公罷去萬安張公雨代撫辛酉秋耿恭簡奉命廵西夏過張撫軍於宜城道中爲悉前議時諸生王國任等率父老隨投牒土公檄下所司集議郡守天台應公明德貳守華亭亥公福徵議上咸稱便會查指上海唐公繼祿岳伯豐城徐公南金憲長易州劉公斯潔皆一時之良念切民瘼詢謀僉同其議始定壬戌十一月兩台疏上癸亥三月十三日戸部覆奏報可遂定爲今名割麻城之泰平仙居

三鄉二十里甲黄陂之灄源鄉八里甲黄岡之上中和鄉十二里甲屬焉先是里中父老之上書闕下也值吉水毛公伯温秉憲因太保莊襄劉公言乃得覆奏蒙允下議後此兩台疏上值少師徐公階在政府從中調贊而切陳利弊不憚再三奏記於太保少師總憲諸公者則耿恭簡公之力爲多方公奉使西夏時獲便歸省爲之買胡燦王紹文等田地一頃二十五畝屬其仲弟定理即世所稱八先生者暨門弟王國佐劉廷諫等招民僦居以爲建邑張本八先生不憚手披荆棘招善賈者

畧具魚鹽以市稍有至者輒助之治屋且勞之遂漸成都會至今頌八先生之德不衰此邑之建置所由昉也

初乘曰創畫紀邑所繇置也草昧新造往迹靡沿無疆維休寔自今昉顧終今以來今爲往矣繄今靡述後何稽焉

按邑四距皆山向爲逋逃藪自建疆啓土而民始克安居爾後之官斯土者宜何如法守也

分野

周官保章氏掌天星以星土辨九州之地所封疆域皆有分星以觀妖祥是星土本相麗然漢班固取十二次配十二野先儒多有疑之晉書天文志出李淳風手或有譏其蔽於天而不知地之說豈非人道邇天道遠固有難知者乎謹撮其大畧著於篇志分野

左傳襄公二十八年裨竈言歲棄其次而旅於明年之次以害鳥帑鳥尾曰帑楚爲鶉尾可知也史記云翼軫荆州星經曰翼二十二星九十九度軫四星十七度蔡邕月令則起翼二度至軫六度爲荆州邢昺皇甫謐謂自張十八度至軫十一度爲鶉尾之次於辰在巳雖考

論互異要皆以翼軫爲楚之分漢志謂荆襄皆古南郡地入翼十度沿漢陽逾武昌入黄州以至德安安陸其地爲江夏郡入翼十二度據此則黄安屬翼十二度矣

按初乘未詳分野前志始及之但備載太微紫微天市三垣以及北斗璇衡西畢五車星牛女井鬼張諸宿雜以明翼宿之所界而近於鋪張故畧而弗錄

疆域

古者有分土無分民然申畫郊圻所以慎固封守安邑萬山迴遭溪河絡繞地屬犬牙先是有司承委分

里止計里析之不按疆址里甲官民胥稱不便後黃
陂令熊公煒申白兩台隆慶三年黃州貳守王公可
大黃岡令賈公應璧麻城令穆公煒黃陂令熊公煒
奉委臨境勘議疆域始定計廣八十里袤一百六十
里志疆域

一由老君山自北而西逾黃陂站仙居山乳山冲口老
山官倉河蜂子山橋流河兩河口循鄉壇廟栢林港巴
林石周墩山馬吼山牛岡路口槐皮坳夏十一由紅麻
山項家坳道明山以西逾南界於黃陂界內析灄源鄉

之里八屬黃安

一由馬鞍山紅盖山上官山碎石嶺界牌逾紫潭河循
道人山高家林香山寺黃岡嶺馬埠頭以南界於黃岡
界內析中和鄉之里十二屬黃安

一由馬埠頭逾黃重九小河循霍家橋折而東由萬明
岡至松溪河沂謝家店河循賀受山向打石山古城山
覲音崖土門山王蕻山雙峯尖紫雲寨鷄兒崖石牌槐
樹凸楊眞山石丈山廟峯山雙山門東以北界於麻城
由羚羊山道士山淸風嶺黃石岩逾西界河至天台山
北以西界於光山內析麻城太平仙居二鄉之里二十
屬黃安

東抵麻城界四十里至麻城縣一百一十里

西抵漢陽府黃陂界四十里至黃陂縣一百二十里

南抵黃岡界八十里至黃岡縣二百四十里

北抵河南光山界八十里至光山縣二百二十里

西北抵河南羅山界九十里至羅山縣二百七十里

初乘曰疆場綺分提封有界俾之守令有分土矣惟
祖宗晝野離疆犬牙交錯豈直守禦哉凡此域中一

夫不獲責有攸歸

按當時有謂東應自松溪河南下直割岐亭以西西
應由蜂子河直割兩河口以東如是方爲完域初有
是議後爲當事者所格二方猶然混錯云姑備識之
以俟

合纂山河

山河清淑之氣類多鍾毓之奇邑介處山谷間昔患萑苻今稱人物秀靈之所發祥豈有旣哉志山河

杏村山距邑二里許下有美泉

豹子山相傳曾出豹故名

三角山距邑三十里三峰品峙如筆架北峰下一石洞深邃天欲風則轟轟有聲土人名曰風洞

桐子山距邑二里昔有桐陰甚濃故名

土門山

大楓山距邑四十里

王龔山距邑三十里

雙峯尖二峰並峙勢若掃天

張家山

長竹山距邑四十里曾產竹

大塘山距邑二十五里山下有塘曲而長

尾斗山距邑四十里取象於星故名

錦屏山在大塘山南春夏山花燦爛如錦

長龜山

鴿兒砦距邑四十里

輔弼嶺山幽靜人跡罕至相傳讀書其上者多騫舉

鄂家山距邑二十里

高峯山距邑六十里

光祿山距邑七十里

妙洪山距邑七十里

以上諸山俱縣東

打磨山距邑五十里

古城山

楊真山距城五十里山上有廟建有砦

紫雲砦山距邑四十里崇巒萬仞上多雲

道士山距邑七十里

霧其色若紫

賀壽山

向打石山

觀音岩洞壑幽深一塵不染

酒醉山距邑五十里山勢欹斜狀如醉

遊仙山距邑三十里孤標秀異相傳有黃鶴乘空而下至今仙跡猶存

昭仙山突起浮空出乎雲表上建有砦爲楚北屏障

大坳口山

小坳口山

以上諸山俱縣東北

似馬山距城八里亦名駟馬山上有塊石狀馬故名明邑人吳心學結廬講學其下督學太和胡公直題曰洞龍書屋爲八景之一

寨基山距城七十里外險內平昔人曾築寨避亂於此故名今又重修之

百壓山距城七十里

浮雲岩岩懸於山若雲浮於天然

風水山距邑四十里勢不甚峻實爲一方來龍

鐵山距城二十里山產黑石色如鐵故名

大程山

虎踏山距城三十里相傳神人騎虎於此今虎跡尚存

尖山距城三十五里四圍平坦此峰獨峻且銳故名

龍王山距城四十里秀峯高聳上湧清泉勢蜿蜒若游龍狀故名

岐鳳山距邑五十里山出靈鳥

星朝山衆山羅列若羣星之拱

小程山因二夫子得名詳古蹟志程鄉故址

響山有聲鏗然隨叩隨應人以爲戲

以上諸山俱縣西南

王母山 距城二十五里昔詹氏翁創壽母寺於此山中人稱外方孝子以王名從俗姓也

七個山 距城十二里七山並峙

陽和山

夾山 距邑十六里在七個山之首

羊角山

周登山

馬乳山

橫北山

夏十一山

道明山

小老山

以上諸山俱縣西

鄉山 距邑里許本城來龍

楓山 多産楓樹

點兵山 距城二十五里傳鄉普勝點兵於此

燈龍山 距邑三十里

姚公山 距邑三十里

太佛山 距邑五十里有丈六金身像故名

雞公山 距邑六十里以形似名

雞子山 距邑三十里山多圓石形如雞子

峩山 以山形嵯峩名

黃石巖

清風嶺 雖值盛夏嶺上清風徐來耳得之而成聲者不獨江上然也

石丈山 右六石高丈餘立巔左故名

廟峯山

翔羊山 距邑七十里

雙山臺 距城七十里兩山夾峙若蛾眉雁蕩

大鵝山 懸崖峭壁路止一線若鵞頸然

澹闕劍頌

平頂嶺

黃楊寨山 距城七十里楚豫兩省分界地周環如壁上平衍有寨宋元季土人兵其中活者億萬事蹟天台石壁

清香寨山 距邑六十里山産蘭故名

青山 草木葱鬱遠望如黛

東高山

西高山

暮雲山 烟霞縹緲至曉更佳

白石山 有石皎潔光潤可愛

天臺山 距城八十里在楚豫之交其巔四週峭壁百餘仞惟一石磴可躡而升上約廣數畝勢若接天有了心關坐忘臺留月岩賓陽壁撫松岩披雲峰作霖池卧龍洞探奇窟告天炉諸勝境爲八景之一詳圖考

老君山 距邑六十里脈接天台奇峯聳翠

木城寨山 距城六十五里抵河南界

以上諸山俱縣北

金牛山 距邑五十里

陽臺山 距城四十里其脈亦自天台來邑有三台天台以奇勝雲台以峭勝陽台以幽勝

蜂子山

灰山 距城三十五里山無寸土布列皆石遠望山色如堊

聚英峯 俗名打鷹尖耿恭簡公爲易今名即此亦足以見前賢維持風俗之意矣

仙居山 距城六十里亦接天台脈岩岫盤曲雖盛夏涼風逼人

其下有茭蜡寺

老　山距城八十里與羅山接壤高出衆山之上爲本邑祖山　乳　山距城九十里山上有寺寺內東有泉三伏三現寺外有岩曰普陀岩玲瓏透剔爲八景之一詳圖考

七寶山

佛塔山昔有佛塔今廢

以上諸山俱縣西北

金井山距城里許山勢盤紆松竹叢翠下有井清洌不減惠泉佳味　向　山距城十里縣治正向山峰略低前邑令劉公承啟造塔其上名曰向山層塔舊志八景之一塔今廢

雲台山距城十里峯巒秀拔岩峻嶒山巔有台雲時覆之士人每以驗晴晦

玉屏山平頂巉巖下有潭水皎潔如鏡　五雲山距邑二十里明周太守思久易今名錦峯繡嶺蒼翠如畫盖學宮文筆峰也爲八景之一由巔而北即爲天窩勝境

月　山距城二十五里山上有寨以月名肖形也

香爐山在五雲山下

障　山翠峰屹立如屏、淨瓶山距邑二十里皆以其形名

白馬山　上獨山

龜　山　下獨山二山聳峙列岫皆低

王子山上有寺有砦　了頭山

大峰山距城五十里突起浮空出乎雲表上有砦可容萬人時并巨寇爲東南屏障　石壁山邑南二十五里在王德村右山之北麓至頂高數十丈峭石壁立如雲層出者然上有古松數十餘株每春暮花草鮮美入陟其巔四望無際襟懷洒落眞一覽衆山小矣

隨馬山

烟墩山古烽燧處

碁盤山相傳仙人弈碁處上有碁盤舊跡　仙女山相傳麻姑修鍊處

横　山距城四十五里横亘里許故名　清泉寨山東連尾斗山上有清泉元季孟維忠爲重慶守建寨其上遂以孟清泉名

歸元山四圍峭壁惟內平坦中有泉時出而不竭人以爲元氣所歸

大金山　小楓山在桃店東南

小金山二山皆距邑五十里山形似金星故以金名宗形家言也　蓮花山距城五十里亦取其形似　大壁山在小金山南上有石方正如壁故名

卓望山距邑六十里頂高一望百里在目　孟嘗山距城六十里詳古蹟志

磨盤山上有大砦　道人山相傳有人修道於此

鷹爪山距城五十里　五老山距城六十里五山叢聚高下相等與卓望山對峙東扼溪流

磨　石距城五十里

錫杖山距城七十五里俗名七丈誤　牧驢山距城五十里

碎石嶺距城八十里山產石可作磨　虎　山距城六十五里臨河岸勢似猛虎

彈方山距城八十里　高峯山距城八十五里山勢峭拔與黃岡黃

祈雨山 距城七十里歲旱士人祈雨於此

馬鞍山 距城五十五里形似馬鞍

寶印山 距城九十里與謝家砦對峙爲安邑水口印星故以寶印名

上官山 距邑七十里北聯木蘭南接洪界

陂相繡錯

興龍山 距城七十里

聯登山 俗名野火墩

香山 時産奇花異果人多不識其名

鐵爐山 距城八十里

鞋山 形類女鞋俗名老堡頂

仙人山

洪界山 距邑八十里羣峰並峙外陡峻內寬平上立有砦人多避亂

以上諸山俱縣南

洗手盆山 巔平石上有男女履跡中形圓似盆可容水相傳二仙洗手於此祈禱有驗

割漆岩 多漆樹鄉人每歲割漆於此因名其岩深難到處常流蜜牧童就石餂之惜不多得

雨臺山 鄉民歲旱祈雨於此凡築壇建廡所樹之竿即活枝葉不枯並無蚊蟻是其靈異處

竹葉尖山

花墳山

團老山

以上諸山係補遺

河

界河 距邑七十里邑無大河因山成也其名曰界限南北也故首志之

雙山壘河 距邑七十里

响水堰河

墩上河 距邑六十五里

周八家河

程方河 距邑五十五里湖田河之水注之

湖田口河 距邑六十里

牌樓河 距邑四十五里

貢吳家河 由界河至七里坪西受天台山腰磨冲方陂冲上莊畈諸溪水南下

袁英河 距邑四十里一出雙山壘東合廟峯石丈打磨山之水西合碁雲黃石巖諸溪之水

華家河 距城四十里

三河口 由袁英河至雙城與貢吳河合流稍

柳林河

下土門西溪之水經長興店入於河

白馬嘶河

姚家河 距城十五里

皂角樹河

北門河 距城二里

團畈河

以上諸河俱縣北

祁家河 距城三里

陡埠河 距邑八里由金廠河至龍灣其支東北出峨山冲又東合土門冲王龔山三角山五雲山諸溪之水

紫潭河 源出麻城縣白沙關至境內曰界河東受藤花港臨湖港又西受行祠橋水由感化縣贊埠滙張大湖注之江稍可運筏夏秋雨水漲溢閘可運百

斛之舟苦不能恒里戶輸將所以維艱也

沙　河距邑二十里在埠河下五里

中和官渡河西受童家港王德橋二溪之水東受蓮花港銀銃橋港五里橋港三溪之水西受楊二港徐家港之水

八里灣河距邑七十里官渡河下受曾家港水

胡家河距城三里

王祥畈河距城八里

南門河距城一里

冬青河源出馬鞍山洪界山過行祠橋太平橋交紫潭入於河

以上諸河俱縣南

松溪河源出紫雲山鹿皮冲南達宋埠

葉紙河在松溪河南

謝家店河松溪與葉紙合流而下

水口寺河在張爆村前村後一東一南二河合流

板門冲河由謝家店南至孟家坊松溪河亦來合流達岐亭柳子港新洲史壩汪之江

尹家河距城四十五里

以上諸河俱縣東南

東流河距邑四十里由三河口南下三十里至縣西

金塲河由東流河西合陽臺佛塔浮雲三溪之水

灄　河源出邑西老君山下與黃陂灄水合

雙河口距邑三十里由灄河一出金局閔一

流入江

橋流河由雙河西出乳山

西　河

蜂子河

西門河距城西一里

以上諸河俱縣西

仙女潭

天井潭在楊二港

清風潭在八里灣

紫　潭舊志爲八景之一

文　潭在龍灣西

以上縣南之潭

葫蘆潭

牛石潭

以上縣北之潭

金龜潭

石灰潭

以上縣西之潭

出黃陂站合流南下

官倉河由雙河西出老山

兩河口由西河下與雙河合流並灄河之上游也由黃陂團潭河汪之江

鷹嘴潭在蓮花港

泥　潭在王德橋西雖名泥實石岓

龍　潭邑二十里歲旱祈雨匄於此取水

玉屏潭在龍灣西

周　潭在龍灣西

李子潭

女潭在雙河口

烏峰潭

蔴花港源出龍潭口　臨湖港
行祠港　太平橋港
章家港　王德橋港舊名揚德誤矣
蓮花港源出桃花五雲山　銀錠橋港
楊二港源出高橋河　五里橋港
徐家港源出大小二金山　周孝子港源出大峯山獅子口孝子名昂
曾家港　苦竹港源出西張園
余家港
以上縣南之港

鄒家港距邑十里許元王事鄒遷技墓與祠俱在係縣北之港
响水港　榆木港
柏林港
以上縣北之港
玉川磯八里灣下磯上刻　裴家塘在北關外大可數十畝所灌溉甚多
官閣雙泉為八景之一詳圖考　府志載入水利但安邑水利塘堰外近河之田夏旱時皆可桔槔灌溉亦水利也
勿幕井
後西街井
縣東街井　縣北街井

分司街井　南街大井
南門外井　東門外井
西門口井　西門外井
西正街井　城隍廟井
節婦坊井　呂祖井
金井山井　四眼井耆民張維玉倡首募浚人蒙其利
杏花村井　三公井詳古蹟
淨土庵井　龍井冲井
天台山井　五雲山井

仙居山井　桃花井
老山井　涼水井
馬家井　天窩井
按境內諸山自縣西北老山始由此綿亘蜿蜒所在皆是天台陽台五雲似馬其較著也河則松溪經於左灄河絡於右而經營域中者為紫潭河餘則因地異名耳

古蹟

蘭亭記曰後之視今猶今之視昔故考古者每不勝風徽人往之感焉顧必其人足傳而後其蹟不泯不然雪泥鴻爪轉瞬雲煙又安能使百世後動人慨慕

黃志古蹟

陶公墨蹟

邑北六十里老君山南數里有一山勢聳峻陶左山少讀書其上題曰報恩山凛毋訓每歸省親必㯼筆挾書其用功専切如此一日偶至山下經一溪其水

不濁亦瀰因名清水池見石壁峭立至性觸發手泐七絕於壁間嘉慶時全首可誦今僅存一句云報恩山上思親切餘則苔蘚斑斕莫辨歷三百年墨跡依然題贊者衆

樓子石　在王德會西山頂獨石屹立高丈餘周圍二丈許上平坦可容坐一棹其下窄甚遠望如老人曲腰拾薪狀近視之若屋樓然故名相傳仙人擔石卸一於此人嘗祈禱有驗

邾城　黃安一名邾城按府志載邾城有二一爲邾縣故城在今府治西北十里楚宣王遷邾君居此故名水經云江水逕邾縣故城是也一爲邾縣漢置在今府治西北二十里吳芮爲衡山王都此水經云江水過邾縣南是也劉宋改南安縣隋改黃岡爲黃州治唐中和初遷州治於江濱而邾縣爲舊州故唐蕭德言括地志云邾城在黃州東南百二十里立乎舊州以指故邾也一統志云邾城在府城西北一百二十里立乎明代之黃州以指邾縣也錄之以備考

杏花村　邑東二里許有泉甚芳冽諺云桃花店上沽

好酒杏花村裏產賢人賢人不知何指或曰來識或曰爲陳季常也乃去此二十五里又爲桃花洞龍坵居士故里而府志載杏花村在岐亭有杏林杏泉陳季常隱居處旁爲藕步橋子瞻與季常遊宴其上云蓋賢人之處世爭慕則爭傳之不虛耳錄之以備考

義倉址　邑東七里地名新安秦氏彬翟龍麟洲先生記見藝文

樂壽堂址　邑東十五里地名九官店亦秦氏彬翟龍麟洲先生記

明教堂址　邑南二十里天窩山之麓未詳誰氏作堂名明教義可思也

桃花鎮　邑南三十里宋元時此爲孔道上有燧臺每舍相望有墖宋　年建鎮東有桃花洞龍址居士故里居士名慥即方山子陳季常也蘇子瞻曾三至其地云

三公井　邑南六十里吳公應澍鑿以濟行旅者人德之祝其子孫爲三公因名

施粥坡　亦吳公應澍作爲糜於道以給行旅者凡四

十餘年因名

金局閣　邑西北四十里前代此地方十里内皆産金立榷金局後金乏無所得金户逃亡周公鶴陽奏罷之局罷而名存蓋無其實而冒焉者也或曰今名罷金場云

黄陂站　邑西北九十里宋元時達京郵傳也自桃花至漢津自漢津至此各三舍許有遺碑記各站户姓名

望八湖　巴北三十里原中可三十餘畝滙水不涸未詳名所自始

雙城墖　邑北三十里元季徐壽輝倡亂僞相鄒普勝爲瑄佐之據此北打鼓嶺南繫馬冲皆因名墖即所建也

程鄉學址　在邑西濂源鄉鄉故隸於陂爲程鄉里二程夫子實産焉按二程祖開府公諱遹初令陂多惠政常行部至北鄉鄉人德之爲之賦甘棠殁贈開府儀同三司加冢宰司空卒於陂子大中公諱珦不能還寓居於陂生子二長諱顥次諱頤未幾録用功臣

嗣後汪珦爲陂尉後封大中大夫遷官移家去陂人爲立雙鳳亭以祠之雙鳳者謂二程也由是程鄉北鄙悉志學乃即開府公昔所至地立小學里中子弟以時肄業其内邑先達周侍御隆之曰邑之始建尚有程鄉小學程鄉蓋二程所鍾育處也自邑庠興而小學廢其址殆不可考云安之濂源割自陂邑而二程夫子之餘澤猶存其泰仙析壞亭州龍址故里在焉東坡曾三過之蓋淑氣萃是矣後起者被其遺風穆然想見其人宜乎理學盛而人文蔚也有以哉

天臺石刻　邑北九十里臺上石壁勒文字剝蝕難辨嘉靖耿公恭簡同別駕汪廷美遊焉爰掃苔滌壁辨其十之六七文曰勘會端平初襄漢西淮爲兵擾亂丁酉歲浮光失守民無所歸彼時奮發忠赤欲立寨安衆而難得地利獨此山鼎峙形勢險峻四面如壁止通一人往來石竅泉湧冬夏不絕傳聞古人守之以無虞遂集衆在上創寨缺備器械大勢連月攻打莫敢近傍由是光信殘破之民擁堡來依屯聚十萬衆果能全活戊戌丞相史嵩之都督荆湖孟珙制置

差官旌賞請總衆防拓江西授命加職連歲捍守獲捷淳佑三年義陽李太守知黃州府麻城民口復業檢校本職先守茲寨有功遂檄再往經理九村捍禦五關自入寨究心措置收拾草莽間逃難者於江南廼載種分布耕養每年韃缺犯境勦殺敗退前後擒大頭目囘囘漢子無數缺都制楊將軍苪御帶鄭太社提舉黃州守備申明首賞缺壓推委令提督白石黑石三角山木欄洞獅子崖王缺峯德勝長興齊安十寨一民無遺況所都剖將士皆是隨棗光信安豐之民數載久擾誓欲掃除以缺閃道聚戰與缺開龍井造聖殿缺斥與同盟頗立勞效曲求妄薦國缺亦可爲今日缺則一時之盛事也可不勒石以紀其名使後人缺不缺世哉皇宋淳佑戊申五月旦日缺黃州缺元義民總黃陂縣缺提督光黃諸山寨缺山駐劄缺胡大興刻石司帳前統制

又了心關石壁刻文曰照對韃缺兵自壬辰紹定侵犯京湖入淮西殺戮生民擄牛馬至乙未丙申荆襄失守連年侵入淮西有彼近光州光山縣第三都水

吉保操正將部木部民修開小臺山石門以防拓老小牲畜韃缺兵數攻不利退屻而去時歲次丁酉嘉熙元年八月終記缺正總轄官潘校尉

天臺勝蹟　山形類臺巧若天造嶺峻而險洞廣而深洞前羅怪石花木韻之春夏之交爛如錦綠溪入夾岸林光美石尤現奇泉涓涓流不息有寺名赤城由赤城而上爲臺臺故峭立高數十仞廣可數畝鳥道躋焉有門三曰離垢曰息緣曰達天耿恭簡題周柳塘書離垢門左曰坐忘臺耿叔臺書臺右曰卧龍洞柳塘題曰作霖池

（叔臺書）士人每歲旱挹水祈之輒應曰探奇窟臺西南曰告天爐（俱柳塘書）又兩山綿亘宋嘉熙間東北避兵來斧無由入鑿石爲門曰丁心關（叔臺題書）關右巖曰留月壁曰賓陽（俱柳塘書）外此有撫松巖披雲峰（俱柳塘書）覽勝者綜爲十景競相題咏

似馬勝槩　邑南八里峰巒聳秀右臨絶壁里人吴少虞疏石鑿磴道攀蘿而上凡數折有兩石屹立相距僅尺許中一罅若人操斧斤劈而分之者側身聚踵乃得入度數丈許亭午方見日色仰視惟蔚藍一縷

耳李卓吾題曰一線天下有萬仞泉上則怪石嶙峋偃仰萬態又有虎巖巖有洞席地容四五人坐洞門一石如虎蹲踞狀故名緣巖上數武草徑蒙茸石峭立斗削壁上鐫天馬行空（周柳塘書）又鐫駕雲鞭霆（耿恭簡書）又鐫石吼枕石棲雲等字下則洞龍書屋少虞講書處也（見講院志）

石林樵洞　邑東南二十里里中秦真樵及其侶十七人從耿恭簡著書講學處石壁鐫樵洞二大字秣陵焦弱侯書十七人者耿定士子義劉廷諫國忠王國佐才卿秦思君忠卿耿定曉子明吴願學學孔張四維愁新秦德修文道胡楚材達夫劉鑰來卿秦思通睿卿趙任伯衡耿定章子顯耿定吉子修耿汝霖蘇卿熊鉅克濟也真樵則名儀鳳字應泰耿叔臺先生有十八子小傳並序

石林山房　距城二十里耿公子健讀書講學處有里門十八子小傳序其畧曰鐸振萬古魯國之儒偏多景附三千祗行之士匪少魯論家語記載弟子答問僅僅幾手指數其他言論行事不少概見何以稱焉

惟茲黄安夫子（指恭簡公兄師也）篤生凡我同聲千里響應土壤細流亦助高深濱水近山尤知海嶽魯有君子咸取於斯吾非斯人徒其誰與其身致青雲足垂竹帛者不具論巖穴之士有質無文習俗之常貴耳賤日及今不載後此何徵爰取里門十八子述其言論行事各爲小傳識大識小道莫不存誰毁誰譽吾非無試

石堰名蹟　在五雲山北石橋亘溪上兩山對列就石刻聯云曲水長隄石李倫河陽之梓澤茂林修竹王

逸少山陰之蘭亭旁無款識

子綦別業　在南城外取莊周南郭子綦之意明進士盧公欽父書院也其相與從遊者光祿吳公季舒士倬孝廉劉公永濟之楨進士吳公西濔之珍文學姚子德升應巍姚子又次觀劉子克濟之亮江子籲呂淑濤公子刺史盧爾愔別駕盧爾恒孝廉盧爾慥明經盧爾悌盧爾懌公姪司訓盧之慓文學盧爾恂皆其選也公所著三不朽先進遺風敷藻華風幹濟英風詹詹言遊鄴草諸詩文皆成於此未一公所著蘿

曲郵稿舉業秘書體格文犀字學摘謬重修安邑志童子集盧子新詩塞上吟南遊草捉刀篇歸途百詠諸詩文亦皆訂於此後燬於寇基僅存

天窩書院　即天窩山房距城十五里在五雲山之巔耿公恭簡仲子子庸講學處也當時海內宗工如比部郎玗眙羅汝芳泰和胡直安福鄒善皆至其地而一時朝夕相從講習不倦者則彭公東莪台焦公弱侯茲黃公守拙彥士耿公子健定力吳公敬菴國寀盧公心齋廷篪周公柳塘思九盧公欽父堯臣耿公季通應衡有何心隱者不知何許人與其徒呂四峰亦以問學來安從恭簡遊師弟嘗相抱痛哭於山中人莫知其所謂溫陵李贄僑寓於窩所著焚書藏書續藏書半脫稿於其間後邑人鍾公青巖琇讀書於此成進士去

桃花書院　王氏所建後有宋時古墖尋芳小酌　州刺史賢良方正盧公爾愔與艾千子王子雲陳臥子羅文止諸名宿論詩文處千子爲愔撰有詩文序行於世

黼山書院　距城西二里許山峙如黼其地背臨通衢襟帶大河上三楹顏爲知縣張公國柱書院前三楹顏爲知府王公輔書院邑進士何通孝廉秦至吳宏初太學鍾應遜盧績王巒盧綬盧拱文學耿宗坤耿與行盧紘慈盧紞慈盧緄慈耿湨鍾應逌盧紈慈等讀書處相國余公佺廬國柱侍御周公偉臣士皇太史張公石虹希良司訓周公我席國購鐫有詩序跋置壁間以咏歎二公作人之美與遺愛之在人心者置產十畝以豢僧爲供具後毁於水前令張公琮重

建仙湖書院近復毁

洞龍書院　距城十二里在似馬山之麓處士吳公少虞心學講學於此進士吳公尚蘿化讀書發解處溫陵李贄在天窩所著諸書亦半成於此今圮

釣臺書屋　耿公仲臺子庸講學處海內諸儒所稱八先生者是也距城七里許有石如盤踞溪上公以布衣自老慕嚴子陵之爲人因以名其齋四方之士多歸之羅念菴陸五台何心隱呂四峰李卓吾諸前輩與先生遊寓於此

雲臺書院　前令劉公承啓課士於此今圮課士引詳藝文志

盤松樹　邑東五里樹大數圍高不盈咫虬鱗蒼甲團上如蓋陰被可畝餘清籟自鳴休者忘倦蓋數百年物也

埨岡　邑東十里岡高二三丈許有埨歆爪虧垝磒頹若歛翼而斜戢者俗傳一夕風雨岡並埨飛至其地故名

高士軒　元末隱士吳榮一自陂之白龍山徙此時羣雄割據以徵辟名流相傾尙束帛具書使者接踵公門公辭不赴明太祖召之亦不出勅學士陶安贈號曰高士顏其廬曰高士軒今廢遺址有巨礎十二歷三百餘年不敢動

吳汶店　吳汶者何儀部曲蘿公之高祖也家饒好施歲饑作粥以贍流亡遠方來者苦露宿因搆茅屋數椽處之遂成店故名之以其人

仙女岩　邑南十里相傳麻姑修道於此後仙去

鷹爪石　邑南四十里在鷹爪山上相傳有神鷹集此

至今石上爪痕宛然

磨石山跡　邑南五十里山上大石側出丈餘石上有磨刀痕旁多蹲踞坐蹲跡

小桃源洞　邑南六十里稍西在小金山北有數石洞窴深窵窅石壁上鐫有小桃源三字不知始自何代

牧驢石　在牧驢山石突出高丈餘周圍數丈上又有小石方如座四面各六七尺相傳果老牧驢處

孟嘗故里　在孟嘗山相傳孟嘗君曾居此又云宿此故至今稱焉

仙居巖　在乳山上相傳抱朴子煉丹處
果老石　邑西四十里在龍王山側高聳可丈餘上侈下削斗峭摩天石巔能容七八人相傳仙人張果曾與客奕此石畔隱隱有仙掌痕倍常掌彷彿見字跡皆漫滅不可考
博士岩　邑西北七十里
由夷洞　邑西北七十里去博士岩不數武麻城梅之炅題其外曰由夷洞口
鄒家山墖　邑北里許有僧尅期自焚焚時白氣如練旋空三五丈繞西而散骨藏墖中

羅漢洞　相傳曾有羅漢修行於此
止止洞　城北六十里在斗耳沖昔有僧號止止隱於洞中二虎守其門謁者至從山下遙呼僧驅虎去乃前僧既示寂士人因名其洞曰止止
洗手盆　距縣八里傳有仙人洗手於此今盆現存
濟陽書院　在土墩寺前舊圯江氏士民重建
官閣雙泉　前令劉公承啓掘基建堂雙泉出焉甃石爲小井在公案左右因以顏其堂一時士大夫歌咏之春夏時常有水亦當日甘棠也
向山層墖　去縣十里爲縣治案山前令劉公承啓建墖今已圯基尚存舊志屬八景之一今易之
松嶺樵歌　縣西南七里舊有古松一株百餘年物也行人多憩其下今已作童山矣舊志列八景今易之
釣磯漁艇　舊有釣臺書屋今盡廢磯猶存惟水清泚白而已舊志屬八景之一今易之
桃塢晨鐘　即桃花大寺今寺敗而鐘存僧不復撞矣舊志屬八景之一今易之

紫潭烟雨　縣河之南曰紫潭舊志屬八景之一今易之
河橋斷碣　碣凡六面其一面刻捐修河橋一所以通行者其一面刻元提領王也先不花題餘四面字不可辨現存王氏祠祠
古城廢址　西郊二里許不詳何代所建址猶有存者地名古城
思古洞　在南郊山上不詳誰鑿命名之意可思也
淨土菴井　在寺側田中甃石爲小池日可得水數十

石汲者以到井先後爲序甘冽甲一邑不減蘭溪第三泉也

附墳墓

英烈將軍墓　將軍李姓爲李氏始遷之祖今闔李氏世藏手傳與譜圖載明將軍牧林公諡英烈係唐宰相李絳之裔宋宰相李沆李若水李綱李宗勉皆其祖也世居秦公爲元翰林侍講李伯玉之孫順帝時敕授將軍任湖北黃州府麻城縣監督金廠子孫臉襲金廠廵檢因注籍焉支分德恕崟懋態憲懋豐世

稱八大戶公墓在縣西張李庄夫人熊氏謝氏周氏受誥命塟長塘萬家皆諭賜祭塟云

鐵霖墓　在泌河下　珍珠太子墓　在蔡祠嶺

元樞密副使趙元亮墓　塟縣東北打磨山詳府志

元閩南招撫使吳公温墓　公原名基字中和墓在開國天官里牌坊東大堪輿書人子須知名七星貫頂

吳西山先生墓　先生名應澍西山乃御賜字尚書朝陽公之父墓在五里橋東事詳本傳

明吏部尚書吳公琳墓　墓在八里灣之東地名楓樹岡其樹大數圍康熙二十年間忽楢枯歷十年無由葉至康熙三十年朝東頗秀一枝茂盛蔥翠人皆驚以爲異事詳本傳

銅頭將軍阮貴卿之墓　將軍明洪武時人墓在行祠橋洪福寺前詳本傳

明戶部尚書贈太子少保諡恭簡耿公定向墓　墓在表英河諭賜祭塟事詳本傳

明耿公叔臺墓　墓在李祥畈諭賜祭塟

盧氏祖塋　在玉川磯上三里許大堪輿書人子須知

名猛虎跳澗

吳氏祖塋　在似馬山南堪輿書有鑿玉斧者盛稱之

明戶部侍郎贈工部尚書周公思敬墓　在泰仙鄉鷂兒巖諭賜祭塟詳本傳

誥贈永年縣知縣盧爾悌墓　墓在中和鄉行祠橋南一里許土名勝道畈載府志

誥贈翰林院侍講張鵬翔墓　在中和鄉大壁山載府志

烈女墓　在縣北清水塘程氏祖塋見府志

明吏部尚書太子少保光榮大夫詹公嶶墓　在三定
　橋東里許名鳳凰地
祁畈吳氏祖塋　在磨盤山北名獅子地入堪輿書名
　蓮花地
江氏祖塋　在土墩會名金龜出峽又名金龜朝斗
祝氏祖塋　在華河會祝家河屋右名睡虎流涎
郭細侯墓　在中和鄉清凉會胡家田南首地名郭伋
　崗有碑
按代遠年湮封樹凋圮甚有事爲曠土沖爲谿澗者

者固已不能備誌附古蹟以存之蓋詳今略古云

黃安縣志卷之一

知黃安縣事閬陳瑞瀾大夏主輯

地理志

新纂古蹟

黃泥坳　原名天綠庵有古鐘高丈餘天啓四年翰林梅國樓暨侄之煥鑄鎸字炳然菴內有羅漢十八座形容巧異係閔松喦官莪眉縣因夢塑之載閔氏家乘

仙人洞　灄里石灰會山半一穴可逼人行數武忽開

展儼若屋舍可容數十人勝境也

獅子石　在上庄會留福冲屋前山上形如獅子逼視之愈肖亦奇觀也

報恩山　距城六十里舊有寺宇閔釆公曾在此讀書並有詩句尚存

建置志

文昌宫　面廻廊五楹東西各三楹宫之西堂四楹光緒八年邑侯(陳陶)公(瑞瀾大夏)仝邑紳董其亨程典鰲馬紹貴鄒嶧重建

奎星閣　南北各三楹光緒八年邑侯(陳陶)公(瑞瀾大夏)仝邑紳孟祜謙張維淦鄒嶧程耀典耿鵬飛胡元福吳行健重修并于閣下左右各建屋三楹

西門城樓　光緒二年邑侯諸公鑣仝邑紳程耀典重修

城　垣　同治十年邑侯魏公輔宸仝邑紳吳言昌張棵材重修南城十四丈

同治十二年邑侯慶公明仝邑紳吳言昌張棵材程典鰲李翔鳳董其亨耿普聰漆修北門月城四圍礮台垛口

物産

有天地即有萬物其生生不已者自古迄今未之易也邠黍自田壤外所載品類甚繁前志以爲核其實未必盡然或者值三邑方剖之始欲稍爲潤飾寓鼓舞激勸於不言之表當年締造苦心非沿襲因循者所能揣合其萬一云茲復仍其舊而存之畧爲損益

其閒而已志物産

穀之類　稻(收有遲早色有紅白其名甚多總粘糯秫三種)　麥(大日牟小日來)　蕎麥　芝蔴　蜀秫　黍　粱　稷　粟　蘆粟　黄豆(其種五)　菉豆(其種四)　黑豆(其種二)　稗　豌豆　赤豆　蠶豆　扁豆　刀豆　豇豆

枲之類　木棉　麻　苧麻(俗作捆麻)　葛　苧

蔬之類　白菜　芥菜　芹菜　萵苣　茼蒿　菠菜　蘿蔔　胡蘆蔔　莧菜　馬齒莧　葫蘆　瓠子　蔓菁　蒜　葱　芫荽　韭　菘　薤　芋　茄

木耳　茶　芠　笋　薯有二種　百花菜　祭
菜俗作地菜　荆芥　蕨根可爲粉救荒　椒　美人韭　苦麻
天茄　莙蓮　剪刀菜　鋸兒草　鵞兒腸　王
瓜菜　筆管菜　棠子菜　珍珠菜
果之類　栗　柿　桃　櫻桃　山櫻桃　羊桃　棗
杏　李　核桃　蓮蓬　藕　無花果　菱　芡
實　石榴　山葡萄　梅　梨　沙果　平果　銀
杏　榛　荸薺　茨菰　山查　橘　枇杷　丁香
柿　癩葡萄　七栗

瓜之類　西瓜　南瓜　冬瓜　瓠瓜　王瓜　苦瓜
菜瓜　甜瓜　木瓜
木之類　松　栢　檜　椿　槐　栗　柘　栁　桑
梓　杞　桐　楊　棗　樟　杜　棠梨　榔
棠棣　黄楊　檀　苦楝　烏桕　冬青　蠟樹
皂角　楓　杉　榆　漆　黄荆　櫟　三春柳　石
楠　構皮作紙　鳳尾杉　泡桐　瓔珞松
竹之類　三月竹　五月竹　斑竹　紫竹　慈孝竹
俗作叢竹　苦竹　水竹　湘妃竹　鳳尾竹　簝竹小竹大葉

石竹
花之類　牡丹　芍藥　辛夷　玉蘭　玉簪　蜀葵
黄葵　桂　萱　蓮　並頭蓮　菊品類甚繁名甚多
茨梅　十姊妹　蕙　槿　薔薇　臘梅　地棠
酴醾　海棠　千葉梅　千葉榴華而不實色時濃艷　千葉
杏　絳桃　緋桃　碧桃　紅梅　綠萼梅　罌粟
剪紅羅　山茶　夜合　金盞　金錢　鷄冠
老少年　迎春柳　木香　木樨　杜鵑俗作映山紅
羊躑躅　紫薇　紫荆　石蘭　瑞香　天竺　玫

瑰　薝蔔俗作梔子　金鳳　秋海棠　龍鬚草紅黃二種
火焰草　芙蓉　淩霄　山蘭　月季　水仙　丁
香　百合　欵冬　一丈紅　虞美人　鳳仙花
草之類　芭蕉　菖蒲　薜蘿　荇一名魚藻　蓼　馬蓼
蘆荻　苔　萍　靈芝　雞頭　荆棘　蒸藿
燈草　馬蘭　蘋蘩　薰蕕　虎耳草　鳳尾草
鴨掌草　馬鞭草　狗尾草　酸漿草　鼠尾草
艾
藥之類　紅花　芫花　金銀花　金紅花　益母草

旱蓮草　谷精草　龍膽草　夏枯草　茜草

木賊草　土牛膝　土枸杞　土防風　蒼耳子

槐角子　香附子　覆盆子　車前子　伍倍子

牛蒡子　兎絲子　萆蔴子　金櫻子　地骨皮

桑白皮　地榆皮　白蘚皮　天花粉　五加皮

土茯苓　紫地丁　天門冬　瓜蔞仁　白芨　青

竹香　石菖蒲　麥門冬　沙參　元參　苦參

百部　茼蒿　大藍（又名水藍）　丹參　紫蘇　蒼朮

桔梗　小藍（又名蓼蘭）　馬勃　薄荷　荆芥　白茯苓

扁蓄　牽牛　山楂　百合　苜蓿　包皮根

黄精　瞿麥　石葦　舌干　葛花根　商陸　大

黄根　半夏　貫仲　草烏　白芷　草黄連　破

銅錢　南星　赤芍　軟硬　柴胡　茵陳　細辛

槐花　香薷　山當歸　山木通　白蘞　金精

石　山藥　大薊　淫羊藿　王不留行　金毛狗

脊　旋覆花　小薊　蒲公英　劉寄奴　楓乳

山厚朴　薏苡仁　蒲黄　松香　山杜仲　蓮蕋

山黄蘗　羊躑躅　山茨姑　桃仁　草決明　天

丁（俗作皂）角針　青箱子　栢子仁　杏仁　白頭翁

大戟　冬葵子　地膚子　排風藤　僵蠶　板　自

然銅　山天麻　半邊蓮　獨活　芎藭　青藤

赤蓼　蒔蘿　吳茱萸　何首烏

禽之類　雞　鵝　鴨　鴿　鳩　燕（胡燕斑襟聲小　越燕紅襟聲大）

布穀（白者非常不數見）　子規　雉　黄鸝　啄木　鶬

鶉　鵲　雀　鷹　鸇（即鷂）　白項烏　烏鴉　地鷄

雁（似雉）　鳧　鷺　鴛鴦　鸛　鷺鷥　鸜鴿（俗作八哥）

百舌　翡翠　搖公鳥　鴐　苦雀　紅鵝　鷗

青鶉　鸝鶯　謎魚子　水鴉鵲　頭鷄　叫天

黄豆眼　鳶　銅嘴雀　鴟梟　鷳　鶺鴒　鸂

鶯　畫眉　羊雀　鷦鷯　鵪鶉　鵓鴣　鴿鳴

孝尾　竹鷄　鷓鴣　蒿雀　麥啄

獸之類　牛　馬　羊　眠羊　水牛　驢　騾　豕

犬　猫　鼠　松鼠　狐　兎　狸　虎　豹　狼

鹿　麞　麂　麝　豺　猴　獾　獺　蝟　黄鼠

狼　野兔　野猫　果子狸

鱗之類　龍　蛟　鯉　鰱　鯽　鮎　鱖（口細鱗狀　蘇子云巨

似松江之鱸 金鯉 草魚 烏魚 鰑鱎 沙口 黃

鮎 赤眼 鰻鰷俗作白鱣鰍 蝦 火燒鯿 黃鴨丁

石貶頭一名杉木片 鰌 魛 什沙溝 屎鋼魮

田骨嫩 黃爽 鯮 鰔 鯿 鰏

介之類 龜 鱉 黿 蚌 螃蜞 螺 蜆子

倮之類 蜜蜂 蜂 蝴蝶其種甚多 蜻蜓種亦不一 燈蛾

螢 蚊 蠅 螳螂 蚱蜢 蝙蝠 黃奶蠆

蜘蛛 蟢 蠶 螟蛉 烏稍 蛇其種大小不一 虺

酸亟 蜈蚣 蝘蜓 蝸牛 蟻 蟋蟀 蟼 蛤

蟻 蜉蝣 地虱 螻 虼蚤 蟣蝨 蝨 蛙即蝦蟆

蝌蚪 螻蟈 蚯蚓 蜣螂 蟾蜍 蠹魚 蛩

螪虎 壁虎 螞蝗 蟬 蜩 虫 牛螕 蠓

蛆

按山林未啓以前複嶺重岡皆瘠壤也今則無不毛之土矣第生齒日盛物價益昂食貨所需十倍於昔卽地不愛寶未可云取無禁而用不竭耳

風俗

俗始於一時之好尙大抵相習以成風安民涵濡德化二百餘年士服詩書農勤耒耜駸駸乎稱樂土矣然習俗波靡漸失之奢華薄從忠在握挽回之權者

志風俗

聲音中和類黃岡泰仙類麻城灄源類黃陂

土語呼父曰爺亦曰爹呼母曰大亦曰二呼祖曰爹爹祖母曰奶奶作平聲呼外祖曰家公外祖母曰家婆呼小兒曰伢亦曰乜謂如何曰如的謂無曰毛得其有音無字者難悉數也

元旦拜天地祖先尊長出方迎喜神戚友交賀各鄉則

頭以糯米擣爛爲粑厚七八分徑尺許方圓不一件以菓餅往來贈答客至主人先以雞肉之類滿堆椀面爲敬復煑酒設饌謂之拜年酒

初三日祭門焚楮謂之燒門神紙

立春前一日迎春扮故事打插秧鼓唱插秧歌復有春官服紅袍一隸持杖旁侍沿門誦吉詞隸應曰是謂之說春

十三十四十五夜比屋張燈放煙火復有燭龍大小十數條鑼鼓前導俗以此壓災驅疫次有採茶燈擇童男

十二爲女妝各擕燈一具謂之茶娘自正月至十二月月各一曲以採茶二字起興竹枝體也城鄉婦女於十五日相率聯遊謂之蕩元宵亦謂之走百病羣兒鼓吹遶城遊戲謂之打得勝鼓沿山儆逐謂之趕毛狗兎女兒則迎紫姑仙以卜謂之七姑娘

二月二日衙門作案公會初三日士人作文昌會

社日祀先農作社會釀錢聚飲極歡分社胙有古同井親睦遺意秋社亦如之

三月三日攜樽挈榼登山臨水作祓除之會

清明沿門插柳枝上墳墓標紙錢有祭田者派席飲福以公費

四月八日諸寺浴佛兒童放紙鳶

五月朔儀仗鼓吹迎神奉之

五日簪艾泛蒲取蟾酥採藥物以諸品伴角黍相饋懸天師像及符飲雄黃酒併洒四壁塗雄黃於小兒眉心耳輪佩以五色綵線香囊古所謂續命縷也鼓樂迎神行市上旗幟陳列外有馬故事擇小兒爲之又有擡故事以鐵幹爲樞紐上下二人下則幼童上或襁褓製頗巧

十八日曰大端陽以木雕五色龍首尾夭矯如船形中以絹畫神將像盛鼓樂雜彩色紙標遍遶於市神各一船船至香楮爆竹餞之謂之送船出南城郭外焚之奪得龍頭者以爲宜男佳兆

六月六日曝衣晒書

食新用卯日以新米雜陳米中爲飯奉神薦祖先筵親友舉家食肉與年飯同中和較早泰仙次之灄源北則以中元

七月七日婦女夜設瓜菓相與穿鍼乞巧

十五日寺觀作盂蘭會士庶俱追薦祖先焚箱籠放施食

八月中秋以諸品伴月餅相饋婦女結伴聯遊如元宵謂之踏月

九月九日釀重陽酒採菊佩茱萸挈榼登高鬥茗賦詩爲樂

霜降祭墓有祖費者飲福如清明

冬至士大夫投刺相賀諸族祭其宗祠畫梅花八十一

朶粘於壁按日塗之謂之九九銷寒圖

十二月八日以六穀米雜諸菓作粥謂之臘八粥或以相饋

二十四日懸燈綵送竈迓祖先謂之小年是日至除夕以禮物相饋謂之送年節

三十日換桃符貼春聯祀家神宗祖一門團集謂之吃年飯是夜接竈拜尊長謂之辭年相宴飲謂之團年秉燭不寐謂之守歲兒童換新衣以凈沙勻鋪室內外鑼鼓相嬉爆竹之聲通宵不歇

每月初五十四二十三日謂之月忌俗避之朔望敬神講約

冠禮古者二十而冠筮日筮賓至嚴也今廢矣然童子必二十而後始命以字列於成人其亦告朔之餼乎

昏禮親迎壻至女家三投刺然後出迎讓門讓階及席登筵皆揖女家內室垂簾行奠雁禮代以鵞行交拜禮禮畢別主人升輿是日服用進一等有力之家卽平民亦四輪鳴金放砲鼓樂前導忘其濫也及至設香案請吉詞謂之迴車馬迎新人入拜牀去蓋飲交杯酒內眷以諸菓拋帳內謂之撒帳次日行堂見禮拜天地祖先尊長出奩物分送家人

喪禮三日出訃四日成服寢苫啜粥朝夕哭踊禮也俗則蓋棺卽招巫醮事謂之明路逢七亦招巫謂之報七或不得已而乘凶出殯又或廣延僧道破獄招亡以求冥福此猶不失爲孝乃有溺於堪輿停柩累年待謀吉壤果有佳城留待沈彬乎悖禮甚矣

祭禮以神道尊之則祭於廟以人道親之則祭於寢今之祠堂卽古之祖廟羣請而祭則於祠堂此外焚楮薦

歆皆於其宅祭於寢之義也

賓禮以誠不以僞韓侯出祖不棄筍蒲丈人留賢亦惟雞黍聞邑中宴會肴必海錯器必品椀一日之澤動費多金不惟其盛難繼抑思窮簷中容有朝未舉火者乎士君子當以昔賢眞率會爲法勿流而忘返也

前志謂縣民以健訟爲能非是無所用其智故歷舉指屍圖賴胃承宗祧諸條以爲俗寔使然不知縣民無地無之不惟鄭有鄧析也一人能斷而天下無寃民一人能明而民自不寃勿第諉之風氣矣

近古不可訓者二曰弔戲曰影戲子弟不列於梨園節奏不諧乎絃管弔戲演於晝其詞淫其態媚觀之易迷影戲演於夜其詞俚其音土聽之易曉價廉費省便於集事故一村作停一村復起男女輻輳樂此不疲荒職業而壞人心莫此爲甚昔河西之謳始於王豹齊右之歌倡自緜駒今田夫牧豎競習其曲矣此風不熄俗且日偷有世道之責者揭其弊而大聲疾呼庶欲覺之晨鐘也夫

按隋志云黃俗尚濇質多儉約蘇文忠云山水清遠

土風厚善其民寡求而不爭士靜而文樸而不陋尊德樂道異於他邦今則不盡然矣生齒日繁好尚亦異舊乘所云一時有一時之風一邑有一邑之風也故據所覩聞瑣屑言之

黃安縣志卷二

知黃安縣事　朱錫綬　胡承組　主輯

建置志

城池

城以盛民也傳美城沂雅稱營謝非以險不可踰乎安城雖小二百年來圍資以固間有傾圮守土者旋踵新之殆所恃爲金湯者歟志城池。

明嘉靖四十二年成城作四門郡貳守袁福徵督其役周五百九十九丈有奇高一丈八尺厚五尺隆慶

二年雨城半圮郡貳守王可大重葺之裁卑四尺萬歷二年知縣應存初增埤高五尺萬歷二十四年知縣孫交芳縮南城而內之工竣勒石榜以禁曰新舊城工勞費甚鉅自今週垣內外距三丈許毋許縱人畜踐穢毋盜取一坏土犯者有常刑吏紀其名責以修葺邏卒以下能覺捕者追所犯値賞之永遵此禁崇正八年寇警知縣趙利珍濬城濠建敵樓設重門於四城崇正十一年知縣李元玉改遷南門稍東數武建延秀樓於其上

國朝順治十六年知縣蕭恒重建西城樓康熙二十二年知縣張國柱因城傾圮興工修葺勒石南城之西康熙三十六年丁丑城塌樓壞知縣劉承啟重修顏門額東曰三山西曰廻瀾南曰戴陽北曰天臺培城寬五尺水關一道城濠四週越康熙壬辰知縣張琮雍正間知縣吳象寬劉文燧賈多男乾隆二十年知縣彭瑞徵皆相繼捐修嘉慶元年襄樊教匪跳梁城內紳耆捐修各門培築完固嘉慶五年知縣孫文驊建東北二門樓西南門樓加補葺東南城垣增高一

尺嘉慶十八年知縣劉以實將東南北三處城身培寬數尺

道光九年邑紳補葺南城數十丈有碑二十三年知縣鮑光壽補修四門城樓及四圍城坍塌處數百丈濬內濠增土陴有碑二十九年知縣許賡藻補葺東城數丈同治三年知縣江世玉奉委鑿濠是年知縣文斆補修各城垣新建北門月城挑深城濠賊至無敢犯者

按安邑藩籬江漢所謂北門之管也雖古者哲夫爲城衆志爲城然天險設於無形地險成於有象必屬以金椎衆以石壁峙乎峭巘斷岸之不可攀而後守衛有其備若清風至而城郭不修入其國者有以觀政矣

公署

公署所以治事庇其身即以庇民焉敢謂傾如傳舍乎古者朝而聽政晝而訪問夕以修令夜以安身固非徒以燕閒自適也志公署

縣署在城北明嘉靖四十四年建後燬

國朝順治元年署篆梁夔卜重修大堂三楹堂左爲寶藏庫三楹右爲貯册庫三楹後爲燕堂三楹燕堂東西書房各三楹又後爲內署三楹大堂前爲過庭三楹左右廊爲科房各七楹中道東西爲差房各一楹又前爲戒石亭爲儀門三楹儀門前左爲土地祠爲迎賓館爲馬王廟爲中明亭右爲監獄爲旌善亭前爲大門三楹俱知縣劉承啟修大門外百武爲譙樓知縣張國柱重建劉承啟重修樓

四面舊額南曰開萬世太平題胡直北曰寄百里民
命孫光祖題東曰慈孝里周思敬書西曰仁讓里王國任書內署
後知縣賈多男建堂五楹乾隆戊午知縣段紹宸
重修二堂咸豐七年知縣林基重修大堂內署並
處同治元年知縣諸鑣添建憩颿廳於雙泉堂西七
年知縣朱錫綬添建書屋三間於內署東曰安航

教諭訓導署詳學校志

主簿署在縣署左裁

典史署在縣署右

憲司三重在治東康熙乙巳知縣蕭恒重建後一正
置常平倉前二重為把總署常平倉今圮

分司在治東廢

黃陂站巡檢司署在縣北九十里舊為雙城司在縣
東北四十里乾隆二十七年奉文改駐黃陂站

中和巡檢司署在縣東南六十里

陰陽學在縣署大門外左

醫學在本宅

僧會司在本寺

道會司無署

教場演武廳在南門外今圮

接官廳在城東三里康熙三十六年僧海靜募修今
廢

保赤堂在縣前稍西嘉慶七年知縣孫文驊建

養濟院即孤貧院明萬歷三年建計七間嘉慶二十
二年知縣林縉光修

漏澤園明知縣應存初置後隨時增添　寶藏庵西
山一段又庵西一所　引龍岡山一段又一所

南極庵前牛皮地一所　木魚山一所又木魚山
南山一所　十方庵東一所　東林寺側一所
王林岡一所　大凹一所　金井山一所　大梁
寺岔一所　五方岡一所

按嘉靖癸亥始建邑乙丑建署草昧新造經畫艮
難作始者之苦心千載下猶堪想見矣

附坊里村鎮店鋪營汛關津橋梁

坊

昭代各世坊　為吳琳詹同鄒來學耿定向耿定力

五人建今圯
督學京畿坊　在縣南街上爲御史周家棟建
天寵三錫坊　在縣南街下爲封君耿大振耿金建
世沐天恩坊　在縣憲司街爲節婦王惠妻黄氏建
都御史第　在縣後西街爲耿定向建
學易精廬　在學宫右尚書府前周柳塘題今圯
恩榮坊　在縣治前爲封君耿金建今廢
恩封坊　在泮池角街爲封君周孔建今廢
諭塋坊　在袁英河爲耿定向建

義民坊　在八里灣河東牌樓四正統六年奉勅爲
邱文建文本姓盧
百歲坊　爲百三歲老人楊奉璋建
開國天官里坊　在中和司爲吴琳建
節婦坊　在桃花店南爲王惠妻黄氏建
節婦坊　在墳山衆爲耿大賓妻彭氏建
節孝坊　在八里灣望河墩爲盧堯臣妻匡氏建
節孝坊　在儒學巷爲庠生程翥妻郭氏建
節孝坊　在南門内爲王嶅妻張氏建

節孝坊　在南門内爲盧漳妻王氏建
節孝坊　在孝友名家里爲盧濂妻鍾氏建
烈女坊　在節孝祠前爲程國泰聘妻祝女建今圯
節孝坊　在吴家崗側爲吴翔鳳妻陳氏建
節孝坊　在明月會宋家邊爲趙映高妻盧氏建
節孝坊　在栗林店爲江彭年妻孟氏建
節孝坊　在縣署後爲庠生吴泓妻馮氏建
節孝坊　在南街巷口爲王惠妻黄氏建
節孝坊　在尹家河南爲尹啟明妻朱氏建

節孝坊　在打鼓嶺爲徐鍾玉妻黍氏建
貞孝坊　在打鼓嶺爲徐鍾儒聘妻王氏建
節孝坊　在北三里店爲秦輝夢妻戴氏建
貞孝坊　在吕王城南爲黄泰妻吴氏建
烈婦坊　在姜牌店爲吴遂妻陳氏建
節孝坊　爲吴之璜妻杜氏建
節孝坊　爲羅銓妻李氏建
節孝坊　在棗林會鄧家橋爲陶宗澍妻彭氏建
節孝坊　爲張棠妻蕭氏建

節孝坊　爲吴曦妻程氏建
節孝坊　爲彭萊妻程氏建
節孝坊　爲王顯盛妻江氏建
節孝坊　爲彭承芳妻鄭氏建
節孝坊　爲程乃武妻金氏建
貞女坊　爲張炳龍聘妻彭氏建
貞女坊　爲張棣女建
節孝坊　爲劉文元妻秦氏建

里

泰仙鄉亦曰泰仙里里二十一會中和鄉亦曰中和
里里十七會灄源鄉亦曰灄源里里十二會
大有會　明月會
長山會　葛毛會
塔兒會　沙瓶會
道安會　長水會
倸龍會　徙義會
龍潭會　松溪會
陡墩會　柏林會

河漢會　雙城會
盧劉會　東烟會
葉油會　上庄會
付左會　三角會
以上隸泰仙里
高橋會　東嶽會
清涼會　土墩會
王德會　卓旺會
東行會　中和司會

西行會　方廟會
水岩會　蔡祠會
紫潭會　金山會
三師會
張店會　育兒會
以上隸中和里
呂旺會　黃陂站會
華河會　老山會
石灰會　西砦會

羊角會　東林會
西林會　尹興會
大成會
以上隸灄源里
村
杏花村　金家田
蔡家灣　周隆河
秦明灣　馬家灣
鶯花嘴　杜家灣

秦世賢庵　霍家冲
王春灣　郭家崗
盧家山　龍灣
陳家大屋　雨蕉居
盧家灣　祁家畈
周家畚　嘴上灣
雞子山盧家　曲家畈
羅家河　分水嶺
戴世英灣　山半有泉滔滔不絕夏涼冬溫村人鑿

石爲池三上以茗中以炊下以浣
陳家河　楊二港
白石嘴　祝家畚
汪家河　王祥畈
方家畈　劉家田
戴家林　周十二灣
易家畚　椰林張家
蕭舉人畈　師家河
陳家堂灣（屋後爲程近甫大綈）　西樓家

羅家坡　陡山徐家
李忠恕灣　馬賢砦
沙河灣　汪家坪
墩王家　蔡地灣
董家屋基　龍潭畈
許家邊　梅村坊
栗林嘴　蔣家巷
李家堂灣　大田雷家
熊家田　繫馬冲

磯岸李家　洗手盆灣
鄒墩　邢橋方家
劉家砦　汪家冲村
磯岸耿家　包家岔
王家邊　大路余家
羅家畈　曾隆畈
貢貝灣　金場畈
姜吳家灣　烏石坡
沈家林　易家凹

姚家河　紅花冲
宋瑁畈　謝家店
許家畈　周家冲
況家畈　譚家畈
趙西灣　霍家冲
白石嘴　七家灣
七里崗　上莊畈
秦家冲　陳維海灣
李態灣　喻家樓

古墳林　龔家冲
許家邊　張家畈　張煜灣
甘家冲　詹家畈
周舉人畈　盧子冲
彭畈　秦家冲
王庚八灣　鄢昌畈
嚴家畈　尹家灣

以上秦仙鄉

萬槿園　曲蘿吳公所創也距城八里許有林泉之

勝記詳藝文　鍾石頭灣
蘿曲村　三箇曹門
土墩頭　驛丞砦
桂家畈　周家岔
閔家畈　毛張五灣
六家畈　界牌
雀家邊　江家箭樓
馬埠頭　板倉吳家
程家灣　五里橋畈

監生灣　李家崗
棗林灣　曾家畈
傅橋程家　舊灣
石門路　瓦蓋牆
八里灣　陡山吳家
施粥坡　戴家冲
牌樓岔　大金山
九個天井　小金山
一步三縣崗　王家畈

車埠村　王朝灣
葉家畈　林家大冲
涂家橋　許家畈
龍綱畈　吳仁畈
張家長冲　吳家冲
楊家田　夏家田
蕭家林　袁家畈
汪家橋　梅家田
千葉樓　盧家寨

殷家田　下屋
袁家上灣　徐家灣
清華隴　盧祖冲
獅子口　黃家凹
栢樹塘　劉家邊
大屋冲　頂山凹
四屋冲　周家冲
漢甫灣　油榨河
操家田　呂家凹

詹墻盧家　陡巖　王德灣
何家灣　壽毋橋
李家田　馬家崗
大院墻　盧贊甫灣
石頭嘴　戴家河
柯家田　天心畈
大屋畈　樓下
麻城界　周家沖
以上中和鄉

姜牌　西黄祖灣
新集　大屋灣
韭菜園　九龍沖
上徐家　土門沖
中徐家　吴家大灣　吴家崗
祁畈　吴家河　下徐家
姚馬寺　朱家畈
碾子張家　樓下灣
蔡胡家　井邊灣

新纂村店
熊家畈　大塘壪
烟墩　道人冢
松栢村　徐家田
留福沖　車家
顔鄒家　張家棚
涂家壪　張家崗
况家河　溜石板
席家崗　羅庄

栢樹壪　嚴庄
門前壪　方家壪
鷺鷥壪　蔡家壪
何家畈　祝家樓
以上係北鄉村
鄭家沖　毛家畈
黄才畈　劉城田
田舖壪　曾家崗
余黄田　曾家畈

石版沖　劉家沖
茶　畈　曾家田
張家砦
以上係西鄉村
油榨河　獅子口
曾王家　張八泗
鄒吏部壪　秦受益
下　屋　上李世達
郭十九　下李世達

鄒家山　四五樓
長馬林塝
以上係東鄉村
謝家壪　大劉家
桃家田　石頭壪
夏家砦　王槐壪
葉家河　波塘壪
杜家樓　祠塘壪
栢林壪

以上係南鄉村
翻車崗　五里橋
十里鋪　靠山店
北賀家崗　南賀家店
以上係北鄉店
北　崗　發兕橋
土門坳　靠山店
涼　亭　吳祖墩
高坡崗　王家店

以上係西鄉店
灘頭崗　唱鳳崗
杜家涼亭　研子崗
坐八店　板倉店
以上係南鄉店
北樓秋店　三里店
楊二河店　葉方河店
以上係東鄉店

舒楊家　砦上灣
范家田　新田
鄒家集　孟家冲
七里冲　施家畈
王家冲　師古墩
棗林畈　余家冲
熊家河　辛家冲
周家嘴　張家冲
華家灣　西張家

墳山凹　童張家
黃家樓　大院
李家樓　李家灣
金家大灣　三李家
以上灄源鄉

鎮店

桃花鎮　東距城三十里
龍頭橋店　距縣三十八里
尹家河鎮　東距城四十五里

三里店　距縣三里
五里墩店　距縣五里
陡坡河店　距縣八里
十里舖店　距縣十五里
明教堂店　距縣十八里
周家均店　距縣二十里
水口寺店　距城五十里
大屋店　距城五十五里
以上縣東之店

中和司鎮　南距城六十里
八里灣鎮　南距城七十里
九官店　距縣十里達麻城宋元郵傳
謝家店
楊二河店　距縣七里
吳家店　距縣五十里
董店　距縣五十里
馬埠頭　距縣六十里
以上縣東南之店

桃花店　距縣三十里　新董店
汪家店　距縣四十里
楠林舖店　距縣四十里
桂家畈店　距縣四十里
栗林店　距縣四十五里
五里橋店　距縣五十里
馬家井店　距縣八十里
以上縣南之店
崔家店　距縣十里

吳液店　距縣二十里
凉亭店　距縣二十五里
大義店　距縣三十里
楊二港店　距縣三十里
詹店　距縣三十里達黄陂
槐樹店　距縣四十里
張家店　距縣六十里達黄陂
施婆店　距縣七十里
何家新集　距縣八十里

艾家店　距縣八十里
以上縣西南之店
打鼓嶺店　距縣二十里達光山
古風嶺店　距縣三十里
喻家樓店　距縣五十里
以上縣東北之店
華家河鎮　距城四十五里
呂王城鎮　距城六十里
黄陂站鎮　距城九十里

七里坪鎮　距城四十里北接光羅南達江漢糧食
囤積之所一綫山溪不通舟楫而竹簰
往來絡繹後厄於水井市蕭條坪戶徐
武城方自愷潘大智沈大華王光斗等
締造招徠克復其舊
北三里店
長興店　距縣十里
阮家店　距縣十里
黎家店　距縣二十里達光山

雙城司店　距縣三十五里達光山
姑嫂二樹店　距縣三十里
白馬嘶河店　距縣三十里
碗米巖店　距縣六十里
棗林店　距縣六十里
以上縣北之店
涼水井店　距縣十五里
石嘴舖店　距縣三十里
賀家崗店　距縣二十五里

王家店　距縣四十里
鄢老店　距縣五十里
漢津站店　距縣五十里宋元郵傳今廢
盧店即盧家崗　距縣六十五里達羅山
雙山壘店　距縣九十里
以上縣西北之店

舖遞

額設舖司一十三名每舖相距十里至黃陂縣交界劉家舖黃岡縣交界三山舖出境

縣前舖　距十里舖十里
十里舖　距周家坳舖十里
周家坳舖　距桃花舖十里
桃花舖　距栗林舖十里
栗林舖　距柿林舖十里
柿林舖　距中和司舖十里
八里灣舖　距馬頭舖十里
中和司舖　距八里灣舖十里
太平舖　距高林舖十里

高林舖　距黃陂交界劉家舖十里黃岡交界三山舖十里

營汛　防城兵二十一名

旱汛　雙山壘　黃陂站　各防兵伍名

關津

金局關　在縣西北四十里亦曰金山關
大城關　在縣北九十里羅山界元世祖已未入此今廢
問有橋　距縣一里明天啓甲子邑人耿汝忩建在

杏花村口相傳王元之清明日過其地有借問酒家何處有牧童遥指杏花村之句故名

省耕橋　距縣一里

安樂橋　東關外

龍頭橋　距縣四十里

東山橋　耿艮木同姪開福募建

以上縣東之橋

白石橋　在魁星樓下

壽萱橋　距縣十里生員盧復先建

利涉橋　距縣十里

永安橋　距縣十五里嘉慶二十二年耿秉瑛劉金萬王文榜秦煥章陳志信江行健王鳳稔等募建

三多橋　距縣二十里

二里河橋　距縣三十里余朝富等募建

萬緣橋　距縣三十里在楊二港舉人鍾珥建

迎春橋　距縣四十里在苦竹港

銀錠橋　距縣五十里達省城元吳應澍建

孝子橋　距縣五十里孝子爲周曰昂

四余橋　距縣五十里

五里橋　距縣六十里在周孝子港口元吳應澍建

曲尺橋　距縣六十里

壽母橋　距縣七十里萬歷間盧氏重建

廣嗣橋　距縣七十五里由岐亭達黄陂孝感路生員盧兆豐募周怡盛重建

廣福橋　距縣　十里監生盧夢蓮盧中曉等募建

龍口砦橋　距縣七十五里盧紹唐盧士廉建

太平橋　距縣八十里元吳應澍建

以上縣南之橋

古堰橋　距縣十五里副榜王華平貢生王華炳建

新橋　距縣十五里王鳳雅王華珠王廷勇等倡建

觀音橋　距縣二十里王瑞美王孔達募建

老賓橋　距縣三十里　十里舖橋　名樂善邑十五里

富家橋　距縣五十里　龍頭橋　邑三十五里

霍家橋　距縣六十里　傅家程橋　邑五十里

滙源橋　距縣七十里進士盧尭臣建

冬青橋　距縣七十里舉人盧爾愷募建

萬壽橋　在尹家河北乾隆五十三年邑人孟道沅
孟道昇孟正鎰尹際隆等倡建

以上縣東南之橋

小藍橋　距縣七十里耿汝念建

遇仙橋　距縣十五里

通濟橋　距縣二十里縣丞王國佐建

王德橋　距縣三十里達黃陂邑人吳公紹鄭君昭
建

王德會河橋　里人王心燦施義田於橋建立茶亭以濟行路

行祠橋　距縣八十里僧繼朗募建

涂家橋　生員涂國翰等重建

以上縣西南之橋

黃石橋　距縣五里

皂角樹橋　距縣十里

姚家河橋　距縣十二里

新橋　距縣四十里界林寺僧省三重建

楊李家橋　距縣五十里

陳家橋　距縣六十里陳士林募建

七里坪橋　在坪南北頭

高橋　距縣二十里貢生吳之琬建舉人吳中理等
募修監生吳宇泰等重修石欄

周博士橋　距縣二十里

三定橋　縣南二十五里廩生熊楚熊庠生王之綱等募修

烏峰橋　距縣三十五里

以上縣西之橋

大石橋　距縣四十里達河南光山羅山二縣

高柳橋　距縣六十里

保嗣橋　子孫橋　在團陂河南趙載勳建

萬福橋　邑人戴之延募修

從心橋

如意橋俱邑人戴之燽募修

以上縣西北之橋

南門河官渡　在城南一里

東流渡　在縣北

中和官渡　在縣南

萬年茶　善士公設在高橋王德西砦三會交界處

旅人便之

清河渡 在八里灣上係陳謝葉劉四姓與衆姓設立

道路附

尹家河右側南北通衢有轉棚磜向南石山無路監生尹文秀捐貲開之來往稱便

新纂橋梁

中和司渡義渡 程兆祺謝映科謝明照捐建名曰永河

永家河 南北通衢向有石橋年久傾頹光緒庚辰孟立坦立碑光栢等募修費不足捐貲以成之

龍王廟 在縣北烟墩水口光緒五年黃梅雨募建

犁沖橋

存德橋

樂善橋 以上三橋均在縣北棗林畈係黃登雲黃金台熊協和募建

駟馬橋 在縣北熊家畈係熊錫典弼臣募建

聚星橋 在縣北翻車嶺南係陶兆芹募建

陡埠河義渡 距城八里係秦坤臣等倡首募建坤臣捐田一石秦謙祖捐田五斗郭姓捐田三斗厚質捐船屋基址一塊王姓捐綿地一塊秦熊鄢程阮胡公捐田三斗公置田一石八斗五升

轉棚橋 陂交界距城五十里

發兒橋 距城五十里

獅子口橋 距城四十五里黃姓修

永壽橋 距城四十五里黃阮修

鐵石橋 距城六十里

三孝橋　宋進士官統制孟以忠卒後子琰班璉三人扶柩至此重不行許建橋葬後捐貲修故名碑尚存

龍頭橋　在張元宗祠側通驛路往來地勢若龍頭故名

百籮坵橋　在葉油會係黃麻通衢耿惠颺仝衆募修置田一石六斗瓦屋五間以作歲修施茶之貲有碑

永壽橋　在石灰會李氏販雍正間庠生何志進建修至今後裔監生東漢美精美思呈政美相大與呈潤補葺不怠

盧祠橋　在方廟會徐開元盧坦履倡修

黃安縣志　建置卷十　橋樑　二

合纂砦堡

禮設掌固之職書垂慎固之文時逢兵燹居民避亂權得築砦防守安邑練團年久承官軍屢捷粵匪方靖議捻復興邑民各依村山築砦保衛身家亦遵上憲堅壁清野之計方今寰宇鏡清福享昇平隸斯土者無負嵎以梗化斯幸矣誌砦堡

黃楊砦　在縣北七十里楚豫交界地週環如壁上平衍宋元之季土人於此立寨避兵全活萬計事鐫天臺石壁近捻匪頻竄復重修避亂賊不敢犯保全無數

黑眼砦　遺址尚存相傳先年寇至山下眼皆黑砦賴以全故名下舞鳳山元樞密使趙元亮整所下建祠宇

江家村砦　程姓各村仝建

大寨山砦　縣南五十里為東南屏障

紫雲砦　縣東三十里安麻交界處明趙應璜築堡於此載前志近監生趙會璜會津武庠甘廷勳軍功趙建業等重建

銀山砦　邑西北四十五里陳友寶建

江家砦　監生薛席聘楊應山余姓仝建

卓坦山砦　知縣程常久倡建

清泉砦　縣南五十里元季孟維忠建

吳家砦　縣西三十里明季邑庠生吳載瑞建

鮑家砦　縣西南三十里

木城砦　縣北六十里抵河南

黃安縣志　地理卷一　砦堡　一

老君山砦縣北六十里上有田有寺有水其水三流三伏各響水潭傳有古劍一並並萊一塊有意尋之則不見　臺山砦縣北七十里　大勝山砦地界麻邑程姓世業明末程繼善建砦今廢近監生程尚榮等勸貲與近隣仝建

三角山砦縣東三十里耿普亨與侄孫淩雲仝衆修　清風砦縣東三十里衆姓建　二砦三角會

龍興砦即蜂子寺古刹山距城百里　社尖砦離城百里北通豫省南達陂孝等邑

紅花尖砦距城九十里　竹葉砦以上四砦在邑西北隸老山會

易城砦邑南二十五里平坂中土城高峙城外濠水深廣大旱不涸同治六年首士重建石城　天窩砦邑南十五里四面高昂中坦如窩故名東臨大河鄉因舊址重建

上獨山砦邑南二十五里四面峻峭　程河寺堡邑南二十里

王姥砦邑西南二十里以上五砦隸高橋會　詹店砦邑南三十里

程大屋堡翰林院孔目程鵬翰仝衆荷建

王子山砦邑南二十五里張王黃詹四姓倡建　門前灣堡程姓各祖及近隣仝建

清平砦生員袁瑞芝監生鍾兆奎胡中杰建　廣慶堡邑南九十里

獨山砦邑庠生胡近仁汪士杰監生胡慶仁建　人和砦生員胡元愷監生鍾林等建

橫山砦邑庠袁志孔胡玉珩等建

蓮花山砦監生程楚璜職員程兆祺貢生程立璋及程姓五材與近隣仝建

天井砦貢生劉克勳生員胡肇基建

陽臺山砦邑北四十里　燈籠山砦邑北四十里

永安山砦邑東北二十五里砦上供觀音像甚靈　哭山砦地連麻界監生程必成約族及近隣仝建

龍潭寺堡邑東北十五里二砦隸道安會　福安砦張煜村同山太學生張文雅仝衆建

傳董家堡監生董文潤督理同族建　傳橋程堡以上三砦邑東南隸傳左會

尾斗山砦程姓同衆建　西張元堡二砦邑東南隸松溪會

大塘山砦　鄂家砦二砦邑東隸陡墩會

公安砦建辛家老衆　安良堡見渤海山舊志誤作鞋山二砦隸張店會

清平堡建河家墩

清元砦邑西北六十里黃春楊等建　挹雲砦二砦在呂旺會

天心砦邑西北六十餘里源仰天窩貢生劉顯祖監生方以矩生員泰　八里灣堡八會立堡地當衝要

寶印山砦在紫潭會離城九十六里

釣烈秦光坦督修
太平橋砦距城八十八里邑東南
龍窩山堡城南八十里訓導夏懋修偕弟武舉聿修倡建
天鷺砦邑東三角會衆建
入和堡邑北四十里隸龍潭會
夏家砦城南八十五里夏姓建
廻龍堡
龍王山砦邑西北四十里同治元年訓導張屏山生員金孝元監生楊會川張開運等重修禦亂全活無算
石家堡
長竹山砦土墩會
應龍堡
洪界山砦西行會
普安砦江鍾張三姓首士倡建
宏冒山砦西砦會

永清砦塔兒會東距城六十里名光昱山
大成砦邑西三十里
磐安砦邑北三十里
藥壺砦
鵞口砦在柏林會
傅家砦姚氏專修
西陽砦江氏專修
獅子山砦戴氏專修
劉德砦距城八十八里
張家砦距城八十里
同安砦西林會距城三十五里庠生趙璧建
響鈴砦邑北七十里楚豫交界四圍險阻太學生劉海屏集族重建
七里坪新安砦上連光羅下通江漢地最扼要
筆架山砦土墩會楊煥廷生員江一心全衆建
謝家堡邑南九十里

按安邑自捻匪肆害鄉民所築砦堡甚夥兹據已報者纂入其未經報局者闕之可也

磨盤山砦邑南五十里補遺

新築砦堡

黃金砦城東十五里

抱雲砦呂旺會距城六十里

武聖砦羊角會距城六十里即古砦故址

萬山砦石灰會距城四十里庠生黃維祺與姪登瀛建

龍王砦在城北六十里

歸元砦

龍旺堡在蔡祠會

人和砦在上庄會

涂家壪砦在棗林會

安懷砦在棗林會

關王砦在東烟會李惇典建

古城砦城北三十里議敘八品李華庭與兄華潤弟華秀建

黃安縣志卷之三

知黃安縣事　朱錫綬　胡承組　主輯

學校志

學校

古者建國君民教學爲先學校之設釋奠祭菜恒於斯講學明倫恒於斯制莫重焉典莫隆焉安學在縣治西南自前明迄今規模始燦然大備俾邑人士以時習禮其間其相與觀感而奮興者當何如耶志學校

學宫前明嘉靖癸亥都御史谷中虚御史徐大壯督學吳文華檄同知袁福徵知縣林蔡建隆慶二年知縣李講增建隆慶五年知縣常正紀建尊經閣崇禎年間知縣趙利珍建啓聖祠

國朝康熙初年知縣蕭恒重修戟門康熙六年知縣張一躍重修正殿兩廡及龕座神主俎豆之屬皆備康熙三十六年知縣劉承啓重修正殿路臺兩廡戟門櫺星門石門照牆並建二横牆濬頖池維時勷其事者教諭宋希若訓導周國購鳩厥工者典史盧元吉

庠生耿宗坤約講王公祥蕭我先丁一倩馬純伯也

比來增置修學田以爲歲修之費附詳於後

學宮全式

大成殿四阿重屋刮楹達鄉正中一龕祀

至聖先師孔子位南向東西旁各一龕祀

四配下旁東西各一龕祀

十二哲殿外東廡西廡各同龕祀

先賢先儒

崇聖祠正中一龕南向祀

至聖先代旁東西各一龕祀

四配先代下東西各一龕祀兩廡

先儒先代今謹遵

欽定圖次載入

大成殿祀位圖

大成殿祀位圖

至聖先師孔子

復聖顏子　述聖子思子

宗聖曾子　亞聖孟子

先賢閔子　先賢冉子　先賢端木子　先賢仲子　先賢卜子　先賢有子

先賢冉子　先賢宰子　先賢冉子　先賢言子　先賢顓孫子　先賢朱子

兩廡先賢祀位圖

東廡四十位

[illegible]

西廡三十九位

[illegible]

兩廡先儒祀位圖

東廡三十一位

[illegible]

西廡三十位

[illegible]

大成殿正位

至聖先師孔子

東配

復聖顏子　漢永平十五年祀七十二弟子顏子位第一魏晉祀孔子均以顏子配唐貞觀二年以顏子爲先聖顏子配饗

述聖子思子　宋大觀二年從祀端平三年升列哲位咸淳三年配饗

西配

宗聖曾子　唐開元八年從祀宋咸淳三年配饗

亞聖孟子　宋元豐七年配饗

以上配位宋以前皆稱封爵元至順元年贈顔子兖國復聖公曾子郕國宗聖公子思子沂國述聖公孟子鄒國亞聖公明嘉靖九年改稱復聖顔子宗聖曾子述聖子思子亞聖孟子

國朝因之

東哲

先賢閔子 唐開元八年從祀

先賢冉子 唐開元八年從祀

先賢端木子 唐開元八年從祀

先賢仲子 唐開元八年從祀

先賢卜子 唐貞觀二十一年以經師從祀開元八年以十哲從祀

先賢有子 唐開元八年從祀 國朝乾隆三年升列哲位

西哲

先賢冉子 唐開元八年從祀

先賢宰子 唐開元八年從祀

先賢冉子 唐開元八年從祀

先賢言子 唐開元八年從祀

先賢顓孫子 唐開元八年從祀宋咸淳三年升列哲位

先賢朱子 宋建炎四年生慶元六年卒年七十一淳祐元年從祀 國朝康熙五十一年升列哲位

以上哲位宋以前皆稱封爵明嘉靖九年改稱先賢某子我

朝因之有子朱子升列哲位從一例

東廡先賢

先賢公孫僑 左傳魯襄公八年始見昭公八年卒 國朝咸豐七年從祀原西廡擬移東廡

先賢林放 唐開元二十七年從祀明嘉靖九年改祀於鄉 國朝雍正二年復祀原西廡擬移東廡

先賢原憲 唐開元二十七年從祀

先賢南宮适 唐開元二十七年從祀

先賢商瞿 唐開元二十七年從祀

先賢漆雕開 唐開元二十七年從祀

先賢司馬耕 唐開元二十七年從祀

先賢梁鱣 唐開元二十七年從祀

先賢冉孺 唐開元二十七年從祀

先賢伯虔 唐開元二十七年從祀

先賢冉季 唐開元二十七年從祀

先賢漆雕徒父 唐開元二十七年從祀

先賢漆雕哆 唐開元二十七年從祀

先賢公西赤唐開元二十七年從祀

先賢任不齊唐開元二十七年從祀

先賢公良孺唐開元二十七年從祀

先賢公肩定唐開元二十七年從祀

先賢鄡單唐開元二十七年從祀

先賢罕父黑唐開元二十七年從祀

先賢榮旂唐開元二十七年從祀

先賢左人郢唐開元二十七年從祀

先賢鄭國唐開元二十七年從祀

先賢原亢唐開元二十七年從祀

先賢廉潔唐開元二十七年從祀

先賢叔仲會唐開元二十七年從祀

先賢公西輿如唐開元二十七年從祀

先賢邽巽唐開元二十七年從祀

先賢陳亢唐開元二十七年從祀

先賢琴張唐開元二十七年從祀

先賢步叔乘唐開元二十七年從祀

先賢秦非唐開元二十七年從祀

先賢顏噲唐開元二十七年從祀

先賢顏何唐開元二十七年從祀明嘉靖九年罷國朝雍正二年復祀

先賢縣亶國朝雍正二年從祀

先賢牧皮國朝雍正二年從祀原西廡擬移東廡

先賢樂正克國朝雍正二年從祀

先賢萬章國朝雍正二年從祀

先賢周敦頤宋天禧元年生熙甯六年卒年五十七淳祐元年從祀

先賢陳顥宋明道元年生元豐八年卒年五十四淳祐元年從祀

先賢邵雍宋大中祥符四年生熙甯十年卒年六十七咸淳三年從祀

西廡先賢

先賢蘧瑗左傳曾襄公十四年始見卒年無考史記定公十四年孔子猶主蘧伯玉家其卒後於公孫僑蓋三十餘年唐開元二十七年從祀明嘉靖九年改祀於鄉　國朝雍正二年復祀

先賢澹臺滅明唐開元二十七年從祀原東廡擬移西廡

先賢宓不齊唐開元二十七年從祀

先賢公冶長唐開元二十七年從祀

先賢公皙哀唐開元二十七年從祀

先賢高柴唐開元二十七年從祀

先賢樊須唐開元二十七年從祀

先賢商澤唐開元二十七年從祀

先賢巫馬施唐開元二十七年從祀

先賢顏辛唐開元二十七年從祀

先賢曹卹唐開元二十七年從祀

先賢公孫龍唐開元二十七年從祀

先賢秦商唐開元二十七年從祀

先賢顏高唐開元二十七年從祀

先賢壤駟赤唐開元二十七年從祀

先賢后作蜀唐開元二十七年從祀

先賢公夏首唐開元二十七年從祀

先賢后處唐開元二十七年從祀

先賢奚容蒧唐開元二十七年從祀

先賢顏祖唐開元二十七年從祀

先賢句井疆唐開元二十七年從祀

先賢秦祖唐開元二十七年從祀

先賢縣成唐開元二十七年從祀

先賢公祖句茲唐開元二十七年從祀

先賢燕伋唐開元二十七年從祀

先賢樂欬唐開元二十七年從祀

先賢狄黑唐開元二十七年從祀

先賢孔忠唐開元二十七年從祀

先賢公西蒧唐開元二十七年從祀

先賢顏之僕唐開元二十七年從祀

先賢施之常唐開元二十七年從祀

先賢申棖唐開元二十七年從祀

先賢左邱明唐貞觀二十一年以經師從祀

先賢秦冉唐開元二十七年從祀明嘉靖九年罷國朝雍正二年復祀

先賢公明儀國朝咸豐三年從祀原東廡撥移西廡

先賢公都子國朝雍正二年從祀

先賢公孫丑國朝雍正二年從祀

先賢張載宋天禧四年生熙甯十年卒年五十八淳祐元年從祀

先賢程頤宋明道二年生大觀元年卒年七十五淳祐元年從祀

以上先賢位宋以前從祀者皆稱封爵明嘉靖九年改稱先賢某子周張程邵五子嘉靖時稱先儒崇禎十五年改稱先賢位在七十子之下漢唐諸儒之上

國朝俱稱先賢不稱子

東廡先儒

先儒公羊高 子夏弟子唐貞觀二十一年從祀

先儒伏勝 秦博士唐貞觀二十一年從祀

先儒毛亨 年無考受詩於荀卿以授毛萇按史記趙考烈王二十五年荀卿廢居蘭陵距漢興三十二年太平御覽引毛詩正義云荀卿授漢人魯國毛亨則是秦漢間人 國朝同治二年從祀

先儒孔安國 漢武帝時爲博士侍中唐貞觀二十一年從祀原西廡擬移東廡

先儒后蒼 漢宣帝時爲博士明嘉靖九年從祀

先儒鄭康成 漢永建二年生建安五年卒年七十四唐貞觀二十一年從祀明嘉靖九年改祀於鄉 國朝雍正二年復祀原西廡擬移東廡

先儒范甯 晉咸康五年生隆安五年卒年六十三唐貞觀二十一年從祀明嘉靖九年改祀於鄉 國朝雍正二年復祀原西廡擬移東廡

先儒陸贄 唐天寶十三年生永貞元年卒年五十二 國朝道光六年從祀

先儒范仲淹 宋端拱二年生皇祐四年卒年六十四 國朝康熙五十四年從祀

先儒歐陽修 宋景德四年生熙寧五年卒年六十六明嘉靖九年從祀

先儒司馬光 宋天禧三年生元祐元年卒年六十八咸淳三年從祀原西廡擬移東廡

先儒謝良佐 宋元豐八年進士生卒年無考與楊時同稱程門四先生 國朝道光二十九年從

祀

先儒羅從彥 宋熙寧五年生紹興五年卒年六十四明萬曆四十二年從祀

先儒李綱 宋元豐六年生紹興十年卒年五十八 國朝咸豐元年從祀原西廡擬移東廡

先儒張栻 宋紹興三年生淳熙七年卒年四十八景定二年從祀原西廡擬移東廡

先儒陸九淵 宋紹興九年生紹熙三年卒年五十四明嘉靖九年從祀原西廡擬移東廡

先儒陳淳 宋紹興二十三年生嘉定十年卒年六十五 國朝雍正二年從祀

先儒眞德秀 宋淳熙五年生端平二年卒年五十八明正統二年從祀原西廡擬移東廡

先儒何基 宋淳熙十五年生咸淳四年卒年八十一 國朝雍正二年從祀原西廡擬移東廡

先儒文天祥 宋端平三年五月二日生元至元十九年卒年四十七 國朝道光二十三年從祀

先儒趙復 生卒年無考以宋端平二年至北庭當列元儒之首 國朝雍正二年從祀原西廡擬移東廡

先儒金履祥 宋紹定五年生元大德七年卒年七十二 國朝雍正二年從祀原西廡擬移東廡

先儒陳澔 宋景定二年生元至正元年卒年八十一 國朝雍正二年從祀原西廡擬移東廡

先儒方孝孺 元至正十七年生明建文四年卒年四十六 國朝同治二年從祀

先儒薛瑄 明洪武二十二年生天順八年卒年七十六隆慶五年從祀原西廡擬移東廡

先儒胡居仁 明宣德九年生成化二十年卒年五十一萬曆十二年從祀

先儒羅欽順 明成化元年生嘉靖二十六年卒年八十三 國朝雍正二年從祀

先儒呂柟 明成化十五年生嘉靖二十一年卒年六十四 國朝同治二年從祀原西廡擬移東廡

先儒劉宗周明萬歷六年生國朝順治二年卒年六十八道光二年從祀原西廡擬移東廡
先儒孫奇逢明萬歷十二年生國朝康熙十四年卒年九十二道光八年從祀原西廡擬移東廡
先儒陸隴其明崇禎三年生國朝康熙三十一年卒年六十三雍正二年從祀原西廡擬移東廡

西廡先儒

先儒穀梁赤子夏弟子唐貞觀二十一年從祀
先儒高堂生秦末漢初人唐貞觀二十一年從祀
先儒董仲舒漢武帝初年對策爲江都相元至順元年從祀原東廡擬移西廡

先儒毛萇漢河間獻王博士當武帝時唐貞觀二十一年從祀
先儒杜子春漢永平初年年九十唐貞觀二十一年從祀原東廡擬移西廡
先儒諸葛亮漢光和四年生建興十二年卒年五十四國朝雍正二年從祀原東廡擬移西廡
先儒王通陳至德二年生隋義甯二年卒年三十五一作開皇二年生年三十七明嘉靖九年從祀原東廡擬移西廡
先儒韓愈唐大歷三年生長慶三年卒年五十七宋元豐七年從祀
先儒胡瑗宋湻化四年生嘉祐四年卒年六十七明嘉靖九年從祀
先儒韓琦宋大中祥符元年生熙甯八年卒年六十八國朝咸豐二年從祀原東廡擬移西廡
先儒楊時宋皇祐五年生紹興五年卒年八十三明宏治八年從祀原東廡擬移西廡

先儒尹焞宋熙甯四年生紹興十二年卒年七十二國朝雍正二年從祀
先儒胡安國宋熙甯七年生紹興八年卒年六十五明正統二年從祀
先儒李侗宋元祐八年生隆興元年卒年七十一明萬歷四十二年從祀原東廡擬移西廡
先儒呂祖謙宋紹興七年生湻熙八年卒年四十五景定二年從祀原東廡擬移西廡
先儒黃榦宋紹興二十二年生嘉定十四年卒年七十國朝雍正二年從祀
先儒蔡沈宋乾道三年生紹定三年卒年六十四明正統二年從祀原東廡擬移西廡
先儒魏了翁宋湻熙五年生嘉熙元年卒年六十國朝雍正二年從祀原東廡擬移西廡
先儒王柏宋慶元三年生咸湻十年卒年七十八國朝雍正二年從祀原東廡擬移西廡
先儒陸秀夫宋端平三年十月八日生祥興二年卽元至元十六年卒年四十四國朝咸豐九年從祀

先儒許衡宋嘉定二年生元至元十八年卒年七十三皇慶二年從祀
先儒吳澄宋湻祐九年生元元統元年卒年八十五明正統八年從祀嘉靖九年罷國朝乾隆二年復祀原東廡擬移西廡
先儒許謙元至元七年生後至元三年卒年六十八國朝雍正二年從祀原東廡擬移西廡
先儒曹端明洪武九年生宣德九年卒年五十九國朝咸豐十年從祀原東廡擬移西廡
先儒陳獻章明宣德三年生宏治十三年卒年七十三萬歷十二年從祀
先儒蔡清明景泰四年生正德三年卒年五十六國朝雍正二年從祀
先儒王守仁明成化八年生嘉靖七年卒年五十七萬歷十二年從祀原東廡擬移西廡

先儒呂坤明嘉靖十五年生萬歷四十六年卒年六十三國朝道光六年從祀
先儒黃道周明萬歷十三年生國朝順治三年卒年六十二道光五年從祀原東廡擬移西廡
先儒湯斌明天啟七年生國朝康熙二十六年卒年六十一道光三年從祀原東廡擬移西廡
以上先儒位明嘉靖以前從祀者皆稱封爵嘉靖九年
改稱先儒朱子
國朝稱先儒不稱子
路臺甃以石臺上下古柏枝葉茂美嘗有靈禽集焉
大成門高五雉容大扃七个舊志稱戟門今遵
大清通禮稱大成門

櫺星門石門三楹舊志靈星天田星也龍左角爲天
田星主穀王者以教養爲職故曰靈星俗作櫺云
又舊志載有石坊一座爲吳琳詹同鄒來學耿定
向耿定力五人坊今圮
泮池在櫺星門前廣可二畝甃以磚塡以石池植蓮
不常花是年花多則科名亦盛
照牆一座爲外屏左右附二橫牆與泮牆屬防參越
也
黌牆周數十丈高數仞東爲禮門西爲義路禮門上一門與學門通

正殿左首

崇聖祠圖

崇聖祠祀位圖

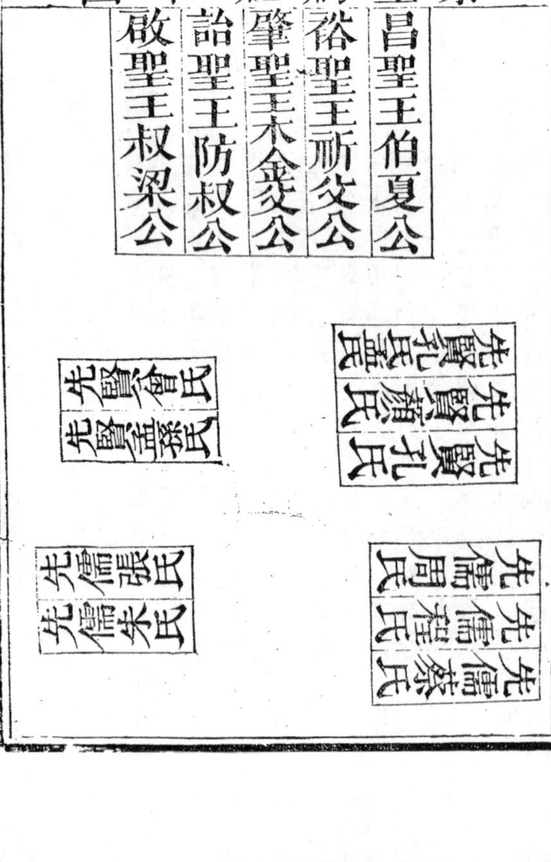

崇聖祠正位
肇聖王木金父公
裕聖王祈父公
詒聖王防叔公
昌聖王伯夏公
啟聖王叔梁公
以上正位明嘉靖九年於
大成殿後立啟聖祠祀叔梁公
國朝雍正元年

詔封孔子先世王爵合祀五代更名啟聖祠爲
崇聖祠今在大成殿在首
東配
先賢孔氏孟皮國朝咸豐七年配饗
先賢顏氏名無繇唐開元二十七年從祀明嘉靖九年配饗
先賢孔氏名鯉宋咸淳三年從祀明嘉靖九年配饗
西配
先賢曾氏名晳唐開元二十七年從祀明嘉靖九年配饗
先賢孟孫氏名激明嘉靖九年配饗

東廡先儒
先儒周氏名輔成年無考明萬曆二十三年從祀
先儒程氏名珦宋景德三年生元祐五年卒年八十五明嘉靖九年從祀
先儒蔡氏名元定宋紹興五年生慶元四年卒年六十四明嘉靖九年從祀
西廡先儒
先儒張氏名迪年無考國朝雍正二年從祀
先儒朱氏名松宋紹聖四年生紹興十三年卒年四十七明嘉靖九年從祀
以上先賢先儒位明嘉靖時稱先賢某氏先儒某氏
國朝因之

明倫堂在殿後五楹廣可九筵東勒臥碑庭前雙梧
蔚起蕭疎可愛
尊經閣在明倫堂後咸豐四年燬復修同治八年新
頒經史典籍於此珍藏焉
教諭署在明倫堂東內宅三楹外堂三楹旁隸一小
齋閣爲庭嘉木森植
訓導署在明倫堂西內宅三楹外堂三楹庭宇軒敞
學門三楹在禮門左內外皆墨飾
定稱

孔子封號唐開元時追謚爲文宣王宋真宗加封至聖文
宣王元武帝加封大成至聖文宣王明嘉靖八年稱
至聖先師後仍加稱文宣
國朝順治十四年稱
至聖先師孔子是爲定稱

贊文

康熙二十五年

御製孔子贊並序

盖自三才建而天地不居其功一中傳而聖人代宜其蘊有行道之聖得位以綏猷有明道之聖立言以垂憲此正學所以常明人心所以不泯也粤稽往緒仰遡前徽堯舜禹湯文武達而在上兼君師之寄行道之聖人也孔子不得位窮而在下秉删述之權明道之聖人也行道者勳業炳於一朝明道者教思周於百世堯舜文武之後不有孔子則學術紛淆仁義湮塞斯道之失傳也久矣後之人而欲探二帝三王之心法以爲治國平天下之準其奚所取衷焉然則孔子之爲萬古一人也審矣朕巡省東國謁祀闕里景企滋深敬摛筆而爲之

贊曰

清濁有氣剛柔有質聖人參之人極以立行著習察舍道莫由惟皇建極惟后綏猷作君作師垂統萬古曰惟堯舜禹湯文武五百餘歲至聖挺生聲金振玉集厥大成序詩删書定禮正樂既窮象繫亦嚴筆削上紹往緒下示來型道不終晦秩然大經百家紛紜殊途異趣日月無踰羹牆可晤孔子之道惟中與庸此心此理千聖所同孔子之德仁義中正秉彝之好根本天性庶幾夙夜勗哉令圖溯源洙泗景躅唐虞載歷庭除式觀禮器摛毫仰贊心焉遐企百世而上以聖爲歸百世而下以聖爲師非師夫子惟師於道統天御世惟道爲寶泰山巖巖東海泱泱牆高萬仞夫子之堂孰窺其藩孰窺其徑道不遠人克念作聖

康熙二十八年

御製四配贊

顏子贊

聖道早聞天資獨粹約禮博文不遷不貳一善服膺萬德來萃能化而齊其樂一致禮樂四代治法兼備用行

含藏王佐之器

曾子贊

洙泗之傳魯以得之一貫曰唯聖學在茲明德新民止善爲期格致誠正均平以推至德要道百行所基纘承統緒修明訓辭

子思贊

於穆天命道之大原靜養動察庸德庸言以育萬物以贊乾坤九經三重大法是存篤恭愼獨成德之門卷之藏密擴之無垠

孟子贊

哲人既萎楊墨昌熾子輿闢之曰仁曰義性善獨闡知言養氣道稱堯舜學屏功利煌煌七篇並垂六藝孔學攸傳禹功作配

御書匾額

康熙二十二年頒

御書萬世師表匾額

雍正三年頒

御書生民未有匾額

乾隆元年頒

御書與天地參匾額

嘉慶四年頒

御書聖集大成匾額

道光元年頒

御書聖協時中匾額

咸豐元年頒

御書德齊幬載匾額

同治元年頒

御書聖神天縱匾額

釋奠儀注

齋戒

歲春秋仲月上丁行釋奠禮承祭官分獻官暨陪祀官均致齋二日

具祝版

祭前一日具祝版恭書供殿內祝案

省牲

設香案於宰牲亭眡割牲官公服詣香案前上香遂

視宰宰人割牲以豆取毛血瘞於坎　按省牲在祭
前二日如眡牲之儀特視牲告牷而已此眡割牲在
將事之夕即瘞毛血事今通謂之省牲

陳設

先師位前帛一爵三牛一羊一豕一登一鉶二簠二簋二
籩十豆十鑪一鐙二尊一
四配位前每位帛一爵三羊一豕一鉶二簠二簋二籩
八豆八鑪一鐙二尊東西各一
十二哲位前每位帛一爵三鉶一簠一簋一籩四豆四

東西各羊一豕一鑪一鐙二尊一凡牲陳於俎凡帛
實於篚凡尊實酒疏布冪勺具設福胙於尊旁加爵一
兩廡二位同案每位爵一實酒每案簠一簋一籩四
豆四
先賢案前羊二豕二鑪一鐙二　先儒案前羊一豕
一鑪一鐙二尊具帛具虛爵六俎篚冪勺皆具
崇聖祠正位前每位帛一爵三羊一豕一鉶二簠二簋
二籩八豆八鑪一鐙二尊一　配位前每位帛一爵
三簠一簋一籩四豆四東西羊豕各一鑪一鐙一尊

一祠廡每位爵一實酒餘簠簋籩豆羊豕鑪鐙如
配位之儀帛具尊具俎篚冪勺皆具
設洗於階東設樂舞於殿外兩階金編鐘在東玉編
磬在西皆十有六應鼓一柷一敔一麾一琴六瑟四
簫六篴六篪四排簫二塤二笙六搏拊二旌二羽籥
三十有六以上陳設畢周省齍盛及籩豆登鉶之實
謂之省齍

辨位

承祭官拜位在階下讀祝受福胙拜位在殿中門檻

內分獻官拜位在甬道左右陪祀官在廟庭左右均
北面司祝一人立祝案西東面樂工歌工文舞六佾
於階上樂懸東西序立司帛司爵司尊各案立

崇聖祠祭儀禮節與大成殿同惟無歌舞

屆期四鼓贊引承祭官入祠垣左門詣階下盥手贊
就位引承祭官就位立贊迎
神引承祭官升東階入殿門左詣
肇聖王位前跪上香三上香畢俯伏興次詣左右正位前
跪上香儀同次詣配位前跪上香儀同次詣從位前

跪上香儀同贊復位引降階復位贊跪叩興引行三
跪九叩禮贊奠帛爵行初獻禮引承祭官升階詣中
案前跪司帛跪奉篚承祭官受篚拱舉以授司帛奠
於案司爵跪奉爵承祭官受爵拱舉以授司爵奠於
墊中俯伏興以次詣左右正位前跪奠帛獻爵儀同
贊就讀祝位引承祭官至殿中拜位跪讀祝畢行三
叩禮次詣配位前跪奠帛獻爵如儀次詣從位前跪
奠帛獻爵如儀贊復位引降階復位亞獻各獻爵於
左終獻各獻爵於右均如初儀贊徹饌各徹饌畢贊

送
神引行三跪九叩禮興贊送燎奉祝帛香饌至燎所贊眡
燎畢贊禮成仍由祠垣左門出

先師殿祭儀

雞初鳴各官豫集於大成門外致齋所均朝服昧爽
贊引承祭官自大成左側門入兩序分獻官兩廡分
獻官隨人至階東盥手詣拜位前陪祀官咸詣拜位
前序立贊就位引承祭官分獻官就位立贊迎
神樂奏昭平之章無舞凡歌辭俱詳於後司麾舉施工鼓柷樂作

引承祭官升東階入殿左門詣
先師香案前跪上香三上香畢俯伏興以次詣
四配位前跪上香儀同贊復位引承祭官降階復位初
迎
神時贊引東西序分獻官各一人升東西階入殿左右門
詣
十二哲位前跪上香畢俯伏興復位引兩廡分獻官東
西各二人分詣
先賢

先儒位前跪上香畢俯伏興均復位贊跪叩興引承祭
官分獻官暨陪祀官均興三跪九叩禮司麾偃麾工
戛敔樂止凡樂以舉麾鼓柷作以偃麾戛敔止後同贊奠帛爵行初獻禮
樂奏宣平之章司旌舉節舞羽籥之舞凡舞以節領之導引進退後同樂作贊引承祭官升階詣
先師位前跪司帛跪奉篚承祭官受篚拱舉以授司帛奠
於案司爵跪奉爵承祭官受爵拱舉以授司爵奠於
墊中俯伏興贊就讀祝位引承祭官至殿中拜位跪
分獻官暨陪祀官皆跪贊讀祝司祝跪讀祝訖贊叩

興引承祭官分獻官暨陪祀官均行三叩禮興引承
祭官詣
四配位前奠帛獻爵俯伏興贊復位引承祭官降階復
位次引兩序分獻官升東西階入殿左右門詣
十二哲位前跪奠帛獻爵俯伏興復位次引兩廡分獻
官分詣
先賢
先儒位前跪奠帛獻爵俯伏興均復位樂止贊行亞獻
禮樂奏秩平之章舞同初獻樂作引承祭官升階詣

先師暨四配位前奠爵於左如初復位兩序兩廡隨分獻
畢均復位樂止贊行終獻禮樂奏敘平之章舞同亞獻樂
作引承祭官升階奠爵於右如亞獻儀復位兩序兩
廡隨分獻畢均復位樂止贊飲福受胙引承祭官升
階至殿中拜位跪贊飲福爵一人自右遞福酒承祭
官受爵拱舉授左執事次受胙如飲福之儀三叩興
贊復位引降階復位贊謝胙承祭官分獻官暨陪祀
官均行三跪九叩禮興樂止贊徹饌奏懿平之章無
舞樂作徹畢樂止贊送

神奏德平之章無舞樂作承祭官分獻官暨陪祀官均行
三跪九叩禮興樂止贊送燎樂作奉祝帛香饌至燎
所贊眡燎引承祭官眡燎畢仍由左側門出樂止各
官皆退

祝文

崇聖祠祝文曰維某年月日某官某致祭於
肇聖王
裕聖王
詒聖王

昌聖王
啟聖王曰惟
王奕葉鍾祥光開聖緒盛德之後積久彌昌凡聲教所覃
敷率循源而溯本宜肅明禋之典用申守土之忱茲
屆春秋聿修祀事配以
先賢孔氏孟皮
先賢顏氏
先賢曾氏
先賢孔氏

先賢孟孫氏尚
饗
先師殿祝文曰惟某年月日某官某等致祭於
至聖先師孔子曰惟
先師德隆千聖道冠百王揭日月以常行自生民所未有
屬
文教昌明之會正禮和樂節之時辟雍鐘鼓咸恪薦於
馨香泮水膠庠益致嚴於籩豆兹當仲春秋祗率彝章
肅展微忱聿將祀典以

復聖顏子
宗聖曾子
述聖子思子
亞聖孟子配尚
饗
樂章
迎神樂奏昭平之章辭曰大哉孔子先覺先知與天
地參萬世之師祥徵麟紱韻答金絲日月既揭乾坤
清夷無舞

初獻樂奏宣平之章辭曰予懷明德玉振金聲生民
未有展也大成俎豆千古春秋上丁清酒既載其香
始升舞羽籥之舞
亞獻樂奏秩平之章辭曰式禮莫愆升堂載獻饗協
鼓鏞誠孚罍獻肅肅雍雍譽髦斯彥禮陶樂淑相觀
而善舞同初獻
三獻樂奏叙平之章辭曰自古在昔先民有作皮弁
祭菜於論思樂惟天牖民惟聖時若彝倫攸叙至今
木鐸舞均如初

徹饌樂奏懿平之章辭曰先師有言祭則受福四海
黌宮疇敢不肅禮成告徹毋疏毋瀆樂所自生中原
有菽無舞
送神樂奏德平之章辭曰凫嶧峩峩洙泗洋洋景行
行止流澤無疆聿昭祀事祀事孔明化我烝民育我
膠庠無舞
一八月二十七日恭遇
先師誕辰均致齋一日禁止屠宰禮部則例

陳設圖

先師位

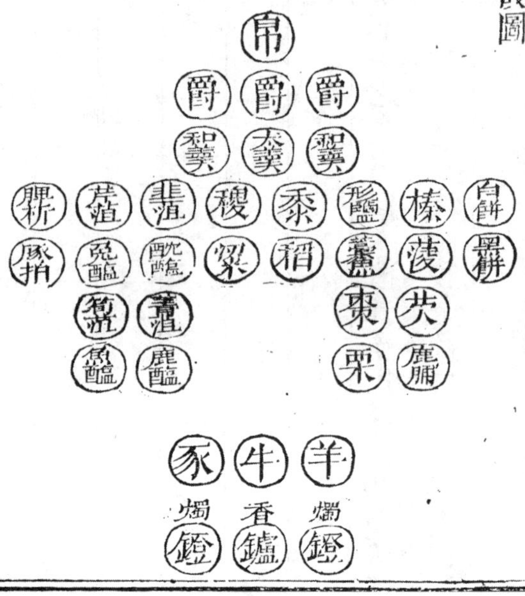

大成殿四配位　每位一案

十二哲兩廡陳設有每位每案之不同今未便繪圖

照通禮陳設位次推之可也

崇聖位

奏樂位次圖

樂記曰歌者在上匏竹在下貴人聲也鄉飲酒義升歌三終亦貴人聲之謂古人歌詩未嘗不彈琴瑟故書曰搏拊琴瑟以詠琴瑟亦從歌工在上

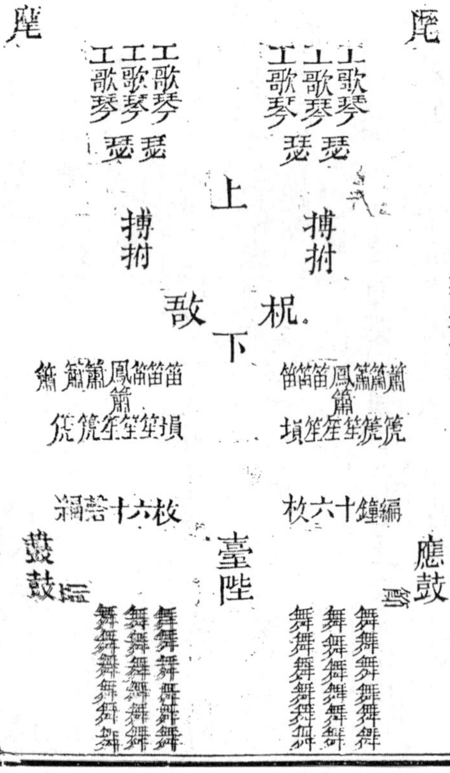

名宦祠三楹附大成左側門外歲春秋釋奠禮畢分
祭陳設與兩廡先儒同三叩詣香案前上香獻帛
俟讀祝文又三叩
祝文
維年月日某官致祭於
明承德郎袁公福徵
明文林郎應公存初
明佐仕郎周公天造
皇清提督湖廣通省學政按察司副使前禮科給事中

蔣公永修
皇清總督湖廣等處地方兼理糧餉太子太保兵部尚
書兼都察院右副都御史李公蔭祖
皇清巡撫湖廣等處提督軍務兵部左侍郎都察院右
副都御史石公琳
皇清總督湖廣等處軍務兼理糧餉兵部右侍郎都察
院右副都御史李公輝祖
吳公典
丁公士孔

郭公世隆　三公銜同上
皇清總督江南江西兵部尚書太子太保謚清端原任
黄州府知府于公成龍
皇清湖北布政使司任公風厚
皇清湖廣分守武昌道布政司參議劉公珩
皇清巡撫湖廣等處提督軍務歷任四川浙閩總督兵
部尚書加正一品劉公兆麒
皇清賜進士第中憲大夫知黄州府事加三品李公彦
瑁

皇清湖北布政使司張公聖猷
皇清中憲大夫知湖北黄州府事舒公士貴
皇清大冢宰前任黄州糧捕府宋公犖
皇清光祿大夫太子少保總督湖廣等處軍務兼理糧
餉謚清端楊公綜仁之神曰惟
公等職司民牧名著循良政洽士庶澤遺甘棠今屆仲
春秋謹以牲帛醴齍粢盛庶品式陳明薦尚　饗
鄉賢祠三楹附大成右側門外歲春秋釋奠禮畢分
祭陳設儀注與名宦同

祝文

維年月日某官致祭於

元徵君西山吳公應澍

明翰林學士兼吏部尚書詹公同

明吏部尚書吳公琳

明副都御史鄒公來學

明誥封御史耿公金

明林縣知縣方公民懷

明敕封奉政大夫四川按察使司僉事陶公采

明孝廉彭公台

明戶部尚書贈太子少保謚恭簡耿公定向

明兵部侍郎贈戶部尚書耿公定力

明禮部主客司主事吳公化

明御史督學京畿周公家棟

明處士盧公廷篪

明處士耿公定理

明進士永平府寧前衛推官盧公堯臣

明四川保寧府巴州知州擢陞監軍副使盧公爾惇

明文學吳公國宇

明誥封徵仕郎進中書科舍人秦公如容

皇清敕封浙江寧紹台道按察使司副使耿公應衡

皇清修職郎晋階一級吳公國寧

皇清敕贈文林郎　日講官起居注翰林院編修張公

百程

皇清勅贈文林郎隆昌縣知縣吳公之璜

皇清北直永年縣知縣盧公爾悌

皇清文學張公鵬翔之神曰惟

公等學貫天人才通政治德可表儀型堪矜式今届

仲春秋謹以牲帛醴齍粢盛庶品式陳明薦尚　饗

忠孝祠三楹附

崇聖祠垣外歲春秋釋奠禮畢分祭儀節與鄉賢同

祝文

維年月日某官致祭於

忠義孝弟之靈曰惟

靈稟賦貞純躬行篤實忠誠奮發貫金石而不渝義

聞宣昭表鄉閭而共式祇事懋彝倫之大性摯莪蒿

克恭念天顯之親情殷棣萼模楷咸推夫懿德
綸音特闡其幽光祠宇維隆歲時式祀用陳尊簋來格几
筵尚　饗

節孝祠三楹在學宮外與忠孝祠垣相屬歲春秋釋
奠禮畢分祭儀節與忠孝祠同

祝文

維年月日某官致祭於
節孝之靈曰惟
靈純心皎潔令德柔嘉矢志完貞全閨中之亮節竭

誠致敬彰閫内之芳型茹冰蘖而彌堅清操自勵奉
盤匜而匪懈篤孝傳徽
絲綸特沛乎殊恩祠宇昭垂於令典祇循歲祀式薦尊醪
尚　饗

土地祠向附學門右今改附
崇聖祠垣後亦曰福神祠

專祠在學宮外明知縣李公文芳請建特祀恭簡耿
公

祝文

維年月日某官致祭於
明戶部尚書贈太子少保謚恭簡耿公之神曰維
公性資端亮學識閎深立朝而式著風裁歸里而倡
明道學割三壤以建邑實賴贊襄招百藝以前民復
資經畫旣以金湯奠桑梓宜以祠宇報勳庸茲當仲春秋恭陳明薦尚　饗

德惠祠三楹在學宮外邑紳耿恭簡公爲前令應公
存初建名宦也

附修學田

康熙四十九年撥入僧梵池等田一十八石坐落梅
莊金井山靜養寺三處内有觀音庵一重亦坐落金
井山康熙四十九年邑紳張希良盧拱等呈請藩司
撥入學宮將每年租銀除完糧外餘爲修葺之費且
定花名爲修學田選紳士輪管而官稽其出納焉見省志並府志

續置田

乾隆二十三年置坐落胡家塆田壹石　三十一年
置坐落胡家河田貳斗伍升　三十五年置坐落静

土庵田陸斗貳升　三十七年置坐落大同庵田壹石壹斗伍升　乾隆二十五年至嘉慶七年共置坐落李家塆與汪家田共田貳石捌斗貳升　嘉慶二十五年又置坐落淨土庵共田壹石貳斗伍升

以上共增置田柒石零玖升　同治二年又加續置坐落李家塆田貳斗伍升

按名宦鄉賢各祠舊志載在諸祀今併入學校以歸劃一

書院

書院爲人文會聚之藪闔邑生童皆得以就學焉非廣置齋舍則不能容非多備田租則不能給非純儒宿學則不能爲之師安邑素多文人以理學名者相繼迭起在深岩邃谷中皆必有講學處豈于城市大觀之所獨可無書院乎因即義學舊制擴爲書院每月集生童官課捐給獎賞以廣義學所未逮云

萃英書院在縣治西北即義學也歲延名師主講置有田租以爲脩膳但租稞微薄豐歉所收不一其肄業生童尚無膏火惟每月官課捐廉以爲優獎之資焉

義學建置

乾隆間知縣段公紹宸戴公炯彭公瑞澂相次建講堂五楹又一重五楹爲生徒肄業之所乾隆二十四年知縣林公光祿於講堂右添建二重每重五楹乾隆三十四年知縣李公世護重新增建前一重五楹頭門一重照墻一座並買民間旁屋五間以爲齋舍未經修造

義學束脩

石灰會龍王山租穀貳拾叁石（外田貳畝付龍王山寺僧）東林會存德庵租穀捌石肆斗（外田壹畝付存德庵僧）東畑會天馬寺山南租穀拾叁石伍斗　王德會李家塆租穀捌石　塔兒會兩河口租穀伍石　低寺租穀壹石伍斗　華河會新橋伍石　高橋會黃荆凹地租錢壹千文　又袁姓地稞錢六百文　蔡祠會夏姓獻田壹斗每年壹石　外上庄會泉口寺田貳石租穀爲義學歲修（有碑）又永佳河租錢拾串正

洞龍書院　吳公心學講學處詳古蹟

天窩書院　耿恭簡公講學處詳藝文

天臺書院　耿恭簡公致仕後講學處詳藝文

子綦別業　盧公欽爻講學處詳古蹟

釣臺書屋　耿公子庸講學處詳古蹟

桃花書院　沙河王氏建詳古蹟

雲臺書院　知縣劉公承啓會課處詳古蹟

仙湖書院　知縣張公琮建在鰲峯亭下地扼城內水口屢爲河水所壞舊有田歲收租穀叁拾貳石

經管紳士存積以爲重修之費內撥龍神祠春秋祭費肆千叁百文餘詳古蹟

社學　在崇聖祠東基存

江汝社學　耿公汝愚建有序詳藝文

程鄉社學　詳古蹟

鼇峯別墅　仙湖書院與鼇峯亭俱圮前經管鄒聯奎重修鼇峯亭今亦圮　咸豐元年知縣許公賡藻諭經管余立豫重修書院正屋五楹前三楹左右二楹工竣許獎以詩中有精神週事後智慮熟機先之句易爲今名共有原遺續置田畝輸選經管收租存積爲重修歲修諸費

附原遺續置田

坐落柴家冲拾捌坵屋五間山地一所　陶家宕拾肆坵庄屋隙基各一所地四塊　陳家冲壹坵鄒家嘴拾貳坵　楊家冲四坵　培城塘四坵　賽山下貳坵　隗姓大冲叁坵　李侍逵玖坵　以上共田拾石捌斗肆升

嘉慶二十三年三月邑人余開先在郡具呈樂輸漕

平紋銀壹千兩存府各典壹分貳厘起息作黃安文童歲科兩考府院試卷價案據今因兵燹俱廢

按邑自耿公恭簡倡明理學嗣後名賢輩出代有其人迄今士服詩書俗敦禮讓間有嚚凌詬誶之習而一二老成人亦必爲之勸導而排解至於匹夫匹婦以節義著者尤指不勝屈亦可知

聖朝教化之隆入人深而感人者切矣

卧碑

順治九年奉

欽定條約八欵頒刻學宫卧碑

朝廷建立學校選取生員免其丁糧厚其廩餼設學院學道學官以教之各衙門官以禮相待全要養成賢才以供

朝廷之用諸生皆當上報

國恩下立人品所有條約開列於後

一生員之家父母賢智者子當受教父母愚魯或有

非爲者子旣讀書明理當再三懇告使父母不陷於危亡

一生員立志當學爲忠臣清官書史所載忠清事蹟務須互相講究凡利國愛民之事更宜留心

一生員居心忠厚正直讀書方有實用出仕必作良吏若心術邪刻讀書必無成就爲官必取禍患行害人之事者往往自殺其身常當思省

一生員不可干求官長交結勢要希圖進身若果心善德全上天知之必加以福

一生員當愛身忍性凡有司衙門不可輕入卽有切己之事止許家人代告不許干與他人詞訟他人亦不許牽連生員作証

一爲學當尊敬先生若講說皆須誠心聽受如有未明從容再問毋妄行辨難爲師者亦當盡心教訓毋致怠惰

一軍民一切利病不許生員上書陳言如有一言建白以違制論黜革治罪

一生員不許糾黨多人立盟結社把持官府武斷鄉

曲所作文字不許妄行刊刻違者聽提調官治罪

學額

歲試文生十五名　武生十五名

科試文生十五名

覃恩加廣七名

撥入府學無定額

廩膳生員二十名

歲貢生二年一名每逢

覃恩加廣一名

咸豐八年因防勦出力加永遠定額文武各二名
同治二年因捐輸經費加永遠定額文武各一名
同治三年因詹敬倫獻礮船加永遠定額文武各一名
同治四年因歷年辦團經費共十萬柒伯兩有零以貳萬兩暫廣文武各十名以八萬兩永遠定額加文武各八名

附録考棚賓興卷價歲修諸費

道光三十年考棚落成下餘欵錢柒千串存典每年按月壹分起息分作三項費用蔚華堂懸有章程咸豐四年二月因賊逼近將存典成本共欵錢柒千串並欵息錢伍百叁拾串分有力之家質以田約具領咸豐五年買庄田一所坐落李德灣共計捌石叁斗伍升經管收租均作各項費用悉載印簿所有出入帳目仝邑紳核算登記皆立有案

鄉飲酒禮

禮在近日或不常行不知賓主介僎有天地陰陽之象焉尊長養老實爲政教之本見於儀禮者爲經見於戴記者爲傳今

大清通禮載在嘉禮於學宮行之

京師則以順天府尹爲主人直省府州縣則以守牧令爲主人其儀節内外無殊式遵本之儀禮參之戴記有一定不可易者在也志鄉飲酒禮

歲孟春望日孟冬朔日於明倫堂行禮以正官爲主人以鄉之年高六十以上有德行者一人爲賓其次一人爲介又其次爲衆賓以教官一人爲司正以弟子員習禮者一人讀律令二人贊禮二人引禮二人司爵僚佐皆與

先一日司正率執事詣講堂肄儀布席列坐次如古制屆日質明宰牲具饌設尊實酒觶爵在尊北奉律令陳於中案既具主人及司正僚屬咸朝服入乃速賓介賓介盛服至庠立於庠門之外主人出迎賓三揖至階三讓以賓升再拜卽席次延介一讓升介升

拜如賓禮次揖衆賓賓長三人答揖皆就位賓席西北南向主席東南西向介西南與東北衆賓西席係屬東席
贊揚觶引司正詣堂中北面揖賓介以下皆答揖司爵酌酒於觶授司正司正揚觶而語曰恭惟
朝廷率由舊章敦崇禮教舉行鄉飲非爲飲食凡我長幼各相勸勉爲臣盡忠爲子盡孝長幼有序兄友弟恭內睦宗族外和鄉里無或廢墜以忝所生語畢贊飲酒司正立飲畢以觶授執事反於案揖賓介以下皆答揖司正復位司正位在主人之東北面與賓長三人之位對

贊讀律令引讀律令者就中案前北面立賓介主人以下咸起立旅揖如司正揚觶禮乃讀律令曰律令凡鄉飲酒序長幼論賢良高年有德者居上其次序齒列坐有過犯者不得干與違者罪以違制失儀則揚觶者以禮責之讀畢復位賓主以下皆坐
贊舉饌案執事者奉饌案於賓席次介次衆賓主人以下徧舉訖贊獻賓主人起離席詣賓席送爵稍退賓避席主人再拜賓答拜次獻介如獻賓之禮次獻衆賓之長者三人每獻一人主人揖賓長答揖皆復位執事者徧獻衆賓訖贊賓酢主人賓離席介及衆賓咸離席從詣主人席前拜送爵主人答拜如前儀復位皆坐
酒三行工升歌周詩鹿鳴之章卒歌笙奏
御製補南陔詩辭曰我逝南陔言陟其岵昔我行役瞻望有父欲養無由風木何補我逝南陔言陟其屺今我行役瞻望有母母也倚廬歸則寍止南陔有筍籜實句之孱孱孩提孰喫咻之愼爾温清潔爾旨肴今爾不養日月其慆間歌周詩魚麗之章笙奏

御製補由庚詩辭曰王庚便便東西朔南六符調燮八風節宣王庚容容朔南西東維敬與勤百王道同王庚廓廓東西南朔先憂而憂後樂而樂王庚悏悏南朔東西皇極孰建惟德之依乃合樂歌周詩關雎之章每歌一章必飲酒請饌以樂賓也卒歌工告備出執事者行酒主賓以下飲無算爵
贊徹饌衆起離席主人再拜賓介以下皆再拜贊送賓主人送賓於庠門外主賓東西相向三揖乃退

按戴記僎坐東北以輔主人僎讀爲遵是此鄉之人仕至大夫來助主人樂賓主人所榮而遵法者也其人不定有有亦不定來來亦常在後故儀禮曰賓若有遵者則旣一人舉觶乃入一人舉觶是旅酬之始將作樂時事也前此主人速賓及介而衆賓自從之主人拜賓及介而衆賓自入主人獻賓獻介獻衆賓儀節甚詳皆無一言及僎者以僎不在衆賓之數故不干主人正禮也學政全書載乾隆十八年議准訪紳士

之年高德劭者一人爲賓次爲介次爲衆賓皆由州縣詳報舉行其本地有仕至顯官偶居鄉里願來觀禮者依古禮坐於東北無則闕之不立一僎二僎三僎之名不入舉報之內據此則鄉飲之禮有僎爲全無僎亦無害於禮也

鄉飲酒爲五禮之一其賓必擇人能令觀者興起且雍容揖讓生人敬謹之心節奏和平靖人囂凌之氣一日之澤裨於風化者匪淺鮮矣奉行者當勿視爲具文耳

鄉飲酒禮圖

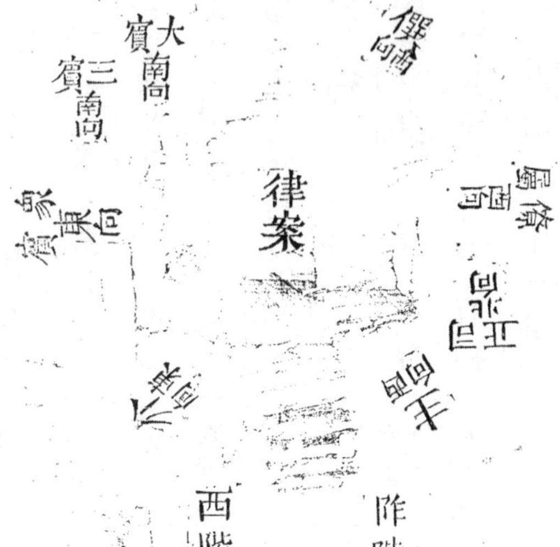

讀法

周禮州長黨正族師皆於月吉屬其民而讀法澹臺氏非公不至朱子注公事如飲射讀法之類是讀法固爲宰者之急務也

本朝功令于每月朔望宣講條約自綱常名教以至耕桑作息本末精粗公私鉅細無不悉備忝司邑宰敢不敬謹遵奉以求無負厥職歟志讀法

洪惟

聖祖仁皇帝仁育萬物義正萬民

特頒上諭十六條曉諭八旗及直省兵民人等曰
敦孝弟以重人倫
篤宗族以昭雍睦
和鄉黨以息爭訟
重農桑以足衣食
尚節儉以惜民財
隆學校以端士習
黜異端以崇正學
講法律以儆愚頑

明禮讓以厚風俗
務本業以定民志
訓子弟以禁非為
息誣告以全善良
戒匿逃以免株連
完錢糧以省催科
聯保甲以弭盜賊
解仇忿以重身命大哉
聖言萬世莫能易也雍正二年

世宗憲皇帝復尋繹其義推衍其文共得萬言名曰
聖諭廣訓意取顯明語從直樸使羣黎百姓曉然于
聖祖正德厚生之至意不敢視為條教號令之虛文共相
勉為謹身節用之庶人盡除夫浮薄嚚凌之陋習
旁徵遠引往復周詳化民成俗之務莫切於此
功令凡守土臣僚每月朔望會集軍民人等宣講其
直省各學政歲科考取進童生於覆試之日令敬
謹默寫嘉慶二十年禮部通行直省各學政嗣後
歲科兩試並貢監生錄科考遺並一體敬謹默寫

聖諭廣訓一二百字不能默寫者按文義遞降等級及斥
置不錄誨諭之嚴又如此夫士為四民之首而令
則親民之吏也生監身列膠庠自宜勤加肄習若
鄉曲小民未嘗學問非面命耳提安能領悟乎地
方官誠能實心奉行每月朔望會衆宣讀並多設
約講於各鄉村鎮就近敷陳以是為程勿久而怠
將田夫野老與聞孔壁之書僻壤窮鄉日警道人
之鐸父誡其子兄誡其弟互相砥礪勉為善良於
熙朝一道同風之治或有裨益也夫

黄安縣志卷之四

知黄安縣事朱錫綬 胡承組 主輯

祀典志

祀典

祀爲國之大事我
朝禮明樂備儀制周詳祀有日月昭其時也祀有方位昭其地也祀有陳設昭其品也煌煌鉅典君子於是乎觀禮焉志祀典

社稷壇　在演武場西南歲以春秋仲月上戊日致祭

前期主祭官陪祭官暨各執事均致齋三日祭之前夕眡割牲官公服詣香案前上香三叩禮畢遂割牲以豆取毛血瘞於坎祭日雞初鳴執事設案於壇正中北向陳鉶二簠二簋二籩四豆四案前設俎陳羊一豕一又前設香案一陳祝文香盤鑪鐙左設案陳篚一實帛二尊一爵六設福胙於尊爵之次設洗於階東漏未盡主祭官及陪祭官畢集入壇序位贊獻行禮儀節與
文廟釋奠同

祝辭

維某年月日某官某致祭於
社稷之神曰惟
神奠安九土粒食萬邦分五色以表封圻育三農而蕃稼穡恭承守土肅展明禋時屆仲春秋敬修祀典庶丸丸松柏鞏磐石於無疆翼翼黍苗佐神倉於不匱尚
饗

神祇壇　在南門外祀

雲雨風雷境內
山川
城隍之神歲以春秋仲月上戊日致祭屆期設案於壇正中南向
雲雨風雷神位居中境內
山川神位左
城隍神位右案陳鉶一簠二簋二籩豆各四案前設俎陳羊一豕一又前設香案一陳祝文香盤鑪鐙西設案陳帛七尊一爵二十有一福酒俎肉陳於

尊爼之次餘皆如

社稷壇儀

祝辭

維某年月日某官某致祭於

雲雨風雷

山川

城隍之神曰惟

神贊襄天澤福佑蒼黎佐靈化以流形生成永賴乘

氣機而鼓盪溫肅攸宜磅礴高深長保安貞之吉

憑依鞏固實資捍禦之功幸民俗之殷盈仰

神明之庇護恭修歲祀正值良辰謹潔豆籩祗陳牲

幣尚

饗

先農壇　在城東門外壇前耤田肆畝玖分歲以春仲

亥日致祭均如祭

社稷之禮祭畢耕耤

祝辭

維某年月日某官某致祭於

先農之神曰惟

神肇興稼穡立我烝民頌思文之德克配彼天念率育

之功當陳時夏茲當東作咸服先疇

洪惟

九五之尊歲舉

三推之典恭膺守土敢忘勞民謹奉彝章聿修祀事惟

願五風十雨嘉祥恒沐

神庥庶幾九穗雙岐上瑞頻書大有尚

饗

常雩　在演武塲下歲孟夏後雩祭陳設儀注同前若

間不雨及潦諏宜祀之辰具祝文臨時撰擬備牲牢籩

豆香帛尊爵鑪鐙率屬素服虔禱爲民請命旣應

而報朝服行禮亦如之

祝辭

維某年月日某官某致祭於

社稷

先農

山川之神曰恭膺

詔命撫育羣黎仰體
彤廷保赤之誠勸農勸稼俯惟蔀屋資生之本力穡
服田令甲爰頒肅舉祈年之典惟寅將事用申守
土之忱黍稷惟馨尚冀明昭之受賜來牟率育庶
俾豐稔於蓋藏尚
饗

文廟　歲春秋仲月上丁行釋奠禮詳學校

關帝廟在城東門外明末何副將建乾隆五十二年
前縣朱公梓新拜殿門樓各三楹嘉慶十三年前

縣李公榛暨邑人重加繕葺咸豐年間廟燬於賊
同治三年重修歲春秋仲月致祭禮儀如
文廟五月十三日致祭陳牛一羊一豕一果實五盤鑪
鐙具不設籩豆餘陳設及行禮儀節同

祝文

維某年月日某官某致祭於
忠義神武靈佑仁勇威顯護國保民精誠靖綏關聖帝君曰惟
帝浩氣凌霄丹心貫日扶正統而彰信義威震九州
完大節以篤忠貞名高三國
神明如在徧祀宇於寰區靈應丕昭薦馨香於歷代
屢徵異蹟顯佑羣生恭值仲春秋嘉辰遵行祀典筵
陳籩豆几奠牲醪尚
饗

廟右爲
崇聖祠祠殿內正中
光昭王左
裕昌王右
成忠王俱南嚮每位前各設一案陳帛一羊一豕一

鉶二簠簋各二籩豆各八尊一爵三鑪一鐙二行
三跪九叩禮五月十三日每案羊一豕一果實五
盤不設籩豆餘儀節同

祝辭

維某年月日某官某致祭於
關帝之
曾祖光昭王
祖裕昌王
父成忠王曰惟

王世澤貽庥靈源積慶德能昌後篤生神武之英甚
則歸覲宜享尊崇之報列王公之封爵
錫命優隆合三世之肇禋典章明備恭逢仲春秋諏吉祗
事薦馨尚
饗
文昌閣先在西南郊外諸水滙流之處康熙十五年
前縣徐秉仁移建於鶖峯對面樓五楹上塑
帝君像是後邑人屢加修葺乾隆五十三年爲河水
所淹復蠹於蟻嘉慶十三年前縣李榛同闔邑紳

士重修嘉慶六年奉
旨列入祀典並追祀
文昌先代歲春秋二祭禮儀陳設與
武廟同
祝辭
維某年月日某官某致祭於
文昌帝君之神曰惟
神蹟著西垣樞環北極六臣麗曜協昌運之光華累
代垂靈爲人文之主宰扶正久昭夫感召薦馨宜

致其尊崇茲屆仲春秋用昭祀事尚其歆格鑒此精
虔尚
饗
先代祝文
維某年月日某官某致祭於
文昌帝君
先代之神曰祭引先河之義禮崇反本之思矧夫世
德彌光延賞斯及祥鍾累代炯列宿之精靈化被
千秋緯人文之主宰是尊後殿用答前庥茲值仲

春秋肅將時祀用申告潔
神其格歆尚
饗
龍神祠在北關外舊寶藏庵邑人於庵前修祠三楹
塑龍神像歲春秋二祭爵三祝版一帛一羊一豕
一行三跪九叩禮咸豐年間燬於賊今重修
祝辭
維某年月日某官某致於
龍王之神曰惟

神德洋寰海澤潤蒼生永襄水土之平經流順軌廣
濟泉源之用膏雨及時績奏安瀾占大川之利涉
功資育物欣庶類之蕃昌仰藉
神庥宜隆報享謹遵祀典式協良辰敬布几筵肅陳
牲幣尚
饗

呂祖祠舊在城東久圮今奉祀於東城樓歲春秋二祭無祝版爵三祭品二十四行三跪九叩禮

城隍祠在城西南隅中爲堂後爲寢明萬歷元年建

國朝康熙四年知縣蕭公恒重新之康熙三十六年前縣劉公承啓再加修葺嘉慶年間邑人復爲修建規模宏敞左痘神廟右財神廟庭木森植翠影交加有井甚甘冽咸豐年間燬於賊同治三年重修

火王廟在城西乾隆間闔邑紳耆建道光元年重新之金剛寺田地租作僧燈膳鉄山穀十三石存公爲修葺之費

土主廟在東關外歲春秋二仲移祭爵三祝版一帛一羊一豕一行二跪六叩禮

厲壇　在城北郊歲三月寒食節七月望日十月朔日致祭前期守土官公服詣
城隍位前以祭厲告上香跪三叩興退至日所司陳羊三豕三米飯三石尊酒楮帛於祭所設燎鑪於壇南黎明禮生奉請
城隍神位入壇設於正中香案一鑪鐙具守土官公服詣
神位前三上香叩興復三叩興退執事者焚楮帛守土官詣燎爐前祭酒三爵退禮生仍奉

城隍神位還
神祇壇退

禜　於城西門每歲孟夏雩祭畢致祭爵三祝版一帛一羊一豕一行一跪三叩禮

祝辭

維某年月日某官某致祭於
城門之神曰
詔命臨民職司守土惟兆人之永賴並藉
神功冀四序之常調羣黎福應必使雨暘應候並占

物阜而民安庶其寒燠咸宜共慶時和而歲稔仰
靈樞之默運聿集嘉祥襄元化以流行俾無災害
尚
饗

福德祠　在縣署東馬王廟後祭以春秋二仲上戊
日用羊一豕一行一跪三叩禮

日月食救護
至日設香案於露臺上向日月所臨方位設金鼓
於儀門內初虧陰陽生以報衆官祗跪行禮長官

擊鼓三聲金鼓齊鳴救護食甚報行禮如之復圓
報行禮亦如之畢乃退

立春前一日迎春於東郊至期祭
芒神祝辭曰
惟
神職司春令德應蒼龍生意誕敷品彙萌達某等忝
牧是邑具禮迎新戴仰
神功育我黎庶尚
饗

歲端陽霜降祭
旗纛廟於教場設酒奠行一跪三叩禮
祝辭
惟
神忠義正直威武奮揚六師仰指顧之雄八表煥羽
儀之彩光華映日爽氣凝霜集英勇於白旄擁貔
貅於赤幟天地風雲之陣皆賴指揮朱元龍虎之
圖咸司號令戰必勝攻必取疆域以之奠安內無
虞外無患山河由此鞏固誠三軍之司命寔萬世

之長城某等欽承
簡命保障斯疆大事在戎不廢談兵樽俎農隙講武以
時振旅郊原茲臨端午霜降之辰宜修祭奠之典惟願
功高壁立長教四境民安
德重鷹揚永使三鄉盜息尚
饗

按治民事神有司之職安雖彈丸邑而壇壝在望
祠宇巍然神之所依民之所庇也敢曰跛倚以臨
歟

附各祠廟

魁星樓　在城東乾隆五十三年知縣朱梓建學宮文峯也樓四面懸額東曰三山鼎峙南曰五雲縹緲西曰鰲峯獨占北曰天台鵠立邑人吳天植捐田一石作歲修之費屬管理學田紳士經管咸豐四年神像爲賊所燬經管首士重修

馬王廟　在縣署東嘉慶二十五年重建

呂祖祠　在城東邑紳耿公建今廢

東嶽廟　在城東門外明時建道光元年重修邑人程秉儒捐燈田二石二斗咸豐年俱燬今復重修

三官殿　在城東南順治年建今廢

天后宮　在城東南即福建會館

萬壽宮　在城南即江西會館

玉皇閣　在城東南舊丙午庵

南極庵　知縣張國柱建西壁有公像捐田五斗又捐田五斗廟屋二重程光宇等重修今燬園址分明俱有案又程高秦李等續置牛皮地田一石緔夏姓同象續

延嗣閣　舊名如意庵香火頗盛　報恩寺　康熙年建

廣善庵　舊三義廟　廣慈庵　舊巳巳庵

黃安縣志卷之

知黃安縣事朱錫綬胡承組三輯

賦役志

户口

國家深仁厚澤子惠元元户口日蕃幾於人滿乃丁隨糧轉賦不加增蚩蚩者氓際昇平之盛樂化日之舒洵所謂千載一時歟志户口

户伍千捌百肆拾壹户

口柒萬玖千陸拾捌口

丁原額陸千貳百貳拾肆丁

太仙鄉貳千貳百玖拾柒丁每年除優免外科則不等每丁並加增等項派銀叁錢柒厘肆毫陸絲肆忽柒微伍塵捌渺　該徵銀柒百陸兩貳錢肆分陸厘伍毫叁絲貳忽肆微肆塵貳纖伍渺

中和鄉壹千陸百伍拾貳丁每年除優免外科則不等每丁並加增等項派銀叁錢肆分陸厘柒毫壹絲伍忽陸塵捌纖柒渺　該徵銀伍百柒拾貳兩柒錢柒分叁厘貳毫玖絲叁忽肆微陸塵

灄源鄉貳千貳百柒拾伍丁每年除優免外科則不等每丁並加增等項派銀壹錢玖分柒厘壹毫捌絲玖忽玖塵捌纖陸渺　該徵銀肆百肆拾捌兩

陸錢伍厘壹毫玖絲玖忽玖塵柒纖伍渺額徵丁銀壹千柒百貳拾柒兩陸錢貳分伍厘貳絲伍忽康熙四年豁免運夫八丁陸拾丁寔陸千壹百陸拾肆丁寔徵丁銀壹千柒百玖兩壹錢柒分柒厘壹毫叁絲玖忽玖微伍塵貳纖康熙貳拾伍年至伍拾年逐次編審增人丁十丁共陸千壹百柒拾肆丁共徵銀壹千柒百壹拾貳兩貳錢貳分柒厘肆毫捌絲柒忽柒微肆塵伍纖壹渺又彙同不在額徵丁銀以內之優免丁銀捌拾玖兩玖

分柒厘陸絲於雍正六年於丁隨糧派等事案內前督邁　前撫馬　會同
題准自雍正七年爲始丁隨糧派歸入闔省糧銀均攤帶徵每糧銀壹兩派徵丁銀壹錢貳分玖厘陸毫肆絲玖忽柒微貳塵叁纖壹渺叁漠捌茫陸沙肆灰陸漂柒銖肆溟玖爐以該縣寔徵糧銀扣算共該徵銀貳千陸拾伍兩玖錢陸厘玖毫貳絲貳忽捌微肆塵肆纖伍渺陸漠壹茫玖沙內除欽奉
上諭豁免重丁銀貳百陸拾肆兩伍錢捌分貳厘叁毫柒絲伍忽玖塵玖纖肆渺陸漠壹茫玖沙外寔徵丁銀壹千捌百壹兩叁錢貳分肆厘伍毫肆絲柒忽柒微肆塵伍纖壹渺乾隆四年
題准部覆允將各州縣應徵原額丁銀各就各本地情形各歸各項攤徵將該縣民賦每糧銀壹兩攤徵丁銀壹錢壹分捌厘貳毫肆絲陸忽陸微叁塵肆纖肆漠貳茫柒灰壹漂叁緇叁銖柒溟陸爐柒漢其自康熙伍拾伍年至乾隆叁拾壹年屢次編審增益生人丁壹千捌拾肆丁欽奉
恩詔永不加賦伍年編審人丁一次於乾隆叁拾柒年柒月內奉
上諭伍年編審不過沿襲虛文無裨寔政嗣後編審之例永行停止

按戶口稅以人則富強易於發脫貧弱或致逃亡任以地則田多者米多米多者丁多有一定之規無編審之擾盡美盡善以俟百世又何惑焉

田賦

科田制賦凡邑皆然黃安則有優於他邑者勢欠除無慮徭役之破家矣南糧折無憂搬運之糜費矣民生斯時宅爾宅田爾田長其子孫而已然猶有賦不早輸致煩徵比者殆利其利而不知也歟志田賦

原額田地塘共肆千捌百壹拾貳頃玖拾肆畝伍

分貳厘內除撥歸更名田地塘貳百貳頃伍拾捌畝伍厘於書後更名項下開載外實
田地塘肆千陸百壹拾頃叁拾陸畝肆分柒厘內
原額田肆千貳百玖拾叁頃貳拾壹畝陸分叁厘
陸毫內
太仙鄉上田叁百伍拾伍頃柒拾叁畝玖分玖厘陸
毫每畝科秋糧民米叁升肆勺捌抄肆撮壹圭肆粒肆粟該米壹千捌拾肆
石肆斗肆升貳合捌勺叁抄捌撮每石並加增等項派銀壹兩貳
錢貳分伍厘柒毫陸絲伍忽叁塵貳纖壹渺貳漠該銀壹千叁百貳拾玖
兩貳錢柒分貳厘壹毫壹絲壹微伍塵捌纖每畝科全

官米叁升柒合伍勺貳抄肆圭柒粒捌粟該米壹千叁百叁拾肆石柒
斗伍升叁合叁勺肆抄柒撮秋糧內派每畝科夾官米壹合捌勺壹撮
柒粒伍粟該米陸拾肆石柒升壹合肆勺伍抄入秋糧內帶派
每畝科夏稅小麥陸抄捌撮叁粒壹粟該麥貳石肆斗貳升壹勺叁
抄伍撮陸圭每畝科夏稅絲貳分貳毫柒絲壹忽柒微貳塵叁纖伍渺該絲肆
拾伍觔壹兩壹錢伍分陸厘貳毫壹絲壹忽入秋糧內
帶派每畝科桑絲柒毫肆絲伍忽柒微捌塵貳渺該絲壹觔壹拾兩伍錢
叁分肆毫陸絲陸忽入秋糧內帶派
中田陸百柒拾貳頃伍拾捌畝柒厘捌毫每畝科秋糧民

米貳升叁勺該米壹千叁百陸拾伍石叁斗叁升捌合
玖勺捌抄每石照前則例該銀壹千陸百柒拾叁兩伍錢
捌分肆厘柒毫柒絲捌忽玖微每畝科全官米貳升陸合該米
壹千柒百肆拾捌石柒斗壹升入秋糧內帶派每畝科夾官米壹合
貳勺該米捌拾石柒斗玖合柒勺入秋糧帶派每畝科小麥肆抄該
小麥貳石陸斗玖升叁勺貳抄叁撮入秋糧內帶派每畝科夏
稅絲壹分肆厘該絲伍拾捌觔壹拾叁兩陸錢壹分叁厘
壹毫秋糧內帶派每畝科桑絲陸毫該絲貳觔捌兩叁錢伍分肆
厘捌毫肆絲柒忽秋糧內帶派

下田陸百肆拾伍頃柒畝叁分玖厘每畝科秋糧民米壹升伍
合貳勺該米玖百捌拾石伍斗壹升貳合叁勺叁抄
每石照前則例該銀壹千貳百壹兩捌錢柒分柒厘柒毫
貳絲柒忽捌微肆塵捌纖陸渺每畝科全官米壹升玖合壹勺該
米壹千貳百叁拾貳石玖升壹合壹勺肆抄玖撮
入秋糧內帶派每畝科夾官米玖勺該米伍拾捌石伍升陸合陸勺
伍抄秋糧內帶派每畝科夏稅小麥叁抄叁撮該麥貳石壹斗貳升捌
合柒勺肆抄肆撮入秋糧內帶派每畝科夏稅絲壹分叁毫該絲肆拾
壹觔捌兩肆錢貳分陸厘壹毫壹絲壹忽秋糧內帶派每

畝科桑絲伍毫該絲貳觔貳錢伍分叁厘柒毫入秋糧內帶派

山鄉田肆拾貳頃貳拾玖畝柒分叁厘每畝科秋糧民米壹升貳勺該米肆拾叁石壹斗肆升叁合貳勺肆抄陸撮每石照前則例該銀伍拾貳兩捌錢捌分叁厘肆毫捌絲貳忽柒微陸塵叁纖叁渺每畝科全官米壹升貳合捌勺該米伍拾肆石壹斗肆升伍勺肆抄肆撮秋糧內帶派每畝科夾官米陸勺該米貳石伍斗叁升柒合捌勺叁抄捌撮秋糧內帶派每畝科小麥貳抄該麥捌升肆合陸勺秋糧內帶派每畝科夏稅絲柒厘該絲壹觔壹拾叁兩陸錢捌厘壹毫貳絲秋糧內帶

派每畝科桑絲叁毫柒微肆纖該絲壹兩貳錢柒分壹厘玖毫貳絲入秋糧內帶派

中和鄉上田肆百叁拾玖頃壹拾壹畝叁分捌厘貳毫每畝科秋糧米肆升陸合柒勺叁抄柒圭伍粒該米貳千伍拾貳石壹升壹合捌勺貳抄捌撮每石並加增等項共派銀捌錢肆分捌厘陸毫肆絲伍忽叁微叁塵伍纖肆渺貳莫該銀壹千柒百肆拾壹兩肆錢叁分貳毫陸絲陸忽陸塵柒分每畝科全官米捌勺叁抄壹撮伍圭該米叁拾陸石伍斗壹升肆合壹勺壹抄叁圭入秋糧內帶派每畝科夾官米壹勺玖抄陸撮捌圭壹粒貳粟該米捌拾叁石貳斗玖升壹合陸勺叁抄捌撮捌圭秋糧內帶派每畝科小麥陸勺壹抄伍撮壹圭伍粒伍粟該麥貳拾柒石壹升貳合壹勺肆抄玖撮叁圭秋糧內帶派每畝科夏稅絲貳分捌厘捌絲肆忽柒微貳塵貳纖貳渺該絲柒拾柒觔壹兩貳錢貳分捌厘玖毫陸絲捌忽入秋糧內派每畝科桑絲陸毫貳絲柒忽伍微捌塵肆纖叁渺該絲壹觔壹拾壹兩伍錢伍分捌厘玖絲柒忽秋糧內帶派

中田伍百伍拾貳頃玖拾伍畝捌分壹厘肆毫每畝科秋糧民米叁升壹合貳勺該米壹千柒百貳拾伍石貳斗貳升玖合肆勺每石照前則例該銀壹千肆百陸拾肆兩壹

錢柒厘柒毫玖絲叁微貳塵伍纖每畝科全官米伍勺伍抄該米叁拾石肆斗壹升貳合陸勺玖抄柒撮柒圭入秋糧內帶派每畝科夾官米壹合貳勺陸抄該米陸拾玖石陸斗柒升貳合柒勺叁抄秋糧內帶派每畝科小麥叁勺玖抄伍粟該小麥貳拾貳石伍斗陸升伍合叁勺陸抄柒撮伍圭每畝科夏稅絲壹分捌厘捌毫該絲陸拾肆觔壹拾伍兩伍錢陸分壹厘叁毫秋糧內帶派每畝科桑絲肆毫貳絲該絲壹觔柒兩貳錢貳分肆厘貳毫肆絲貳忽入秋糧內帶派

下田伍百伍頃玖拾玖畝貳分柒厘貳毫每畝科秋糧民

米貳升叁合肆勺該米壹千壹百捌拾肆石貳升叁合每石
照前則例該銀壹千肆兩捌錢壹分伍厘伍毫玖絲柒
忽叁塵陸纖肆渺每畝科全官米肆勺玖撮玖圭玖粒該米貳拾石
柒斗肆升伍合叁勺秋糧內帶派每畝科夾官米玖勺肆抄該米肆
拾柒石伍斗陸升叁合叁勺壹抄陸撮秋糧內帶派每畝科
小麥貳勺叁抄該麥壹拾壹石陸斗叁升柒合捌勺叁抄
貳撮伍圭秋糧內帶派每畝科夏稅絲壹分肆厘壹毫該絲肆拾肆觔
玖兩肆錢肆分玖厘叁毫秋糧內帶派每畝科桑絲叁毫該絲壹
拾伍兩壹錢柒分玖厘捌毫捌絲貳忽入秋糧內帶派

山鄉田壹拾玖頃柒拾貳畝陸分壹厘伍毫每畝科秋
糧民米壹升伍合陸勺該米叁拾石柒斗柒升貳合捌勺每石照前
則例該銀貳拾陸兩壹錢壹分伍厘貳毫肆絲肆忽
伍微柒塵四渺每畝科全官米貳勺柒抄該米伍斗叁升貳合
陸勺陸撮秋糧內派每畝科夾官米陸勺叁抄該米壹石貳斗肆升
壹合柒勺伍抄秋糧內帶派每畝科夏稅小麥壹勺柒抄肆撮玖圭叁粒該麥
叁斗肆升伍合柒抄每畝科夏稅絲玖厘肆毫該絲壹觔貳兩
伍錢肆分貳厘陸毫每畝科桑絲貳毫該絲叁錢玖分肆
厘伍毫貳絲叁忽俱入秋糧內帶派

灄源鄉上田貳百貳拾叁頃貳拾肆畝叁分肆厘每畝
科秋糧民米肆升叁合肆勺陸抄叁撮叁圭捌粒陸粟該米玖百柒拾石貳
斗玖升壹合肆勺貳抄肆撮除撥歸更名田肆拾玖頃肆拾畝捌分米
貳百壹拾肆石柒斗四升肆合於書後更名項下開載外實田壹百柒拾叁頃
捌拾叁畝伍分肆厘實民米柒百伍拾伍石伍斗
肆升柒合肆勺貳抄肆撮每石並加增等項派銀捌錢捌分柒厘陸毫伍
絲柒忽叁纖柒渺陸漠該銀陸百柒拾兩陸錢陸分陸厘玖
毫陸絲貳忽伍微捌塵柒纖每畝科全官米壹合貳勺柒抄伍撮陸圭
柒粒玖粟該米貳拾捌石肆斗柒升捌合柒勺捌撮肆

圭八秋糧內帶派每畝科夾官米玖抄伍撮肆圭壹粒陸粟該米貳石壹斗叁
升壹勺壹抄壹撮八秋糧內帶派每畝科小麥壹勺伍抄陸撮柒圭柒粒陸粟
該麥叁石肆斗玖升玖合玖勺叁抄壹撮陸圭柒
粒每畝科夏稅絲貳分柒厘陸毫伍絲捌忽伍微陸塵叁纖叁渺該絲叁拾捌觔
玖兩肆錢伍分玖厘壹毫柒絲肆忽每畝科桑絲陸毫壹忽肆
微肆塵肆渺該絲壹拾叁兩肆錢貳分陸厘柒毫陸絲
壹忽俱八秋糧內帶派
中田肆百玖頃玖拾柒畝伍分捌厘貳毫每畝科秋糧民
米貳升玖合該米壹千壹百捌拾捌石玖斗叁升除撥歸更

名田伍拾柒項貳拾捌畝玖分柒厘捌毫米壹百陸拾陸石壹斗肆升於書後更名項下開載外
實田叁百伍拾貳項陸拾捌畝捌分肆毫實民米
壹千貳拾貳石柒斗玖升每石照前則例該銀玖百柒兩
捌錢捌分陸厘柒毫壹絲叁忽伍塵捌纖每畝科全官米
捌勺伍抄該米叁拾肆石捌斗肆升柒合玖勺肆抄伍
撮八秋糧內帶派每畝科夾官米陸抄該米貳石肆斗伍升玖合捌
勺伍抄伍撮秋糧內帶派每畝科小麥玖抄壹撮該麥叁石柒斗叁
升柒勺捌抄每畝科夏稅絲壹分伍厘陸毫該絲叁拾玖觔壹拾
伍兩伍錢陸分玖毫肆絲捌忽每畝科桑絲叁毫叁絲該絲

壹拾叁兩伍錢貳分玖厘貳毫貳忽俱八秋糧內帶派
下田叁百玖拾頃柒拾叁畝伍分壹厘柒毫每畝科秋
糧民米貳升壹合玖勺柒抄壹撮捌圭伍粒該米捌百伍拾捌石伍斗
壹升柒合肆勺除撥歸更名田肆拾玖頃柒拾柒畝貳分叁厘米壹百壹拾柒石柒
斗肆升伍合於書後更名項下開載外實田叁百肆拾頃玖拾陸畝
貳分捌厘柒毫實民米柒百肆拾石柒斗柒升貳
合肆勺每石照前則例共派銀陸百伍拾柒兩伍錢伍分
壹厘捌毫玖忽柒微捌塵壹纖貳渺每畝科全官米陸勺叁抄
該米貳拾肆石陸斗壹升陸合叁勺壹抄壹撮秋糧

內帶派每畝科夾官米伍抄該米壹石玖斗伍升叁合陸勺柒
抄陸撮秋糧內帶派每畝科小麥柒抄該麥貳石柒斗叁升伍合
壹勺伍抄每畝科夏稅絲壹分壹厘柒毫該絲貳拾捌觔玖兩壹
錢陸分壹毫伍絲每畝科桑絲貳毫伍絲該絲玖兩柒錢陸
分捌厘叁毫捌絲秋糧內帶派
山鄉田叁拾伍頃柒拾柒畝玖分貳厘每畝稅秋糧民米壹
升肆合伍勺該米伍拾壹石捌斗柒升玖合捌勺肆抄
除撥歸更名田玖頃壹拾貳畝壹分貳毫米壹拾叁石叁斗貳升肆合於書後更名項下開載外
實田貳拾陸頃陸拾伍畝捌分壹厘捌毫實民米

叁拾捌石伍斗伍升伍合捌勺肆抄每石照前則例該銀
叁拾肆兩貳錢貳分肆厘叁毫捌絲壹忽玖微陸
塵玖纖每畝科全官米肆勺貳抄該米壹石伍斗貳合柒勺叁
抄秋糧內帶派每畝科夾官米叁抄貳撮該米壹斗壹升肆合肆勺
玖抄叁撮伍圭秋糧內帶派每畝科小麥肆抄伍撮該麥壹斗陸升
壹合陸撮肆圭每畝科夏稅絲柒厘捌毫該絲壹觔壹拾壹兩
玖錢柒厘柒毫柒絲陸忽每畝科桑絲壹毫陸絲玖忽壹微陸塵叁纖
該絲陸錢伍厘貳毫肆絲陸忽肆微入秋糧內帶派
原額地貳百陸拾肆頃叁拾叁畝肆分伍厘肆毫內

太仙鄉地壹百貳拾柒頃叁拾叁畝叁分柒厘每畝科秋
糧民米壹升貳勺該米壹百貳拾玖石捌斗捌升叁勺柒
抄肆撮每石照前則例該銀壹百伍拾玖兩貳錢貳厘捌
毫壹絲壹忽伍微陸塵壹纖每畝科全官米壹升貳合捌勺該米
壹百陸拾貳石玖斗捌升柒合壹勺叁抄陸撮每畝
科夾官米陸勺該米柒石陸斗肆升貳抄貳撮每畝科小麥貳抄
該麥貳斗伍升肆合陸勺陸抄柒撮肆圭每畝科夏稅絲
柒厘貳毫壹絲肆忽壹微叁塵肆纖貳渺該絲伍觔壹拾壹兩捌錢陸
分貳毫伍絲叁忽每畝科桑絲叁毫該絲叁兩捌錢貳分

壹絲壹忽俱入秋內帶派

中和鄉地伍拾柒頃壹拾捌畝捌分陸厘每畝科秋糧民米壹
升伍合陸勺該米捌拾玖石貳斗壹升肆合貳勺貳抄
每石照前則例該銀柒拾伍兩柒錢壹分壹厘貳毫陸絲
貳忽叁微陸塵伍纖捌渺每畝科全官米貳勺柒抄該米壹石
伍斗肆升肆合壹勺每畝科夾官米陸勺叁抄該米叁石陸斗
貳合捌勺捌抄貳撮秋糧帶派每畝科小麥壹勺玖抄該麥壹石
捌升陸合伍勺捌抄每畝科夏稅絲壹分玖絲玖忽肆微肆塵該絲叁
觔玖兩柒錢伍分柒厘貳毫捌絲肆忽每畝科桑絲貳毫

該絲壹兩壹錢肆分叁厘柒毫柒絲貳忽入秋糧內帶派

灄源鄉地柒拾玖頃捌拾壹畝貳分貳厘肆毫每畝科秋
糧民米壹升肆合伍勺該米壹百壹拾伍石柒斗貳升柒合
柒勺肆抄捌撮除撥歸更名地壹拾貳頃肆拾玖畝貳分捌厘米壹拾捌石壹斗壹
升肆合肆勺壹抄貳撮於書後更各項下開載外實地陸拾柒頃叁拾壹
畝玖分肆厘肆毫實民米玖拾柒石陸斗壹升叁
合叁勺叁抄陸撮每石照前則例該銀捌拾陸兩陸錢肆
分柒厘壹毫叁絲肆忽陸微肆塵伍纖肆渺每畝科全
官米肆勺貳抄該米叁石叁斗伍升貳合壹勺壹抄肆撮

捌圭秋糧內帶派每畝科夾官米叁抄貳勺該米貳斗伍升伍合肆
勺秋糧內帶派每畝科小麥肆抄伍撮該麥叁斗伍升玖合壹勺伍
抄伍撮壹圭每畝科夏稅絲捌厘叁毫捌微貳塵叁纖貳渺該絲肆觔貳
兩貳錢伍分柒毫叁絲每畝科桑絲壹毫陸絲該絲壹兩貳
錢柒分陸厘玖毫玖絲五忽捌微俱入秋糧內派

原額塘貳百伍拾伍頃叁拾玖畝肆分叁厘內

太仙鄉塘壹百貳頃陸拾壹畝肆分久厘每畝科秋糧米壹升
伍合叁勺柒圭該米壹百伍拾柒石柒合玖勺柒抄每石照前
則例該銀壹百玖拾貳兩肆錢伍分肆厘捌毫柒絲

柒忽玖微玖塵叁纖叁渺每畝科全官米壹升玖合壹勺該米壹百玖拾伍石玖斗玖升肆合肆勺陸抄秋糧內派徵每畝科夾官米玖勺該米玖石貳斗叁升伍合叁勺肆抄秋糧內派徵每畝科小麥叁抄叁撮該麥叁斗叁升捌合陸勺叁抄每畝科夏稅絲壹分叁毫叁絲捌渺該絲陸觔壹拾兩壹厘貳毫每畝科桑絲肆毫肆絲該絲肆兩伍錢壹分伍厘伍絲陸忽俱入秋糧內派

中和鄉塘壹百貳拾捌頃貳拾捌畝貳分捌厘每畝科秋糧民米貳升叁合肆勺該米叁百石壹斗捌升壹合柒勺伍抄貳撮每石照前則例該銀貳百伍拾肆兩柒錢肆分柒

厘捌毫伍絲叁忽捌微玖塵陸纖每畝科全官米叁勺叁抄貳撮伍圭玖粒貳粟該米肆石貳斗陸升陸合伍勺玖抄伍撮秋糧內派每畝科夾官米玖勺叁抄玖撮玖圭玖粒貳粟該米壹拾貳石伍升捌合肆勺捌抄叁撮貳圭秋糧內派每畝科小麥貳勺叁抄該麥貳石玖斗伍升伍勺每畝科夏稅絲壹分肆厘壹毫該絲壹拾壹觔肆兩捌錢柒分捌厘柒毫肆絲捌忽每畝科桑絲叁毫該絲叁兩捌錢肆分捌厘肆毫捌絲肆忽俱入秋糧內派

灄源鄉塘貳拾肆頃肆拾玖畝陸分陸厘每畝科秋糧民米貳升壹合捌勺該米伍拾叁石肆斗貳合伍勺捌抄捌撮

全撥歸更名於書後更名項下開載每畝科全官米陸勺叁抄該米壹石伍斗肆升叁合貳勺捌抄伍撮捌圭入秋糧內帯派每畝科夾官米肆抄肆撮捌圭壹粒陸粟該米壹斗壹升柒合壹勺叁抄肆撮秋糧內派徵每畝科小麥陸抄捌撮該麥壹斗陸升陸合伍勺柒抄陸撮捌圭捌粒每畝科夏稅絲壹分壹厘柒毫該絲壹觔壹拾貳兩陸錢陸分壹厘貳絲貳忽每畝科桑絲貳毫伍絲該絲陸錢壹分貳厘肆毫伍絲入秋糧內派徵

以上共科秋糧官民米壹萬柒千柒百肆拾肆石貳斗伍升叁合叁勺肆抄柒撮伍圭內全官米止納京庫壹項

免派差徭夾官米折半與民米一體編差科全官米肆千玖百壹拾柒石叁升叁合壹勺肆抄夾官米肆百肆拾陸石柒斗壹升貳合肆勺陸抄玖撮伍圭民米壹萬貳千叁百捌拾石伍斗柒合柒勺叁抄捌撮額載秋糧壹萬柒千柒百肆拾肆石貳斗伍升叁合叁勺肆抄柒撮伍圭內除夾全官米伍千叁百陸拾叁石柒斗肆升伍合陸勺玖撮伍圭又除撥歸更名米伍百捌拾叁石肆斗柒升於書後更名項下開載外實在民米壹萬壹千柒百玖拾柒石叁升柒合

柒勺叁抄捌撮（內太仙鄉有免米伍百壹拾玖石每石派銀玖錢玖分壹厘貳毫伍絲捌忽叁微柒塵柒纖陸渺陸漠柒茫無免米叁千貳百肆拾壹石叁斗貳升伍合柒勺叁抄捌撮每石派銀壹兩肆錢貳分陸厘貳毫伍絲捌忽叁微柒塵柒纖陸渺陸漠柒茫中和鄉有免米叁百捌拾叁石每石派銀伍錢叁分叁厘壹絲叁忽壹微壹纖伍渺玖漠伍茫無免米肆千玖百玖拾捌石肆斗叁升叁合每石派銀玖錢壹分壹厘壹絲叁忽壹微壹纖伍渺玖漠伍茫灄源鄉有免米壹百伍拾肆石每石派銀陸錢陸分貳厘壹毫肆絲捌忽柒微捌塵玖纖柒渺壹漠伍茫無免米貳千伍百壹石貳斗柒升玖合每石派銀玖錢肆分貳厘壹毫肆絲柒忽玖微肆塵叁纖柒渺壹漠伍茫）

夏稅麥實徵麥捌拾叁石壹斗陸升玖合玖勺夏稅絲肆百柒拾柒觔叁兩柒分捌厘伍毫桑絲壹

拾叁觔壹拾壹兩叁錢捌分（叁項秋糧內帶派）額徵並加增共銀壹萬壹千伍百伍拾伍兩叁錢捌分捌毫伍忽伍微貳塵伍纖肆渺（內有舊書原載班匠銀貳拾貳兩貳錢係乾隆貳拾叁年奉　文於　奏銷冊內刪除班匠各色統歸地丁條編彙數造報）

加增玖厘正損餉（太仙鄉每秋糧壹石派餉銀叁錢肆厘玖毫伍絲陸忽捌微叁纖肆渺叁漠中和鄉每秋糧壹石派餉銀壹錢玖分陸厘叁毫壹絲壹忽貳微玖塵壹纖陸漠壹茫灄源鄉每秋糧壹石派餉銀貳錢壹分肆厘貳毫叁絲柒忽陸微叁塵捌纖捌渺叁漠柒茫）

該銀貳千柒百柒拾貳兩叁分叁厘陸毫捌絲叁微貳塵貳纖貳渺

以上入丁田地塘並玖厘餉及優免等項共銀壹萬陸千壹百肆拾柒兩壹錢捌分陸厘玖毫壹絲捌忽陸微肆塵柒渺內除豁免運夫丁銀壹拾捌兩肆錢肆分柒厘捌毫捌絲伍忽肆塵捌纖又除優免丁銀捌拾玖兩玖分柒厘陸絲（查優免丁銀已於書後另欵作收以符闔縣額實總數）實徵銀壹萬陸千叁拾玖兩陸錢肆分壹厘玖毫柒絲叁忽伍微玖塵貳纖柒渺

一起運

戶禮工光各部寺地丁條餉及撥歸均祭餘剩共銀

壹萬貳千壹百陸拾兩貳錢貳分玖厘玖毫陸絲陸忽壹微肆塵柒渺內除奉撥

關帝廟三祭及支給奉復廩糧共銀玖拾玖兩捌厘陸毫陸絲陸忽八撥存項下開造外又加八抵補衝途動支民賦歸正項銀叁百叁拾柒兩肆錢柒分叁厘捌毫伍絲肆忽

該額銀壹萬貳千叁百玖拾捌兩陸錢玖分伍厘壹毫伍絲肆忽壹微肆塵柒渺內除豁免運夫丁銀壹拾兩叁錢柒分伍厘伍絲叁微肆塵肆纖玖

渺伍漠捌茫
實徵銀壹萬貳千叁百捌拾捌兩叁錢貳分肆厘
陸毫叁忽柒微玖塵伍纖柒渺肆漠貳茫
一存留
撥運供支官俸役食祭祀廩糧等項原額共銀叁千
貳百陸拾壹兩叁錢肆分玖厘叁毫貳絲肆忽內
係
按察司　心紅紙張銀壹百貳拾兩康熙柒年全裁康熙貳拾陸年
奉文彙八起運項下造報訖　修宅銀肆拾捌兩順治拾貳年全裁

快手壹拾貳名共銀捌拾陸兩肆錢順治拾肆年裁銀壹拾肆
兩肆錢存銀柒拾貳兩
同知　俸薪銀玖拾兩伍錢伍分陸厘順治拾肆年裁銀壹拾兩
伍錢伍分陸厘存銀捌拾兩　心紅紙張銀貳拾兩康熙拾柒年全
裁康熙貳拾陸年奉文彙八起運項下造報　修宅家伙銀壹拾兩順治
拾貳年全裁　棹圍傘扇銀壹拾兩順治拾肆年全裁　皂隸
壹拾貳名共銀捌拾陸兩肆錢順治玖年裁銀壹拾肆兩肆錢存
銀柒拾貳兩
推官　俸薪銀陸拾叁兩肆錢玖分順治拾肆年裁銀壹拾捌兩肆

錢玖分康熙陸年全裁銀肆拾伍兩
後湖河泊所　皂隸貳名共銀壹拾肆兩肆錢順治玖年
裁銀貳兩肆錢存銀壹拾貳兩久缺另款解司充餉
知縣　俸薪銀陸拾叁兩肆錢玖分順治拾肆年裁銀壹拾捌兩肆
錢玖分存銀肆拾伍兩　心紅紙張油燭銀叁拾兩
順治拾肆年裁銀拾兩康熙拾柒年裁銀貳拾兩康熙貳拾陸年奉文彙八起運項下造報
修宅家伙銀貳拾兩順治玖年全裁　迎送上司傘扇銀
壹拾兩順治拾肆年全裁　吏書壹拾貳名共銀壹百貳
拾玖兩陸錢順治玖年裁銀伍拾柒兩陸錢康熙元年全裁銀柒拾貳兩　門

子貳名共銀壹拾肆兩肆錢順治玖年裁銀貳兩肆錢存銀壹
拾貳兩皂隸壹拾陸名共銀壹百壹拾伍兩貳錢
順治九年裁銀壹拾玖兩貳錢存銀玖拾陸兩雍正陸年奉文撥給仵作及學習
仵作工食銀壹拾捌兩餘銀柒拾捌兩仍給皂隸　馬快捌名工食並草
料銀壹百肆拾肆兩順治玖年裁工食銀玖兩陸錢順治拾陸年裁草料銀捌
拾陸兩肆錢康熙貳拾陸年奉文彙八起運造報存工食銀肆拾捌兩乾隆
拾陸年內奉文將馬快各色改爲捕役即食本班工食　步快即民壯伍拾
各共銀叁百陸拾兩順治玖年裁銀陸拾兩存銀叁百兩係民
壯伍拾名支領雍正拾壹年奉裁叁拾名工食銀壹百捌拾兩乾隆柒年奉裁貳名工食銀壹拾貳

兩解司以作加增各屬存留民壯修理器械之用　存壹拾捌各工食銀壹百捌兩各查此存留民壯於乾隆元年內奉文每每年加增修理器械銀壹兩共加增銀壹拾捌兩係在司庫各屬完解裁汰民壯工食款內支給不在該縣額徵之內乾隆肆拾貳年裁減壹半以爲修理軍裝塘坊銀玖兩實給民壯銀玖兩　燈籠夫肆各共銀貳拾捌兩捌錢順治玖年裁銀肆兩捌錢存銀貳拾肆兩雍正伍年全裁

另款解司充餉　看監禁卒捌各共銀伍拾柒兩陸錢順治玖年裁銀玖兩陸錢存銀肆拾捌兩修理倉監銀貳拾兩康熙拾柒年裁康熙貳拾陸年奉文彙八起運項下造報　轎傘扇夫柒各共銀伍拾兩肆錢順治玖年裁銀捌兩肆錢存銀肆拾貳兩　庫書

壹名銀壹拾貳兩順治九年裁銀陸兩康熙元年裁銀陸兩　倉書壹名銀壹拾貳兩順治玖年裁銀陸兩康熙元年裁銀陸兩　庫子肆各共銀貳拾捌兩捌錢順治玖年裁銀肆兩捌錢存銀貳拾肆兩　斗級肆各共銀貳拾捌兩捌錢順治玖年裁銀肆兩捌錢存銀貳拾肆

典史　俸銀叁拾壹兩伍錢貳分　書辦壹名工食銀柒兩貳錢順治玖年裁銀壹兩貳錢康熙元年裁銀陸兩　門子壹名工食銀柒兩貳錢順治玖年裁銀壹兩貳錢存銀陸兩　皁隸肆各共銀貳拾捌兩捌錢順治玖年裁銀肆兩捌錢存銀貳拾肆兩　馬夫壹名工食銀柒兩貳錢順治玖年裁銀壹兩貳錢存銀陸兩

中和司黃陂站巡檢貳員乾隆貳拾柒年奉文將雙城巡檢移駐本縣黃陂站　俸銀共陸拾叁兩肆分　書手貳各共銀壹拾肆兩肆錢順治玖年裁銀貳兩肆錢康熙元年裁銀壹拾貳兩　皁隸肆各共銀貳拾捌兩捌錢順治玖年裁銀肆兩捌錢存銀貳拾肆兩

教官貳員俸銀陸拾叁兩肆分康熙肆年裁銀叁拾壹兩伍錢貳分存銀叁拾壹兩伍錢貳分查訓導已奉復設此項俸銀二官各半分支　子伍各共銀叁拾陸兩康熙肆年裁銀壹拾肆兩肆錢存銀貳

拾壹兩陸錢　書手壹各工食銀柒兩貳錢康熙元年全裁　喂馬草料銀貳拾肆兩康熙肆年裁銀壹拾貳兩康熙拾柒年裁銀壹拾貳兩康熙貳拾陸年奉文彙八起運項下造報　膳夫貳各共銀肆拾兩廩生支領順治拾肆年裁銀貳拾陸兩陸錢陸分陸釐陸毫柒絲存銀壹拾叁兩叁錢叁分叁釐叁毫叁絲　齋夫陸各共銀柒拾貳兩康熙肆年裁銀叁拾陸兩存銀叁拾陸兩查訓導已奉復設此項銀兩貳官各半分支

一撥運

時憲書銀壹拾壹兩伍錢伍分貳釐叁毫玖絲玖

忽　原編偏橋倉改抵辰溪縣憲書銀貳兩伍錢叁分玖厘伍毫貳項共銀壹拾肆兩玖分壹厘捌毫玖絲玖忽　解費銀壹錢貳分陸厘叁毫柒絲

科舉銀貳拾玖兩玖錢柒分壹毫柒絲伍忽原編偏橋倉改抵辰溪縣科舉銀玖兩玖錢陸分貳項共銀叁拾玖兩玖錢叁分壹毫柒絲伍忽康熙拾柒年裁銀壹拾玖兩玖錢陸分伍厘捌絲柒忽伍微康熙貳拾陸年奉　文彙入起運項下造報存銀壹拾玖兩玖錢陸分伍厘捌絲柒忽伍微　解費銀叁錢伍分玖厘肆毫康熙拾柒年裁銀壹錢柒分玖厘柒毫康熙貳拾陸年奉　文彙入起運項下造報存銀壹錢柒分玖厘柒毫

按察司表夫銀壹拾兩貳錢順治拾肆年裁銀伍兩壹錢存銀伍兩壹錢乾隆拾捌年奉　文停止另款解司充餉　脚馬解費銀壹錢玖分陸厘

均徭

各巡司弓兵徭編肆拾叁名每名伍兩捌分叁厘叁毫共銀貳百壹拾捌兩伍錢捌分貳厘永充壹拾捌名每名衣鞋伍錢肆分玖厘共銀玖兩捌錢捌分貳厘順治拾肆年裁銀壹百壹拾肆兩貳錢叁分貳厘存銀壹百壹拾肆兩貳錢叁分貳厘　各舖司

兵徭編壹拾叁名每名工食帶閏銀叁兩陸錢陸分共銀肆拾柒兩伍錢捌分同吹手撥給共銀柒拾陸兩捌錢陸分每名支銀伍兩玖錢壹分貳厘叁毫縣前舖書貳各舖兵壹各拾里周家均桃花栗林柿林中和捌里塝馬頭太平高林拾舖各舖兵拾各中和東流二渡各渡夫壹名工食共銀肆兩陸分陸厘陸毫各渡修船銀共貳兩貳年壹修每年該銀壹兩貳項共銀伍兩陸分陸厘陸毫順治拾肆年裁銀貳兩伍錢叁分叁厘叁毫康熙拾柒年裁修船銀伍錢康熙貳拾陸年奉　文彙入起運項下造報存銀貳兩叁分叁厘叁毫

一祭祀雜支

龍亭儀仗修理銀貳兩康熙拾柒年裁康熙貳拾陸年奉　文彙入起運項下造報

文廟貳祭共銀肆拾兩　名宦鄉賢貳祭銀柒兩　香燭米折銀壹兩貳錢陸分乾隆柒年均祭案內減銀貳錢壹分存銀壹兩伍分

崇聖祠貳祭共銀柒兩

山川社稷貳壇各貳祭共銀貳拾貳兩乾隆柒年均祭案內減銀貳兩存銀貳拾兩　邑厲壇叁祭共銀壹拾貳兩乾隆柒年均祭案內減銀壹兩存銀壹拾壹兩　邑厲壇米叁石每石折銀叁錢伍分該銀壹兩伍分乾隆柒年均祭案內增銀壹錢柒分實銀壹兩

貳錢貳分　以上各項祭祀均祭案內按款增減
計餘銀叁兩肆分已照實徵之數歸入起運項下
充餉　鄉飲貳次共銀壹拾兩順治拾肆年裁銀伍兩　存銀
伍兩
門神桃符春牛芒神花鞭酒席開印封印牲醴香
燭共銀肆兩順治拾肆年全裁　孤貧貳拾捌名口每名口歲
給布花銀叁錢共銀捌兩肆錢　孤貧貳拾捌名口各原
支本縣倉米叁石陸斗每石折銀伍錢共銀伍拾兩肆錢
貳項共銀伍拾捌兩捌錢乾隆叁年奉文小建扣除遇閏加增并每

名每年增給銀肆錢貳分於司庫地丁銀內撥給　延送上司吹手捌名
共銀伍拾捌兩伍錢陸分內撥給鋪兵銀貳拾玖兩貳錢捌分實給吹手
銀貳拾玖兩貳錢捌分　廩生貳拾名共銀壹百肆拾肆兩
廩生支領順治拾肆年裁銀玖拾陸兩康熙貳年裁銀肆拾捌兩　本府學倉米
折銀伍拾柒兩柒錢捌厘內找給府學廩生糧銀
肆拾伍兩柒錢捌分捌厘康熙貳年全裁　供應銀捌拾兩
順治拾肆年全裁　備用實存銀捌拾柒兩肆錢康熙拾柒年全
裁康熙貳拾陸年奉文彙八起運項下造報
歲科考銀肆拾兩順治拾肆年裁銀貳拾兩康熙拾柒年裁銀貳拾兩康熙貳拾

陸年奉文彙入起運項下造報
歲貢盤纏銀壹拾伍兩康熙貳拾柒年奉裁　歲貢生員正
陪腳力作興銀陸兩乾隆貳年奉文將此項銀兩按年解交司庫合計出貢
各數均派支給陸年報銷一次　科舉生員以貳拾各爲率每名盤纏
銀貳兩花紅酒席銀壹兩共銀陸拾兩叁年壹次每年該銀貳拾兩
康熙拾柒年全裁康熙貳拾陸年奉文彙入起運項下造報　科場對讀謄錄
銀壹拾陸兩伍錢叁年壹次每年該銀伍兩伍錢康熙拾柒
年裁銀貳兩柒錢伍分康熙貳拾陸年奉文彙入起運項下造報存銀貳兩柒錢
伍分　新舊會試舉人盤纏銀以陸名爲率共銀

壹百肆拾肆兩叁年壹次每年該銀肆拾捌兩雍正玖年奉
文將此項銀按年解交司庫遇會試之年合計通省會試舉人各數均派給領　本府應
朝盤纏銀肆兩柒錢順治拾肆年裁銀叁兩壹錢叁分叁厘叁毫叁絲
存銀壹兩伍錢陸分陸厘陸毫柒絲康熙拾柒年全裁康熙貳
拾陸年奉文彙入起運項下造報　本縣應　朝盤纏銀貳拾柒
兩順治拾肆年裁銀壹拾捌兩　存銀玖兩康熙拾柒年全裁康熙貳拾陸年奉文
彙入起運項下造報　部寺解費銀伍拾壹兩陸錢貳分陸
厘貳毫捌絲　各款共合原額銀叁千貳百陸拾
壹兩叁錢肆分玖厘叁毫貳絲肆忽內除順治玖

年起至康熙貳拾柒年裁歸起運彙報銀壹千伍
百捌拾兩柒錢玖分柒毫伍絲柒忽伍微外存留
實額銀壹千陸百捌拾兩伍錢伍分捌厘伍毫陸
絲陸忽伍微又添設廩糧銀陸拾叁兩貳錢陸分
貳厘陸毫陸絲陸忽康熙貳拾肆年奉　文復設支給府縣兩學廩生係起運
項下撥給
關帝廟叁祭銀叁拾伍兩柒錢肆分陸厘雍正柒年奉　文添設係
起運項下撥給以上原額並新設廩糧
關帝廟叁祭共銀壹千柒百柒拾玖兩伍錢陸分柒厘

貳毫叁絲貳忽伍微內除均泒祭祀餘剩歸入起
運充餉銀叁兩肆分外　貳共實額銀壹千柒百
柒拾陸兩伍錢貳分柒厘貳毫叁絲貳忽伍微適
合每年　奏銷册載該縣俸工等項額支之數內
除故丁銀肆兩貳錢伍厘貳毫肆絲玖忽柒微陸
塵玖纖柒渺肆漠貳茫查民壯各役工食孤貧糧布內豁免運夫丁銀已動
支司庫地丁補足祭祀內豁免運夫丁銀已動支司庫公項銀兩補足均不在該縣徵銀之內實
徵銀壹千柒百柒拾貳兩叁錢貳分壹厘玖毫捌
絲貳忽柒微叁塵貳渺伍漠捌茫又加入敬獻荔

莞等事案內奉　部行令將起運地丁撥歸存留
項下補給縣學膳夫缺故丁銀叁分叁厘肆毫貳
絲肆忽叁微肆塵柒纖柒渺柒漠捌茫貳共實徵
銀壹千柒百柒拾貳兩叁錢伍分伍厘肆毫柒忽
柒塵捌纖叁漠陸茫內有缺河泊皂隸工食銀壹拾壹兩玖錢陸分玖厘玖毫
壹絲捌忽柒塵玖纖肆渺捌漠裁燈丁工食銀貳拾叁兩玖錢叁分玖厘捌毫叁絲陸忽壹微伍塵
捌纖玖渺陸漠表夫銀伍兩捌分柒厘貳毫壹絲伍忽壹微捌塵叁纖柒渺柒漠玖茫俱另款解司
充餉
添撥各項　教官加品俸銀肆拾捌兩肆錢捌分乾隆

元年奉　文教職加以品級給以全俸其加增銀兩係司庫地丁銀內支給貳官各半分支
先農壇祭祀銀伍兩乾隆伍年奉　文將籍田存穀變價動用如有不敷仍如司庫存公
銀內湊給復於乾隆拾叁年奉　文於耗羨酌定章程案內每年赴司請領銀貳兩捌錢貳分伍厘
其不敷銀貳兩壹錢柒分伍厘在於耤田收獲舊存穀石變價奏辦如無舊存穀石該縣自行捐湊
辦祭品乾隆貳拾肆年奉　文禁用捐宇樣又經資准　部覆將收存穀石儘數易有
不敷按數找給不必以貳兩捌錢貳分伍厘之數爲定
常雩禮祭祀銀伍兩乾隆柒年奉　文設立係司軍存公銀內動支以上各
項銀兩均不在該縣存留額支之內
驛站　蘄州遞運所紅船貳隻水夫各拾名工食帶

閏修船共銀壹百柒拾兩貳錢　李坪驛站船水夫拾名工食帶閏共銀陸拾壹兩　陽邏驛馬加零銀壹百柒拾壹兩捌錢壹分柒厘　李坪驛馬新加零銀壹百貳拾捌兩壹錢　編協襄陽府屬鄂城驛馬價帶閏零銀叁拾捌兩壹錢貳分伍厘解費銀壹錢玖分陸毫（此款計八存留開銷）　李坪驛支應銀貳百壹拾兩　陽邏驛舘夫叁名銀貳拾壹兩玖錢陸分

遞夫馬　排夫肆拾名除抵經制陸名外實存叁

拾肆名（每名帶閏銀柒兩叁錢貳分）共銀貳百肆拾捌兩捌錢捌分　原額脚馬壹拾柒匹（每匹帶閏草料該銀貳拾貳兩叁錢叁分叁厘叁毫叁絲）共銀叁百柒拾玖兩陸錢陸分陸厘陸毫

以上貳項各欵共銀壹千肆百貳拾玖兩柒錢肆分捌厘陸毫係本縣原編驛站夫馬之項按年徵銀均解道庫支解

兵部項下　秋糧折色起運　解江南濟水夫柒拾叁名（每名銀肆兩玖分伍厘）共銀貳百玖拾捌兩玖錢叁分伍厘京損銀貳兩陸錢玖分肆毫壹絲伍忽　違

前原編額徵驛站共銀壹千柒百叁拾壹兩叁錢柒分肆厘壹絲伍忽除豁免故夫丁銀叁兩陸錢玖分玖厘肆毫玖忽伍微又除仍照協濟徒多轉折等事案內抵補衝途動支民賦解司充餉銀叁百叁拾柒兩肆錢柒分叁厘捌毫伍絲肆忽外實徵銀壹千叁百玖拾兩貳錢柒毫伍絲壹忽伍微內編設紅船水手工食銀壹百柒拾兩貳錢裁貳銀壹千貳百貳拾兩柒毫伍絲壹忽伍微係另欵解交道庫支用並移司充餉

隨漕

運糧官行月貳糧米共柒百柒拾貳石叁斗伍升捌合柒勺陸抄（每石折銀肆錢該）銀叁百捌兩玖錢肆分叁厘伍毫肆忽（解水次交納）

江西運糧官月米叁百壹拾伍石叁斗（每石折銀肆錢該）銀壹百貳拾陸兩壹錢貳分（解糧儲道發江夏縣轉給）

淺船銀肆拾兩捌分捌厘

原派偏橋倉改抵辰溪縣坐派淺船銀壹拾叁兩叁錢叁分伍厘貳項（解費每兩玖厘）該銀肆錢捌分捌毫

以上原額隨漕共銀肆百捌拾捌兩玖錢陸分柒
厘叁毫壹絲壹忽內除豁免運夫丁銀壹錢柒分
貳厘陸毫柒絲伍忽肆微叁塵叁纖叁渺　實徵
銀肆百捌拾捌兩柒錢玖分肆厘陸毫叁絲伍忽
伍微陸塵陸纖柒渺
觧南本色正米太仙鄉每秋糧壹石派正米叁斗叁升捌合玖勺柒抄陸撮柒圭伍
粒中和鄉每秋糧壹石派正米貳斗陸升叁合陸抄肆撮壹圭叁粒壹粟灄源鄉每秋糧壹石派正
米貳斗貳升柒合陸勺伍抄貳圭柒粒柒粟　該正米叁千貳百玖拾肆
石捌斗每石耗米貳斗伍升該耗米捌百貳拾叁石柒斗

貳共正耗米肆千壹百壹拾捌石伍斗另正米壹石派里納
船驢脚米壹斗伍升
額徵驢脚米肆百玖拾肆石貳斗貳升每石折銀壹兩以貳
錢給觧役該銀玖拾捌兩捌錢肆分肆厘奉裁觧外餘捌
錢充餉該銀叁百玖拾伍兩叁錢柒分陸厘貳共
該銀肆百玖拾肆兩貳錢貳分
麂皮另派京損每秋糧壹石派銀伍絲陸忽叁微叁纖貳渺陸漠玖茫　該銀
陸錢陸分肆厘貳毫
優免充餉銀伍百兩肆錢貳分伍毫陸絲內有優免丁銀

捌拾玖兩玖分柒厘陸絲
一更名欵項
原額田地塘貳百貳頃伍拾捌畝伍厘內
上則田肆拾玖頃肆拾畝捌分每畝科秋糧米肆升叁合肆勺陸抄
叁撮叁圭捌粒陸粟該米貳百壹拾肆石柒斗肆升肆合
中則田伍拾柒頃貳拾捌畝玖分柒厘捌毫每畝科秋
糧米貳升玖合該米壹百陸拾陸石壹斗肆升
下則田肆拾玖頃柒拾柒畝貳分叁厘每畝科秋糧米貳升
叁合陸勺伍抄陸勺柒圭叁粒叁粟該米壹百壹拾柒石柒斗肆升

伍合
山鄉田玖頃壹拾貳畝壹分貳毫每畝科秋糧米壹升肆合伍勺
該米壹拾叁石叁斗貳升肆合
一則地壹拾貳頃肆拾玖畝貳分捌厘每畝科秋糧米壹升
肆合伍勺該米壹拾捌石壹斗壹升肆合肆勺壹抄貳撮
一則塘貳拾肆頃肆拾玖畝陸分陸厘每畝科秋糧米貳升
壹合捌勺該米伍拾叁石肆斗貳合伍勺捌抄捌撮
共科米伍百捌拾叁石肆斗柒升每石派銀玖錢玖分貳厘壹毫
玖絲肆忽伍微貳塵肆纖肆渺玖漠

額徵銀伍百柒拾捌兩玖錢壹分伍厘柒毫叁絲
玖忽貳微
加增玖厘餉每米壹石派餉銀貳錢玖厘柒絲叁忽玖微肆塵壹纖伍渺肆漠該
銀壹百貳拾壹兩玖錢捌分捌厘叁毫柒絲貳忽
陸微柒塵

一雜稅

牙帖稅銀叁拾叁兩陸錢該縣原經報部牙稅銀壹拾玖兩伍分乾隆
貳拾伍年奉部咨分別繁盛偏僻量增稅銀壹拾肆兩伍錢伍分
當舖每座每年納銀伍兩每年開歇不一稅銀原無定額

田房稅正額銀壹拾兩捌錢柒分盈餘銀兩儘徵儘解原無定
牛驢稅銀儘徵儘解原無定額
額銷鹽引肆千捌百叁拾引每引改子鹽肆拾壹包陸分玖厘陸毫乾
隆叁拾年奉旨蒲草歉産加鹽拾觔又乾隆拾
陸年奉旨恩加鹽拾觔共配鹽叁百陸拾肆觔
改子鹽肆拾肆包壹分貳厘壹毫每引納稅貳
分商人交納解司撥用每年行銷原無一定
以上俱遵照奉頒本縣賦役全書開載
文昌春秋祭祀銀貳拾叁兩捌錢叁分嘉慶玖年奉文增設祭祀銀
在奏銷款內支發
按安邑丁歸地畝糧八條編惟正之供輕於仕

一歲時伏臘夜犬無驚其詩所咏樂郊者歟
南折節畧
安邑南米正耗肆千壹百壹拾捌石伍斗縁僻在
萬山中不通舟楫每至秋收轉運驢馱擔負不堪
其苦康熙叁拾陸年以前士民屢以改徵折色請
以事格不果行安民坐是大困康熙叁拾柒年原
任大冶縣陞陝西道試監察御史李公先復疏請
南糧本色解運爲艱仰乞
勅部將黄梅麻城黄安通山大冶五縣南糧改徵折色

以便兵民奉
旨該部議奏欽此是年十月本縣紳衿耆民盧拱吳宏
礽吳世極耿宗坤王巒盧緕吳暉鍾應遴何逼盧
統慈張棣張欒耿興朗盧洽鍾應迨盧濆何迥張
希賢盧綬鍾應邁鍾應遂盧績吳宏袵吳宏禩秦
珙芳丁時簡耿興待秦全盧統慈耿興行彭鴻詞
鍾呈書盧紘慈張希元彭宏業耿興律耿興衙曹
有庚吳義鳳曹有甲江廷獻江大用張條張炳彪
韓際世張棨韓撰張釆吳羽鳳吳世楨吳世模葉

若姚宋王鼎盧緄慈秦生盧紹盧糺慈盧紱張晶
盧滌盧雲鳳盧雲鵠盧雲鶴盧洛盧潼盧清盧湛
鍾裕信盧藻盧洙鍾天錫盧漢盧滉盧浩盧裕訓
盧漼盧濤鍾裕詒盧建中張會禧盧淮詩黃第盧
瀆盧涓黃範盧之樞盧葛秦天相盧淋蕭龍光彭
之芳何溥秦天佑孟之春程殿邦江楚發耿昭需
韓銓彭蘭江楚乘盧國梧盧銳盧國佐盧國賢彭
嗣籛葉之俊盧棟彭啟籛王時中盧溥盧撫盧澂
王時愈彭如錦吳瀛鳳吳德鳳鍾裕闓胡振基吳

遵路王顯臺王顯超王時敏王明教耿與億耿與
翮耿與儼耿昭晃耿昭冊耿昭昂耿昭普耿昭斗
耿昭曉耿昭會耿昭鼎王明體蕭曰鏊蕭曰鑾彭
之夔周承諟周承杲周士仁周重稽趙汝釆熊朝
杲王洪時王聖時張志昆熊士鼎李國璧彭之華
劉待甘行勉秦維屏王有才盧綜王顯萃單化龍
劉同寅劉紹堯王道行韓黃韓步月韓步琦耿昭
晃耿昭純耿昭旦劉綬耿三傑楊其英李元涵隗
其森張琇宋之堯阮崑會德懋單琳劉紹唐王風

隆江南才蕭龍見蕭維城馬前圖張瑜張希漢阮
振世戴範友吳舞鳳戴世俊戴曙秦世成甘液後
張黃張楚秦王政秦洙盛汪紹遠張潮吳遵聖李
倫江宗江文待江干陶必逵石清石瀛李如玿張
源逵阮興笏王顯賦王文瑞王文祥張國琮張仁
王國讓王會爵秦世英王源王國楨吳泓石泮何
萬祺楊選趙本厚黎中選金顏近金顏咫耿與遠
秦錫予秦錫乘吳人鳳吳世奇秦國鈺黎元斐王
勳奇王化淳耿與申何為舜何萬楨劉士騆劉士

魁劉紫溪張琴張志昂吳烱張國珩黃士禮宋錫
爵李溥李如斗劉希文胡連玉王時德袁宗宏王
洛陳英陳開禧李萬春徐利見王公祥丁一倩馬
雲伯馬醇伯熊公尹蕭我先馮貞生馮都李厥尚
王燕謨馬元岸熊俊若彭淑雅李文先葉維從胡
聿皇盧聖先馮鼎昇盧天祥王二林盧受予王洛
伊盧周生馮子成李燕及盧海濤盧吉生盧則敬
胡羽千王若釆倪利賓皮文昌程仞九周仲英曹
淑玉劉直夫程漢貞李帝簡盧仲次盧若聖邱以

遠方士長張茂林胡子昇徐容次王率章胡瑞林
王萬言秦萬鎰陳象乾帥廼弼帥九有汪文健丁
楙望丁子由吳德先夏惟成胡子萬雷思三藍四
宜蕭元實盧象吉陳國棟高萬清吳佑仁王如公
郝乾一楊天縱王公九王子信秦輝之李大來李
恒士程未遠曾恒仲秦楚臣黃五美徐在繪王仲
先秦盛占洪震寰耿三省熊從先王公彩阮子元
泰愛懷高惟斗王武烈傅豪若李行淑余惟能程
文先程吉之程爾附彭君華胡締賴馬位次葉兼

三盧天章洪水文阮步五王幼章王允德陳崑崙
盧洪尊盧永哲陳連璧劉三濤張伯智汪昇子周
仲言王定華熊年璞劉淑德張文友熊漢臣黃漢
禹治吳孟能秦正玉王楚玉王東侯王亞三王濟
章李一灼吳宗維吳懷乾吳懷漢鄭以常劉才吳
先楊乾若周兼三阮遂元陳可立喻應璜劉泗岳
張廷贍方學榮鄢應魁董公允鄒以重王魁先熊
廷榮王世卿程彩文閔之源李柱占趙重蘭王先
猷程易生余周士李世盛羅文碧吳宏遠武正三

程之茂楊明倫鍾茂廷方涉程之碧曾乾一阮琮
吳君銓張附三廖士仁吳宏任彭陳鐸吳必林方
學李王篤公韓忠張元若戴豐黃大志耿忠信程
士道周文瑞胡之璧吳江吳之筵楊渭皇李公瑞
彭更生彭方平秦見茲秦公元王鈞占阮廷節周
棟胡鐸楊宏澤葉又思余應都余永厚王命公張師虞胡正一周永仁石　溥萬年傳等
亦以南糧改折實便萬民籲准酌定實價轉申覆
題成例事一件呈縣經前令劉公承啓據情申　府
轉詳蒙　督憲李公輝祖疏

題部議以便於民而不便於兵亦不果行康熙三十
八年九月盧拱等復赴　督憲衙門以山邑崎
嶇遠離水次南米本色運納維艱籲垂一線之恩
拯活萬民之命事竊照楚省南糧一項湖北八府
各屬惟黃安黃梅麻城大冶通山等伍縣崇山叢
疊舟楫不通自前代以至
聖朝間有徵觧本色必動數萬之衆肩挑背負千磨萬
苦始得抵於水次而黃安又爲黃岡麻城黃陂叁
縣極遠極鄙切角初闢之地僻在萬山重岡複嶺

烏道崎嶇擔登更苦且離漢鎮陽邏潘口通船處
所貳叁百里不等額定南米肆千壹百壹拾捌石
伍斗雖全書載徵本色非藉肩背之力不能運送
屆計每人挑負不過肆斗伍斗之多每日行程不
過伍拾陸拾里之遠往來數日之久方可交卸竣
事其中投宿飯食之費已不可支而更有戶糧不
滿數升托人代納恐罹包攬輿受之愆自己親賫
復有費輸正供之苦兼之老幼孤寡殘廢者流不
能行走趑趄跋涉飲泣道途民生日蹙竟有逋欠

至壹貳年而尚未清結上費官府催督之心下竭
小民拮据之力蓋有鄭監門之不能繪其苦狀者
仰蒙 前院陞任丁 俯念民艱特行曠典俾照
大冶通山等事例每年照時估值 撫等呈懇詳請
折價辦交 糧道代向產米地方購買給兵數年
以來兵鮮缺食民不傷財官免處分
朝無逋賦上下相安久享太平無事之福乃原任大冶
縣今行取御史李 因恐每年詳折案牘滋繁候
允開徵爲期迅迫

題請永折入於條編本爲
朝廷開萬世便民之事不意格於 部議反行飭徵本
色小民未邀其利先受其害跼蹐徬徨莫之所措
恭逢督部院
特簡制楚無微不燭無痛不關洞庭南北億萬衆待以
撫綏活命況凡有利之當興害之當去現奉 檄
行諮諏正千載難逢之會一時幸際之秋伏乞俯
據撫等輿情轉請入告
恩照 臺臣原疏永改便民倘因

諭旨久頒難違
成命下情未能上達伏查 陞院丁 所行准折之南
糧實屬奉
旨額徵本色如謂年豐歲歉不齊價值低昂不一更酌
以數歲之收成定一至中之折價照舊徵辦省此
挑運活我萬民造南山北海之恩波貽腰紫衣金
於萬代爲此上呈蒙 督憲郭公琇特疏奏請
爲特請
皇仁飭行改折以便兵民事欽惟我

皇上軫念元元常念一夫不得其所深仁厚澤露被無
遺前者廵視河工
恩膏頻頒猶復惓惓以吏治民生爲念伏讀
上諭內開凡有可以爲民興利除害者作何勸實陳奏
況臣膺
寵命總理全楚灼見地方事宜歷來不便於民者敢不
爲
皇上陳之伏查湖北南糧一項所以協濟本省駐防官
兵其他州縣本年徵收本色支放兵糧殊爲甚便

獨有黃州府屬之黃安麻城黃梅叁縣與夫武昌
府屬之通山大冶貳縣共米貳萬柒千貳百貳拾
貳石捌斗例應觧赴荆鄖等汛以支兵糧原無額
設解費而各屬僻處萬山之中相去荆鄖地方有
千餘里者有壹千陸柒百者道路崎嶇舟楫不通
肩挑背負勢所不能將以驢駄運交則必需貳萬
柒千餘頭口其僱覔之價及百姓往返食用等費
約計值米陸萬石有餘是運壹萬石之數而需貳
萬石之糜費其費何自而來上官必責之有司捐
解而有司果有如許之捐賠乎彼不得不責之百
姓口爾等米石爾等應解而百姓力有何能共欲
釋一時之苦累勢必哀懇縣官折價差往彼地購
買支放殊不知一折價間而百弊叢生矣其中胥
役苛索者有之包辦之侵漁者有之或有不肖官
吏因而浮取肥橐者亦有之是折價較之米價猶
然貳叁倍不止民力幾何豈堪如此之剝索如此
之重困乎康熙叁拾柒年臺臣李先復曾以五縣
米糧等事籲請改折部覆行令該督撫確查具

題而地方各官慮以折銀給兵自購恐致米價騰貴
各兵或致賠補每歲須隨時估價責成糧道等語
是以部駁不允謂每歲以時價具報恐不肖官員
具報浮多亦未可定駁之誠是也竊計荆鄖正當水
米聚會之鄉五縣之米不過貳萬柒千零其價何
致騰貴且查歷來荆鄖米價銀陸柒錢不等即遇
歉收至捌錢之外足矣酌豊歉之中每石折銀柒
錢不爲不均且豊年多而歉歲少以有餘補不足
酌定價值旣便於民何常有累於兵是當仍依臺

臣條奏每石折銀柒錢改入地丁冊內彙徵分解
若恐南糧數目久或無稽仍於全書項下註明某
年改折兵餉若干　奏銷查對亦甚易也即此不
肖官吏亦不得於其中滋行弊竇矣是一轉移間
而小民無輓輸之勞免解運之費杜侵漁之累其
感沐
皇恩匪淺矣臣自蒞任以來各屬之申訴與士民之環
訴不已者皆謂解運米糧大有不便於民也臣謹
會同湖廣撫臣年　仰沭

皇上愛養斯民之至意因地察情據實陳請伏候
上裁以便造冊報部並祈
睿鑒施行是年十一月十三日奉
旨這事情着照該督等所請行欽此嗣是本邑南糧原
額肆千壹百壹拾捌石伍斗每石折銀柒錢共折
銀貳千捌百捌拾貳兩玖錢伍分永解入地丁冊
內彙徵完解實萬世無窮之利也
按南糧之獲折也屢次申詳者劉令特疏題
允者郭憲前已泐諸貞珉矣第當　督院李　初
奏格於部議時非邑紳盧拱等不畏難不惜費挙
挙桑梓再三瀆請終塵於
上聞耳然則此四百餘人者安民當世世感之可使
其姓名泯沒而弗彰哉
附本邑鄉官耿公應衡均役條議於後自散里來
此法不行然亦前人救弊良規故附著之
埜任分巡寧紹二府兼台州兵備道浙江按察司
副使湖廣黃州黃安縣鄉官耿應衢呈爲奉
國恩追先訓矢公剔弊仰懇

憲批俯准實行永甦窮困事緣
國祚者首救窮黎而救窮黎者惟均賦役黃安彈丸
新縣原係先恭簡因巨寇梗化
題請創建者割麻城爲泰仙鄉割黃岡爲中和鄉割
黃陂爲灄源鄉合成一邑所以土田之規則各異
錢糧之起科各異影射者得以舍重趨輕且里甲
之丁糧無額推收之程限無額豪猾者得以賣富
差貧遂至中產代上產應役下產代中產應役等
而下之窮民衹有一命今且莫必其命其害有不

忍言者討惟均丁米禁推收以救目前之極病以開萬世之常平應衡在先人庇廕下三鄉俱有薄産均米殊非自便甦困實以固圍鄉貧旣諒其克巳之心慈令尤切於恤民之隱特富豪衙蠹欲遂其私必阻其成夙仰祖臺之仁明民懷吏畏專仗祖臺之威德利與弊除爲此具呈併鄉鄰公議另具書冊齎上伏候憲裁批行須至呈者

一均各里甲糧

夫旣合縣各里甲之民以當一萬二千三百八十

餘石民米之差十年一轉則每年該有一千二百三十餘石之米應役矣以一千二百三十餘石之米照三鄉原額規則均派之則泰仙鄉每甲該有二十二石一斗有零中和鄉每甲該有四十四石八斗四升有零灄源鄉每甲該有四十石四斗有零此均平之正數也今則不然上無定額下任私情多者至一甲百數十餘石次者亦不數十石少者不過數石耳以數石之米與數十百石之米對股當差凡夫馬官錢及一切不經之費但照甲欠而不照丁米小戸之家有正米一石費至七八十兩者大戸則不過一石費數金耳相去倍蓰千萬斯時房科受賄者力爲主持官府秪循舊例積保照本宜科貧民四不拘六無處伸寃惟有忍氣吞聲傾家蕩産而巳又不足則惟有廹竄爲盜而巳今一切均之定爲永例則其利有五奸猾不得乘機飛詭一也大戸不得通同房科放富差貧二也差役輕重苦樂均沾不致偏枯向隅三也厥經一定逐年倣例而行凡遇徵收不必總書發數使得

任意懸吊四也成案現存卽一欠可以知十欠卽一里可以知百里官府至便稽查凡有弊卽覺五也夫不均之害如彼旣均之利若此則奈何不破格均平爲一勞永逸之計哉昔人有言井田之制旣廢其次莫如限田今限田之法旣不可行則惟有均平各里各甲之丁糧而巳此均平之法豈非井田限田之遺意也哉

一禁穿鄉過米

别縣丁米一則起科賦無輕重參差凡民間輸納

應役在彼者無異乎在此故可通同無弊惟黃安不然蓋以三鄉之田地起科不同三鄉之錢糧輕重不同三鄉之優免多寡不同民間置業有一戶而兼二鄉者必須照二鄉定數有一戶而兼三鄉者必須照三鄉定數門路既多查覈恒苦故吏胥乘機受賄任意那移以多作少化重爲輕即有仁明綜覈之官加意勘磨而簿書繁雜勢難遍稽彼又指東畫西一傅衆咻終不覺爲彼所搪塞積年深遠如中膏肓丁米之虧原額貧人之受大害皆

由此耳惟一切禁斷各鄉仍還各鄉務足原日丁米老額無得增損各勺如泰仙鄉民而置中和鄉灄源鄉田者則就中和鄉灄源鄉立戶當差其中和鄉灄源鄉民置田泰仙鄉者亦然不許仍前混淆欺上瞞下則一鄉有一鄉之丁米一鄉有一鄉之規則毫無夾雜凡比較時即一石可以槩數十百石即一丁可以槩數十百丁不須推算而開卷了然矣彼作奸懸吊者又何所容其弊乎如曰一人之丁糧必須歸之一鄉當差設有外縣置田者亦可收外縣之丁民以歸本縣乎即此可例推矣

一辨明官米之有無

明朝初年有麻城縣民秦克家者得罪詔没其田產入官其全入官者號曰全官其半入官者號曰夾官入官之後荒廢十餘年然後募人開懇其納糧也照民間租稞之例故派米獨重但米雖重而折色甚輕正統以前每米一石止納紅邊布三丈而已以後改折每石止納京庫銀二錢伍分而已別無差派此載在節次全書可覆視也及至萬歷

八九年丈量後一槩均作民田起科別無官田矣所以猶存其名者以簿籍尚存不敢擅廢此米原屬泰仙鄉一鄉而中和鄉灄源鄉不過百分之一耳中和鄉灄源鄉亦欲存其名以杜延及之患故全官夾官之虛名猶在也其實不過民米中之一京庫折銀倉口耳天下豈有無田之虛米乎後人不知其故妄謂民米外別有官米則民田外胡不別有官田耶是何異一人之身有名有字而不知者遂指爲兩人乎且此項已經天啓年間均派遂

餉泰仙泰養元申辦甚明蒙前布政使司查准題
奏奉
旨通利除弊矣有案有卷無可疑慮猶恐後人不知特
為揭明以曉來者
一禁逐年私自推收
凡錢糧之弊莫大於推收使三鄉同一則規而推
收零碎其弊且不勝言況三鄉之丁米派攤輕重
各自不同尤易躲閃者乎故有泰仙鄉米推八中
和鄉灄源鄉派攤者就輕避重也有此鄉此戶已

作除數而彼戶彼鄉不作收數者漸為隱匿也有
此戶此鄉除數雖多而彼戶彼鄉收數作少者漸
為撒派也有常時丁米尚多一臨大差而丁米驟
然減少者重貽飛詭也有本戶實無優免者而妄
扯別免假為寄米當差者欲脫大差也更有應優
免之人已死應優免之名已除而優免仍存者種
種情弊任意欺瞞小民何堪重困而免糧在何處
侵肥能無罣問乎又況年年推收官無禁限尤煩
瑣莫可窮詰者乎故今黄安之米撒不對總虧原

額之數聞有二十餘石總二小書互為容隱莫肯
清查惟有節年額外多派花戶以足實徵之數而
已失今不查世遠人亡則終無可奈何矣今惟各
里各甲均平之後嚴禁推收凡民間置買田地必
俟十年大造方准收割而官為平正焉其餘則雖
豪家大族一切禁斷違者究罪如律彼為里書者
縱能神輸鬼運亦安所投其隙乎大抵總小書互
相容隱小書不攻總書派攤之弊總書不攻小書
飛詭之弊今欲除弊救民則不得不均里甲欲均

里甲則不得不嚴禁推收欲禁推收則不得不責
備里書一責備里書而通縣之弊孔思過半矣民
將頌清靜而戴寗謐誰復肯為盜哉巡撫湖廣都
察院副都御史遲批衙蠹富豪專害小民本院痛
恨久矣兹查閱款冊備悉情弊實獲我心且公而
無私可以行之無斁者若不及早嚴絶弊孔而仍
任衙蠹作奸富豪躲閃則安邑凋疲之子姓寗有
再甦之日乎仰黄安縣查照各款加意舉行倘有
豪蠹從中阻撓該縣不時馳報以憑究處速具遵

行報查總督部院羅批仰分守道轉行黃州府專差到縣取册

附稟免驛站

邑在萬山中不當孔道嘉慶四年豫省黃流漫口奉文將所有犯鞘改由黃安以達光州旋連日解到要犯數十名夫難猝辦署令陳增慶特行通稟謂由黃陂夏家寺至光山界二百餘里其七里坪以北野曠店稀不便尖宿且溪河十有七道雨集水漲喚渡無舟設有疎虞關係匪淺再三瀆請始

獲中免邑人泐碑以誌其事在城隍廟西壁

按安邑自丁入地畝而累去其半自漕入條編而累去其半至里甲散爲糧折驛站免而累全去矣今之耕田鑿井作息自如者皆

熙朝所噢咻而袵席之者也亦何幸而生于今之世耶

附軍屯　軍屯隸於黃州衛其軍與田之在安邑者不容膜視也故并志之

屯田

坐落蔡家祠會拾分

坐落紫潭會拾壹分

坐落西行會拾捌分

坐落東行會拾叁分

坐落育兒會拾叁分

坐落金山會壹分

坐落水岩會貳分

坐落張店會肆分

以上柒拾貳分共屯田叁百捌拾石玖斗柒升柒合伍勺其應完錢糧係黃州衛徵收

軍丁

坐落蔡祠會伍分

坐落長山會貳分

坐落龍潭會叁分

坐落係龍會壹分

坐落西行會壹分

坐落東行會壹分

坐落徙義會壹分

坐落紫潭會壹分

以上拾伍分其丁口皆係黃州衛經管

積儲

積儲者天下之大命制惟常平社倉二者常平昉於漢耿壽昌穀賤不傷農穀貴不傷民社倉昉於宋朱子夏則出借之民秋則加息以償其法良其利溥覩乎奉行者何如耳志積儲

豐豫倉原儲穀壹萬石

一南倉在縣東南隅原憲司行署年久傾頹康熙三十年知縣張國柱建倉今倉前爲營房

一西倉在縣前右側康熙二十九年知縣張國柱建嘉慶五年知縣孫文驊新建倉一重並立倉神廟

各會社穀通共原儲貳萬陸千伍拾陸石肆斗柒升叁合壹勺設立正副社長經管每年春借秋還照例取息

棗林會社穀嘉慶二年被教匪闌八焚掠叁百貳拾貳石玖斗壹升陸合

呂莊會社穀被教匪焚掠叁百柒拾壹石柒斗叁升壹合玖勺

羊角會社穀被教匪焚掠捌百壹拾石柒斗伍升伍勺

老山會社穀被教匪抄搶肆百壹拾貳石

石灰會社穀被教匪抄搶叁拾陸石壹斗伍升

龍潭會社穀被教匪抄搶伍拾玖石叁斗陸升伍合

上庄會社穀被教匪抄搶壹百肆拾肆石伍斗貳升壹合

雙城會社穀被教匪抄搶叁拾貳石肆斗

以上各會共穀貳千壹百捌拾玖石捌斗叁升捌合玖勺叠經詳勘核銷

實在

金山會社穀肆百叁拾捌石捌斗柒升肆合

蔡祠會社穀貳百柒石肆斗貳升肆勺

紫潭會社穀壹百柒拾玖石陸斗玖升貳合伍勺

中和司會社穀貳百肆拾陸石伍斗貳升玖合壹勺

土墩會社穀伍百玖拾叁石陸斗貳升玖合玖勺貳抄

卓旺會社穀陸百陸拾伍石捌斗陸升貳合捌勺

東岳會社穀叁百伍拾肆石壹斗肆升陸合陸勺

清涼會社穀柒百捌拾貳石陸升肆合壹勺
方廟社穀貳百叁拾玖石陸斗柒升肆合肆勺
西行會社穀伍百貳拾玖石壹斗貳勺貳抄
育兒會社穀叁百叁拾肆石玖斗陸升肆合叁勺
大城會社穀貳百柒拾伍石玖斗陸升叁合柒勺
盧劉會社穀肆百玖拾叁石伍斗叁升玖合玖勺肆抄
華河會社穀柒百玖拾柒石陸斗捌升柒合陸勺捌抄

三角會社穀叁百陸拾貳石壹斗捌升柒合貳勺
傳左會社穀壹千陸拾玖石玖斗柒升叁合肆勺
東煙會社穀壹千肆拾石捌斗玖升捌合肆勺伍抄
西林會社穀叁百玖拾叁石肆斗貳升伍合伍勺
尹興會社穀叁百陸拾捌石肆斗肆升叁合捌勺
水岩會社穀叁百玖拾叁石捌斗伍升貳合
徙義會社穀壹千貳拾肆石肆斗柒升陸合玖勺
沙瓶會社穀柒百陸拾肆石肆斗貳升玖合叁勺肆抄

東行會社穀肆百肆拾伍石壹斗陸升叁合叁勺捌抄
陡墩會社穀叁百伍拾伍石伍斗貳升陸合陸勺
長山會社穀肆百叁拾捌石壹斗玖合貳勺肆抄
係龍會社穀肆百貳拾捌石玖斗捌升壹合陸勺
割茅會穀壹百捌拾玖石柒升貳合壹勺
黄陂站社穀叁百伍拾肆石肆斗肆升柒合壹勺
上庄會社穀壹百柒拾貳石陸斗肆升柒合伍勺
龍潭會社穀叁百捌拾柒石叁斗貳升五合柒勺

雙城會社穀貳百柒拾伍石陸斗柒升肆合陸勺
棗林會社穀壹百貳拾玖石柒斗叁升壹合肆勺貳抄
呂旺會社穀貳百伍拾玖石叁斗貳升肆合
羊角會社穀玖拾肆石貳斗肆升柒合陸勺
石灰會社穀肆百肆拾石玖斗玖升柒合叁勺玖抄
老山會社穀壹百肆石捌斗叁升肆合柒勺肆抄
明月會社穀叁百伍拾陸石肆斗玖升壹合肆勺
王德會社穀伍百肆拾石柒斗叁升伍合捌勺

葉油會社穀捌百壹拾壹石貳斗貳升壹合貳勺陸
抄
張店會社穀貳百伍拾叁石柒斗捌升伍合玖勺
長水會社穀伍百柒拾柒石伍斗捌升陸合貳勺
道安會社穀陸百壹拾柒石貳斗壹升壹合伍勺
高礄會社穀壹千肆百叁拾捌石柒斗叁升叁合壹
勺
松溪會社穀叁百柒拾叁石陸斗伍升貳合捌勺
塔兒會社穀叁百捌拾陸石肆斗貳升捌合貳勺

西砦會社穀玖百肆拾貳石伍斗陸升肆合貳勺捌
抄
河漢會社穀陸百柒拾柒石伍升壹勺肆抄
柏林會社穀貳百伍拾陸石捌斗玖升捌合貳勺
三師會社穀肆百叁拾捌石貳斗柒升肆合
大有會社穀伍百陸拾叁石捌升貳合貳勺
以上各會社穀通共貳萬叁千捌百陸拾陸石陸
斗叁升肆合貳勺
按常平貯於官歷任相仍皆如其數社倉貯於民
社長不得其人即窮簷莫沾其惠或壟以肥已任
意刁難或藉口逃亡揑名注册存留既無定額結
報亦屬虛文清其弊而杜其奸是所賴於司牧者

蠲賑

蠲與賑皆以卹民蠲者省稅斂以寬之賑者發倉廩
以濟之蠲得免於胥役之追呼賑實關乎赤著之性
命故
聖天子浩蕩之恩良有司憂勤之日也興利者先去其弊
敢曰事不常有無容加之意哉志蠲賑

順治元年大兵經過地方免正糧壹年歸順地方
免叁分之一　十年蠲免九年旱灾拾分之貳
十一年豁免順治六七兩年地畝人丁本折錢糧
拖欠在民者　十四年旱發積穀以賑知府于成
龍勸民輸賑全活甚衆　十七年蠲免順治十二
年至十五年民欠錢糧
康熙元年蠲免順治十五年以前未徵錢糧　三年
蠲免二年水災十分之叁　四年蠲免順治十八
年以前各項舊欠錢糧十年大旱免本年錢糧十

分之叄　十三年十八年旱災俱奉文照分數蠲免　二十五年旱災蠲免錢糧之半　二十八年蠲免餘項錢糧　二十九年旱災蠲免錢糧之半　四十四年蠲免四十五年地丁銀米舊欠未完者並停輸納　四十五年豁免四十三年以前未完銀米　五十年蠲免五十一年地畝人丁銀並歷年舊欠俱着免徵

雍正四年發帑銀採買穀石於省倉及府州縣應貯之處加謹收貯　八年蠲免湖北九年分錢糧肆拾萬兩以上府志

乾隆十年蠲免湖北十三年分應徵錢糧除漕糧項外其地銀米一概免徵　三十一年蠲免漕糧　三十四年蠲免次年地丁錢糧拾分之貳　三十五年蠲免地丁錢糧　四十二年蠲免地丁錢糧　五十年全災蠲免本年及舊欠錢糧發帑金以賑　五十九年蠲免六十年漕糧

嘉慶元年蠲緩地丁錢糧　二年蠲緩應徵錢糧撫卹黃安宜都二縣回籍戶口賑濟穀折錢共壹萬叄千玖百伍拾玖兩伍錢伍分又給修房屋銀共叄千陸百柒拾伍兩陸錢　三年前奉

恩詔普免案內作爲三次於是年蠲免　七年蠲緩緩帶節年錢漕等項　八年地丁錢糧全行蠲免以上省志

附前縣軼事

乾隆三十九年歉收知縣錢灴典史吕法海同經管修學田紳士沿門勸捐於次春煮粥以賑四十四

年春知縣李之駿蠲米捌百石四城門分設四廠煮粥以賑交紳耆經理東廠太學生秦學治舉人張鳳騰附貢生石中瑜西廠太學生盧國樺舉人吳瑨庠生吳光韓耆民程秉衡黃朝聖北廠歲貢生耿秉鈞庠生吳文林王玉青處士吳兆揆南廠拔貢生張炳翰太學生王華甲廩膳生蕭文燮

嘉慶七年旱知縣孫文驊勸有力紳耆各於本會設廠煮粥散米以賑貧民無去其鄉者

按舊志於賑卹一條自漢迄明考據詳備但安

邑建於明季故茲所紀載自
國朝始

黃安縣志卷之六

知黃安縣事朱錫綬 胡承組 主輯

職官志

職官

設官分職所以為民親民之官莫如縣令催科撫字責綦重焉至若師儒以董教化佐貳以贊宣猷守弁以資捍禦莫不各有專司勤厥職斯無曠厥官耳志職官

明始建邑設知縣一員主簿教諭訓導典史各一巡

檢二一駐雙城一駐中和後主簿缺裁
國朝訓導裁而復設雙城巡檢改黃陂站城守置把總

知縣

明朝

林　葵　雲南大理府舉人嘉靖四十三年甲子任為政方嚴有體新造之初庶事草創闢荊剪莽以新縣治成法可守士民德之陞慶陽府判

李　講　貴州清平舉人嘉靖四十五年丙寅任清標坦易綜覈精敏吏胥多憚之政務寬平常曰愚

民非猾吏比偶犯小過教戒之足矣嘗建學宫力爲創畫終無宦情爲當道所抑去之日民謳思之

常正紀　四川富順舉人隆慶四年庚午任

應存初　浙江仙居舉人萬歷元年癸酉由羅山尹改任黃安初至念民疾苦首剏條鞭法省諸一切經費風裁肅然右家豪族不敢以贄通岩壑清修之士每折節焉尤好崇奬節義貧者優以粟帛或置田贍之諸生中敝衣決履者輒斥俸以資膏火城故堞甚卑公爲增高六尺飾學宫前繼卜漏澤

地葺壇壝公署咸以時役民在任三年擢南京大理寺晋秩刑部主事耿恭簡建德惠祠以祀之邑人士懷其德於其卒也公請入祀名宦所剏條鞭法原勒石今碑亡

孫振芳　廣西宣化舉人萬歷四年丙子任

章如鈺　浙江會稽進士萬歷八年庚辰任

黎來玉　廣東順德舉人萬歷九年辛巳任恂雅莊飭以文學濟吏治潔已愛民政平訟理時建縣甫二紀方田均賦功在邑人康幾無愧良牧矣後改調平樂士民挽留不得常歌慕之不置云

余　相　浙江會稽舉人萬歷十一年癸未任置五經性理通鑑於尊經閣

劉冠南　江西廬陵舉人萬歷十六年戊子任涖事明敏才情揮霍時歲祲道殣相望公巡行原野勸捐借貸以賑存活甚衆每出入貧兒依之如慈母繞膝也後仕至貴州憲副

秦　煒　廣西容縣歲貢萬歷十八年庚寅任値歲大祲民多死徙公百計賑䘏窮鄉僻壤必躬履焉

所救活甚衆流亡復集邑患萑苻公廉得盜徒輒籍其名犯必殪之民以安堵去之日送者相接百餘里且贈以聯曰可憐赤子離慈母但願皇天啟後人至天啟中子時懋成進士任黃州太守

李含錦　雲南舉人萬歷二十四年壬辰任

李文芳　四川綿州進士萬歷二十三年乙未任嚴毅嚴明民不敢犯而清賦籍節夫馬尤傳頌不衰邑人士立祠東郊以祀之今廢

王家泰　廣東瓊山舉人萬歷二十七年己亥任

胡尚質　南直歙縣選貢萬歷三十二年甲辰任
錢宏穀　江西靖安選貢萬歷三十八年庚戌任
李克榮　北直玉田恩貢萬歷三十九年辛亥任
向應賢　四川通江進士萬歷四十一年癸丑任有
才猷遇糾紛立斷蠲不急之征省無名之費惠政
多端及其去也邑人爲之立碑並建合祠於東關
與李公文芳同祀
宣大猷　雲南蒙化進士萬歷四十三年乙卯任
王世臣　江西高安舉人萬歷四十四年丙辰任

丁惟謹　雲南楚雄舉人天啟元年辛酉任
林鳳翀　福建莆田舉人天啟二年壬戌任
陳汝情　北直保安歲貢天啟六年丙寅任
蔣洪先　廣西全州舉人天啟七年丁卯任
王嘉善　山東濰縣舉人崇正三年庚午任
趙利珍　山東滕縣舉人崇正七年甲戌任精明敏
決有器識時流寇充斥督兵拒賊親冒矢石屢獲
奇功賊不敢近郊相戒曰光山一籠雞羅山一堆
灰莫向黃安走不破麻城誓不歸公拊循有術士
民樂附性戇直不阿權貴卒觧任去公論惜之
李元玉　貴州新貴貢士崇正十年丁丑任
梁夢卜　廣東三水人崇正乙亥詔直省用五藝取
士獲捷癸未除襄陽別駕襄爲闖踞來攝安篆安
亦新破公勤撫字殘黎復聚爾時軍興旁午以書
諭山砦父老無不流涕急轉輸旋加監紀銜京師
失守邑北草寇蠭起索公犒師公曰不往速之來
殘九邑能抗封豕乎單騎往竟莫敢加害明末官
兵毒倍於賊肆屠掠啖邑人尸公聞三日哭不食

雖倥傯之時猶校童試拔太史張石虹爲第一
置王紫茹第二皆一時名宿先是邑治燬於寇公
葺之榜曰德風今藹然親民者遺澤也後與屬吏
忤被訐去尋卒於漢上吳氏家子渾淵自粵崎嶇
兵隙中扶其櫬以歸

國朝

任有剛　山東平原舉人順治三年丙戌任詩字書
稱三絕
蕭世贊　北直大興進士順治七年庚寅任政尚嚴

明務崇大體時有奸民張正中向有惠廖國楨等煽惑奴僕結黨叛主揮戈於市廹脅官長邱約退身公召紳士耆民盧爾愷吳晉王獻臣等合呈詳辦定大辟十八名渠魁先斃於獄冠履復正尤留心積弊申詳平政均米便民事未竣適以計典罷兩袖清風宦槖蕭然士民投櫃贈送以去擁卧攀轅擁阻不得前者經旬載道

楊之琳　陜西西安舉人順治十年癸巳任清廉坦易明恕精嚴吏怵其威不敢舞文弄法而政尚寛平愛民如子又未嘗不懷若慈父母也繼蕭令之

後里中多有阻撓平政者公力持其議毅然舉行邑人士至今戴之惜未久以内艱解任去

詹人訓　浙江常山貢士順治十一年甲午任清操如氷士民樂之如春風冬日惟嚴督胥吏不少借建紫潭文會自爲帖括文教聿興後中蜚言免官公論惜之

汪景勳　北直河間舉人順治十四年丁酉任暴卒

蕭　恒　陜西三原進士順治十五年戊戌歷官七

載政尚嚴明發奸摘伏人凛凛莫敢欺壬寅西山之役軍需旁午衆皆倉皇驚懼公委曲調劑咄嗟立辦卒以不擾陶鑄人材課藝手自校閲所賞識者捐貲剞劂爲士林模楷修建憲司城隍祠禁止越訴終公之任無敢一牒上聞民賴以安後擢邛州刺史

張一躍　北直樂亭貢士康熙四年乙巳任政尚寛平嚴以馭下胥吏憚之時學宫久頽公捐貲五百餘金兼募勸紳士輸助毎公退之暇親督工匠修

理凡殿廡祠宇宫牆泮池秩然改觀落成之日士民立碑稱頌後陞貴州黄平知州

李同亨　江南宜興進士康熙九年庚戌任

徐秉仁　遼東舉人康熙十二年癸丑任時吳逆叛疆埸多故凡芻茭餱糧皆取辦於公不以煩民邑北有羣小竊發公率義勇往平之歳大祲發粟賑饑存活無算留心民瘼而不爲簿書所縛暇則與紳士尊酒論文或徜徉於山巔水涯間儼名士風流莫知其爲邑宰也官五載丁向艱行有日矣以

疾卒官橐蕭然旅櫬莫歸邑人歛金助之泣送境上至今思念不忘云

白良琯　遼東人筆帖式康熙十七年戊午任

王雲明　河南西華舉人康熙二十一年壬戌任操守端方崇獎正學不畏強禦不諂事上官甫下車凡無名經費悉行裁革邑有李某者奸民也廉得其實囊以三木榜繫之獄稱神君焉雅不好浮屠禁釋氏不得與市民相雜還青衿子弟中有文行兼優者輙殊禮遇之若進士何適原膳盧紀慈輩

皆其一時所取士也後以直戇忤當路任五閱月而去人咸惜之

張國柱　遼東監生康熙二十二年癸亥任政尚寬平征輸不事敲扑凡所興作悉捐俸爲之歲戊辰裁兵夏逢龍倡亂劣生李宗珊奸民黃公九等素以公事銜公勾連汛兵詐傳僞檄襲城民盡逃散公佯爲懷印請救與衆俱奔屯於打鼓墩收合義勇入城擒勦戶積如阜餘黨悉安事聞上憲咸嘉公功復任九載士民戴之終始不渝後陞寧羌州刺史

劉承啟　直隸故城貢士康熙三十五年丙子任弭盜鋤強愛民息訟修學宮課士子詳請南折纂修邑乘諸所爲善政未可以一二數也

何錫祿　廣寧監生康熙四十年辛巳任

陳宸範　冀州拔貢康熙四十九年庚寅任

張　琮　雲南仙湖例貢康熙五十三年甲午任性瀟洒以儒術飾吏治作射圃於鰲峰亭今存遺蹟

吳象寬　山東海豐進士雍正三年甲辰任化民善

俗悳政多端毎朔望率士民宣揚

聖諭務委曲開導使家喻戶曉捐修學宮置祭器於人才多所造就甫下車適荒歉即親歷各村勸賑遠者計口授米近者設廠煮粥存活以萬計邑界光羅盜賊出没嚴捕務清保甲諸游手好閒者籍其名隨時懲辦人服其神性明决事無鉅細立予剖分奸蠹無所施其技善催科絕請託鋤奸慝禁刁唆凡城垣義學社倉無不留意修葺後調任咸寧邑數百人赴憲請留不得於其去也百里之內咸泣

送之
劉文燧 山陽進士雍正四年乙巳任
賈多男 直隸舉人雍正六年丁未任
鍾 爕 平湖舉人雍正九年庚戌任
馮爲榕 江蘇丹徒例貢雍正十一年壬子任
李行修 山東歷城舉人雍正十一年壬子任
段紹宸 直隸唐山縣舉人雍正十三年甲寅任
蘇鼎鄭 如皐舉人乾隆六年辛酉任
林春澤 廣東東莞縣舉人乾隆七年壬戌任

李晉岳 福建閩縣舉人乾隆十二年丁卯任
彭瑞澂 四川丹稜舉人乾隆十三年戊辰任留心民瘼暇則携小奚乘騾私就田間野老問民疾苦故多善政卸篆後僑寓公舘各村民以薪米餽送者相屬於道至今人猶頌之
戴 炯 湖南湘潭縣舉人乾隆十五年庚午任
彭 鐸 江西奉新縣廩貢乾隆十九年甲戌任
林光祿 福建汀州府武平縣監生乾隆二十三年戊寅任

王粤麟 廣東嘉應州興寧縣舉人乾隆二十八年癸未任
李世瑞 廣西桂林府臨桂縣舉人乾隆三十年乙酉任
張尙寶 湖南長沙府長沙縣舉人乾隆三十七年壬辰任
陳文豫 貴州鎮遠府施秉縣舉人乾隆四十年乙未任
胡金門 浙江杭州仁和監生乾隆四十三年戊戌任

陳 玉 浙江紹興府山陰縣吏員乾隆四十七年壬寅任
朱 梓 安徽寧國府涇縣舉人乾隆五十二年丁未任性好學手不釋卷著有雙泉堂賦於士類多所培植魁星樓其手建也
王承銓 河南汝寧府汝陽縣舉人乾隆五十四年己酉任
韓 海 四川長壽縣舉人嘉慶元年丙辰任

仇必達　四川成都府崇慶州舉人嘉慶二年丁巳任

孫文驊　四川綿州廪貢嘉慶五年庚申任性明敏詞訟不煩言而決剔弊鋤奸民懷吏畏而襟懷洒落暇則臨水登山與邑人士相唱和著有啟明樓記諸所行善政極多今口碑猶載道也

李　榛　河南歸德府寧陵縣舉人嘉慶九年甲子任

劉以定　河南懷慶府河內縣舉人嘉慶十八年癸

酉任

立　豫　滿州鑲黄旗舉人嘉慶二十年乙亥任

以上舊志

新纂職官

自咸豐初年兵燹以來吏書册卷已多燬失而官績所著二三老成猶能歷歷數之雖未盡詳其年月要可列序其姓氏而想其大概云

林緭光　廣東南海縣舉人嘉慶二十一年丙子任仕不廢學工書法能文章秋闈叠次分校得士最多勤月課育人材道光二年主修邑乘寬厚廉明良吏醕儒士民共戴

邵　勷　山東進士仕學兼優紳民歌頌

李介白　四川長壽舉人温和仁厚德布三鄉洵稱循吏

楊始昇　山西舉人

周鶴立　浙江舉人崇儒重道著有政聲

詹應甲　江蘇吳縣舉人詩字文詞無不精善人以才子目之理獄訟明斷而寛士民贈儒宗慈父額

劉坤琳　四川進士莅任多年雍容儒雅政平訟理士民贈清澈冰壺額

魏之文　貴州舉人道光十八年任寛明仁斷治無冤民惜莅任未久去

劉維禧　陝西進士道光十九年任廉明寛厚治聲丕著以前署麻城縣事罣誤去士民惜之

夏雲岫　道光二十年任

劉　江　大興縣貢生

鮑光霱　浙江舉人道光二十二年任善理獄訟水

清衡平
李載蘇　江蘇貢生
許賡藻　浙江舉人道光二十四年任英烈有爲在任最久團練著名士民欽服贈有澤潤生民額事載藝文志
蔡傳樞　道光二十九年任
吳恩晉　咸豐元年任
彭仲芳　廣西舉人咸豐元年任質直渾厚有儒士風

巴揚阿　廂黃舉人咸豐二年任
王頌三　拔貢咸豐三年任
嚴元灃　咸豐六年任
林　基　山東歷城拔貢咸豐七年同治五年任先後督辦團練保衛良多討捧檄令斯邑及于役來兹凡五次勞心撫字士民贈澤被花封額
楊宗時　江蘇陽湖供事咸豐八年任時邑距匪初靖屍骸枕藉公殮收之新衙署修砌堡次第就理寬厚鎮撫民生以安士民贈有繩直冰清額

諸　鏞　浙江錢塘縣監生忠厚居心勤勞公事士民贈作人雅化額
江世玉　江蘇上元貢生同治元年十二月任理案牘明決如神督勇勦賊邑賴以安士民贈有邾城保障額並泐有去思碑詳藝文誌
文　齡　蒙古貢生同治二年任清慎勤廉愛民育士頻年捻匪竄境築城浚濠督鄉城士民固守捐廉一千九百餘緡餉軍安邑守城此其始也士民贈有邾城再造額餘詳藝文德政頌
朱錫綬　江蘇鎮洋舉人同治七年任治尚安靖士

民贈以有孚惠德額事詳藝文志
胡承組　安徽六安州監生同治八年任寬厚清廉知人善任剔弊鋤奸勸良息訟古循吏無以過之士民贈循良造福額
柴鍾嶽　四川巫山縣監生同治八年十二月任辦事勤能審斷明決洞悉情弊人不得因緣爲奸寬猛兼施民懷吏畏培學校籌膏火意尤篤至下車次年春旱傷麥公抱病於署内默禱數日雨沛始天鑒其誠也

教諭

明朝

周天衢　江安歲貢嘉靖四十四年乙丑任

文承詔　全州舉人隆慶二年戊辰任

劉寵　長淮衛歲貢隆慶四年庚午任

曹榦　天長歲貢萬歷元年癸酉任性磊落具人倫冰鑑以文章課諸生邑中先達多所造焉尤佼義好施士之貧者咸德之

王元弼　南昌舉人萬歷五年丁丑任

劉允祚　湖南衡陽舉人萬歷十一年癸未任首敦行誼奬掖多方每進諸生商榷文藝談經論道竟日不倦尤斤斤自好脯脩束贄之具概置勿論惟以名教爲己任焉

趙時中　潁州歲貢萬歷十六年戊子任

何盈　大興舉人萬歷二十年壬辰任

熊輪　城步歲貢萬歷二十三年乙未任

田文齡　恭城歲貢萬歷二十七年己亥任

高可陞　雅州歲貢

李應南　湖南衡陽歲貢

董大雅　永嘉歲貢

吕時煥　江夏舉人

費朝宗　銘山歲貢

武建邦　河南祥符歲貢

黎汝謨　河南羅山舉人萬歷四十七年己未任剛方正直以師道自任羅界於安且爲師儒久得悉吏胥弊竇後署邑篆發奸摘伏取夙所稔巨蠹數人置之法其未殲者屏之鐫名於榜示不復用邑中號神君尸祝之陞知縣去稱師道尊嚴者必曰黎師云

黃圖昇　蒲圻舉人天啟元年辛酉任

胡試　江夏歲貢崇禎五年壬申任

黃元春　新建舉人崇禎八年乙亥任有才思工古文詩詞雅馴不飾日與生徒論古今成敗求隱僻事以自娛尋丁內艱歸著有青萊先生文集行世

張道謨　敘浦歲貢

方懋修　漢川舉人

吳守中　漢陽歲貢

國朝

林　瑾　大冶舉人順治九年壬辰任

鄒璧明　隨州歲貢康熙四年乙巳任

盧如參　應城舉人康熙五年丙午任性端方戆直熟精傳註司鐸九載手刱齋舍監修學官考課生徒居然以斯道爲己任而木訥謹愿不合時宜以疾卒於官蕭條四壁棺外無餘士論惜之賻助以歸

劉士臣　沔陽舉人康熙十四年乙卯任陞蒲臺知縣

王顯奇　沔陽舉人康熙十九年庚申任厚重端凝規行矩步酷嗜周易　通大衍之數占驗獨精家素豐不取足於餼脯好施與散千金以周寒儒後秩滿當遷有齮齕者奪其乘馬以去當事追還之絕不與計較旋擢昌黎令改平越府首縣地僻民瘠先重農桑教以樹蓄越三年乞老致仕歸

龔　璋　蒲圻舉人康熙二十九年庚午任心氣和平政與廉潔士多敬愛之博極群書工詩文著有文集十數卷行世尤善臨池邑人造請無虛日客至對奕子聲丁丁然雅量高致風塵不能及也官七載卒於任貧無以殮士爭賻之至今猶有餘思焉

宋希若　蒲圻舉人康熙三十五年丙子任律己端方課士嚴謹劉令纂修邑志與有力焉

舒其超　通山舉人康熙四十二年癸未任

吳繩琦　孝感舉人康熙五十一年壬辰任

龔世綱　應城舉人康熙五十六年丁酉任

蕭　昱　漢川舉人雍正四年乙巳任

陳嚴重　江陵舉人雍正九年庚戌任

張之珩　江陵進士雍正十三年甲寅任

賀萬年　江陵舉人乾隆十年乙丑任

李　适　沔陽舉人乾隆十一年丙寅任

周道尊　天門舉人乾隆十八年癸酉任

丁　崇　江夏舉人乾隆二十六年辛巳任

程廷楫　漢川舉人乾隆三十八年癸巳任

江鍾奇　潛江舉人乾隆四十七年壬寅任
陳家騏　江陵廪貢乾隆五十一年丙午任
劉雲鶴　應山舉人乾隆五十六年辛亥任
左　俊　雲夢廪貢嘉慶四年己未任
龔際雲　漢陽舉人嘉慶十四年己巳任
彭光泰　安陸舉人嘉慶二十三年戊寅任
侯安國　興國州舉人嘉慶二十五年庚辰任
以上舊志
萬慶恩　孝感拔貢道光十年任

葉本立　隨州拔貢道光十年任
白　濤　江夏附貢
王丹墀　孝感附貢
呂庭栩　應城舉人嘗集唐宋詩句著對語餐花梁湖文稿詩草諸集工懷素帖雲林畫性嗜石滿積案頭把玩不釋手尤好覽山水遊華嶽頂及似馬山得紫芝十數莖服之身益健課徒學署東偏都人士多從之遊暇則與諸名宿聯句唱酬有詩文賦稿梓行年九十解組歸至一百三歲卒人稱爲儒中仙佛云
鄧炳麟　黃陂舉人道光二十四年任
黃本驥　應山貢生咸豐五年任
吳　湘　隨州增貢咸豐八年任
李　方　孝感廪貢咸豐十年任
柯茂枝　武昌舉人同治元年任
鄭世輝　鄖陽貢生同治五年任
王大紳　歸州拔貢同治七年任
楊覲光　雲夢舉人加內閣中書銜同治七年任董

學深取與廉潔善氣迎人被教澤者如坐春風倡議重修尊經閣續修邑志與有力焉

訓導

明朝

饒有仁　青城歲貢嘉靖四十四年乙丑任

袁伯偉　豐城歲貢隆慶四年庚午任

高　樹　高陵歲貢隆慶四年庚午任

項生奇　龍泉歲貢萬歷二年甲戌任

馬　錦　成都舉人萬歷五年丁丑任

趙應麟　長沙歲貢萬歷十年壬午任

王　錀　湘陰歲貢萬歷十六年戊子任

阮艮謨　邵陽歲貢萬歷十八年庚寅任

王建極　歸州歲貢

鄢艮仕　鄰水歲貢

彭　洵　永州歲貢

郭紹孔　澧州歲貢

熊　兆　漢陽歲貢

徐自新　嘉魚歲貢

舒應鵠　敘浦歲貢天啟七年丁卯任

潘應源　光山歲貢崇禎五年壬申任

傅應元　安陸歲貢崇禎六年癸酉任

國朝

駱中駿　蒲圻歲貢

王大猷　鄖西歲貢

范起鳳　鄖縣歲貢　缺裁

彭　焱　孝感歲貢康熙十七年戊午復缺任工詩草善屬文爲海內知名士教授生徒多所造就貧士尤戴其德歲戊午與署諭劉士臣送試臨皐舟覆門役皆淹沒二公挽舟中木隨波飄泊得不死

巳未卒於署止存圖書數卷士賻以歸士臣以秩滿陞蒲臺知縣去

周國購　江夏歲貢康熙二十四年乙丑任品學兼優克稱師表贊襄邑侯劉捐修學宮纂修邑志

龔啟正　監利歲貢康熙三十七年戊寅任

劉啟先　通城歲貢康熙四十五年丙戌任

周卜年　當陽歲貢雍正三年甲辰任

張　珩　江夏歲貢雍正十一年壬子任

吳緒榮　漢陽廩貢雍正十三年甲寅任

鄭時中　潛江歲貢乾隆五年庚申任
劉廣祖　潛江優貢乾隆十年乙丑任
劉珖　建始歲貢乾隆二十年乙亥任
鄒鍵　漢川舉人乾隆三十二年丁亥任
胡超銓　江夏廩貢乾隆四十三年戊戌任
周學乾　東湖廩貢乾隆四十五年庚子任
劉光鈞　棗陽廩貢乾隆五十一年丙午任
蕭尊德　天門舉人乾隆五十四年己酉任
傅登道　鍾祥歲貢嘉慶六年辛酉任

汪瀛　沔陽拔貢嘉慶二十年乙亥任
以上舊志
黎景珠　鄖西歲貢
汪尙懋　天門貢生
厲德輿　襄陽舉人
曹芳溢　江夏舉人
曾庭　襄陽副榜
艾城境　黃陂附貢道光二十九年任
危凌漢　安陸增貢咸豐九年任

余攀龍　應城附貢咸豐九年任
平建章　棗陽附貢同治八年任
余用時　興國州廩貢同治八年八月任心平氣和
品端學正同與續修邑志並重修尊經閣

主簿

明朝

梁雲鴻　四川吏員隆慶四年庚午任

仇　勉　南直監生隆慶六年壬申任

劉　深　四川監生萬歷四年丙子任

張　諷　四川監生萬歷六年戊寅任

盧希賢　廣西平南恩貢

沈可珩　南直華亭監生萬歷十三年乙酉任

應　樘　浙江鄞縣吏員萬歷十五年丁亥任

王宏嗣　北直薊州監生萬歷十七年己巳任

柯之伞　南直貴池監生萬歷十九年辛卯任

劉光前　河南新鄭監生萬歷二十二年甲午任

鄭　宦　四川廣安吏員萬歷二十五年丁酉任

梁汝奇　四川興文選貢萬歷二十九年辛丑任

李雲鵬　南直亳州監生萬歷三十二年甲辰任

李拱揚　南直溧水監生萬歷三十五年丁未任

陸　通　福建南安吏員萬歷三十八年庚戌任

柯成林　浙江嘉善吏員萬歷四十三年乙卯任

王三聘　浙江孝豐監生萬歷四十七年己未任

陳恩隆　浙江義烏吏員天啟二年壬戌任

崔士翰　南直太平監生天啟四年甲子任

楊士清　廣東東莞吏員天啟六年丙寅任

張文芳　山東阿縣吏員崇禎二年己巳任

楊枝茂　江南碭山吏員崇禎四年辛未任

馬一元　崇禎五年壬申任

宋之彥

程明煜　崇禎七年甲戌任

吳　宏　崇禎九年丙子任

曹良柱　江南太平拔貢崇禎十四年辛巳任　缺

裁

雙城巡檢司巡檢

明朝失攷

國朝

毛宏鼎　浙江山陰吏員順治六年己丑任

夏國政　浙江山陰吏員順治十七年庚子任

李永潤　山東臨青州吏員康熙八年己酉任

陸進朝　康熙十六年丁巳任
于萬錫　山東德平人康熙二十一年壬戌任
張　機　浙江仁和人康熙二十二年癸亥任
胡　岱　江南含山縣吏員康熙二十五年丙寅任
楊可棟　陝西三原縣監生康熙五十三年甲午任
湯國瑛　浙江餘姚縣吏員雍正五年丙午任
高　磐　江南貴池縣吏員雍正七年戊申任
蕭重器　順天大興吏員雍正十三年甲寅任
崔天樞　順天宛平縣人乾隆元年丙辰任

宋登仕　江西萬載縣吏員乾隆三年戊午任
袁　銓　江南上元縣供事乾隆七年壬戌任
朱履亨　浙江海鹽縣供事乾隆九年甲子任
喬立中　直隸陝州閿鄉縣吏員乾隆十二年丁卯任
蘇智明　安徽池州府石埭縣吏員乾隆二十二年丁丑任
黃陂站巡檢司巡檢乾隆二十七年改
張邦榕　湖南沅州府芷江縣監生乾隆二十八年癸未任
杜體元　江蘇常州府武進縣人乾隆三十八年癸巳任
章應龍　江西饒州府餘干縣監生乾隆四十二年丁酉任
蔡安國　浙江蕭山縣供事乾隆四十七年壬寅任
郷　瑄　四川成都縣監生乾隆四十八年癸卯任
周履福　河南祥符縣吏員乾隆五十四年己酉任
陳德榮　順天大興縣吏員嘉慶四年己未任

彭汞敏　江西南昌府奉新縣監生嘉慶九年甲子任
梁正興　湖南澧州石門縣監生嘉慶十三年戊辰任老成練達在任十年靜鎮不擾民咸安之年老罷去民祖餞者載道至今猶歌思不置
胡光國　貴州貴陽府貴筑縣人嘉慶二十四年己卯任
以上舊志
張金瀾　道光二十九年任

黃應瑞　道光三十年任

俞世琛　江蘇元和縣附生道光三十年任

張錫謙　江西新建縣軍功咸豐九年任

定家定　河南鄭州增貢咸豐十一年任

梅殿華　河南商城監生同治元年任

陳濟洪　四川新繁監生同治六年任

中和巡檢司巡檢

明朝

陳畧　貴州人天啟元年辛酉任

朱天旭　銅仁縣人天啟四年甲子任

李孟春　北直人崇禎二年己巳任

郭尚學　江南宣城人崇禎十年丁丑任

朱應珍　江南寧國人崇禎十二年己卯任

趙國賓　四川人崇禎十五年壬午任

國朝

皮純臣　江南人順治三年丙戌任

梁成德　福建人順治七年庚寅任

王有捷　北直成安人順治十三年丙申任

徐應春　北直薊州人康熙元年壬寅任

朱瑞麟　北直籍紹興人康熙五年丙午任

金之彪　北直冀州籍紹興人康熙十五年丙辰任

張大綬　江南江寧人康熙十九年庚申任

劉建議　山東汶上人康熙二十二年癸亥任

濮舉賢　直隸青縣吏員康熙二十九年庚午任

周　禮　陝西扶風縣吏員雍正二年癸卯任
余通漢　雲南平彝縣吏員雍正十二年癸丑任
鄭　鉽　浙江仁和供事乾隆元年丙辰任
李肱揚　廣東嘉應州吏員乾隆五年庚申任
張得仁　浙江會稽吏員乾隆七年壬戌任
王貽亭　浙江會稽吏員乾隆九年甲子任
伍又陶　浙江紹興府山陰縣儒士乾隆二十六年
辛巳任
鄧　淇　江西建昌府南城縣監生乾隆三十四年

己丑任
李　綸　浙江紹興府山陰縣監生乾隆四十年乙
未任
陸念祖　江蘇元和縣人乾隆四十五年庚子任嘉
慶二十一年以年老罷去
姚青構　安徽安慶府桐城縣監生嘉慶二十二年
丁丑任
以上舊志
魯中孚　道光二十二年任

劉昌壽　咸豐元年任
陳嘉謨　江西峽江縣監生咸豐元年任四年洵難
勞庭楨　浙江石門縣監生同治元年代理李任闕
差缺
李隆發　湖南酃縣吏員咸豐八年任認眞辦公勤
能夙著胆畧最優時捻逆頻年竄擾督團紳率勇
堵截始終奮勉奉督憲諭軍民建修砦堡堅壁清
野勞頓不辭事　上聞保薦卓異

典史

明朝

周天造　福建莆田吏員嘉靖四十三年甲子任時邑方新造城池不足以防盜賊公署不足以蔽風雨尉佐邑令襄其事鳩工經理集百姓比屋以居招商賈使通貨財漸成闤闠熙熙攘攘至今享其利不置其春秋祀之也宜哉

劉　珂　隆慶二年戊辰任

張　耀　南直人隆慶六年壬申任

袁再思　江西新建人萬歷三年乙亥任

陳世美　江西南昌人萬歷五年丁丑任

劉邦卿　山東人萬歷八年庚辰任

吳從龍　浙江人萬歷十年壬午任

傅大賢　江西南昌人萬歷十四年丙辰任

吳本成　萬歷十九年辛卯任

楊　洲　浙江歸安人萬歷二十一年癸巳任

應可欲　浙江鄞縣人萬歷二十五年丁酉任

陳善長　廣東四會人萬歷三十年壬寅任

張維翰　雲南鶴慶人萬歷三十一年癸卯任

徐聘卿　南直吳縣人萬歷三十三年乙巳任

許應龍　江西臨川人萬歷三十五年丁未任

范文明　四川內江人萬歷三十七年己酉任

朱光慶　浙江仙居人萬歷四十年壬子任

韓仲徵　南直高淳人萬歷四十四年丙辰任

王元楫　浙江東陽人萬歷四十七年己未任

謝應選　浙江會稽人天啟二年壬戌任

蔣家棟　福建晉江人天啟五年乙丑任

吳光鉉　浙江餘姚人天啟七年丁卯任

陳允明　浙江鄞縣人崇禎元年戊辰任

王　鵠　浙江人崇禎五年壬申任

胡起謨　南直人崇禎八年乙亥任

張光縉　江南東流人崇禎十一年戊寅任

嚴興法　浙江人崇禎十三年庚辰任

陳天祉　浙江紹興人崇禎十六年癸未任

國朝

張起蛟　順天通州人順治十二年乙未任

李　震　浙江山陰人順治十六年已亥任

陳聖訓　浙江東陽人康熙二年癸卯任

陳　銓　直隸彭州衛吏員康熙十五年丙辰任

盧元吉　順天通州吏員康熙三十一年壬申任

范經邦　順天宛平吏員康熙三十七年戊寅任

劉克紹　順天宛平吏員康熙四十四年乙酉任

陶宗發　浙江會稽吏員康熙四十五年丙戌任

汪嗣彬　順天宛平吏員康熙四十八年已丑任

陳引循　順天三河吏員康熙五十六年丁酉任

徐世傑　順天大興吏員雍正八年巳酉任

章文傑　順天宛平吏員雍正九年庚戌任

徐文彬　順天宛平吏員雍正十一年壬子任

潘秉誠　浙江山陰吏員乾隆九年甲子任

劉　珂　順天永清縣監生乾隆二十年乙亥任

宋　壖　浙江紹興府山陰縣監生乾隆二十三年
戊寅任

李德和　山東青州府安邱縣人乾隆三十九年甲
午任

吕法梅　浙江紹興府山陰縣吏員乾隆四十三年
戊戌任

劉培章　安徽寧國府旌德縣監生乾隆四十八年
癸卯任

宋之瀲　江蘇無錫縣供事乾隆五十年乙巳任

朱　晉　浙江山陰縣供事乾隆五十三年戊申任

鄭以仁　浙江會稽縣供事嘉慶元年丙辰任在任
十八年凡修城勸賑堵匪諸事多著勤勞才敏提
善于排解邑人德之有大化小小化無之稱焉

陳繼述　四川叙州府南溪縣監生嘉慶十九年甲
戌任

李中杰　山西汾州府介休儒士嘉慶二十一年丙
子任居官十七年清廉嫻雅與邑文人觴詠爲樂
著有藕香亭詩集亭即公捐廉所建邑人頌其德
有治協鳴琴額子其煜候選縣佐孫舒瀚入安籍
爲醫學訓科

以上舊志

宋丹墀　道光十二年任

黃鶴鳴　道光十二年任
汪承恩　安徽休甯監生道光十三年任
魯鳳巢　道光十七年任
丁永祿　道光十八年任
章　鑅　浙江山陰監生道光二十年任在任二十餘年潔清自矢捐廉修署弭盜安民邑人頌之咸豐十一年致仕居劉逦灣旋歿有田三斗屋四間及棉地永作祀產立有案
黃桂森　浙江烏程監生咸豐十一年任

金　鵬　安徽休甯人同治元年任
盛寶銛　江西武甯縣監生同治二年任
沈嵩祥　浙江會稽監生同治二年任

城守把總
楊宏烈
曾啟林
胡萬年
羅士龍
張廷貴
胡士髦
黃之選
張萬升

郁鍾秀
胡德用
劉曰灝
譚上選
白　瑤　黃州人嘉慶十六年辛未任
趙楚棟　黃州人嘉慶二十二年丁丑任
李定愷　黃州人道光元年辛巳任
以上舊志
馮雲會　道士洑人

廖志和　黃州人

張步元　黃州人咸豐四年四月率營兵及東鄉勇
勦賊凡受傷者撫恤倍至卒著克復功人咸服之

潘萬泰　黃州人同治年間禦賊守城與有力焉

胡鳳揚　黃州人

李崇本　鄖陽人

李貞福　黃州人善待卒伍交接紳士居然文人氣
象

黃安縣志卷之六

知黃安縣事陳瑞瀾關大夏主輯

新纂職官志

知縣

陳嘉謨　湖南寶慶府新寧縣監生同治八年十一
月任

柴鍾嶽　四川巫山縣監生同治八年十二月任辦
事勤能審斷明決洞悉情弊人不得夤緣爲奸寬
猛兼施民懷吏畏

高文桓　浙江湖州府歸安縣從九同治九年四月任

鄭錫元　江蘇江寧縣生同治九年四月任士民贈
清德光昭匾額

魏輔宸　四川夔州府大寧縣增生同治十年六月
任治事明敏案無留牘甫下車修學宮葺城垣尤
勤訓課士民愛戴

徐龍雲　直隸順德府任縣舉人同治十一年十二
月任愛民息訟惠政多端每逢朔望率邑紳宣講
聖諭反覆詳明鄉民以化士民贈有玉鏡高懸匾額

慶　明　鑲紅旗滿洲三甲喇壽聯佐領下監生同治十二年六月任才守兼優寬以禦衆士民贈有使民無訟匾額

王葆修　安徽英山縣進士籤分刑部主事同治十三年八月任勤政愛民崇儒重士籌辦卷費賓興諸事士林賴之贈有公正廉明匾額

諸　鏕　浙江杭州府錢塘縣監生光緒元年九月任慈惠愛民士庶悅服合邑贈福星三至匾額

凌心垣　四川敘州府宜賓縣進士光緒五年十一

月任折獄如神民懷吏畏創修三鄉豐豫倉擬建奎星閣布置井井功未成而去

陳瑞瀾　湖南長沙府湘鄉縣拔貢光緒七年五月十三任愛民如子執法如山摘伏發奸興利除弊於積穀團防賓興文昌奎星樓諸公事辛勤籌辦聿觀厥成而培學校育人才尤孜孜不倦士民製實心行政匾額懸諸琴堂用誌愛載

陶大夏　河南南陽府新野縣進士光緒八年補任

教諭

劉世大　漢陽舉人同治十年任

哈承藩　漢陽舉人同治十一年任

傅炳南　石首舉人同治十一年任

黄尊祿　黄陂舉人

胡洪鼎　通城舉人光緒元年任

王世清　應城縣舉人光緒元年八月任品重學優勤於課士監修邑乘倍費精神

訓導

馬士彬　蒲圻廩貢同治九年任

閻夢筆　武昌歲貢同治九年任

張成崧　京山優廩生同治九年任

李如棠　光化廩生同治十年任

黎大春　通城廩生光緒三年任

方宗堃　天門增生中書科中書銜光緒三年任儒林望重訓士有方監修邑志不憚勞瘁

黄陂站巡檢

劉學源　湖南善化世職同治九年任

康士珍　江蘇六合監生同治九年任

王先立　安徽懷甯從九同治十二年任

劉如升　安徽潛山監生光緒二年任

俞懋基　安徽歸池監生光緒三年任

中和巡檢

鍾文垣　浙江秀水監生同治九年任

李冠英　江西監生

典史

李鳴鑾　湖南湘陰監生光緒元年任

陳柄基　陝西漢中府南鄭監生光緒三年任清潔

居官勤勞佐治

城守營把總

徐秉忠　黃岡世襲

陳易新　黃岡武舉光緒七年任

外委

李貞福　黃岡人

吳德亮　黃岡人

僧會司

僧修已　同治九年受事

僧清和　同治十一年受事

僧清印　光緒元年受事

僧體乾　光緒四年受事未滿病故

僧悟容　光緒五年受事

道會司

王玉朗　同治九年受事

張開甲　同治十二年受事

余明正　光緒六年受事

陰陽學　金樑善

醫學

僧會司僧會

國朝

僧宜泰順治二年受事稽察寺院不辭勞怨

僧方等順治七年受事

僧性廣順治十一年受事

僧圖蔭順治十六年受事斗室焚香持誦內典邑人士稱之

僧意聖康熙九年受事恪守戒律不染俗塵邑令贈以匾曰淄流翹楚

僧戒權康熙十八年受事

僧寂意康熙十九年受事性恬靜守清規

僧圓鼎康熙二十一年受事

僧通宜康熙二十二年受事遵法勤修緇流欽服

僧法雲康熙三十一年受事

僧隱暉康熙三十五年受事以上舊志

僧能獻龍潭寺住持乾隆四十年受事

僧清見龍潭寺住持乾隆五十六年受事

僧覺真龍潭寺住持

僧逍陞龍潭寺住持

僧省三界林寺住持嘉慶五年受事好善樂施每歲歉必出其藏以濟附近居民之貧乏者山右有大石橋 座為南北通衢捐貲修建行人稱便其徒侶亦皆力勤而守約誠空門中之錚錚者矣

僧東杲界林寺住持

僧仁安界林寺住持

僧法誠龍潭寺住持嘉慶十五年受事

僧法能龍潭寺住持嘉慶十六年出坐漢鎮棲賢寺方丈

僧麥修祁家堂住持

僧先承真興庵住持

僧月華青雲庵住持

僧莊月真興庵住持

僧志賢青雲庵住持

僧真性真如庵住持

僧體乾界林寺省三徒也嘉慶二十四年受事與其徒遐參採訪各寺大志頗著勤勞

僧續登植聖寺住持
以上舊志
僧德仁道光六年永安寺受事
僧法印道光十一年龍潭寺受事
僧明松道光十四年青雲庵受事
僧德印道光十六年永安寺受事
僧心見道光十四年韓錫寺受事
僧明月真興庵受事
僧立和毛家堂受事

僧輝空心安寺受事
僧普成上方寺受事
僧恒輝植聖寺受事
僧續坤峯山寺受事
僧月照祈家堂受事
僧修元萬護菴受事
僧心空東華菴受事
僧霞印界林寺受事
僧仕成永安寺受事

僧東昶長竹山受事
僧紹暘同治六年龍潭寺受事
僧法宗龍潭寺住持坐鎮龍華寺方丈
僧知明龍潭寺住持坐鎮龍華寺方丈
僧法雨龍潭寺住持坐鎮龍華寺方丈
僧涇波峯山寺住持坐鎮棲賢寺方丈
僧濟周峯山寺住持坐鎮龍華寺方丈

道會司道會

國朝

秦道先順治二年受事

王顯耀康熙二年受事

蕭鳳翔康熙十一年受事

王思聖康熙十九年受事克勤厥職以上舊志

戴世芳康熙受事

祁次端康熙年受事

李元禮雍正二年受事

程思夏乾隆五年受事

徐秉權乾隆二十年受事

蔡國定乾隆二十八年受事

蔡上達乾隆四十年受事

蔡興隆乾隆四十九年受事

程文達乾隆五十二年受事

程大鵬嘉慶十一年受事

以上舊志

程光緒

鄒光照

葉維青

陰陽學訓術

王心復

醫學訓科

許回春

陳錫鰲

吳寶善

汪啓元

姜鴻逵道光三十年受事

李舒瀚從九品銜咸豐三年受事

黃安縣志卷之七

知黃安縣事朱錫綬 胡承組 王輯

選舉志

合纂文武科名

科名一途上以取真才下以勵積學得之者猶相有在尤視其先人之培植與一已之進修以爲憑知揚名顯親非倖致也攷前志科名註載與仕宦率多重複茲分類合纂庶幾劃然有條閱斯編者可想榮名有自而躍然以興矣志科名

進士

宋朝

李　沆　字太初擢進士科

李若水　字清臣擢上舍第

李　綱　字伯紀正和二年登進士科

李宗勉　字強父試禮部第一

進士

明朝

王德甫　字義徙洪武戊辰科

鄒來學　字時敏宣德癸丑科

黃伯琰　成化丙戌科

方民悅　嘉靖乙未科

董　威　辛丑科

趙　教　癸丑科

方　岳　戊戌科

方　治　壬戌科

耿定向　字在倫丙辰科

周思敬　字在禮嘉靖戊辰科

耿定力　字子健辛未科

彭遵古　字旦陽萬歷丙戌科會魁

周家棟　字隆之巳丑科會魁

吳　化　字敦之乙未科

盧堯臣　字贊勳庚戌科

秦　植　字立之巳未科

秦如容　字能之崇禎甲戌科

進士

國朝

鍾　琇字琇玉順治壬辰科

吳之珍字貞吉壬辰科

盧　經字叔向壬辰科

盧　綖字聊度康熙庚戌科

韓庚寅字子伯癸丑科

吳應庚字違齡己未科

張希良字石虹己丑科二甲傳臚

宋如宸字震懷己丑科翰林院庶吉士

何　通字衢上甲戌科

吳世模　癸巳科

盧建中字前川辛丑科

彭之華　辛丑科

王華群字松溪乾隆己未科

張夢楊號蘇山乙丑科

吳　沂字涵甫壬申科

張錦珩字如亭嘉慶己未科會魁

張錫謙字乙舟乙丑科翰林院庶吉士

秦光辰字洛臣戊辰科

盧鴻逵秋渚道光丙戌科

汪　潤玉恬道光壬辰科

陳玉麒仁趾道光乙未科

劉秉琳崑圃咸豐壬子科

彭宗達信甫　同科

李廷簫小軒咸豐癸丑科

張璟槃鴻舫己未科翰林院庶吉士

阮光鼎寶臣　同科

徐宗一桂坪　庚申科

陳鳳翥小岐　乙巳科

張相宇芝卿同治壬戌科會魁翰林院庶吉士

熊汝梅燮臣戊辰科翰林院庶吉士

舉人

明朝

鄒來學　洪武庚子科
王德甫　壬戌科
鄢忠　永樂癸卯科
鄒濙　天順壬午科
羅尚芳　同科
黃伯垓　成化乙酉科
秦安　甲午科

秦尚賢　丁酉科
盧廷春　癸卯科
周珪　丙午科
秦尚恭　宏治乙卯科
耿光　辛酉科
方鳳　正德丁卯科
秦鎧　癸酉科
彭鳳儀　己卯科
王道元　癸丑科

方民悅　嘉靖戊子科
黃卷　中北闈
盧大化　丁酉科
方民懷　庚子科
董威　同科
方治　同科
彭台　癸卯科
陶釆　同科
趙教　己酉科

耿定向　壬子科
耿定力　甲子科
周思敬　同科
李萬薦　同科
方岳　同科
王心正　萬歷己卯科
王三極　同科
盧堯臣　壬午科
耿汝忠　同科

彭遵古　乙酉科
吳　化　戊子科
秦　懋　同科
周家棟　同科
韓邦哲　辛卯科壬辰會副
彭應會　庚子科
秦文化　癸卯科
秦　植　丙午科
王　猷　壬子科

耿汝悉　乙卯科
耿汝思　戊午科中南直榜
韓邦光　戊午科
胡贊華　同科
劉之楨　天啟辛酉科
秦如容　丁卯科
盧希儲　崇禎癸酉科
江載清　己卯科

國朝

鍾　琇　順治辛卯科
吳之珍　同科
蕭　湑　同科中北闈
韓王錫　順治甲午科全楚解元
程一棐　同科
程之澍　同科
盧　經　丁酉科
盧　綖　同科
盧　緯　康熙癸卯科

盧爾慥　丙午科
秦　至　同科
張希良　己酉卯
韓庚寅　同科
秦如芫　壬子科
盧　絳　同科
吳應庚　戊午科
喻士鼎　辛酉科
宋如辰　甲子科

何通　同科
秦如鎬　同科入江夏學
王復　丁卯科孝感人
秦琪芳　庚午科
彭宏詞　癸酉科
吳宏初　丙子科
黃芴　已卯科
張炳彪　壬午科
張欒　乙酉科

張條　同科
劉待　戊子科
秦天洪　同科
蕭文璁　同科
吳世模　辛卯科
張棣　同科
彭之華　癸巳科
鍾灝　甲午科
桯均　丁酉科

盧建中　同科
王時忠　同科
耿昭需　同科
江天池　庚子科
韓芳月　癸卯科
秦人藩　乙卯科
張炳瑛　同科
王華峯　乾隆丙辰科
劉士榮　同科

盧國彬　戊午
張夢楊　辛酉科解元
盧萬年　甲子科
吳洴　丁卯科解元
吳恢聲　壬申科
吳中理　丙子科
韓智　同科入黃陂學
韓光斗　同科入黃陂學
柯士俊　庚辰科

王　湣 戊子科
柯之桂 同科
耿秉鉞 同科
盧國榆 同科
吳大杭 庚寅科
江湣鳳 辛卯科
蕭學均 同科
孟正芴 甲午科
張鳳騰 同科

吳　瑄 易繼 同科 揀選知縣
汪　楫 同科
劉宗海 庚子科
阮夢夔 丙午科
吳　海 己酉科解元
朱家麟 同科
張錦珩 壬子科
吳大梲 同科
吳嗣泰 同科

黃鳳詔 甲寅科
雷嘉錫 乙卯科
王映台 嘉慶戊午科
彭騰蛟 庚申科
彭　魁 同科
盧　薰 恩科
胡民惠 甲子科
張錫謙 同科
王國謨 丁卯科

秦光晨 同科
韓大榆 戊辰科更名致中
王南杰 丙子科
吳鳴泰 己卯科
盧鴻遠 同科
王侯祐 同科
李映春 道光辛巳科
江昌煥 壬午科
孟汝崑 乙酉科

汪　潤道光辛卯科經魁

阮恩兌秋府同科經魁

陳玉麒壬辰　恩科

張際春煦坪　同科

吳世楷晉亭甲午科

張國用賡可　同科

吳勛衡莘臣　同科

張光斗星舟乙未恩科更名家俊號灼三

彭煥興小眉　丁酉科解元

盧繪雲素傭　同科

劉秉琳己亥　恩科

吳克達鵰海　同科

阮恩元小春　同科

耿　瀾星濆　同科

彭宗達甲辰　恩科

王　幹己酉科經魁

張璟槃　同科

阮光鼎咸豐辛亥恩科

彭宗達雲衢　同科

袁惟穀心如　同科

朱景暉若齋　同科

方　瑔玲圃　壬子科經魁

李廷簫　同科

陳鳳翥　同科

徐宗一戊午科補行乙卯科解元

席錫爵　同科

毛五和燮臣　同科

秦必顯　同科

余文煥星樓　同科

夏維楨己未經魁　恩科

熊汝梅　同科

黃　鵠液池　同科

張相宇同治壬戌恩科補行辛酉科亞元

王承志益山　同科

秦予鈞錫之　同科

余琳棠　同科

詹文楷　同科
李和燮理臣　甲子科
盧　方　丁卯科
吳桂華　同科

合纂副貢

副舉制肪文場　恩舉　恩貢出自特典拔萃優選及挨年輪出各貢亦本才華而徵異等無非攻讀成名即由增附廩入成均者一皆黌宫之秀上達有基例得載入茲綜前志分類編次庶幾查攷易清爾志副貢

副榜

明朝

盧大儒嘉靖丁酉科

國朝

江文祥順治庚子科　王先正順治辛卯科
程應世　張　鼎康熙己酉科
秦文勳　黄天錫
江濯之　葉有孚
彭之燮　吳青選乾隆甲子科
劉　逵　耿昭震
吳　蕙乾隆辛卯科　張忠坦　同科
盧國掄乾隆庚子科　盧　薰乾隆己酉科
王華平乾隆壬子科　劉楚望

張錫講甲子科　孟春栁道光辛巳科

石音諧道光壬辰科　陳兆梅道光甲午科

陳周珍道光乙未恩科　石九華道光丙午科

徐克達道光己酉科

李玉咸豐戊午補行乙卯科　陳錦梅同科

戴春秀同治壬戌恩科補行辛酉科　李廷管同科

尹華珠同科　陳常同治丁卯科

恩賜副榜

國朝

羅致之道光戊子科　阮秀松道光辛卯科

夏秉中道光辛卯科　熊粱超道光丙午科

江昌會咸豐戊午科　閔致中咸豐己未科

吴待選同治壬戌恩科　武鳳翙同科

恩貢

明朝

盧爾悌

國朝

吳羽鳳康熙乙卯年　阮治遠乾隆庚寅年

韓之璋　羅三捷乾隆庚戌年

胡子龍　周逵範

汪經國庚午年　張文治乾隆壬申年

盧國櫨乾隆丙戌年　吳大桂乾隆乙卯年

王風熾乾隆庚申年　吳覲泰乾隆戊辰年

張去非　阮徵復

張錦序　江澤玉道光辛卯年

阮方玖　胡美勳

江月華同治壬戌年　王風栒

陳家棟　劉天霞

拔貢

明朝

韓邦偉萬歷戊戌年　王道坦正德癸酉年

韓勳崇禎乙亥年　王三顧

吳楚儒　韓漢文崇禎庚午年

王率正庚辰年　彭應選

國朝

鍾琇順治間拔貢　秦中理

盧繩慈順治戊子年　盧爾皚

彭繩祖　曾若年

張德一順治庚子年　黃漢臣

孟應瑄　張會禧康熙丁丑年

盧淮詩雍正元年　吳青選雍正巳酉年

張炳蛟　張炳鯤

張炳翰乾隆癸酉年　吳超楚乾隆乙酉年

秦光楚乾隆巳酉年　張錫講嘉慶辛酉年

盧熿貢嘉慶庚午優　張起唐嘉慶癸酉年

鄒聯奎道光乙酉年　耿瀾道光丁酉年

彭宗選 道光己酉年選直隸州州判

秦予鈞 咸豐辛酉年

歲貢

明朝

秦越　王國佐

秦邦寧　王儉

秦尚友　秦尚經

秦尚充　吳純學

方傑　吳尚壽

程子鳳　秦尚仁

汪廷美　趙文林

耿汝愚　韓宗德 萬歷甲戌年

吳謙　韓宗正 庚寅年

秦思九　王之謨

韓宗望　方民昭

張順　毛舜孝

李正紀　韓廷敬 天啟丙寅年

耿汝思　吳光龍

耿汝相　王倜

吳國宦　胡應祥

吳　欒　李時芳
丁世美　程之渾
秦自輝　秦　棟
陶　彥　王國寧
鍾永泰　韓若勉
劉廷玉　陶　淳
彭壽儁　王之策
汪　霑　周之禮
方一鯤　黃　通

吳立儁　趙應奎
姚一佑　秦思顯
方之奇　王宗正
程自重　熊光楚
耿應運　王　偉
程繼善　王之賞
吳　采　王之獻
王之春　吳光寅
蕭引鳳　曾師孔

劉三台　王大鼎
吳光乾　周世雄
王大節　周伯英
張所養　周　標
戴　鐸　王之京

國朝

盧之憓順治歲貢　耿宗壎
周啟祚　蕭　湑
吳繼善　江惟清

周　楨　趙應瓚
程之龍　劉　炎
吳　槃　耿起宗
程之渫　姚　觀
李映珍　葉　滋
曾鼎年　李光炳
程之驥　蕭來鳳
韓張梗順治甲申年　韓張楠
盧維茲　周承玟

曹維翰　何逕
彭鴻功　盧之驎 康熙年間
張敦仁　黃瑄
吳宏初　孫叔嗣
程懋根　鍾應遂
吳之雍　盧緒
楊震生　汪霖
張經錫　胡明直
陳志道　吳尚

江宗　孟之春
張永阜　葉若
秦全　張瑜
韓際世　秦國鈺
盧綰　秦世英
黃任奎 康熙壬寅年　韓撰
劉鋒 壬寅年　程韻
蕭曰鏊　吳世奇
龔士任　劉紹唐

何溥　曹有庚
陳勃　李元涵
劉時 雍正辛亥年　盧淮 乾隆癸卯年
閔德芳　盧濤
耿恕　汪勉
吳樹熾　楊天栁
黃維垣　張鴻軒
彭賓　吳世哲
吳萬選 庚午年　吳兆澧 乙酉年

劉念高　吳之琬 甲午年
吳文斗 乙未年　王時鏡 丁丑年
王增爵 己亥年　王光嵩 己卯年
周士炳　吳玉潤
盧兆沖　王灝
胡海　王風璉 戊子年
鍾渾　高植嗣
孟道沅　耿秉鈞
韓成表　鄧文煜 丁未年

程光洛　張發東
李宗蓮　彭夢蓮
黄夢椿　程天柱
吴大松嘉慶癸亥年　盧　焕
鍾　僖　盧耀舉
彭國杭　張廉坦
吴若谷　吴中寀
阮夢臯　孟對時
汪德綸　袁紹焕道光己丑年

黄安縣志　選舉卷七　歲貢　二十七

周步墀　袁　逵
袁　鈺　盧茂宗
王華稷　張開鼎
陳昌運　吴東晟
王鈞彦　彭樂壽
江鎮東
熊錫亨　吴業烜癸丑年
阮鑑明　盧　鈞
張　準　張九如

李焱庚　石　璐
吴燕翼　熊　漢
黄　薰　李艷春
張雲錦　吴端委

黄安縣志　選舉卷七　歲貢　二十八

廩增附貢

明朝

盧廷莞廩貢　秦松廩貢

方民新廩貢　董茂春貢生

國朝

秦國鈖廩貢　張葆湒廩貢

吳性誠廩貢　盧之澄增貢

吳大棨增貢　秦大樟增貢

張承庥廩貢　韓廷彥增貢

張雨春增貢　楊希震廩貢

李溶以下皆附貢　吳楚璋

盧若金　鄧漢卿

張熙麟　王德煇

陳德燦　陳玉煥

陳彬　王章煥

王紹先　甘露

按三代以前凡選士於上者謂之貢則後之進士舉人統焉矣鄂之文學推黃屬而安邑實析岡麻黃陂而有之宜乎科第嬗興彪炳遐邇也

合纂武科

國家設科文武並重安邑士人繼起攻習詩書爭以藝苑蜚聲爲貴其中稟資英偉嫻習武藝以獲雋者要不乏人合併纂入以見邑中崇文教亦尚武功也志武科

武進士

明

朝

武　籌洪武庚戌科

武　亨洪武間

王　融崇禎丁未科

國朝武進士

秦文光順治壬辰科

武舉人

明朝

羅大會嘉靖戊子科　方之龍嘉靖甲午科

韓宗芳萬曆庚子科　盧舜臣萬曆乙卯科

方之麟萬曆乙酉科　方之元同科

方之圖萬曆壬午科　胡　伯天啓甲子科

秦在中天啓丁卯科　方嗣孔天啓丙午科

方嗣芳天啓壬午科　方淑魯天啓辛酉科

黃　瑞庚禎庚子科　黃　玠崇禎癸酉科

盧伯魁崇禎己卯科　秦文忯同科

王　融崇禎丙午科

秦文調崇禎壬午科共十名　秦文光同科

夏舞羽同科　胡　順同科

趙光早同科　彭泰齡同科

徐萬憲同科　胡　白同科

張君禾同科　趙完樸同科

國朝

黃天錫順治辛卯科　彭岱齡同科

趙應禎順治甲午科共四名　江之鯨同科

劉茂基同科　楊安國同科

趙　琦順治丁酉科共六名　蔡之茂同科

王　鼎同科　吳之寬同科

劉之英同科　汪之鯨同科

梅滋 順治庚子科　李如寬 同科

鍾玕 康熙癸卯科　蕭演華 同科

鍾其鐸 康熙辛酉科

甘液後 康熙庚午科 共三名　雷鎮邦 同科

夏廷達 同科　夏大魁 乾隆巳亥恩科

夏聿修 道光辛卯科 解元

袁步瀛 道光丁酉科 亞元　陳占鰲 同科

伍翹楚 咸豐戊午科 補行乙卯科　袁殿傳 同科

袁鳳池 咸豐巳未科　劉步元 同科

夏士元 同治壬戌科 補行辛酉科

國學

明朝

吳可學 累官光祿寺署正　耿應衡 廪監見薦辟

盧永阜 考授鳳陽別駕　耿汝念 指揮使

吳來學　吳槖 考選知縣

盧永識　耿應台 上林苑丞

吳國寧 江西星子縣主簿陞吉水縣丞　耿應驥 廪

吳士伸 南京光祿寺大官署署正降調後題補河南桐柏縣知縣　耿應衡 附監

吳成龍

盧爾梧　吳顧學

王道銓 附監考授府同知　吳思廣 附監考授評事

國朝

耿宗麟　耿培宗

彭喆 附監考授州同　鍾應遜 廪監考授州同

盧績 附監考授縣丞　耿輿待 附監考授州同

盧綬 附監考授縣丞　盧組 附監考授縣丞

王鑾 附監考授縣丞　盧洽 附監考授州同

盧洛 考授州同　劉同寅 附監考授州判

張希賢附監考授州同　李國璧考授縣丞

鍾應造廪監　鍾裕訓附監

張　棣廪監　盧爾憚增監

王之乾附監　耿輿勃考授縣丞

耿麒宗附監　鍾際泰

張　欒附監　張　渠考授州同

王以重附監考授縣丞　盧統慈增監考授州同

吳遵路廪監考授縣丞　盧　拱附監考授州同

耿輿衎附監考授縣丞　彭念祖考授縣丞

吳八鳳附監　盧　紹

吳儀鳳考授州同　詹　星附監考授縣丞

耿昭晃附監考授縣丞　耿輿仁

盧　爔　盧　澤

吳世極考授州同　周承杲附監

張　寬附監　盧　清

黄　第考授州同　江師沆

夏之烈考授縣丞　周國基附監

吳司爕　張志昇

吳威鳳考授州同　劉茂仁考授州同

劉紹堯　王顯超

盧　茘　吳　鑾

王一相附監　石　溥

盧　竦　金淳仁

張　仁　劉希文

李如玿　蕭龍見考授縣丞

金　恩　劉光國

王顯肇　程懋本考授州同

阮輿芴　石　涵

王經世　傅邦榮

楊其英考授州同　宋師濂

彭愈煜　吳世範

秦天申　秦國鈐廪監考授縣丞

吳遵聖　戴　曙

董　正　蔣元春

胡必祿　宋錫爵

張國珩　董承舒

黄餘韻　熊廷武
張源逢　王繼仁
彭英　李如鄴
彭愈焜侯選縣丞　以上俱舊志

按選舉無志國學者惟前志有之然亦不過數十人大約皆由國學授職者也今仍之

國朝進士

毛五利　同治辛未科
李和燮　光緒庚辰科
熊潤南　同科
何國幹　明正統乙丑科　補遺
李陟誠　明景泰壬申科　補遺

武進士

徐連元　光緒丙子科
李陟洲　明景泰丙子科　補遺

明朝舉人

何國幹 正統甲子科

何蘭 成化庚寅恩科

李陟誠 景泰辛未科

何璞 正德庚子科

羅廷綬 嘉靖戊子科

何資友 嘉靖庚午科

以上補遺

國朝舉人

李燚庚 同治庚午

阮鴻績 同科

秦夏聲 同科

張之鶴 同科

熊飛 同治癸酉科

張繩悳 同科

吳起鴻 同科

陳鳳芝 同科

石寶香 同科

孟人杰 同科

熊潤南 光緒乙亥恩科

何棠 同科

夏貢琛 同科

張廷渠 同科

李廷篙 同科

王學典 光緒丙子科

石現 同科

吳景福 光緒己卯科

鄧祥霖 同科

劉亮藻 同科

劉煥奎 同科

趙啟賢 康熙己卯科 補遺

趙文元 乾隆戊子科

張東煜 光緒壬午科 解元

熊起渭 同科 經魁

石鉴 同科

鄧芝秀 同科

恩貢
徐卓成
王儀吉 光緒巳卯科
選拔
秦慶鈞 同治癸酉科
歲貢
吳東暹 道光甲辰科
吳東昇 丁酉
李艷春
陳 寅

秦兆霖
徐譽麟
熊克楷
華 封
副榜
謝連春 光緒乙亥恩科
余中珩 巳卯科

恩賜
鄒象山
吳大元
石晶水 光緒丙子科
程向榮 乙亥恩科
王夢寅 巳卯科
周文炳
廩貢
彭思齊

李恩榮
熊赴渭
黃光祖
秦 朗
徐珠聯
張之鴻
袁惟珽
熊兆甫
阮泰蔭

秦厚昭　以下附貢
秦林鍾
陳　崧
江天曉
趙華枝
石經藻
石星華
石五華
胡錫朋

武舉
董錦祥　同治癸酉科
徐連元　光緒乙亥恩科
石砥中　同科
李陟洲　明景泰乙亥科　補遺

文職
馬廷鸞　字翔仲號碧梧宋進士授池州教授擢起居舍人兼國史館編修官咸淳三年同知樞密院事五年拜右丞相兼樞密使事實詳言行録
江山奐　元員外郎
江其祥　元湖廣操江管理鈔稅
江萬二　元鹽運使銜
趙碧峯　明洪武進士官團練使
江泰輔　明州司馬
江梅軒　明鹽院

江載洋　明鹽運使
趙德常　明知縣陞汝寧府知府
江希仲　明淮安鹽運使
程文輝　明四川長寧縣主簿陞鞏昌府經歷
羅廷綬　明四川大寧縣知縣
趙敦典　明訓導
國朝
盧永阜　鳳陽知府
陶　彥　咸寧教諭

何倖　康熙丙午舉人光山教諭

盧昇　翰林院博士

趙啟賢　教諭　以上補遺

劉秉琳　二品銜直隸津河兵備道

李廷簫　河南歸德府知府

熊汝梅　任四川江油奉節梁山等縣　加同知銜

余文煥　任四川劍州西昌達縣等州縣

秦予鈞　教習知縣待用直隸州歷署陝西寶鷄盩厔縣知縣　加運同銜

程常久　歷任安徽石棣青陽太平等縣　同知銜

李和燮　山東即用知縣

毛五和　翰林院編修

熊潤南　吏部主政司

袁惟穀　長陽漢陽教諭

席錫爵　京山教諭

尹華珠　江西試用知縣

王承志　通山教諭

張之鶴　鹽提舉銜大冶教諭

葉蔚春　光化教諭

張繩悳　大挑廣西知縣

江月華　雲夢教諭保舉知縣五品頂戴加署正銜

張雲錦　署歸州學正

葉有孚　長陽教諭

吳桂華　蒲圻教諭

金錫楨　花翎二品頂戴按察使銜甘肅遇缺題奏道

張長清　四川蓬溪知縣

江樹常　附監安徽巡檢署繁昌典史

彭福麟　鳳岡巡檢陞授府經歷

李瑞林　五品銜署三河典史順天府經歷

鄒恒朗　盱眙巡檢

阮鴻績　大挑二等

阮徵學　胼子店巡檢

馮際雲　雲南河西典史

張紹聞　廣東候補府知事

張遂生　同知銜甘肅候補縣

張錦綬　同知銜直隸補用縣

張承棟　四川知縣

張相寅　廣東鹽大使
秦慶鈞　八旗漢教習候選教諭加署正銜
江昌煥　揀選知縣
熊　飛　揀選知縣
石寶香　揀選知縣
陳鳳芝　揀選知縣
孟人燕　揀選知縣
張廷渠　揀選知縣
石晶水　恩賜翰林院檢討

江澤玉　候選教諭
李恩榮　候選訓導
黃光祖　候選訓導
盧紹瑄　候選縣丞
程耀典　六品藍翎即選縣主簿加翰林院待詔賞換花翎五品職銜
謝映科　知府銜
程書忠　布政司經歷銜
石葆輝　貢生加翰林院待詔
程兆祺　五品銜即選府經歷

黃金臺　精種牛痘不取利捐貲拯河南水災議叙布經歷加五品銜
劉鳳墀　附貢花翎四品銜分部行走員外郎
黃鳳詔　河南候補縣丞
黃鳳清　河南候補分缺先用典史
吳道燮　候選縣丞
吳星煒　藍翎不論雙單月歸部儘先即選巡檢
熊起渭　候選訓導
何聿修　六品銜選用府經歷
程國衡　中書科中書銜

盧金唱　中書科中書銜
陳以忠　州同銜
黃登瀛　五品銜州同
謝映光　翰林院待詔銜
余文斗　花翎同知銜補用知縣
吳毓藻　藍翎州同銜
謝明照　候選縣丞
謝介眉　中書科中書銜
江峯秀　儘先從九

謝玉珍　候選州判
張慶鵬　道銜
江士美　儘先從九
秦玉堂　六品銜選用典史
秦光綬　按察使司獄
趙兆麟　縣丞銜
熊錫典　翰林院待詔銜
熊錫祿　州同銜
韓嗣祜　中書科中書

楊玉亭　鹽大使銜
鄒恒坦　布政司經歴銜
秦春臺　選用典史
何聿昌　候選縣丞
李印授　同知銜
石楚珩　藍翎五品頂戴歸部侯選從九品
李華秀　藍翎州同銜
阮燮奎　縣丞銜
蔡雲梯　候選從九

江如練　鹽提舉銜
伍金焱　花翎五品銜選用通判
涂輝藻　縣丞銜
黄瓊　布政司經歴銜
祝定元　中書科中書銜
祝華三　縣丞銜
黄待聘　翰林院待詔銜
石葆純　翰林院待詔銜
石秉蓉　翰林院待詔銜

張時熙　花翎同知銜即補知縣

武職

劉步元　穀城千總
李大洪　提督銜記名簡放總兵賞給西拉巴圖魯光緒二年攻克馬納斯南城陣亡贈太子少保銜給騎都尉並雲騎尉世襲次完時給予恩騎尉
劉大福　花翎記名總兵儘先郎補副將克勇巴圖魯
黄金堂　花翎振勇巴圖魯記名總兵世襲騎都尉並恩騎尉
胡世英　提督銜
吳清泰　花翎總兵提補副將

李大全 花翎總兵銜湖北補用副將振勇巴圖魯並二品封典現隨伊犁將軍金管帶禮字左營
王德勝 總兵銜副將剛勇巴圖魯並二品封典現隨金將軍營効用
董錦祥 甲戌大挑二等督標中營効用
石砥中 由武舉加都司銜
李宏林 提督銜記名總兵
劉用富 頭品頂戴記名提督
華勝堂 花翎補用總鎮
李大勝 號昭立協鎮銜額勇巴圖魯
徐元勝 花翎副將剛勇巴圖魯

秦厚仁 花翎副將銜儘先參將
秦得勝 花翎副將銜儘先參將濟勇巴圖魯
黄玉秀 花翎副將儘先參將
李陟洲 南陽府都閫 補遺
張端純 儘先補用參將
陳用德 武庠歸湖北督標中營郎補千總
秦德堃 武庠以軍功保六品頂戴
李廷綬 武庠保舉千總
車柏林 保五品頂戴

秦必勝 都司銜
張永清 藍翎儘先外委
周清和 藍翎儘先外委
張順清 藍翎儘先外委
劉德光 參將銜
劉正發 都司
詹以潤 花翎遊擊
王玉彩 守備銜拔補千總
張焱奎 衛守備

張如海 藍翎千總
余文海 藍翎千總
秦得銀 都司
張啟銀 花翎遊擊
秦涵保 衛守備銜千總
馬啟祥 把總協標効用
徐新純 千總銜
孫淇順 花翎都司
梅玉焜 參將

金孔輝　花翎都司
汪朝富　總兵銜
彭勝金　遊擊
張發海　千總銜
陳德勝　外委
黄秀文　外委
黄文炳　守備
陳德隆　守備
劉開順　千總

吴貴廷　花翎千總
王德功　外委
董德明　守備
韓　焱　把總
羅得勝　参將
黄廷達　花翎守備
李奎隆　藍翎千總
尹武烈　藍翎外委
吴發元　外委

孟立富　守備
伍崇廉　藍翎千總
張立春　外委
胡景運　總兵
李文龍　守備
張裕才　藍翎把總
方尚陞　千總
熊建柱　藍翎外委儘先拔補
石錦瓏　衛千總

李承烈　武庠保花翎守備
王紹發　守備銜儘先拔補千總
郭　英　藍翎守備
郭際會　花翎遊擊加協鎮銜
張子治　軍功保副將銜儘先参將
石成名　軍功保遊擊銜儘先都司
陳方正　由武生保舉藍翎千總分發督標儘先選用
張映盛　花翎二品頂戴
王占元　武生保藍翎守備
黎捷讓　藍翎守備

合纂仕宦

仕宦進身不一有以科名入者有不以科名入者但析爵擔圭郎夏簪纓之望足增閭里之光百職庶司豈易列哉合前志編之可見小邑中列仕版者踵相接繼起之士景慕有心安知不如積薪而後來居上耶誌仕宦

仕宦文職

宋朝

李沆宋相國

李若水為濟南府教授靖康初使虜除著作郎還擢禮部尚書改吏部侍郎兼開封尹

李顯忠授威武軍節度使充左金吾衛上將軍封食實封如故

李　綱除太常少卿起居郎濟陞觀文殿學士為江西安撫使

李宗勉除著作佐郎兼權兵部侍郎知台州尋召擢監察御史進左司諫兼侍讀殿中侍御史除工部侍郎兼給事中除端明殿學士同簽書樞密院

仕宦

元朝

也先不花元勳戚宋靖康初官左丞封提領王平章黃州路兼鎮桃花站

李牧林敕封英烈將軍監督湖北金廠

仕宦

明朝

詹　同明初召為國子博士陞考功郎中起居注洪武元年以翰林待制遷直學士旋陞侍讀學士晉吏部尚書學士承旨兼修日歷總裁官加太子少保兼吏部尚書都御史謚文憲詳儒林

吳　琳明初召為國子博士遷浙江按察司僉事歷貳轄臺入為起居注吳元年陞太常卿晉兵部尚書典試京闈洪武三年改吏部尚書詳儒林

詹　徽監察御史歷遷都御史洪武十七年陞左都御史晉吏部尚書

詹　綬太子洗馬洪武十八年陞尚寶丞

王德甫洪武丙子年授四川綏府均蓮縣知縣

趙　洪洪武年徵召知縣

王元善洪武壬戌年涇陽縣二尹署涇陽知縣

詹希原中書舍人

吳　琛衢州府同知詳宦

王道坦江甯訓導

王道元新渠縣知縣

鄢　忠訓導

戴思齊宣德間舉賢良方正官北直宛平知縣行取吏部

鄒來學戶部主事歷員外郎郎中改通政司右參議督餉永平山海正統己巳擢右僉都御史節制軍務巡視畿甸諸關景泰癸酉陞副都御史兼制居庸飾馬白羊龍泉等關蘇松巡撫

吳　紹會州衛經歷司經歷

鄒　騏都給事中出補參議

鄒　潑石泉知縣

李萬鷹貴州知州

羅尚芳司務

黃伯垓苑馬寺少卿詳宦蹟

耿　光河陰儀直江陰衢州教諭宏治甲子四川正德丁卯順天嘉靖壬午福建乙酉雲貴四科應聘同考官詳儒林

盧廷春通判

方　鳳濟源知縣

秦　安陝西雒南知縣

秦尚賢綿州州判

秦尚恭大名府教諭

秦尚宏北京後軍都督府經歷

秦尚周江西南昌縣丞

秦尚夔江西織染局大使

秦尚言貴州程番府目

秦尚友汝寧府息縣縣丞

秦　鏜鉅鹿教諭行取道御史

秦　鉞江津縣丞

王國任酆城縣丞陞浙江淳縣知縣

秦邦寧蒼梧教諭

王　儉經歷

秦尚經福建福寧縣丞署福清知縣

秦尚充湖州府長興縣丞

方民悅六安知州陞禮部員外郎歷本部郎中除廣東兵備副使詳宦蹟

盧大化知州

盧大儒浮光唐縣教諭陞鳳陽通判詳儒林

方民懷林縣知縣詳宦蹟

董　威累官總督

陶　釆河南泌陽知縣陞四川威州知州遷敍馬瀘兵備僉事詳孝友

趙　教四川僉事兵部職方司主事署員外郎

耿定向嘉靖間授行人擢御史出按甘肅尋改南中督學晉大理丞謫判橫州量移衡州推官萬歷中累官副都御史巡撫福建晉戶部尚書總督倉場贈太子少保謚恭簡詳儒林

周思敬 水部郎歷任寧州兵備廣信副使倍州參政擢光寺卿遷南戶部侍郎贈工部尚書詳宦蹟

耿定力 工部主事知成都府遷按察司副使督學閩中累遷南僉都御史督操江晉南兵倍侍郎贈戶部尚書詳儒林

吳純學 推官

方傑 眉州州判

吳尚壽 縣丞

趙文林 豐城縣丞

秦常 河間府長蘆鹽大使

黃安縣志 〈選舉卷七 仕宦 五

秦錫 由省祭官遠安縣典史

程子鳳 興國州學正

吳可學 光祿寺署正

盧永阜 考授鳳陽通判

吳國寧 江西星子縣主簿陞吉水縣丞詳孝友

王大節 經歷

王大鼎 經歷

韓宗德 眉州學正陞鳳陽府教授

周嘉謨 吏部尚書詳藝文

王心正 嘉興通判雲南應聘同考官詳儒林

王三極 封邱知縣丙午順天同考官

彭遵古 尚寶司卿

周家棟 臨海知縣擢御史督學京畿巡鹽兩浙詳宦蹟

韓宗正 常德府教授

韓邦哲 四川涪州知州陞山東東昌府同知

吳化 鎮江推官累官禮部主客司主事詳宦蹟

王之策 四川通江知縣

韓邦偉 直隸宛平知縣

黃安縣志 〈選舉卷七 仕宦 六

彭應選 台州通判尋補揚州遷陝西靜寧知州詳忠義

盧堯臣 孟都知縣壬子山東應聘同考官後起濟南府寧前衛推官詳儒林

王猷 四川蘆山知縣行取御史

秦植 全椒桐城知縣行取吏科給事中詳宦蹟

吳士伸 南典膳署正東城兵馬司謫澂水簿攝申州晉秩新昌題補桐柏知縣詳宦蹟

程繼善 安慶府推官詳宦蹟

吳謙 麟遊知縣

秦思九 壽州訓導

王之謨 平涼府通判

韓宗望　鴻臚寺鳴贊
秦民出　北京倉大使
秦　霖　懷來衛經歷
張　順　黟陽訓導補澧州學正
劉之楨　石首教諭擢陝西石泉知縣詳宦蹟
韓廷敬　廣西賓州州判
秦如容　中書遷行人典試松江分校北闈詳儒林
江載清　江夏教諭擢分宜知縣詳宦蹟
耿汝相　荆門州學正

王　侗　河南羅山教諭陞四川長寧知縣詳宦蹟
曾師孔　巴陵訓導詳儒林
吳光龍　廬江知縣詳儒林
黃　橋　考授廣西桂林府臨桂縣丞
黃　逼　南漳教諭陞江西石城知縣
余　欒　瀏陽訓導
程之運　鎮江通判遷揚州府同知晉淮安知府詳儒林
王國賓　四川彭縣知縣詳忠義
韓若勉　武英殿中書舍人

彭壽儁　德安教授
陶　淳　濟寧州判
方一鯤　夔州府教授
周之禮　東安教諭
姚一佑　和州學正
趙應奎　漢陽訓導
方之奇　潼關教授
秦思顯　新寧教諭
程自重　安陸教諭陞辰州府教授詳儒林

王宗正　湖州教授
吳光乾　四川金堂訓導擢廬山知縣詳儒林
熊光楚　河南羅山訓導補湘鄉擢象山知縣詳儒林
吳　采　松滋通山教諭擢四川成都府叅軍詳儒林
王之賞　武昌府訓導詳忠義
王之獻　鳳陽縣丞陞知縣
吳光寅　范縣知縣詳忠義
耿應台　上林苑丞
盧爾惊　崇禎末舉賢良方正官巴州知州擢成都監軍副使詳忠義

周世鎮太常典簿詳宦蹟

耿應昌刑部主事降上林苑監丞遷戶部主事謫廣西布政司照磨陞雲南楚雄府通判詳忠義

耿應輿刑部郎中詳宦蹟

吳燧鴻臚寺丞

吳楚儒洛陽知縣

戴尚第鴻臚寺序班

戴揚常德府沅江縣訓導

吳國賓考授狄道縣丞

國朝

耿應衡舉賢良方正官遵化監軍晉山西布政右叅議陞浙江寧紹台兵備道按察司副使詳宦蹟

韓張楩直隸阜城知縣

盧繩慈松陽知縣

鍾琇袁州司理督糧通州江南司郎中丙午江西正主考陝西漢中知府詳宦蹟

吳之珍山東諸城知縣詳宦蹟

彭繩祖泉州通判攝泉永春晉江三縣陞惠州同知擢石阡知府補兗州知府兩攝道篆詳宦蹟

耿應運石首教諭陞豐城知縣

盧之懔光化新寧訓導詳儒林

程一棐富川訓導武昌教授國子監助教詳儒林

程之澍郴州學正甲子江西應聘同考官詳宦蹟

盧經興化推官補四川重慶府推官詳宦蹟

耿宗壎考授推官任上虞知縣貴州婺川知縣

周啓祥訓導

吳繼善漢陽訓導

江惟清竹谿訓導詳孝友

趙應瓚宜章松滋訓導詳忠義

秦中理澄城知縣詳孝友

程之龍道州學正詳孝友

盧爾恒題署安慶通判詳忠義

李映珍授知縣改遷教諭詳隱逸

王先正瀘溪縣丞

盧緯浙江山陰知縣詳儒林

秦至江南婁縣知縣

盧綎直隸永年江南如皋知縣

秦如芫鄖縣教諭陞桐柏知縣

盧絳絳縣知縣陞都察院經廳詳儒林

韓庚寅河南宜陽直隸唐縣知縣行取兵部職方司主事詳宦蹟
吳應庚四川隆昌知縣行取吏部主事歷考功司員外郎光祿寺典簿官正掌臚署正詳儒林
喻士鼎荊門州學正
張希旦庚午浙江正主考丙子順天副主考累官翰林院侍講浙江學政詳儒林
宋如辰翰林院編修詹事府中允
彭宏詞貴州平越府甕安知縣
吳宏礽湖南邵陽訓導詳儒林
吳　檠鄖西訓導
程之渫知縣詳善行

耿起宗安鄉訓導詳宦蹟
曾岳年元城知縣
李光炳蒲圻攸縣教諭兼署攸縣知縣詳儒林
韓張楠儀徵縣丞陞泰州知州
程之驥武岡州學正
孟應瑄東光知縣
盧維兹均州學正兼充武當山提舉詳儒林
盧　緒襄陽府訓導
鍾應遂嘉魚訓導

曹維翰教諭詳孝友
張經錫城步訓導
孟之春荊門州學正
張會禧大冶教諭
吳　鑾河南汝陽丞
張炳彪安陸府沔陽州學正
張　條衡山知縣改湘潭教諭
劉　待湖南澧州學正
程　均京山教諭

耿昭焄管理浙江長亭鹽場事務補武源知縣
吳世奇咸寧訓導
盧建中甘肅涼州府平番知縣陞吏部驗封司主事
江天池教諭
彭之華德安府教授城武知縣
盧淮詩竹谿教諭
吳青選當陽教諭
秦八藩潛江襄陽教諭湖南長沙府教授陞龍山知縣擢通判
劉　逵松滋教諭

張炳蛟教諭
盧　濤大冶訓導
王華羣德安府教授
張炳鯤景山左翼教習選陝西同州府郃陽知縣
盧國泰福建同安縣丞
張夢揚鄖陽府教授
楊天柳崇陽訓導
耿昭震直隸故城縣丞
蕭演華都司僉書

張　杬襄陽訓導
吳　泝山東陵縣知縣詳宦蹟
張炳翰遠安教諭
吳中理保康教諭陞山西浮山知縣
柯士俊棗陽教諭
吳澍熾石首訓導
吳兆澧房縣訓導
吳超楚枝江教諭
柯之桂竹谿教諭

吳大杬應山訓導截取知縣
蕭學均荊門州學正陞安陸府教授
張忠垣宜都房縣教諭
盧兆麟湖南寶慶府武岡州吏目
戴正揚檢發安徽參軍歷署太平縣丞廣德州吏目宏潭司杭村司太同司巡檢借補銅陵縣典史
劉宗海大挑一等歷任山西芮城鄉林信義等縣知縣
戴廷璋由倉廠考職檢發河南補阜陵縣大套司巡檢署安東縣丞
盧兆沖黃陂訓導

孟正笏陝西石泉寶雞華陰知縣遷員外郎分發貴州歷任大定安順知府
張鳳騰黃陂教諭
吳斗文石首訓導
戴錫綸隨父館光山中河南庚子舉人官廣東合浦南海知縣陞嘉應知州署韶州知府
盧國棆興山教諭
阮夢夔江陵教諭
胡子龍咸寧教諭
鄧文煜咸寧訓導
黃鳳詔廣東澄邁知縣

吳向仁江西縣丞

張錦珩吏部考功司主事陞員外郎現任雲南道監察御史簡放南昌府陞長沙府

彭　魁廣西天保縣改武昌教諭

吳性誠福建彰化知縣

張允坦陝西試用未入流

陳敏正福建試用從九品授福州府閩田縣丞

戴之延分發福建按察司照磨署直隸龍岩州溪口州同

戴大成遵例投効河工授宿遷縣劉馬司巡檢

張錫謙翰林院庶吉士改主事現任戶部員外郎簡放長沙府

黃安縣志　選舉卷七　仕宦　十五

秦光晨直隸完縣知縣卓陞滄州知州

張葆澮武昌訓導俸滿保陞江西縣丞

張錫訥兩淮試用鹽大使

秦　堃甘肅阜康縣丞權高台事

秦德鈞甘肅高台縣知縣

韓致中荊州府教授保舉知縣

盧鴻逵即用知縣授廣西濟寧州知州

李煥春大挑一等歷任山西繁峙定襄知縣署代州直隸州知州

汪　潤授工部營繕司主事兼都水司員外郎陞郎中道光己酉咸豐辛亥兩科充順天鄉試同考官欽命坐糧廳監督加道銜授撫州府知府倉場總督奏留幫辦海運簡放廣西左江道詳宦蹟

阮恩兌大挑二等選江夏縣訓導壬子年殉難

陳玉麒即用知縣直隸唐山知縣詳宦蹟

張際春大挑二等選沔陽州學正陞郎陽府教授詳宦蹟

張家俊例光斗大挑二等選大冶縣教諭銜訓導俸滿保題陞用縣接保卓異加一級例加同知銜

劉秉琳即用知縣授寶坻知縣調署宛平知縣補深州知州陞用府

阮恩元大挑一等浙江衢州府西安縣知縣

黃安縣志　選舉卷七　仕宦　十六

耿　瀾大挑二等選荊州府訓導詳儒林

彭宗達考取宗室教習會試中式授戶部主事籤分四川兼山西清吏司咸豐四年勦賊陣亡事詳藝文傳

張璟槃由庶常散館授廣東信宜縣知縣

阮光鼎刑部主事加員外郎

李廷簫戶部主事現官記名道賞戴花翎戶部郎中軍機處行走方略館協修

陳鳳翥即用知縣署山東萊陽縣知縣詳宦蹟

徐宗一吏部主事

張相宇授翰林院編修

黃　鵠保舉知縣改教諭

詹文楷授漢陽教諭

李和燮即選教諭

李廷簧公安縣訓導保教諭內閣中書銜

石九華授枝江縣訓導

徐克達考取八旗教習以知縣用

劉中孚安徽休甯縣知縣

程常八安徽池州府石埭縣知縣

吳占魁景德鎮巡檢

吳拜賡江西巡檢

夏懋修署通城教諭以團練保加六品銜

張承麻署雲夢縣訓導

張錦春海江捐輸議監知事

吳言昌號少巖優增生道光二十三年旌獎城工議敘正八品加一級咸豐七年隨軍克復英山保加五品銜同治二年辦團守城保舉訓導不論雙單月即選六年督修砦堡守衛城池保加遇缺儘先選用訓導

張錦裳直隸倉書議敘從九

夏士彬中書科中書加主事銜

袁思術歷任枝江江甯監利等縣訓導

李　溶不論單雙月選用訓導

張潤春由縣丞加同知銜

李廷管選用教諭

劉秀禾以邑庠隨營効用保舉藍翎訓導

張樑材保舉從九加五品銜

張熙麟保舉縣主簿

石楚珩保舉五品頂戴藍翎歸部銓選從九品

袁春藻府經歷銜

熊騰渭保舉府經歷不論單雙月儘先選用

吳鵬翼府經歷

江月華即選教諭

江鎮東就選訓導

李焱庚就選訓導

熊錫亨就選訓導

熊　漢就選訓導

張雲錦即選訓導

劉于豳花翎同知銜候選知州

周厚基選用縣丞
盧　鏞保舉縣丞
袁春榮府經歷
劉德翅安徽休甯典史
楊希震即選訓導
李翔鳳布政司經歷
李鳳翼候選未入流
張之鶴保鹽提舉銜
秦炳鈞四川州吏目

秦鳳鈞甘肅按察司司獄
秦予鈞咸安宫教習以知縣用
葉蔚春候選訓導
鄒　崞江西巡檢
張瑞麟候選巡檢
詹清廉候選鹽知事
詹清揚候選鹽經歷
耿凌雲議叙九品保舉州同
劉子駒授天津衛鹽大使

明朝武職

阮貴卿將軍詳忠義
戴世英洪武錦衣衛指揮使
王　融洪武　御駕指揮使
周文二指揮使　董學聖指揮使
周　隆副將軍
周夢楊驍騎將軍
王三錫兵馬司
王三鳳兵馬司

秦金輝陝西守備
耿汝念指揮使
盧伯魁四川成都守備
秦文炳銅鼓衛守備
胡　順北直千總歷天津衛掌印都司

國朝武職

熊啟祥參將駐防福清詳忠義
黄天錫汝寧守備
彭岱齡龍泉衛守禦

張永祿 都司

蔣金榜 咸豐四年投營宫保營効用賞五品頂戴八年至同治元及三四年屢立戰功克復安徽各州縣由超保儘先守備藍翎復保遊擊花翎又保儘先副將六年勦滅山東捻匪保遊缺簡放総兵加才勇巴圖魯七年克復天津衛等處保加提督銜義弟金桂保儘先花翎副將于長生保儘先從九義子如州保儘先花翎叅將自成保儘先藍翎都司

李大勝 副將花翎靖勇巴圖魯隨寧夏府將軍金勦回逆陣亡誥授武顯將軍総兵圖桑阿巴圖魯世襲騎都尉

劉得昇 授総兵銜湖北補用副將

洪殿元 総兵銜効用巴圖魯儘先補用副將

詹起倫 號龍軒督辦江北軍務幫理鹽務翼長記名統領江南徐州鎮総鎮提督軍門駐揚州防勦胡爾察巴圖魯同治元年四月上以白玉翎管搬指荷包奬之蔭一子廣元時儀徵縣知縣楚賢尹寶興頌以詩云○臨江烽火照通闤節駐維揚守禦艱乘傳有人搜間道丸泥何事塞函関能知地利雄圖勝不放天驕匹馬還畫角一聲吹月落凱歌同唱大刀鐶○公道橋邊遮捷音披猖群寇総成擒軍書星火飛催急戰壘風雲擁護深光弼旌旗增士氣散背鼓苙屬民心（江儀兩邑民獻有綿）看他中澤哀鴻集齊頌公恩直到今○破浪雄心不自由遥看天塹水悠悠符堅鞭未投江上王濬帆先指石頭槳送蘭舟裝畫鷁山開文梓走青牛南帆好趁東風便會見堅城次第收

詹啟厚 同治三年四月以殲除苗逆保遊擊加副將銜

詹重康 五品花翎加守備

劉茂基 燕山右江西掌印守備陞都司僉書詳宦蹟

江之鯨 直隸眞守禦

楊安國 錢塘遊擊

吳士達 考授衢州府叅軍

梅　滋 江南廬州衛千總

李如寬 江南鳳陽守備

吳光臨 山海關守備

陳　英 守備管江南淮安衛二幫領任千總

吳金魁 圻州營把總

吳永清 嘉慶七年保授把總

吳定元 世襲 督標守備歷署利川等城守

夏楙修 揀選衛千總

夏士奎 都司

袁步瀛 號爾臺會試大挑一等以守備府補用

袁殿傳 號臚卿現任京山城守

吳清泰 號東山同治三年從劉軍門在皖勦滅股匪六年同鄂省水陸各軍克復雲夢應城天門等縣旋赴山東防堵勦滅運河捻匪由都司保遊擊保參將加副將銜賞戴花翎曾祖志棟祖萬全父玉臺兄濟一均有誥授榮封

馬有功 號勳臣以投誠功授遊擊署道士洑都司旋任竹山協中軍都司旋以戰創窦給假還鄉卒贈武義都尉及祖父皆如其官

張有德 以從軍保至遊擊加副將銜

胡世英 練勇勦賊由齊安調至維揚陝甘屢著克復功同治二年將軍穆請奬准給提督記名總兵並三代曾祖萬春曾祖母薛氏祖天棟祖母康氏父超群母劉氏均蒙封英 賜劲勇巴圖魯

馬有德 字良臣以軍功給藍翎都司現任宜鎮左營遊擊

王勝林 副將銜實授遊擊花翎

吳作楷 保州同銜

蔣春田 保州同銜

李宏林 協鎮銜遊擊花翎巴圖魯

李　鎮 守備府鎮守殺虎口

江兆進 投怶隨營効用洊保遊擊銜歸湖北督標差用

羅得勝 花翎副將銜儘先叅將赫勇巴圖魯

合纂封贈

聖朝孝治天下爲子孫者皆得以本身爵秩封贈祖父並旁及所尊其遵例急公者亦與有榮施猗歟休哉錫類之 恩卓越千古矣志封贈

宋朝

李若水 贈觀文殿大學士諡忠愍

李顯忠 贈工部尚書諡忠憲

李　綱 贈太師

李宗勉 贈少師

元朝

也先不花 封提領王

明朝

詹　同 授吏部尚書諡文憲

吳　琳 授吏部尚書

鄒來學 授中憲大夫

方　鳳 以子民悅封奉直大夫

王明易 以子德甫贈奉政大夫

江葛謝葉氏恭人

王德甫 授奉政大夫

胡氏恭人

趙時相以子教贈承德郎　汪氏安人
趙　教授承德郎　李氏安人
王元善授文林郎　劉氏孺人
耿　金以定向封文林郎萬歷元年封承德郎七年加封中憲大夫十五年贈通議大夫　秦氏孺人加封安人贈恭人加贈淑人詳舊志
耿大振萬歷十五年以孫定向通議大夫　李氏淑人
耿定向授戶部尚書贈太子少保謚恭簡　彭氏恭人加贈淑人

黃安縣志　選舉卷七　封贈　二五

耿定力授通議大夫贈戶部尚書　朱氏恭人
王道元授奉政大夫　趙氏恭人
王道坦授文林郎　江氏孺人
周　任以子思敬贈承德郎　氏宜人
周思敬授通議大夫贈工部尚書　王氏淑人
彭遵古授承德郎　胡氏安人
王　融授承德郎　吳氏安人
周　孔以子家棟贈文林郎　氏孺人

周家棟授文林郎　氏孺人
盧廷篪以子堯臣贈文林郎晉贈奉直大夫　余氏恭人
盧堯臣授文林郎晉贈奉直大夫　彭氏恭人
耿汝愚以子應昌贈承德郎　彭氏黃氏安人詳舊志
耿應昌授承德郎　韓氏劉氏安人
秦獻忠以子如容贈徵仕郎　氏孺人
秦如容授徵仕郎　氏孺人
戴光頴以子思齊贈文郎　氏孺人

黃安縣志　選舉卷七　封贈　二十六

吳國賓授修職郎　雷氏孺人
秦邦佐以子尚宏贈北京後軍都督府經歷　戴氏孺人
韓　梅以子宗德封文林郎　氏孺人
韓宗正以子邦哲封奉直大夫　氏恭人
王　惠以孫三極封文林郎　氏孺人
王國孝以子三極封文林郎　氏孺人

國朝

鍾繼鳳以子琇贈中憲大夫　氏恭人

鍾　琇授中憲大夫　氏恭人
彭象賢順治間以子縄祖贈中憲大夫　余氏恭人詳舊志
彭縄祖授中憲大夫　張吳氏恭人
耿應衡授中憲大夫　氏恭人
耿宗塤授文林郎　氏孺人
耿宗坤貤文林郎　氏孺人
韓邦藩以子張楨封文林郎　氏孺人
吳士愷以子應庚貤贈文林郎　余氏孺人
盧爾悌康熙間以子綖贈又林復以子　李氏孺人晉贈宜人詳舊志

絳晉贈奉直大夫
盧　綖授文林郎　彭氏孺人
張伯程以子希艮贈文林郎　姚氏孺人詳舊志
張希艮授文林郎　彭氏孺人
吳之璜以子應庚贈文林郎晉贈奉直大夫　杜氏孺人晉封宜人詳舊志
吳之珍授文林郎　王氏孺人
盧爾恒以嗣子緯贈文林郎卽以孫建中晉贈奉直大夫　梅氏孺人晉贈宜人詳舊志

盧　絳授文林郎晉贈奉直大夫　江氏孺人晉封宜人
盧　組以子建中封文林郎　彭氏孺人
盧　緯授文林郎　梅氏孺人
盧建中授文林郎卽晉奉直大夫　周氏孺人晉封宜人
盧淮詩授修職郎　周毛氏孺人
韓名世以子庚寅貤贈文林郎贈承德郎　熊氏孺人
韓庚寅授文林郎　氏孺人
劉正極以子茂基贈明威將軍　氏宜人
陳其新以子英贈武德將軍　周氏宜人

陳　英封武德將軍　王氏宜人
劉永治以子逵封修職郎　氏孺人
吳宏初授修職郎以孫汧貤贈文林郎　耿氏孺人
吳繼善授修職佐郎　王氏孺人
秦國鉉以孫人藩贈文林郎　蕭氏孺人
秦學海以子人藩封文林郎　曹氏孺人
吳應庚授奉直大夫　韓戴氏宜人
秦人藩授文林郎　黃氏孺人
吳文鳳以子汧贈文林郎　鄭氏孺人

吳　璘以子世奇貤贈修職郎　晏氏孺人
吳世奇授修職佐郎　王氏孺人
吳光第以子青選貤贈修職郎　韓氏孺人
吳　緒以孫中理貤贈文林郎　李氏孺人
吳　郁以子大杭貤贈修職郎　彭氏孺人
吳兆澧授修職佐郎　韓氏孺人
吳　汧授文林郎　劉氏孺人
吳青選授修職郎　張氏孺人
吳文煒以子中理贈文林郎以孫性誠　耿氏孺人貤贈宜人

貤贈奉直大夫
吳超楚授修職郎　宋氏孺人
吳元會以子斗文貤贈修職郎　韓氏孺人
吳斗文授修職郎　張氏孺人
吳大杬授修職郎　陳氏孺人
王明岱貤贈文林郎　秦氏孺人
王時思以子華羣封文林郎　氏孺人
王華羣授文林郎　氏孺人
耿與朋贈文林郎　氏孺人

張　采以子炳蛟贈修職郎　黃氏孺人
張炳蛟以孫錦珩貤贈奉政大夫晉中憲大夫　彭氏恭人
張智坦以子錦珩贈奉政大夫晉贈中憲大夫　萬氏恭人
張禮坦以堂侄錦珩貤贈承德郎　鍾氏安人
張錦琪以堂弟錦珩貤贈奉政大夫　阮氏宜人
吳中理授文林郎以子性誠贈奉直大　汪盧氏孺人晉贈宜人
夫

吳中珩以姪信誠貤贈文林郎　何氏孺人
吳性誠授文林郎晉封奉政大夫　孟氏孺人晉封宜人
秦學泗以孫光辰贈奉直大夫　程鄧氏宜人
秦大樟以子光辰封奉政大夫　石氏宜人
黃如恒以孫鳳詔貤贈文林郎　董氏孺人
黃天聰以子鳳詔贈文林郎　華氏孺人
黃鳳詔授文林郎　張蕭氏孺人
張永志以子鳳騰贈修職郎　周氏孺人
余文蔚以孫開緍贈文林郎又以孫開　曾氏孺人晉封安人

運晉贈儒林郎

余秉剛以子開緒封文林郎　黃氏孺人

余秉和以子開運贈儒林郎　秦氏安人

張孝坦以侄錫謙貤封奉政大夫　氏孺人

張綏坦以堂侄錦珩貤封朝議大夫　氏恭人

孟存謨以子應瑄贈文林郎　張氏孺人

孟之春以孫正笏貤贈文林郎　江況氏孺人

孟道文以子正笏贈文林郎又贈朝議大夫　江氏孺人晉贈恭人

孟正笏授文林郎又授朝議大夫　張氏孺人晉贈恭人

甘受信以孫學縉貤贈文林郎　喻氏孺人

甘雲彰以子學縉贈文林郎　王氏孺人

張允坦以侄錦珩貤贈朝議大夫　項氏恭人

秦學治以侄孫光宸貤封奉政大夫　胡氏宜人

吳擬升以孫中理貤封文林郎　李氏孺人

汪德綸以嗣子潤贈朝議大夫　耿氏恭人

汪元需以生子潤贈朝議大夫　江氏恭人

汪守譲以孫潤貤贈朝議大夫　劉王氏恭人

汪　潤授朝議大夫　鄒氏恭人

耿秉書以子瀾贈修職郎　蔡氏孺人

張廷鳳以子家俊貤贈修職郎　程曹氏孺人

張際春授朝議大夫　陸徐氏恭人

彭焯興以子宗達贈朝議大夫　吳氏恭人

彭煥興以侄宗達贈朝議大夫

阮光第以弟光鼎貤贈朝議大夫

阮瑾懷以子光鼎封朝議大夫

李亨佐以子映春贈文林郎以孫廷簫

貤封奉政大夫晉封朝議大夫

李映棠以子廷簫贈奉直大夫晉封朝議大夫

李映春授文林郎以降服子廷簫封朝議大夫

李映藻以侄廷簫封奉直大夫晉朝議大夫

胡超羣以子世英克復維揚收復寧夏靈州等城功三代俱誥封一品詳武職

李春富以侄廷簫貤封朝議大夫

袁志孔附生捐封奉直大夫

洪亮達以弟殿元貤封武功將軍
胡贊華以子順封武德將軍
胡　順封武德將軍
李德馨以孫翔鳳封儒林郎　余氏安人
李春芳以子翔鳳封儒林郎　熊氏安人
阮芳晨以任熙仁貤封修職郎　王氏孺人
阮旉臯以子恩元封奉直大夫　金彭氏宜人
劉公行同治元年以孫秉琳貤封朝議大夫　張氏恭人
劉希聖同治四年以曾孫秉琳貤封朝議大夫　李氏恭人
劉載華以子秉琳贈中憲大夫　張氏太恭人

按封贈之榮
國恩即爲家慶然亦有身膺仕版而未逢
曠典者茲據舊志及現在呈報列於篇亦足見斯邑衣
冠之盛矣

封贈

陶文明以子寀封奉政大夫贈通議大夫　黃氏淑人
陶　寀贈刑部侍郎嘉議大夫謚憲伯　武殷韓氏淑人
盧　沼以子永阜封中憲大夫　周氏恭人
盧甯安以子永阜封中憲大夫　黃氏恭人
盧永阜誥授中憲大夫　楊郭氏恭人
盧大儒貤封文林郎　張氏孺人
何之恕以子倖貤贈修職郎　張氏孺人
張永志以子鳳騰貤贈修職郎　周氏孺人

毛敬之以孫五和贈奉政大夫　姚氏宜人
毛道南以子五和封奉政大夫　胡戴盧氏宜人
毛錦星以姪五和封奉政大夫　辛氏宜人
毛錦雯以姪五和封奉政大夫　劉氏宜人
張兆甲以孫之鶴贈奉政大夫　程氏宜人
張標才以子之鶴封奉政大夫　常氏宜人
秦光鼎以孫孚鈞贈朝議大夫　王氏恭人
秦再煜以子孚鈞贈朝議大夫　熊氏恭人
熊　江以甥孚鈞貤贈奉政大夫　周氏宜人

熊　漢以甥孚鈞　貤贈奉政大夫　秦董氏宜人
程士泮以孫耀典　貤贈奉政大夫　彭氏宜人
程鳳儀以子耀典　贈奉政大夫　贈王封蔡氏宜人
葉　堂以子蔚春　封修職郎　盧氏孺人
葉　塀　封修職郎　熊氏孺人
詹人炳以子文楷　贈修職郎　羅氏孺人
金聲富以孫錫楨　贈朝議大夫　唐氏恭人
金名周以子錫楨　贈朝議大夫　程氏恭人
劉仕杰以孫中孚　贈奉直大夫　黃氏宜人

劉天祿以子中孚　贈奉直大夫　鄒氏宜人
劉文燮以子中孚　贈奉直大夫　黃氏宜人
程煥新以子常久　贈奉政大夫　吳氏宜人
程身桂以孫國衡　貤贈文林郎　趙氏孺人
程步和以子國衡　封文林郎　劉陳氏孺人
謝　柯以子介眉　封徵仕郎　劉氏孺人
謝　梓以子介眉　封徵仕郎　彭帥氏孺人
何光榜以孫聿修　貤贈承德郎　周傅氏安人
何玉秀以子聿修　贈承德郎　贈沈封王氏安人

余邦俊以子文斗　封奉政大夫　張氏宜人
伍昭鉞以子金焱　贈奉政大夫　張氏宜人
江昌煥　授文林郎　汪氏孺人
江鎮東以子如練　貤封奉政大夫　孟蕭氏宜人
袁步洲以子殿傳　封武德騎尉
袁步雲以子殿傳　封武信騎尉
劉嗣宗以曾孫用富　贈武顯將軍　金氏夫人
劉永興以孫用富　贈武顯將軍　涂氏夫人
劉文高以子用富　封武顯將軍　方氏夫人

董道原以子錦祥　封昭武都尉　劉氏恭人
董　禧以姪錦祥　貤封昭武都尉　薛氏恭人
李宏林　贈武顯將軍　楊氏夫人
吳志棟以曾孫清太　贈武功將軍　劉氏夫人
吳萬全以孫清太　贈武功將軍　李氏夫人
吳玉臺以子清太　贈武功將軍　汪氏夫人
吳清一以弟清太郎天德　貤封振威將軍　李氏一品夫人
劉希聖以曾孫霖　贈榮祿大夫　李氏一品夫人
劉公行以孫秉琳　贈榮祿大夫　張氏一品夫人

劉載華以子秉琳 贈榮祿大夫 張氏一品夫人

劉秉琳 授榮祿大夫 張氏一品夫人

恩廕

阮釗銑 世襲雲騎尉

彭行鴻 世襲雲騎尉

汪亮采 世襲雲騎尉

李業恒 以父大勝世襲騎都尉恩賜完時給予恩騎尉罔替

李傳宗 以父宏林世襲騎都尉承襲一雲騎尉恩賜完時給予恩騎尉

張煥奎 六品藍翎世襲雲騎尉

薦辟

薦辟原爲曠典膺斯選者非學醕品正負重望享盛名不足以達　上聰而蒙異數安邑僻處山隅不無經明行修之士然已不數數覯矣後起者宜何如自勵耶志薦辟

元朝

趙玉峰進士官樞密使

吳　温徵召官閩南招撫使

吳應澍天歷徵召不起詳隱逸

明朝

詹　同洪武徵召見儒林

吳　琳洪武徵召見儒林

吳榮一洪武徵召不起詳隱逸

趙　洪洪武徵召見仕宦

耿汝思崇禎徵召不起詳孝友

盧爾惇崇禎薦舉詳忠義

陳堯章

國朝

耿應衡順治薦舉見仕宦

黄日槐道光二年舉孝廉方正

恩廕

廕襲殊恩本先人勤勞盡節庇及後人所以示優卹

而勸忠盡也世職躬膺爲之後者不當紹厥清芬而

感

皇仁於無旣哉志恩廕

明朝

耿應昌崇禎恩廕見仕宦

周世鎮崇禎恩廕見仕宦

耿應興崇禎恩廕見仕宦

戴維臣恩賜儒官七品冠帶

國朝

吳金魁嘉慶五年　恩錫雲騎尉見仕宦

吳定元嘉慶十一年世襲雲騎尉見仕宦

吳克霈世襲雲騎尉

彭超鸞咸豐六年以父宗達殉難世襲恩騎尉

阮釗銑以父熙仁殉難世襲　恩騎尉

汪學林貢生咸豐四年殉難其後世襲雲騎尉

吳家麟州同銜候選經歷同治三年殉難其後世襲　恩騎尉

吳先發授雲騎尉

詹廣元給二品廕生

詹廣仁給廕生

黄安縣志卷之八

知黄安縣事朱錫綬 胡承組 王輯

人物志

儒林

自太史公傳儒林以後史氏因之安邑由明迄今名賢蔚起雖造詣有淺深出處有顯晦要皆根本學問足以羽儀世教者也連類紀之如經天緯地曰文勤學好問亦謂之文焉爾志儒林

詹同字同文舊名書其先婺源人也生而穎異獨抱奇氣元學士虞集以其弟槃之子妻之至正中舉茂才異等授郴州路學正遇亂道梗因家黄州僞漢徵爲學士承旨兼御史高皇帝平陳召爲國子博士易今名陞考功郎中丙午爲起居注時命有司求遺書上謂公曰三皇五帝之書不盡傳於世故後世鮮知其行事漢武帝購求遺書六經始出唐虞三代之治始可得見武帝雄才大畧後世罕及表章六經開闡帝王之學大有功於後世吾每於宫中無事輙取孔氏之言觀之如節用愛人使民以時眞治國之良規孔

子誠爲萬世師也命考宗廟時享禮吳元年上謂公等曰國史貴直筆子平日言行是非善惡汝等皆當直書勿隱諱使後世觀之不失其實洪武元年四月命畫古孝行及起家戰伐歷試愁苦爲圖以垂世訓上謂同日朕家本業農祖父皆長者世承忠厚積善餘慶以及於朕今圖此以貽子孫俾知王業艱難公對曰陛下昭德垂訓莫此爲切上曰富貴易驕艱難易忽久遠易忘後世子孫生長深宫惟見富貴易於奢侈不知祖宗積累之難故示之俾朝夕覽觀庶有所警也嘗正音樂進所訂釋奠樂章下太常用之是年以翰林待制遷直學士明年陞侍讀學士劉基疏請加禮大臣公因取戴記及賈誼疏以進且復開説愷切上深納之又嘗諭公曰古人爲文章或以明道德或以通當世之務典謨之言明白易知無深怪險僻之語至如孔明出師表亦何嘗雕刻爲文而誠意溢出使人誦之自然忠義感激近世文士不究道德之本不達當世之務詞雖艱深意實淺近即使過於司馬相如楊雄何裨實用自今翰林爲文但取通道

理明時務者無事浮藻四年陞吏部尚書有勑諭之六年爲學士承旨兼吏部尚書上御奉天門謂公曰論行事於目前不若鑒之於往古卿儒者試言古先帝王爲治之道公對曰帝王之治莫善於唐虞三代可以爲萬世法上曰三代而上治本於心三代而下治本於法由於心者道德仁義其用爲無窮由於法者權謀術數其用有時而窮然爲治者違乎道德仁義必入於權謀術數甚矣擇術不可不慎也是年命公與宋濂等修日歷爲總裁官七年五月書成自上

起兵臨濠至六年癸丑冬十二月凡征伐次第禮樂沿革刑政設施羣臣功過四夷朝貢之類莫不具載爲一百卷藏金匱副在秘書監公及宋濂又言日歷藏之天府人欲見之有不可得請如唐太宗貞觀政要分類更輯聖政爲書以傳天下後世上從之分四十類自敬天至制蠻夷凡五卷名皇明寶訓凡有聖政史官日紀録之隨類增入與劉基宋濂侍宴便殿公被酒還揮毫賦詩贈黄祖字大如拳會傳宣公餘醒未觧上謂公曰卿醉未醒耶公對曰臣雖醉猶能

賦詩贈黄秀才秀才謂祖也上曰詩何在公曰在忠館中命濂亟取之上笑曰朕卽和同詩卿當爲朕書之尋以老乞歸上賜之勑褒嘉之以翰林學士致仕未幾復起爲學士承旨公操行耿介終始清白所著有天衢吟嘯及海涓集子崧歷官監察侍御史僉都御史洪武十七年陞左都御史上以崧奉職公勤詔復其家二十年爲吏部尚書兼左都御史明年以公子太子洗馬紱爲尚寶丞二十五年加太子少保兼吏部尚書都御史公以才勝大誥稱崧剛斷嫉惡不

容奸僞使吏髮蓬面垢容愁肌瘦不異覊囚以不得肆其貪故若是父子俱爲吏部尚書自公始後坐藍黨死崧第三子世家於此從子希原爲中書舍人善大書兼歐虞韓柳體凡宫殿城門坊扁皆其所書

吳琳字朝陽中和里人西山先生子也公性資純篤力於問學通毛詩小戴記平陳之歲太祖徵用荆楚名儒用詹同薦召爲國子博士與同並教胄子公才藻不及同至商確經義亹亹不倦同自謂不及公遠甚上毎聽政暇召公咨時事輙進嘉言嗣遷浙江按察

司僉事歷貳雒臺皆効職有才名入爲起居注吳元年命同魏觀求遺賢於四方爲太常卿進兵部尚書京闈鄉試上日琳經學優令與司業宋濂典試事洪武三年改吏部尚書賜誥褒美之時給事中侯庸署侍郎事公旣入吏部與詹同迭視事尋公以老乞致仕旣家居上嘗遣使察之使者潛至公旁舍見一農人坐小几拔秧布田貌甚端使者問曰此有吳尚書者家何在其人尚在否農人斂手對曰琳是也使者還白狀上益重之弟琛字天錫歷官衢州府同知萬

歷十二年知縣余相申詳學道王圻批允崇祀鄉賢祠

耿光字謙甫號筆崖年十九始發憤爲舉子業治胡氏春秋茹苦刻厲成化辛卯舉人歷授河陰儀真江陰衢州四學博課諸生率如課其家子弟應聘分考所在得人宏治甲子於四川正德丁卯於順天嘉靖壬午於福建乙酉則主試雲貴也初四川之聘未至也有貴勢遣人以重賄丐錄其子公焚其書麾使去曰天鑒在茲矣敢昧此良耶性篤孝每念養不逮親居喪悲愴有詩曰父母人皆有如何我獨無茫茫天地裏自覺此身孤至今誦者感焉從弟大賓配彭氏寡居有志操公歲製衣珥貽之歲歉捐俸賑族嘗慕范文正公之爲人欲置義莊建義塾事雖未就志可模矣

彭台字公甫學者稱爲東莪先生大父諱文明業儒以胡氏春秋教授弟子父鳳儀中正德已卯鄉試早卒時公僅四歲識趣頴異不羣嘗侍諸薦紳燕坐聆其語或計較名利心輒鄙之語人曰讀聖賢書列冠裳

其言齷齪若是世何賴焉聞有善言懿行識之不忘稍長讀書務根極理要一日讀性理羣書忽大感奮慨然有必爲聖賢之志嘗爲帙籍記日履上題曰天鑒在茲甫踰冠舉嘉靖已酉鄉試益孜孜以明道善俗爲已任雖簞空屢如也有同年友寓書勸之干謁有句云不辯如何是坐忘公答之云顏子坐忘當於簞瓢中求之其友憨而止壬子歲病饘粥不給歲當計偕例有道路費同年代取貽之公恚曰此爲計偕故吾旣病安敢濫此爲朝夕計卒還之病亟友人問

之至唏嘘流涕公曰古人舍生以取義吾命自天非舍也殀壽不貳君何悲焉卒年二十九貧不能斂同志友劉思石等醵金殯之生平學慕宋儒以誠敬爲宗不妄言笑清標雅度望而知爲有道士也隆慶年督學顏批允崇祀鄉賢祠

吳心學號少虞秦仙里人家世業農一意孔孟之學決絶家事隱似馬山中鑿山開逕倚石爲壁引木爲巢於絶頂兩岩間面柱静坐者久之尋復訪學求友足跡幾遍海內收遺書數百卷以歸講會益力教人以

下學上達爲宗晚訂一集名洞龍集居山中凡二十年而卒初入山鋤石得記云似馬山中出洞龍學者稱爲洞龍先生督學胡公顏其門曰洞龍書屋

盧大儒世居中和河東學者稱爲東河先生少穎悟讀書日夕可盈寸稍長博極羣書是時士大夫多浸淫於良知家言公獨取周程張朱之書精究其理註五經辯凡西銘太極多所發明能補宋儒所未及嘗自言曰學聖賢者在身體力行何事沾沾口耳爲一時翕然宗之中明嘉靖丁酉副車授浮光唐縣兩學博

壁鳳陽郡倅未抵任而卒尤精胡氏春秋卒之前一夕猶取所著麟經集畧其上曰三更止五更起不如此不如死切囑兒曹習弗已後盧氏多有業是經而獲售者其垂教深矣

耿定向字在倫三歲時有公卿到門者問其祖曰更有上者否曰獨有聖賢耳曰兒當爲聖賢矣由是潛心理學登嘉靖丙辰進士授行人擢御史疏劾太宰吳鵬六事語侵嚴嵩嵩爲營救事竟寢出按甘肅尋改南中督學開崇正書院以明道彰教爲已任晉大理

丞與高拱忤謫判横州拱罷量移衡州推官萬歷中累官副都御史以內艱歸起復撫閩會詔下方田法公摹地圖揭之後屏山砠水涯之間咸若目覩又手條八法布之不數月報竣廣寇林道乾訌海上公用計討擒之丁外艱起復爲都御史晉戶部尚書總督倉場九疏請罷予告歸家居七年講明理學一時從遊者有若臨桂令焦伯賢端江寧廣文華貞季明經殷德夫李瀚峯王以衡詹孟仁楊道南李淳潘朝言左春坊殿撰焦竑僉憲管登之志道少司寇吳

倘恒自新侍講鄒汝光德溥杭州太守方思善揚丁
惟寅新野令李士龍登進士李維明王德孺李湜之
學録陳桂林應芳學士殿撰沈君典懋學戸部司務
黄守拙奇士尚寶卿潘去華士藻及公弟八先生仲
臺少司馬叔臺凡二十五子公生平著有碩輔寶鑑
要覽四卷先進遺風二卷庸言二卷文集二十卷俱八
四庫全書詳通志藝文大學括義一卷小學衍義二卷載通志佚此
外有綸簡類編奏疏牘草斆學商求閨訓禮纂牧要
篇譯異編儒宗傳大事譯觀象黄安初乘觀生紀載俱

家乘卒年七十三贈太子少保謚恭簡
耿定力字子健恭簡季弟也隆慶辛未進士授工部主
事出守成都遷按察司副使督學閩中首録蔡清陳
真晟後裔以示風向累遷南僉都御史督操江疏言
權使罔利藪奸已復上疏極言中使之害累官南兵
部侍郎卒贈尚書生平學問以求仁爲宗真修實詣
超然自得仲兄定理隱居不仕兄弟相與講學不倦
學者稱八先生羅近溪贊曰儒者之高蹈聖世之逸
民理學宗工其八先生乎

無心正字定宇萬歷巳卯舉人自建縣以來舉於鄉者
自公始嘗應聘雲南得士六人多捷南宮人稱冰鑑
後歷官嘉興通判有清操
盧尭臣字贊勳號欽父幼聰敏通五經八歲能文十三
補弟子員食餼弱冠登賢書初上春官心動亟還家
父已病不起哀毀骨立撫愛幼弟萬歷庚戌成進士
授益都宰有寵好仁賄丐者冒工人殺主而逋其室
鞫實以寵抵罪一時勢豪咸屏息壬子應山東同考
聘元魁皆出其門後致仕隱居與其徒講學以自老

卒年七十五著有三不朽集崇祀鄉賢
耿汝愚字克明號古愚恭簡公冢子也年十七八泮兩
登副車性嚴毅狷介不蹈時趨不屑詭遇以此屢蹭
塲屋遂絶意仕進閉戸著書有耿氏春秋自娛篇自
怡篇江汝社集四六草尺牘草魚蟲考烏光傳而於
字學尤精著韻會類編恭簡殁家益困公歎曰出仕
不過上柱國居家不至十萬安可比諸人乎乃廢著
述修計然之策不二十年竟至十萬年七十卒
耿汝忞字克勵定力之子也少聰穎好學寓目不忘性

恬淡寡欲終日正襟危坐常以古人自期與人交溫語霽色至大義所在凜若冰霜萬歷乙卯舉於鄉再上公車不第歸與焦弱侯艾千子諸名家論文賦詩遊於五雲天臺間家事概置不問著有春秋懸度一書

秦如容字介臣號五梅性至孝十三喪母隨父讀書年二十八庠父爲娶室泣應曰兒伴父七年不忍吾父暮年獨處及父卒承父志以館穀孝養祖母不以累季父天啟丁卯舉於鄉署河南唐邑教諭崇禎甲戌

成進士官中書值大旱奉旨禁屠宰胥私餽以進公愕然具疏言狀上即令公按治中書析楊之設所由始也尋遷行人念安邑赴公車與需次京華者乏停驂所倡首捐俸建置會館丁丑銜命典試松江過蘇有寒士馬姓者以貧窶訴即贈以五十金巳卯分校北闈得士十有八人所著有雪泿篇間有山坊諸集庚辰卒贈徵仕郎父獻中以子貴贈如職子天寵天麟扶櫬歸與周孺人合葬崇祀鄉賢

曾師孔中和里人性穎異善屬對客曰雪溶山露骨對曰風過水生鱗客曰晝動魚龍動對曰棋行車馬行滿座嘉歎讀書明大義恥襲章句父沒庶弟甫十齡撫育訓迪備極友愛以歲薦補巴陵司訓廉潔自矢太守郭養甚器重之代廵宋公特疏題薦詎以年六十卒於任子岳年以明經爲元城令有賢聲孫以貫曾孫德懋皆象賢濟美文名炳蔚天道固久而益驗云

張鵬翔字拱北中和人系出雎陽忠烈公公始祖文德占籍黄岡後析置黄安父廷舉生二子長公次繼軫

公穎異讀書五行俱下事繼母孝繼軫沒字其孤如巳出族戚輩失身他姓力贖以歸凡可以解人紛難者毀家不惜癸未里中集黨千餘大肆焚刼公與仲子百程糾堡殲其渠而脅從者多所存活後舉鄉飲正賓與諸弟子講尚書於壁山爲文下筆數千言乞者趾相錯公樂此不倦年八十卒崇祀鄉賢著有壁山文集若干卷

韓勳字欽父崇禎乙亥拔貢不屑俗學獨肆力於五經諸史兼精詩賦明末遭亂隱居教授生徒數百人或

勸之仕勲曰亂不學何以治又謂王通以禮樂屬弟子無有受之者卒成開元遺憾作撥正諸書以寓王道年八十餘臨終謂子孫曰我韓氏遷楚北十餘世書香矣後必有興者當慎守吾集以往至曾孫庚寅成進士以唐宰行取

張希聖字亞石邑庠生學品純正邑令蕭公延爲子師因徧覽二十一史學益加博會安陸有異鳥望日明紀載萬歷十六年此鳥見於秀水鄉人面鳥身頷下有白髯長三尺其年大水舉坐歎其淹洽父歿哭之

失血事孀母姚氏孝養備至季弟希天患病親調藥餌試寓齊安拒一奔女其實行皆藉藉人口者而艱於一第年五十卒有詩文遺稿藏于家子三皆繁條

黄濮臣字勤鼎邑庠生篤行好學行文以氣勝

國初土寇披猖寄書誘鼎鼎潔身遠遁嘗捐金還從弟產教孤子使成名備棺以給宗族之貧者但久困諸生中年六十由歲薦赴京應試有爲謀館選者以父年老辭歸閉戶著書有四書解及毛詩章句藏於家

耿邁宗字遠倩幼具成人之度讀書不解輒自批其類十五入泮有文名詩賦書法皆工後遭亂習孫吳之法兼精卜筮

本朝定鼎復潛心理學寓意丹青雖瘦骨稜稜然神采煥發讀書恒午夜不寐卒年六十有一著有焚餘草

韓名世字文生灄源里人也祖勳選拔明經積學篤行父瑞璋生世踰月而歿母吳氏苦節撫守四十三年無別師盡乃祖之家學明季紛亂士多怠荒世獨閉戶讀書不輟毋慮兵燹頻仍爲壁藏石瘞數千萬卷摘錄其要爲小本攜帶於身以自披閱

國初哲無書遠近借讀者戶外屨常滿有就業者更資以膏火講說不倦毋亦喜世讀書時加勸勉但厄於功名卒不遇母歿廬墓三年又著述經史詩文於廬中老二年卒年六十四著有韓氏庭訓類解三十卷子二長庚旦庠生次庚寅進士又次庚延早殤以子貴贈文林郎

蘇光轍邑庠生字汝德孝廉耿九一之師也博學多聞兼工書法幼試童子後期告考猝無卷以便面書其文進學使者深賞之擢居頻宫吳致之諸先輩結社

江汝而轍與焉孝廉耿克勵爲之傳曰吾兄九一夙稱神童髫齡自負不屑居人下顧北面事先生執弟子禮又屢爲名賢傾慕觀克勵之言轍之聲譽藉藉當世久矣性至孝嘗侍尊人食一語少忤父怒以碗撻其面轍長跪拭碗重進色加婉父爲霽顏析產推腴者與孤姪以慰親心有族子失身失產不憚艱險贖還之幾攖重禍不顧也洵乎品學兼優者矣

吳光龍字省長十歲能文十八爲學使董思白所賞識入黌序明年食餼儀部公喜曰弓冶固有在也旋以選拔赴京應試取第一文譽日隆與秦中翰五梅共捐貲買地建置會館及令盧江革陋規釋無辜有直指以進贖鍰另勒代償詗得其實置不問僅八閱月忤上官意將掛冠而賊氛犯境矣後解組歸官橐蕭然惟葺先人所遺萬樹園冀得休息詎軍旅連年公以一身弭激變杜株連懲叛僕保全實多性喜遊覽善詩古近體著有金斗吟西山詠支型山紀西湖紀諸集工書法尤長徑尺扁書凡商周彝鼎晉唐書畫官哥窯器賞鑒真贗不差累黍一時推爲風雅之宗

壽終七十有九生子二暉偉象賢繩武蒸蒸未艾焉

程之渾字丙昭號雪門司理繼善長子性端謹善屬文工真草書法饒於庠屢試冠軍以巳卯副車授鎮江別駕尋遷揚州郡司馬晉淮安太守居官平易近人多惠政時中原板蕩公喟然曰修道者必度其時今時事如此而猶徘徊顧戀所謂滑泥揚波同其流矣遂投簪去宦橐蕭然里居恂恂退讓言訥訥不出諸口一不立崖岸不雌黄人物不見喜慍之色事父盡養志之孝課弟篤友于之誼奩田數百畝媵僕十數人能高推讓風與羣從共之不私已有由是鄉里交譽以疾卒乏嗣惜哉

盧之櫄字敬生號鈍翁幼穎悟善問難從諸父司理堯臣學九歲能屬文補弟子員食餼尤嗜古未弱冠即於經史子集翻閱數遍赴壬午秋闈聞賊陷邑城毋以罵賊死繭足哭奔歸避難山砦人爭攜財物公獨載縹緗以隨生平著作等身刊有四書偶聯春雪迴文行世又有玉梨緣鞦韆會福堂旗仙草婚玉馬墜諸傳奇皆擅騷壇之勝與先達結社赤壁艾千子譚

盧緯字織圃號芸浦性穎敏九歲應童試輒冠軍十二補弟子員康熙癸卯舉於鄉事二親以孝聞官山陰令扶弱鋤強於疑獄多所平反猾吏不敢作奸豪強不敢肆虐首新陽明書院聚邑弟子讀書其中諸如鎮東閣望海亭三江閘禹陵南鎮皆次第維新值

聖駕南巡紹郡會稽之幸一切差務一身肩之咄嗟立辦憲眷日隆郡屬餘姚諸暨饑民亂擬捕勦乃單騎往諭輸金粟賑之全活無算旋以病乞休歸卒年六十有四著有宜園集梅花吟草蠹吟麟經要義五經精義四書解三場典要等書子七皆能世其業

泰珙芳字玉薇號杏村父景行死忠嫡胡生二女庶王生珙襁褓依胡胡珍愛若己出珙亦承歡色笑無間然敬兩姊如伯兄無何母亦見背孤苦力學康熙庚午舉於鄉教授生徒多知名士卒年六十二子三人克繼父志

李光炳字篤之號西野泰仙里人也品優而學粹館西河之上一時從遊者百餘人每三五自置一屋屋瓦魚鱗相比若市教澤之廣稱極盛焉旋由明經司鐸

友夏呼爲小友以慽切終天不與賓興由明經授光化新寧學博俱多所獎拔歸休後年七十六猶著五倫攸敘錄未竟而卒子綜績俱以能文名

程一栞字坦之號篤臣甫四齡隨父村塾不與諸童戲後補弟子員家貧寓岐亭被寇焚掠公以濕絮蒙其母哭火出乃得免性好學手不釋卷爲文曰可三十篇順治甲午舉於鄉兩僭計吏不售就富川學博轉武昌教授值甲寅之變士多遠從學使者按籍除之公力爲請復至數百人旋陞太學助教未幾致仕歸

生平不爲矯節畸行待人以誠忘人之怨布衣蔬食淡如也卒年七十有三

盧維茲字持庵美丰姿五歲通尚書八歲能文十三補弟子員弱冠食餼以明經司訓均州值兵燹後士多廢業爲整飭學規嚴月課上憲廉其才委充武當山提舉一切稅課外革除陋規奉修山志悉心搜羅成書十卷以母喪去官有弟八人中鄉會科各二合刊弟兄麟經稿邑令張公舉鄉飲大賓病不能行遺輿迎至人咸以爲榮年六十卒

蒲圻尋擢攸縣教諭兼署攸縣事攸爲楚邊服有鄭衛風公爲治六閱月盡變其俗後卒於官士民德之賻以歸

彭象賢字公仁號敬亭性樸厚常恂恂自下工制藝詩詞文賦下筆立就教子致逼顯猶手不釋卷衣大布衣食脫粟飯策蹇驢從小奚徜徉山水間至周人之急忘人之僁則又盛德之不可及者子二長繩祖石阡府太守次念祖以國學授縣佐著有胝齋文集

姚觀弱冠遊泮旋食餼行誼純正性復任俠有友人貧

不能補廩贈以數十金不索償家日落蓬戶蕭然安貧樂道泊如也以歲薦八京中表盧某令永平邀至署信宿即行一無所取及寢疾惟以存心制行誠其子無一語及家事屬纊前一日猶講大學聖經一章精言奧義非訓詁所能及蓋有得於此中者歿年六十有五人咸惜之

王延字紫茹泰仙里人少孤七歲能屬文有神童之目長通經史博聞強記一時從遊者半邑中數奇不遇年五十始受知於郜學使拔首郡庠評其卷曰如此奇才而久困窮簷天耶人耶爲之三歎云因叩其生平所讀之書益加歎服書篋以贈之中有鐵網生珊瑚結根數百年敷榦數百年郁郁紛紛寶色照人之句可謂文章知己矣而卒以偃蹇庠序終悲夫孫風隆邑庠生能世其家學

程自重字任甫好學不倦十九補弟子員由明經三歷廣文初任安陸其故人爲書屬託上官求右轉秘而不發以書還謝事載先進遺風旋攝縣事兩閱月簿書訟獄不之理掾請執法重曰同鄉無執法例某但

護印耳悉留以俟來者後致仕歸著有六經韻纂會同志畧江汝社稿

吳光乾字彥清襟懷洒落喜清談與何炯卿王子雲爲意氣友孫自一嘗北面事之乾曰此懷黄拖紫人也後自一成進士如其言任四川金堂學博學使器重之延八閱卷有富室子以財求已而從糊名中得之富室賫金謝正色却之曰吾豈掩人以取利哉且毋以非義累吾也久之擢蘆山令不樂仕進棄官歸徜徉山水間日與名流相唱和其雅量高致風塵不能

及也

熊光英字渭明性至孝好施與崇禎壬癸間旱蝗流亡相屬輟家食周之且瘞枯骨贖鬻女利濟所及指不勝屈以明經初授河南羅山縣博繼補湘鄉所至皆有教澤尋擢象山令未之任掛冠歸過洞庭風雨大作舟覆而沒惜哉遺書有歷朝詩選八大家纂略三楚典故諸集幸其裔孫朝景等猶能世守之

汪文星字東井髫年入泮中副車者二舉鄉賓者再老猶好學不倦著有仙峰館詩集時安邑新造經營圖

度獎勸招徠星與有力焉子騰龍庠生究心理學有將才明末推為西峯山寨長保障一方孫庭孚亦庠生家世青緗或亦勞在社稷之報歟

吳采字君素中和里人从共學赴秋闈寓黃鶴樓側感異夢歸而生采幼穎悟初入塾或命屬對曰日暮檢白花即應曰秋高折丹桂年十二入泮十七食餼學使葛屺瞻董思白皆賞識之長益博學強記廿一史中輿地爵秩過目不忘書法得眉山之奧數奇不遇以明經司訓松滋晉通山學博皆多所造就尋擢四

川成都參軍道梗不能赴遂掛冠歸構廬數椽蒔花種竹周榔塘顏曰麗澤書屋著有五經通考卒年七十五

盧繹字蓉浦康熙壬子舉人署監利教諭修葺學宮遷孝感課士多所成就擢山西絳縣知縣常俸外不名一錢歷任十七年多惠政勸導切至訟獄衰息橫嶺關多虎患繹為文告神刻期徙去陞都察院經歷以疾告歸卒政績詳絳縣志繹以經術為吏治故所至有聲著有春秋闡微行世子五濆附貢居憂廬墓六

年以孝聞濤歲貢大冶訓導淮詩拔貢竹谿教諭鄉飲大賓濆歲貢好學樂善涓太學生舉孝廉方正不就著有碧山詩草孫國彬國榆俱舉人國櫨歲貢國楡副榜國栻國橘國樺國楙俱有聲黌序曾孫熿優貢焕歲貢宗彥青萬烜德煜俱庠生元孫鴻遠舉人鴻舉璠昺雲繪雲俱庠生

張希艮字石虹康熙己酉舉於鄉教諭江夏甲子與修通志乙丑成進士二甲傳臚改庶常授編修戊辰分校禮闈擬撰五嶽異名濟瀆源流京師形勢策問總

裁大學士王熙嘆曰張公可謂博物君子矣歷左右春坊贊善庚午典試浙江丙子典試順天纂修

三朝國史

大清一統志明史春秋講義類函稱

旨賜

御書白羽扇賦累官侍講督學浙江致仕歸卒年八十二艮湛深古學所著有春秋大義宋史刪文章宿海格物內外編諸書其詩文爲士林推重出門下者多所成就云

吳應庚字遠齡幼孤頴敏力學博極羣書成康熙巳未進士授隆昌知縣以廉能擢吏部主事晋員外郎公愼自矢坐累遷光祿典簿陞署正謝病歸著有水鑑堂三楚文獻録蜀史備遺及詩文等集

吳宏初字愼旃諸城知縣之珍子以明經

廷試第一司訓邵陽新甯庠罷膳士田於學政無不修舉康熙丙子登賢書解官歸益肆力經史邑令劉承啟修縣志多資其討論子羽鳳貢生文鳳諸生皆孝友績學孫淠乾隆丁卯解元壬申進士

吳兆灃字稼軒羽鳳仲子孝友剛方邃深理學戊戌歲歉輸粟倡先管修學田重新黌序掌教邑中書院六載上無干謁下無偏私以明經司鐸房陵嚴學規勤訓課在任九月卒諸生徒行送櫬出境作文不盡規仿前人而一準於理法著有四書講義梓行外有批春秋左傳一部選批前明四書文五集　國朝四書文五集輯録先世清白遺編一部自製刻鵠山房四書文詩賦敘傳各一部待刋子大桃早逝大桂字玉坡乾隆乙卯　恩貢至性過人品學純粹歿於房縣

扶櫬歸里傍棺露宿連夜有馴虎依側咸以爲孝感生平博覽羣書手不釋卷著有讀書記啖蔗集聞見録姓氏全編古今文詩賦待刋子東曙庠生

韓際世字仕可號小山康熙丁亥歲貢選司訓以疾辭邑令何錫祿聘主萃英書院講席多所成就賈令多男贈以額曰風高洛社著有四書集解及文集待刋

韓漢文字左公生而頴敏經史百家無不研精咀華作文極古雅科歲試連冠軍者九艱於一第以明經終著有大小題全稿

韓書字酉仲髫齡即能文督學合試黄郡時年未冠一日而迫以七藝振筆疾書及午七作就當事奇其才冠九屬軍後設館授徒每拈題會課俱頃刻成數藝無不嘆服年濱七十仍讀書不輟稍有贏餘郎置墨莊議者以爲有書癖云

韓謹字雅林幼列成均赴南北闈屢薦未售於古書無不睹記鄉里大事舉行輒造門訪儀制生平著作甚富士林奉爲楷模

王鳳熾字克昌學者所稱槐亭先生也事親以孝聞一

弟早逝撫姪如子自嬰兒以迄成人無異視性豪邁仗義輕財不瑣瑣作家計待人無城府值不平事正色糾繩人服其公並畏其直學識淹博屢薦棘闈不售以明經設教於百望書院從遊者數百人隨其材質爲造就喜飲酒酒後耳熱與諸生縱談今古聲若洪鐘聽者忘倦詩不驚人不作作亦不存出其門者多知名士子俟祐嘉慶巳卯舉人

阮方昶號拙齋邑諸生少穎異不羣性倜儻多慷慨不事家人生產爲詩古文詞援筆立就與同邑諸名士爲文字交吟咏唱和無虚日子徵復　恩貢徵恒庠生能世其家學

吳瑄字元格號易巒幼穎異弱冠補弟子員食餼乾隆甲午登賢書性至孝慟母青年苦節家無次丁一試春官公車不再北家居侍奉外惟手執一編或撚鬚吟咏而已邑中名宿若吳稼軒張西園耿平宇盧鏡亭皆敦重之居喪三年不出戶服闋猶時時作孺子泣於書無所不讀兼精岐黄青烏諸經貧苦問病者恒買藥相贈經管學官創修奎樓凡邑中有裨文風

者無不殫心力嘗有偷兒入室爲臧獲所獲見其捦面悲啼不復問其姓名贈以錢米縱之去其厚德類如此卒年五十二著有醉月詩抄五行麈談待梓

吳世模字文欽號柳溪家本世胄性恬淡不事華靡從學胞兄歲貢吳世楨事之如嚴父居近邑治足跡不及城市官吏希識其面言坊行表讀書之外無他及爲文閎中肆外一瀉千里康熙辛卯舉於鄉癸巳捷南宫　武英殿纂修事竣乞歸後選四川重慶守滋任未久而歿惜哉

熊楚熊字次沅賦性純粹博通經史弱冠遊泮旋食餼著有五經精義一部敎人先德行而後文藝終日危坐無惰容遇橫逆必自反尤多隱德善醫不受謝募修三定橋行李僉之壽七十七終子步洵奕孫粲起俱庠生

進士王華華 傳詳藝文

副榜王華平 傳詳藝文

吳洊字芷田號蓬島生員吳文煥子也好讀書家雖貧手未嘗釋卷受知於學使邊補弟子員乾隆已酉登

賢書第一邑令韓聘掌蓽英書院一時俊秀多出其門所得脩脯悉以奉母承顏順志得其歡心邑有公事必以身先外此不履公庭著有四書精要講義五經旁訓待梓子世楷庠生

歐士璜鄉賓一贊子也刻苦讀書補弟子員性孝友子孫化之五世一堂教其弟士瑾士瑞子之煥之章之焌姪之勳之煜之炬之焯孫文煒皆及門遊泮餘出其門者多成名前令林賜詩云春風桃李一齊開冠者多從泗水來暫向名區供宴賞佇看稼到上林栽孟禮乾題其齋曰梁木崇隆大有文章爲砥柱友朋寥濶全憑兄弟作他山子之煥字公涵性聰敏學綜羣書工隷楷肄業於江漢書院每課多列前茅文刻江漢文蘊兩爭元不第初邑多雜稅煥獻時政賦邑令歎賞獎遂除晚年授徒鄂山麓著有學庸析義鄂山文集士瑾慷慨磊落議論風生人欽其品望故爭訟者必質焉窘廹者必告焉邑有公事必與焉時比之王彥方云

歲貢王光嵩 傳詳孝友

汪勉字希安歲貢生學問淵博能背誦正字通全部著有春秋集解

孝廉江淳風字樸光庠生爽褆子也四歲而孤母盧氏孝廉盧爾愷孫女通書史親教之及長就外傅善屬文經術湛深學有根柢前令張尚實延掌義塾其人外貌木訥不修邊幅而胸羅萬卷浩瀚汪洋非淺學所能窺也乾隆壬辰禮闈房薦未售歸尋以病卒

江宗字長文年十四補弟子員爲邑名士屢薦棘闈未售張大史石虹督學浙江聘閱卷後以明經授江陵

司鐸未任而卒時稱其詩字文棋酒爲五絶云
吳際豐字會隆幼好學以五經入泮性至孝恒百里外
負米讀書抉經傳奥至廢寢食輒有試策法程詳註
梓行子文麐庠生又有吳文耀者工真草得思白筆
意早歲採芹嘗手録諸家講義以課生徒後就鹽槎
西席十餘年書法益進識者以爲得江山之助云子
獻章廩生
張智坦字紳圃邑庠生巴東司鐸炳蛟子也品純學粹
敦孝友篤宗誼重然諾好施予乾隆五十年歲大祲

罄其所有以濟族戚萃里中俊秀建塾延師資以膏
火多所成就當身爲封君家已漸落然豁達如故座
客恒滿終年七十三生平懿行甚繁至今人誦德不
衰焉子四錦珩嘉慶巳未會魁由吏部掌印員外遷
山東道監察御史錦璜廩生錦琚候選縣佐錦瑀業
儒孫葆淳廩貢生候補訓導
盧煐字鶴亭歲貢生少穎異祖明經瓆伯舉人國彬父
庠彥國棩咸以大器目之長益績學博極羣書爲文
一宗先正試必優等晚謝名場隱居教授成就者甚
眾姪鴻遠巳登賢書其餘食餼遊泮多出其門講學
外不問家人生産性孝友與弟烱及堂兄庠生宗彥
異爨同居晨夕相依怡怡如也著有鶴亭文集待梓
卒年六十有一
張忠坦字笏山郃陽令炳鯤子也由副榜歷任宜都房
縣教諭以終養歸爲人偉丰儀敦品誼談經娓娓好
學不倦立文會以獎後進多藉玉成乾隆戊戌乙巳
嘉慶壬戌歲洊飢皆捐貲以賑嘉慶丁巳春豫匪竄
境團練鄉勇一方恃以無恐生平排難解紛鄉黨欽

服卒年六十五子五錫講以選拔中副車候選教諭
錫謙以廪常遷農部廣西司員外錫誧兩淮鹽大使
錫誠庠生錫鈴業儒
程之沌字利宣安慶司理繼善次子也弱冠卓犖不羣
文章名世入泮後累試冠軍旋食廩餼康熙未年考
授貢員父兄顯達雖藉寵貲無紈袴習晚年授枝江
教諭未任而卒子懋相邑庠
金陵號杏園居士英邁不羣肆力於古所學能見其大
明末流氛猖熾流離十餘載

國朝定鼎盧舍卭壚乃築杏園書室延師課子皆成名於舍北築吐貪亭晨夕焚香煮茗寄意花木日與騷人逸士爲文字交遠則如雲門慣庵道人麻邑名流梅之渙等近則太史張希良進士盧綖耿宗琟王先正孝廉秦至署正吳士伸學博趙應瓚進士鍾琇王風隆盧洽盧洛盧清諸名宿弄月吟風更迭唱和著有唱酬詩集卒年七十三

明經耿定吉石林書院十八子之一也行誼具載全傳子汝弼能讀父書遊膠庠孫應敎孝友崇禮敎列鄉

飲曾孫宗瓏克揚祖德倘所謂清白傳家者歟

吳文林字郎軒生員之葉季子也家貧折節讀父書稍壯補弟子員言笑不苟舉止端方屢試高等文名噹世前縣林公光祿器重之延爲西席五薦棘闈未遇日以敎讀爲事嘗勉弟子日讀聖賢書須向艱難求學問莫從僥倖冀功名雖八困諸生處之泰然一時遠近負笈就正者多所成就著有精英文選四書講義待梓子春藻庠生有父風亦教育多才士林重焉

以上舊志

新纂儒林

德行本也文藝末也必蓄道德而能文章始爲品學兼優之士安邑僻處山隅亦鍾靈秀其束身圭璧愛惜名節砥礪廉隅者正自不乏今就續報確實者刋入多士當知所則傚矣

駱逢原字取之庠生入泮後輕財利釋紛排難施粥濟飢修橋建廟篤宗盟理祀産每多善舉性嗜學終身伏案研究經史寒暑無閒隱居教授不染囂塵手抄所著四書講義詩經典要易經直解禮記釋義春秋

正義周禮合講詩賦待梓經術湛深士林稱最子崇椽崇格謹守書田次孫雲錦亦稱積學髮捻滋擾避擄逃出者飢與食病施藥量力周急克繩祖武

吳東昱號魯山優增生性端正學深養邃敦孝友叔姪兄弟同居和協列青衿者九人四食餼克世芸香每歲除夕各試文一藝以當椒酒館居安麻及豫省光羅及門士咸沾教澤秉筆修家乘族黨賴之生平静謐潔身行已外事毫不干與著有汲古綆賦學指南梓行壽終八十餘

江昌煥字竹亭舉人揀選知縣改教職因父母老嘗家居依依色養邑令延主萃英書院講席生童從遊者多積學士子鎮東歲貢生孫如繩如練克敬以同胞兄弟並時遊泮次年弟忠敬復入學計先代迄忠敬青衿十九世

吳文奎字聯璧優庠生性敏嗜學夜去燈以香火閱講義謂可澄心不忘年十六入學幼失怙事母孝尤好施與乾隆乙巳奇荒先出儲米與有力者施粥以濟葺祠宇修家乘友教皖安兩邑成就多人三列優等

五薦棘闈殁年五十六子二長業烜歲貢生次端委廩生孫光烈忠汝翼俱庠生克塤汝爲汝治汝弼俱入成均汝諧業儒以詩書世其家

吳業烜字鑑圃歲貢生性穎異過目不忘既入學旋失怙孝事母氏陳友愛同祖昆弟年六十七餘因人衆析居任擇田產不計肥磽多寡鄉里有爭者片言解之司考棚賓興公費咸秩秩然理兵燹後號舍棹櫈盡毀修整如前堂備數次未售年七十二無疾終餘詳前傳

吳世楷號晉亭解元莊田子也承庭訓年十六入學旋食餼候選訓導道光甲午登賢書詩文宗名家從遊者多所成就生平謹言愼行品學端方人皆矜式著有聚華堂文稿澂芳齋詩賦待梓年五十卒子道澈庠生道炯業儒道燮縣丞星煒道烜均國學

張鳴鑾號和齋優庠生鳳文第三子聰穎磊落善屬文工書法屢薦未售晚督家政五世同居咸稱孝友族中祠宇賴以重新生平以寬厚接物橫逆之來無不立解延師課子弟引掖後學多所玉成子雲錦以廩生擢訓導孫曾林立殁年七十一

張鳴珂字炳元優增生天資穎異名重儒林入泮後歲科試輒優等治家雍睦邑令朱公梓親式其廬贈五世同堂額里黨有疑質者悉仗義剖決纂有鋼鑑十餘卷併官箴警語詩抄待梓子二長庠生曾孫亦先後入泮殁年八十六

江澤兌字悅齋廩生優庠生夢彩孫增生鑒季子父早殁苦攻詩書事親孝既入學以筆耕養昆季分爨後體親心時與諸兄相依無間性靜遇鄉里不平事閑門謝曰吾素迂濶不願有司聞名耳家寒疏食布衣

不厭性嗜酒興酣縱談經史聽者忘倦友教多成就
歲將貢旋卒子南紹庠生孫月華恩貢生曾孫則敬
郡庠生
江南紹字屏山庠生優廪生澤兌子敦孝友飭廉隅承
祖父訓家雖寒好施與誨子弟無倦子月華早歲失
恃勞瘁兼施弱冠食餼年六秩課孫則敬文章經史
口授居多壽七十三無疾終
吳盛桂號秋巖太學生舉人易巒次子也幼失怙恃事
繼母周以孝聞邑令李公椽給孝友端方額姿尤敏

十歲能文從邑諸名宿遊爲文變化不拘一體九入
棘闈三薦爲未售閉門課子怡然也性耿介非公事不
詣官廨修城施粥及有裨文風諸舉罔不倡首故官
斯邑者皆器重之道光壬午與纂邑志嘗闢南亭課
生徒多方獎誘兼精靈素學暇則與諸達尊登臨唱
酬著有雪衍文一卷南亭文稿詩草各四卷待梓子
四長吉昌五品銜訓導次道昌庠生出繼肇昌曾昌
從九銜孫芳澤明經餘孫曾輩俱業儒
王正暘字璧峰庠生優庠生應達次子性嗜學工書法

乾隆己亥恩科堂備未售遂棄舉子業摘抄易經精
義待梓友教四方成名者衆嘗曰去得一架懶骨頭
便是富貴氣象歿年八十二子四長大賓宿儒三大
治庠生孫十餘曾孫念祖附生加六品職銜
張廷象太學生幼失怙恃遵大父訓勉自成立屢躓秋
闈燕居　吟誦不輟治家以朱柏廬先生格言爲宗
性省約　倩屏書廣訓尚節儉一條懸壁自勵博覽
典故與知交縱談今古洋灑動聽歿年六十四孫新
甲曾孫開曙皆太學生

程占梅字但巖增生性沉潛家貧苦讀試輒優等屢膺
房薦授徒安麻兩邑每課改正畢必擬一藝口授以
示法程及門成達者多生平矩步規行不失尺寸著有
青雲集文稿待梓歿年八十一子立心庠生
孟春柳道光辛巳副車工楷書文詞詩賦尤恬適丰韻
肄業太學試輒超等燕居兀坐屏除妄念得先哲半
日讀書半日靜坐之法嘗題聯語云讀大學之道七
節書將上下古今一肩挑起守非禮勿視四條戒把紛
華靡麗兩手推開可想其志焉訓徒重學養絕浮躁

家雖貧好施與常出束修以給貧乏楚豫省多沐其
教者歿年七十餘
孟對時字育村歲貢生沉潛力學持已以敬獨處必整
衣冠接物不苟言動正直無私遇事明斷歷任襄陽
府及隨州司訓士林仰之卒年六十餘子四次謙鉦
端謹有父風
張鳳翼庠生家貧力學成疾羣經爛熟註義皆能背誦
萃薈先儒語錄手抄四書講義成函教館無遠近爭
延之性至孝嘗負俸米奉母携母所礪麥屑至館中

自食母病藥非親嘗不進歿年六十餘
雷嘉錫字璧山舉人家守寒素品端學邃口不言利足
不入公庭主講萃英書院邑中與遠方學者多從遊門
下科第蹥起以兵燹頻經著作一無存者歿年七十
餘
盧璠庠生品端學粹主講靖州書院樂育英才邑中名
士半出門下著有讀書得間一編待梓
耿秉鏞庠生恭簡後裔性剛直不苟言笑凡纂邑志修
城垣諸公事悉襄贊之暇則閉戶讀書賦詩自適子

文濬監生
程鵬翼字南溟庠生謹飭溫和談論間不藏否人物授
徒善誘子弟多以長厚樂親之屢試優等兩薦棘闈
歿年七十七
盧茂宗歲貢生奮志攻讀為文宗先正沉靜寡言淡於
榮利不干外務友教及門子弟成名者皆佩服無忘
豪於酒每引壺觴自酌懽如也卒年六十餘
李集奎字瑞珍例贈文林郎增生長益家子好讀書理
亂不聞潛心課讀胞弟庠生煥奎侄庠生熾南訓導

溶咸賴成就子二長中坦佾生督勇獎八品銜次中
健隱田廬孫和燮同治甲子舉人
陳殿勳字輔亭庠生甘隱逸性孝品端通經史著有七
經精義類編麟經姓氏錄纂輯禹貢水經註解及鄉
黨圖考諸書待梓廣授生徒尤能勸善子陟鼇陟階
孫敦本俱英年入學
汪德綸字心瑾歲貢生少失怙母王太恭人撫之成立
讀書一目數行文守理法乾隆乙巳大荒鬻產周饑
人飽其德兄弟三季弟早逝撫侄如子數年館穀盡

高塋鉄峯招仲弟同居並令孀妹侍太恭人左右以娛親心王講萃英書院前帳設中州及安麻兩邑門下游泮食餼貢成均捷步鄉試者居多性情光明磊落儒宗師範殆兩得焉以子潤貴累封中憲大夫

耿瀾字星濆性聰敏髫年入泮承父秉書訓歷從名師游博洽能文歲科試必列優等由拔貢舉道光己亥孝廉友愛諸弟家務悉委領不計惟專教讀推誠引誘追隨左右者多知名士持己洒脫與人交笑談風趣心絕城府始終無割席者司訓荆州府學寬和渾

厚士林仰之卒年七十一

盧鴻逵字秋渚嘉慶己卯登賢書道光丙戌捷南宮分發粤西知縣委理新甯州事未涖任歿生平敦品積學教授家塾及門遊泮食餼及先後擢巍科入庶常者皆知名士著有啟新堂文集待梓子二長蔭芝庠生次翼之未遇早逝士林惜之

熊錫亨字會嘉歲貢生篤孝友年垂暮常依依膝下無間兄弟四伯叔季俱先逝課徒宜講孝弟處輒流涕輟講家務悉委侄輩經營人衆分爨田産屋宇拈鬮後聽侄輩自便絕不計較刊有檢心錄行世併著濉泰截抄講義以授及門持身檢焉若不及退然如不勝解推周急樽節惜福舉可爲法年八十五終子三長江庠生次漢歲貢生三沔庠生孫克榛庠生克楷廩生

張翼庠生優品學好古蹟每逢山水必賦詩誌之有遊乳山詩峭壁高千尺上有玲瓏石下拜呼爲兄但看苔蘚碧時聞滴滴聲石上流玉液之句卒年七十餘

黃夢椿字可棟歲貢生承父河清訓勵品好學從遊者

成就甚夥著有四書講義待梓孫薰歲貢生教授生徒攀丹桂宴朱櫻者咸感戴焉曾孫輩業儒以詩書世其家

張洪軒字殷碧廪貢生署嘉魚縣訓導盤承苜蓿儉以助廉歸里時邑令贈一字拔人帳子西銘庠生品學亦粹自軒以上迄孫希顔輩綿緗四代克繼書香

石音諧號龍山副榜性英敏讀書晝夜研究族里牙角盡力排解咸豐癸丑土匪起諸集紳耆禦各戶不肯子匪風自熄生平敦品詰著有詩文集待梓造就後

學多成名者子璐歲貢生
孟奎慶號吉如優庠生知府銜圃次子屢列優等積學勵行不干外務該洽醫卜星學尤精六壬教授生徒多所成就生平無宦氣亦無寒酸氣著有醉芸軒全集卒年六十一子二長祜謙庠生
孟大趾字鼎山歲貢生候選訓導性情和藹宦遊貴州福建河南等省咸欽其範卒年八十一子三長人杰庠生
秦大樟字清潭增貢生五世同堂訓子侄以禮著有厚

貽堂文集待梓卒年八十六子三長光鼎監生幼光綬選巡政次光展賜進士
陳攀龍號雲軒優庠生明靜端嚴嘗搆廈屋十餘間課族子弟暨外就傳者不受束修文宗清正及門多顯達者著有四書補義五經辨疑待梓年七十餘卒子二長家棟恩貢生性情學問教讀著作均有父風次世輔監生孫瑞南鳳芝俱庠生國華茂華德良德耀德輝俱列成均
詹朝貴字仕伯庠生幼聰慧耽經學屢薦不售性孝友

父歿兄弟以年荒析箸貴獨設法濟饑暑不袒冬常著禮衣嘉慶丁巳教匪竄境約鄰里立寨堵禦得保無虞里黨牙角片言解釋人呼澴川先生著有四書輯講五經纂要藏家子聞瑞院取佾生孫元燮廩生曾孫一桂增生
王大椿號壽圃庠生性耿直事父母孝讀書晝夜吟詠不輟爲文宗先正道光乙酉科堂備未售友教四方成就人才甚衆鄉里紛難一言解之無不輸服今傳爲公正先生歿年六十餘

鄒聯奎號星垣性温和文風雅工書法童試冠軍入泮旋食餼乙酉選拔家居以詩酒文字怡情酒後縱談經史清言如玉屑霏管理仙湖書院重建鼇峰亭邑乘城垣考棚皆襄其事子嶧江西巡檢
盧繪雲號素脩道光丁酉舉人揀選知縣性渾厚事母孝待兄友愛家貧嗜學博洽淹貫文思變態一歸典雅詩賦俱工屢主萃英書院講席及門中多游泮水歌鹿鳴捷南宮者著有左駢行世廻文賦入志輪香齋文稿手抄廿二史成函策駢錦選詩賦雜文待梓

年七十餘卒子業儒

孟汝岷號韞岡道光乙酉科舉人未遇時家貧甚同弟撝謙庠生攻苦倍至嘗晝粥充飢焚香照讀爲人慷慨品學兼優一時登巍科者多出門下子二俱業儒

彭國梳號樸齋歲貢生幼初授讀質近曾庭訓最嚴後就外傳益發憤造詣日進庠序有聲講學宗程朱爲文倣蘇柳及門多名下士館豫數載學愈宏博年逾六旬季子小眉迎歸就養孫曹林立課讀自娛居恒不聞外事不談家務嚴靜剛直無艮者咸憚之壽八

十八振襟危坐而逝以孫宗達職貤封奉直大夫戶部四川司主事著有十柏園文集待刊

誥封奉直大夫彭煥與號小眉歲貢生樸齋季子幼穎異甫二齡授書過目成誦有神童之譽八歲通十三經童試輙拔前茅年十四遊泮旋食餼每試優等常冠軍名譽噪聞屢膺房薦不遇北遊皖豫南走星沙江山勝概發爲文章漢黃兩郡名士從遊多掇巍科登顯仕者丁酉秋闈始領解授國子監學正職銜性恬澹不樂仕進廼立家塾課子姪子三長宗逵孝廉萃英院長次宗選拔貢三宗達茂才姪二長宗達戶部主事烈忠義傳次宗進供事皆造就成器生平著作甚多未及鐫刻兵燹盡失無少存者

劉天霞號赤城恩貢生性孝友勵品積學文筆高古鄉里以序傳來乞者戶限幾穿善誘後進及門佩服尤深生平存心仁厚持已謙恭待人寬恕皆足模楷士林年七十餘卒其遺風教澤猶膾炙人口云

王運昌號靜齋優庠生幼岸異不與羣兒戲及授讀尤

聰穎絕俗早歲游泮屢薦未售設教專嚴從遊日多課子姪文藝卽除夕亦不輟性至孝年七旬父壽九十餘歿猶泣血篤孺子慕友愛兄弟同居孫侄輩八十餘人肅家規內外言不出入於閫生平心事坦白幹事優長衆有議論不定一言決之無不欽服卒年八十餘子二長文煋次文爛胞侄文灼俱優庠生

陳文彬字質均廩生資穎敏博覽經史文情超邁不襲時套生平和睦鄉族不立崖岸尤敦氣誼與邑諸庠彥往來講學形忘主賓互相砥礪一時名宿咸器重

焉賦年不永士論惜之子建侯遊泮孫君灝職員曾
孫安國從九定國監生
羅樹滋字懋旃增生學深品端見重鄉黨教生徒倫常
爲重文藝次之成其材者皆恂恂有孝弟風著有四
書講要萃華詩集待梓管理考棚賓興仙湖書院前
楊邑尊常以宿儒目之卒年八十一子錫麟優增生
何溥字天如歲貢生孝友剛方士林推重博精經學訓
誨子侄督課最嚴教授生徒多所成就著有學庸講
義待刊

歐陽榮科號晴嵐庠生性甘儒素敦品勵行建家塾訓
生徒教子弟一體陶成尤喜濟困四方進士多樂造
其門供給贈送不吝嘗謂讀書有經學道學經濟學
道學經濟非下士所知惟經學則盡人可勉在教者
因材耳子炳綬庠生孫應元庠生
梅調化號贊園廪生舊志梅亨季子性孝事親無間言
嘗歲試已冠軍聞母病星夜馳歸不以功名廢省視
兄弟四友于偕篤生平好學不倦試輒超等脫藁後
紙貴一時著有友愛堂文集待梓邑名士多所成就

卒年五十五子玉堂監生
鄧泮字芹溪庠生咸甯訓導文煜次子幼失恃事繼母
如所生品行端方學問淵博教授四十餘年著有綱
鑑摘要四書萃精講義桂月軒文稿待梓卒年七十
八子維楚監生孫有臺增生鵬翥監生曾孫開第增
生
李英邑庠生聰穎好學試多高列居家敦孝友一室怡
怡性靜逸語言舉動無不從容有度不爽尺寸每讀
書作文恬吟密詠惟求心得於夸囂張之氣一無所

形交結朋輩誠實不欺終始如一外務毫不干與卒
年四十餘時論惜之子中煒照丞衔中煉監生
張鳳騰字丹山敦品積學年十九童試冠軍入泮旋食
餼乾隆甲午舉於鄉授黄陂教諭課諸生以誠意正
心爲主師範咸欽致仕歸主講萃英書院門下造就
致顯達者甚夥名重一時壽八十九無疾終子八俊
孫兆甲郡優生
周步墀號鼇峰優廪生歲貢生士炳子也品行端正學
問淹博課生徒先德行後文藝敦崇古道一時學者

宗之學使鮑覺生合試九學拔置第一獎其文云上
下數千年縱横一萬里知人論世卓識鴻裁至今嘖
嘖人口著有經義味腴漱古文集待梓年七十五卒
子孫猶繼芸香
王國任字近川少穎異博綜經史磊落不羣以歲貢薦
授鄧城二尹有惠政擢涫縣令掛冠去弟國佐字北
川從耿恭簡游名列十八子之次究心理學絶意進
取以諸生終子三錫由庠監考授南城兵馬使司其
從子三極萬歷巳卯舉人爲開科始選青州學正晋

知封邱縣應丙午順天鄉試同考官補遺
張兆甲號禹門郡優生性孝友事節母耿得歡心家貧
好讀書學優品粹足爲後進式著有十三經解小蓬
壺文詩集待梓子五均以孝聞次熙麟附貢保加王
簿三棵才巡檢加五品銜季瑞麟巡檢孫之鴻庠生
之鶴優生保鹽提舉之駿監生
王華稷號穡軒父濂廪生早逝母氏劉教養成立與堂
兄庠生華科互相窮究經傳性直有古風教誨因人多
藉成就歲飢某將鬻婦逵適多方全之晩以明經候

補司訓年八十四終子風悔恩貢孫緩祿監生
韓致中原名大楡舉人幼聰慧年及冠登賢書性和厚
與世交接善氣迎人教生徒因材樂育後授荆州府
訓導帳授蒲漢諸生成名者多致仕歸里家無仕宦
氣年七十餘終子二廷彦貢生昌運增生
吳振鈞號警亭庠生家貧苦志勵學以筆代耕教人娓
娓不倦弟振鏞子元烋均賴訓誨入泮其餘門下採
芹者不勝數人爭延致西席奉爲師資年七十餘卒
陳三恪廪生篤孝友敦品行學問賅博文宗大家不蹈

時趨屢膺房薦丙子科已擬中因外有浮言易榜立
家塾課子姪遠近從遊者成名甚夥至今猶爲後學
津梁子三俱業儒
吳敬先號慎堂優生賦性渾厚守正不阿咸豐初粤匪
竄入有無賴子欲爲乱鋤去之一鄉賴以安全教授
陂安生徒入膠庠登賢書捷南宫者多出門下年七十
餘卒子五起鴻廪生從周庠生
鍾樞號竹圃增生事親孝勵品積學足爲後進楷模授
生徒數十年盡心引誘因質裁成受教者不徒多所

顯達且皆淑善其身著有附參諸儒輯要壽八十五
終子慎鈸孫長源太學生
鍾僖號忿齋歲貢生品正行端士林共仰學問淵博受
業者多所成就著有詠竹斋詩稿待梓壽八十六終
阮夢阜號春墅歲貢生博涉經史善屬文屢爲宗工所
賞與胞兄廩生方暹舉人夢㚇均以院試冠軍長子
恩詒庠生次子恩元舉人以挑等歷任浙江西安等
縣人以爲得義方訓樂育生徒皆成令器生平不置
家產惟藉硯田自給品詣端正德重鄉鄰晚年嗜學

益篤著有敬業堂詩文集未梓年六十八卒
袁文玉邑增生篤學勵行端方持重平居無疾言遽色
二親年皆九十餘色養倍至與邑名宿交久敬不衰
興祖事明祀典尤好捨施濟困居近大河歲造木橋
以便行人子學曾紹魁孫志益鴻皆庠生曾孫惟程
監生惟穗惟秋惟穆俱游泮惟穀舉人後裔林立世
繼書香
蔡浩字盛川庠生性正直學淵雅秋闈屢薦未售工書
法兢吟咏騷壇最爲擅勝生平不干外務並不謀生

產盡心教育及門游泮舉鄉者忝敬禮之著有月香
文集待梓年四十七卒胞姪榮藻均列邑庠書法亦
工人皆欽其淵源有自焉諸孫業儒

黄安縣志卷之

知黄安縣事陳瑞瀾陶大夏主輯

人物志

新纂儒林

程析字洛聞聰明特達工詩文年二十餘縣府院冠軍入泮旋食餼考授優貢事親孝親卒刻木主以奉之應試必負戴焉各憲聞名器重之後舉孝廉方正

廪生高謙字陽成太仙里人幼穎異家貧嗜學入泮後屢試優等暮年隱居教授遠近爭師之光邑胡滄曉

幼隨母路過公見而異之勸之讀母辭以貧公慨然引爲已任後胡官至尚書迎養先生已辭世矣事詳光邑志胡傳

增生何三汲原名金龍號駒伊英年入泮屢試優等爲人厚重端方博覽羣書深明奥義尤善誘入學者咸樂師之生徒多采芹登科而獨阨於遇士林深爲扼腕康熙間重修鼓樓學宫贊襄之力居多年七十卒纂有訓蒙草治家格言待梓子二孫三曾孫十文炳文煥俱邑庠文輝職員

張玉寶字定三志氣軒昂秉異質讀書目數行下年十五縣試冠軍旋食餼常以盡倫立品爲要著有檢心聞見集詩賦新奇待梓

金錫桂字鈞一幼穎悟廣記覯有神童之目從父讀年十二補弟子員旋食餼苦心研究博覽旁搜手録廿二史成函輯有滙衆講義年四十餘終士林惜之

張文化生有夙慧方週歲父兄試以字便記不忘及束髮就讀有百日一經之異年十四府縣試皆冠軍學憲以童子輕之面試十三經背誦不遺批其詩文云

有奇氣遂以冠軍入泮旋食餼屢列優等秋闈堂備後淡仕進與生徒講學於桂輪軒著有兩銘集註四書講義百花譜曲桂林賦鈔小題奪標等集

張楚賢庠生寡言笑甘淡泊好古成癖講學於華巖菴閉戸十餘載静則振襟危坐嘗曰聖賢之道惟在主敬凡動静語默無一或苟邑令九河劉公聞其名屢造謁之榜其門曰横渠繼起

盧兆冲字宗萬有古君子風教授生徒聲馳遠省以歲貢授黄陂訓導除陋習整學規凡訟涉倫常示以大

義年八十致仕猶精講貫從遊者日益衆云以上盡補遺

徐宗一號桂坪家世業儒坪尤好學爲文宗國初諸老而書味盎然其師吳曾山王穡軒皆邑名宿甚器重之咸豐戊午登賢書第一庚申挑南宮籤分刑部主事以親老乞養歸主講萃英書院精四書九經講解子史文集類函手錄唐宋全詩俱遭兵燹僅餘帶經堂文稿待梓子寶田庠生

吳道昌號藹人秋巖次子出嗣胞伯資明敏性溫和於書無不讀工書法未及冠以詩古入泮爲文胎息古

名家不俯從時尚九膺房薦未售士林深惜之課讀醉月軒生徒子姪孫輩多成就己巳歲隨兄言昌協修邑乘多出其手筆並著有四書講義草草詩集團練紀事詩待梓卒年六十七子四長積學次三職員四業儒

儒士熊天植號藝林性古樸讀書以古人自期終日危坐人問之曰吾以養性耳訓子弟以孝恭聽之皆悚然居側有古樹巳頹植作文祝之樹旋起所至人皆敬仰婦孺亦尊之曰老先生耄尤好學卒時猶手不釋卷云

鍾芳號東樓學以宋儒爲宗其爲文善談名理生平言笑不苟授生徒訓以讀書養氣工夫鄉里贈品學兼優額著有名文精選四書講義摘要待梓

附貢黃華灼字子芳庠生立忠長子也性耿介制藝摹仿名家屢薦棘闈未售閉戶讀書精探奥義兼通地理著有四書辨疑山水性情辨待梓卒年六十九子梅化早逝孫光祖廪生候選訓導

黃華燦字子佳性謹篤學該贍少負文名屢躓名場遂

絕意仕進與兄華灼同究經義著有左傳便讀待梓卒年五十有七長子大矩能文早逝次梅雨庠生胸襟磊落尤善排解邑中公事多贊成之

李焱庚號青梯庚午經魁性渾厚敦孝友幼負神童譽長擅文名試輒優等教人以性天爲重嘗云學問事非從根本做起雖文章高世必爲識者所鄙善誘人或義理深晦罕譬而曲喻之尤提拔寒畯遇有雋才不惜多方獎譽友教四十餘年生徒數百人登賢書入詞林者甚夥生平不立崖岸而人不敢干以私卒

年六十二子承澍幼讀
夏鳳鳴號梧岡增生博學能文後因目疾絕意仕進著有朝陽山舘文集待梓善教人多所成就及門顯達者甚夥卒年七十三
盧學溥號淵泉邑增生少孤事母孝咸豐年賊屢擾負母以逃好讀書家無立錐不令子弟習他業課徒以明理盡倫爲要歲得俸金輒分諸兄弟他如還遺金瘗殘骨收瞽女援溺人其盛德不可枚舉子四長三能文早逝次方舉人揀選知縣四正庠生孫緘三邑

庠錫麒郡庠餘業儒
副貢石九華號仙壺性沉靜重然諾意量廓如讀書務窮理不了澈不輟作文鎔鑄經史有名家風居家孝友遇公事每身任之不惜費尤提拔寒畯歲時周濟無德色咸豐初團練禦賊經費不足輒私捐以助辛酉授枝江教諭端士習培學宮頗多善舉卒於官子秉榕入成均
明經江鎮東舉人昌煥子也性孝友談笑輒釋爭端暗室拒黃管昏夜却遺金自奉樸素歲歉多施濟邑中考棚賓興城工砦堡諸善舉多資贊助咸豐年練勇禦賊頗捐貲財十列優等四次堂備友教生徒成就者衆著有爾雅撮要葩經要論考城堂文集待梓子如繩如練克敬忠敬俱庠生練復保鹽提舉銜居敬佾生如紱如縉監生計先代迄今仕宦科第青衿二十六世
吳起鴻號儀臣癸酉舉人性孝友族里無間言生平足不履城市待人無疾言厲色遇橫逆輒和平釋之教授生徒必以實行相勖及門登賢書捷南宮者衆輯

有鋼鑑摘語待梓年六十一子四長鍾藻廪生
秦必顯號錦堂幼敏悟甘貧苦攻詩古文詞磊落瀟洒不爲境累年十六入泮咸豐戊午登賢書纂抄滙秦韻府漢書盡被兵燹子三業儒
孟人杰號蒸生癸酉舉人少讀書有遠志其爲學務究本源嘗寓鄂垣日與名宿互參愈窺奥義制藝戛戛獨造有大家風丁丑禮闈不售歸家半載以病終
張雲錦字屏山英年食餼立教以正學爲宗善誘人多成就兼通武畧咸豐年大守許諭隨營勦賊出謀建

功保五品頂戴以訓導用署歸州學正在學署日與諸生講求性理備極精詳至今士林猶樂道之

李溶號月卿英年入泮咸豐年隨太守許勦賊屢立功因保舉訓導邑中大公事輒任其勞子二長翰藻貢生著有覆瓿吟藁砭愚語畧等集蓋卒其父業云次和盛從九孫友蘭庠生

秦夏聲號振之庠生楚材子也少穎異大父庠生德棠預以大器期之咸豐年材督勇殉難聲纔十歲痛父輒飲泣廢食家貧力學及長蜚聲黌序登賢書後主

講四川江油書院造就者多甲戌禮闈挑取謄録著有時藝未梓

庠生秦光斗字鑑堂性孝友學淵博授生徒多所成就晚年尤淡名利寢饋經史以娛天年纂有四書講義待梓卒年六十一

黄鵠號滚池己未孝廉也家貧積學不瑣瑣謀生計言動見天真歷主萃英仙湖兩書院日與諸生講學專以培養性天爲要生平於時俗少所許可嘗閉戸默坐無日不飲無飲不醉醉輒漫吟遣興而稿不留著有效谷堂文稿石銘書屋擇鈔兵燹後賸無幾矣子瑞麟早逝胞侄昺圭縣首入泮孫大鏞業儒

廪生伍東書號鄴城性沉靜力學能文甫弱冠補弟子員旋食餼閉戸讀書輯有綱鑑摘要待梓雖科名阻滯而德行文藝士林服之至推己待人尤想見其不夷不惠云子四次炳奎武庠餘業儒

庠生吳穀詒字翼亭弱冠遊泮屢列優等輒躓棘闈生平以敦品勵行爲務言笑不苟與之處如坐春風教人以養性爲先嘗謂士惟德性定然後見理明見理

明文藝不患不達道光初館城十餘年絲管紛紛未一窺聽每訓及門曰學問之功莫難於靜習靜必先强制紛華靡麗無不動情强制於初久久漸即自然旣館妹丈阮義臣家課甥鴻積暨子景福自幼讀以至業成後俱舉孝廉

廪貢詹元燮字春亭性沉靜學淵博屢列優等七薦棘闈未售嘗究心宋儒語録諸書至老益篤好啓迪後進日與諸生講學孳孳不倦從遊者多成就曾刊醒心語傳世著有四書講義閒衮秘書易粹經傳纂要

言情詩集待梓卒年七十六
附監張鎮宇錦城號蓉江性孝友品端學博工詩古文詞讀書務講明大義南北鄉試十次屢薦未售友教以彝倫爲首生徒遊泮登賢書捷南宮者甚多家寒素歲獲館金輒以其餘製寒衣買棺具給戚里之凍殍者生平不雌黃人短人靡不敬憚之卒年六十八子緄直同治癸酉舉人光緒庚辰大挑廣西知縣孫懋敏幼讀
彭宗達號雲衢少誠篤其學不沾沾於章句而務窮要

旨英年入泮食餼咸豐辛亥登賢書主講萃英書院善談名理學者以疑難相質不煩言而遂解侍親疾衣不解帶者百餘日親歿讀問喪諸篇輒三復流涕胞弟拔貢宗選庠生宗遠早逝教養諸姪迄於成人與已子無異焉卒年六十二
閔師騫號情田吳廷塏號春橋張紹衣號錦亭均庠生三人素相友善敦性天崇學問兼擅詩名其唱酬者體自不同各饒唐人風味著有三癡集經兵燹遺佚甚多僅存閔詩有出郊尋春四首詠蓮十首吳有瀟湘景茜影詞十二首張有紀事歌至今膾炙人口
江紹先庠生穎悟能文工書法髫齡入泮九列優等五薦棘闈兄弟最敦友愛積義田以勸讀書立文會以訓子弟著有爾雅儀禮註疏及學庸會精講義待梓年七十二無疾逝子永晏貢生孫連城郡庠生
增貢張熙麟號明堂性爽直敦孝友家貧苦學文章豪邁範圍於古名家兼工書法教授最嚴嘗勗以敦品勵行終日講解無倦容從游者咸愛敬之生徒發蹟者衆卒年七十二子二之鴻廩貢之駿國子生

歲貢生候選訓導熊星槎諱漢性方直謹然諾與後輩接不輕假以辭色而訓迪嘗若不及見寒士周卹之平生視惡如仇不肖者輒聞風引避前邑侯王公艾亭凌公東藩慕公德望延至私室訪以政公言雖不傳觀二公所興革皆切時務則公之陳說可知矣著有四書集講全部待梓卒年七十八以甥秦子鈞官陝西　貤封奉政大夫子克楷　恩貢生
李嘉會號雲逵庠生性剛直學問淵深應童試屢冠軍遊泮後六膺房薦未售課讀家塾先德行而後文藝

成就者衆讀書多悟解五經中旁徵曲引講義甚詳與後輩談言皆切中聽者聳然尤善理家政兄弟五合爨六十餘口孝友垂訓怡怡如也卒年七十有五子三長愷庠生姪夢柳庠生玉副舉人

秦光宇字慶墀庠生性忠厚質最魯積學攻苦卒成通儒居鄉十餘年與人無競生平事無不可對人言著有廿二史摘抄待梓卒年七十二子四再岳庠生玉堂六品銜候選典史

彭樂壽號芭香幼聰穎過目成誦年十三失怙恃哀毀

骨立賴伯父庠生來亭教育之弱冠游泮旋食餼爲文辭鑄經史以宏博淵雅稱授徒不計束修且於寒士資以膏火生徒成就者多居鄉教人以善有牙角爭輒片言釋之以明經終年七十八著有芭香文集吟風詩鈔待梓長子福昌庠生

觀察劉秉琳號崑圃生而頴異舉止端莊初授經過目成誦弱冠補諸生家窶甚力學不懈是時封翁卧病久太夫人年邁以館金供菽水侍奉無少踈性嚴毅人不敢干以私博覽羣書其爲文精實醇厚動見性天凡遇先儒語録名臣奏議必手鈔之期見諸實用講學宗良知之説悉從身心體會過來一時從游門下發蹟者衆咸以敦品勵行相高公成進士由知縣累官至津河道所在有政聲勣績炳然尤喜奬勵後進必躬以實學及歸老藹然儒素鄉里猶以先生稱之卒年七十四著有藜照堂古今體詩律賦朔風吟略行世餘詳藝文志劉傳

邑庠生鄧紹箕號艮溪天姿超邁讀書目數行下爲文高華典麗其敏捷若宿搆然伯氏訓導瓊峯公奇之

謂家學有似續焉弱冠遊庠五薦棘闈不售遂潛心性理之學專以宋儒爲宗尤善誘生徒及門遊泮登賢書捷南宫者甚夥子姪輩均賴栽培多成名下子廷傑貢生孫麟書廪生

邑庠生樊金榜性淳篤以孝稱通經史好施與立纓子濟川生員榜卒年五十弟纓生員復以孝繼母病篤纓日廢餐夜不解帶親侍湯藥如是者三年喜宣講損資成美事載家乘長子乙山青年入泮次曉山國學三起鳳翰林待詔孫澤膏澤普俱業儒

忠義

千古忠臣義士天性然也蹈白刃而不辭履危險而不避豈必盡關學問哉顧人秉天地之正氣以生陶淑乎詩書自益以勵其艱貞之志所以生則爲威鳳祥麟死則如日星河嶽也若夫草莽愚賤值疆埸有事慕義急公不暇爲萬死一生之計實足以維綱常而風薄俗爲表彰之庶不致草木同腐已志忠義

孟以忠宋進士官統制與知東陽軍宗政兄弟行忠襄公珙從父也宋嘉熙二年孟珙帥師救黄事載天台

石刻忠以從軍防保白沙關境内賴以安全至今鄉里醵會猶祝孟防保以報賽之舊隸籍麻城太仙鄉明嘉靖建邑遂隸黄安族姓繁衍長子奕官四川重慶知府因亂歸築清泉寨以禦賊次子璉宋大同路推官亦因亂歸隱岱峯山之南三子班宋潭洲制置司參議住岱峯之東河西地璉之子蘭玉爲元泉州州判班之子艮玉元宛平縣尹歸里後俱隨清泉寨堵禦爲一方保障焉

阮貴卿賦性英烈喜談孫吳明太祖起兵時從行間屢獲戰功鄱陽之役慷慨衝陣曰丈夫居世百年死非簀死疆場終一死耳奮臂疾呼揮刃血戰砲碎其首及陳友諒中流矢明師大捷太祖憫其忠詔鑄銅頭勑贈諭葬立碑題曰銅頭將軍阮貴卿之墓

張士琦字天奇邑庠生諳韜畧善騎射明末宋撫軍召商禦寇策每出計奏功值獻賊犯鄂士民驚恐官軍畏怯無敢發一矢者琦獨奮勇登陴奈賊勢益横兵不用命城陷琦猶持弓矢巷戰殺數賊突圍出不知所終江夏載入流寓悞爲永琦非矣

吳士旨灄源里人素篤友愛事孀嫂撫諸孤姪尤敦儉樸重信義鄉里有爭訟者訓以和睦力爲排解足不履公庭歲凶出粟賑饑年七十舉鄉飲遭明末寇亂集勇堵禦率其妻秦氏罵賊死

吳光寅字念陬高才磊落士也爲董思白葛屺瞻所賞識後屢躓棘闈時行保舉法何絅卿力薦之授范縣令多善政會友銜之踰年被劾罷方候代而烽烟壓境竟以督戰罵賊死何絅卿之子昌祚爲文以哭之

盧希儲字又儲號蓮峯性孝友好讀書崇禎癸酉舉於

鄉時盜賊蜂起公奉其父邑庠生昌逃難山砦流寇
掠而執之曰出金即活汝公罵曰恨不殺汝以報朝
廷豈反向賊求活耶遂遇害父見子死罵賊如故亦
死兄希聖弟希全皆相繼罵賊死痛哉公之先世有
伯溫伯吉者兄弟同居凡歷四世幾至百人至尚友
尚省尚修食用漸繁始稍稍析爨至於公猶有先世
遺風豈非節義由孝友來歟

盧爾惇字以崇號劬天堯臣子早負才名崇禎末由賢
良方正授巴州牧時獻賊入川蹂躪公嚴守備與民

効死守公見賊中有渠魁偉狀護衛整肅知非凡賊
引火器中之墮馬復甦果賊帥張獻忠也俘獲千餘
賊竄退報捷成都楊閣部嗣昌以便宜擢成都監軍
副使始得兵百戰抗賊殺馘無算無何兵盡矢窮糧
絕城陷尚短兵巷戰身中百創自呼賢良方正盧爾
惇死子二繩慈松陽宰純慈邑庠生公崇祀鄉賢

王國宝字萬咸由巳卯副榜入試北雍列第一授四川
彭縣令兼攝石泉縣事值寇賊蜂起薄城下公率鄉
勇躬冒矢石登陴固守極力捍禦久之器械盡賊益
蝟集城陷身死聞者傷之

熊夢祥泰仙里人慷慨磊落好讀書不遺孫吳家言毋
早逝事父渭明以孝聞無何賊陷會城北渡掠安祥
倡義堵禦賊銜之蜂擁至三角山按姓索之甚急祥
與妻張氏訣曰吾當爲國死汝盍行乎氏以死自誓
俱爲賊執賊以祥勇略欲全而収之祥罵不絕口身
被百創死張氏慟夫罵賊冀激其怒賊佯不聽縛氏
足而馳道經秦氏古堰氏奮不顧身躍入水中馬逸
不得墮賊乃拔刀斷其雙足推溺之堰水盡赤迄今

過其地猶想見其夫若婦先後視死如歸生氣猶凜
凜焉

程之渡字葦如司理繼善季子也爲邑諸生少激昂多
俠節父官安慶惟與兩幼弟讀書家中不異寒素適
楚帥子左夢庚叛沿江而下將抵皖渡聞之亟往省
父而父已掛冠月餘矣行李匱乏不能作歸計遂留
皖未數日夢庚兵訌江上執渡渡曰汝父爲朝廷鎮
帥不能出力報効乃自相殘殺乎罵不絕口遂被害

秦自輝字景行祖父實以貧設教移家就館卒於麻祖

毋王氏不爲豪宦奪志委曲攜孤囊骨還安葬孤啟意生五子皆砥行力學曰輝其季也抱才負志與從子崇禎甲戌進士如容生同庚長同學壬午鄉試七月朔賊潛入境襲安城輝聞其家爲賊火亟奔歸與諸舊家約誓相與保聚築室三角山寨癸未賊破會城其將賀姓者長驅近寨時耿季逼爲寨長詢於衆不能決輝獨厲聲倡衆分地以守斬木壘石以禦戒其家不得一人出以亂衆心無何賊入倘持木竿鬬爲賊執欲屈之輝罵不絕口遂遇害子琪芳甫八歲

妻胡氏苦守之教育有成庚午舉於鄉

王雅昌字竿南號立之明末邑庠生振筆成文九赴棘闈不售時賊氛四起各立山寨以自固咸推昌爲寨長力捍強寇會圍久糧絕困不能守昌啟寨突圍率衆當先與賊血戰殉難不屈死

吳國宇字祁陽性機警年十二補弟子員楚學使者胡公廬山董公思白葛公屺瞻皆拔識之尤篤友于之誼昆弟相繼早沒事孀嫂如母撫孤姪如子提攜教誨玉之以底於成族里貧者周之弱者扶之婚嫁卹讀之不能舉者資給之睚眦鼠雀之不能平者排解之終宇之世無登長吏之庭者嘗曰士人讀書窮理無濟當世務終學究耳會當搶攘之際乃團練鄉勇講忠孝大義隱然保障一方寇賊無敢侵犯邑大夫有疑難事恒咨謀畫人有訟咸就質成指其居爲祁陽畈後及其子士愷孫文學之龍之璋之奐皆殉於難公崇祀鄉賢

曾得孔邑庠生少孤事伯兄如父孝友仁厚内外無間言任俠仗義輕財時流氛肆虐大江南北避亂入山

者無不望曾門托足焉孔解衣推食久而不倦有妻子被擄掠者捐資贖之俾得團聚凡饑寒莫告死亡無歸者皆周給殯殮之以故家雖素封坐是大困迨老益砥廉隅勵名節里中不率子弟聞其風多相勸勉卒之日知與不知皆歎息泣下也子夷年有聲庠序

秦文蘊邑庠生幼聰穎讀書過目不忘明季光黃間小醜竊發蘊率健兒隨軍門討賊有功獲上賞歲大祲出粟賑饑存活無算時與二三父老講明彝教以訓

戒其子暇則往來山谷間逍遙自適頗有先民遺風
焉
趙應瓚字咨卣早年食餼妻歸宜章松滋慨然以斯道
爲已任後致仕歸值荒亂糾集鄉勇於紫雲巖黑石
巖譚王巖扼險捍禦保障一方卒年八十五子熊飛
力學修行能繼父志
張百程字日闢璧山公仲子也年二十餘攖血疾父命
其遊戲騎射丙子就試遇賊郢城公獨射其赭袍自
馬賊兩矢夾脰斃之時婦女數百迫於賊不得渡公

黃安縣志　人物卷八　忠義　七

復持滿捍禦悉賴以濟辛巳大饑野蔬自給別貯白
粲以奉兩尊人母黃氏卒哀毁骨立旋受知彙旃高
公補弟子員值兵寇交訌乃糾合義勇與各寨分勦
入賊隊中斬王昭兒一人餘衆驚潰鄉民周某誤入
太保會法當誅公獨言其愚蠢卒釋之閤邑有胡姓
者誤買盜牛有司捕治將抵以法公辨釋之某廩員
陷賊中公之伯子當食餼公曰兒若補是殺一人矣
且年尚穉何亟爲其人後以歸誠得出貢公節義文
章爲士大夫引重爭相延聘所贈遺悉以購書喜吟

詠尤工隸楷著有樸園文集卒年五十七以子希夏
贈文林郎翰林院編修崇祀鄉賢
吳載瑜字石攻邑諸生爲人慷慨磊落沈勇有謀父歿
遺幼子維楨盡心撫育以養以教亦入泮復擧所自
置田畝分給之明末賊寇披猖道殣相望瑜建砦磨
盤衆推執牛耳嚴守禦備器械勦除渠首及其黨數
百人里中賴以安全迨
國朝定鼎土氛復熾前邑令任公諭爲團練俾仍守磨盤
以握要害瑜孤忠自許力圖報効羣逆不敢窺伺蹻

黃安縣志　人物卷八　忠義　八

宇得以乂安邑令上其功軍門松公題敘將官之以
年暮辭惟教子孫勤學皆克繼其緒
盧爾恒字以占號子常邑諸生性恬淡量汪洋明季闖
賊掠安恒率衆登陴堅壁守禦城賴以全以功貢於
鄉
國初遊白下受知於安慶中丞劉公思伯多其才題敘委
署本郡倅凡疑難事悉爲剖決劉公快得人擬特疏
實授以不樂仕進遂告歸築半畝園偕其弟及子姪
輩講學其中案頭常置歷一本凡日之所爲夜必記

之以當功過格嘗自歎曰人苦不知惡則善心無由而生予藉此以自省耳應鄉賓者三歿年七十有四子四縉庠生早卒紱組皆以青衿入太學以嗣子緯貴貤贈文林郎

陶鏜字聲玉邑諸生磊落魁梧多卓識居介光羅間羣小每倚險竊發鄉里推鏜主盟往往剷平之終鏜之世邑北賴保障焉康熙癸亥庚寅兩舉鄉賓邑人韓成山其壻也未遇時依鏜後成進士鏜有力焉有子生而嬰闇禍子媳彭氏以處子苦節三十年謂非盛德之所感歟

熊敔祥字醒國素有胆力勇略過人談兵事如指掌順治初隨征閩南累功授參將駐防福清時賊寇猖獗山海屢薄城下祥盡力守禦大小百餘戰其有功於福邑甚大乞假歸適有重兵過安嚇邑令缺迎送禮又城卒悞施大砲全軍憤激兇悍無狀闔邑驚恐祥往說不片言而解士民乃得安堵無恙順治十二年閩亂鎮臣請復祥原職赴勦卽慷慨任事所至披靡仙遊城池賴以修築流亡賴以安集功莫大焉年七十以壽終

江中清字公祗邑文學也而有武勳明末流氛猖獗歲且洊饑奉上團練保聚羣推清爲大峰山四十七寨長辭弗獲事無大小咸取決焉及戊子己丑土逆揭竿草澤響應清據守大峰一堡與衆力拒防禦凡八閱月阻遏其勢賊竟不敢窺東南事平邑令上其功督撫咨用固辭不出

胡伯少慷慨有大志喜任俠好騎射不事家人產天啟甲子中武闈再上秋官不第遂家居爲人排難解紛

拯倒懸之危時賊氛肆虐公奮然曰吾儕旣不能爲國家戡亂獨不思所以保障鄉鄰耶爰度形勢城木柵以守險賊聞公名遺書招之不往乙亥秋賊衆突至距闔重圍必欲得公而後已衆不忍相負約爲死戰公曰豈以吾一人故累衆人耶且拚吾一身而圍解死亦何恨語賊人曰我郎出可解此圍賊許之遂單騎赴賊營圍解卒自刎

彭應選字克符號椿齡性穎敏兄應會中萬歷庚子鄉試卒於公車益折節下帷癸卯中副車旋膺選拔授

台州别駕台偪處海濵甫至多方捍禦倭寇不敢犯
尋丁艱起補揚州瀹河築堤以備水災遷靜寧知州
値闖賊擁衆十餘萬圍城公登陴擊柝親冒矢石如
是者十閱月內糧旣匱外援不至賊射書入城云獻
刺史則圍解否則城必屠公告士民曰余死守孤城
凡以爲百姓耳與其城破而玉碎曷若吏死而城存
耶衆皆哭甘効死守公姑應之淩晨朝服北面再拜
畢獨縋城直入賊陣大呼曰我靜寧知州也速殺我
救一城之命賊壯而釋之竟解圍去公亦掛冠歸士

民扳轅卧轍不能留比旋里賙䘏族黨撫孤姪世振
如巳生至曾孫士銓皆能世其家學
耿應昌字公府蒸簡公家孫也由恩蔭歷官刑部主事
慨厰衛之弊上在刑言刑疏降上林苑監丞遷戶部
主事復以前疏降廣西布政司照磨値廣西猺叛全
省震動公挺身撫之猺悅服饋送萬金公弗受事聞
陞雲南楚雄府通判時崇禎十五年也流寇板蕩公
解組家居居未寧賊襲城屠寨士人復自相殺奪公
於是爲保境安民計團鄉爲四十八會寓兵於農而

約束之賊至有備無患公之力也
本朝定鼎公遣衆居城山賊復發蟻集困城公百計捍禦
城賴以保大兵駐勦公招撫陰活之凡數千百人賊
平奉
旨以原官候用以年老不赴隱居和光同塵縱酒謝事壽八
十無疾終此出處大端也若隱行則載家傳大約公
魁梧嚴整人畏之渾樸仁厚人愛之大節不奪人敬
之至於施德負怨則天性沉密雖妻子亦不知家傳
亦未必能盡載也

王之賞號延甫泰仙里人元勳戚也先不花之後明初
卜居沙河父三衡幼負才名累科不售以形家言於
五雲最高處捐貲培聳自是邑文風日盛公卒父祖
敎由歲薦授武昌府司訓勸課諸生振拔寒畯以母
老乞歸値流氛不靖蹂躪光黃乃傾貲餉衆登城守
禦後城潰躬被數創衆負之以出旋入保五雲山復
推公執牛耳凡里中不卒子弟輒畏彥方之知固不
獨爲一鄉之保障已也卒年六十三子以寧以疽孫
明岱嶽不愧家學焉

孟存誠字明善邑庠生諳韜畧父淮早歿賴節母余氏教育成人順治六年土賊王晉功等結黨謀叛衆至十餘萬誠與其族振凡厳江底於岱峯山寨團練鄉勇悉力堵禦賊阻不得過晝夜環攻誠隨機應變料敵如神相持六閱月賊多傷死適撫憲遲軍門桐率大兵至圍始解誠胞弟存謨性至孝事孀母先意承志母衣方衣母食方食遭喪哀毀骨立祥禫後歲時祭奠若初喪然邑令蕭公恒旌其孝並追表其母之節統顏之日節孝流芳

孟存心字振凡幼孤及長智識過人勇於從事順治初年與族存誠勸辦邑中糧務分里丈量而里甲事清徵輸兩便值土賊王晉功寇起與存誠立寨堵禦鄉鄰賴以保固其子孫多列膠庠

韓杰字誠甫賓州倅廷敬公仲子也諳韜畧明末寇亂孤忠自許築寨於小程山集勇堵禦嘗以砲碎賊首賊相戒不敢犯鄉鄰賴以全活

國朝定鼎邑令任有剛上其功應邀題敘以疾辭蕭令世賛舉爲鄉賓其啟云三畏居心一經課子禔躬謙退無懈熙載宗風處世端方不愧伯休家範固先朝之遺直而　盛世之逸民也贈以德重耆英額壽八十卒

李之璉字聲幼以文章名年十五遊泮先居省會及流賊陷城盡毀其家貲投江殉難漂溺三十餘里漁人救之復甦咸以爲異及長以德行著康熙甲寅閒吳逆猖獗小醜跳梁邑令徐委爲北方保障歲時登臺宣講

聖諭曉以大義由是奸雄輯志士民安居復值河南譚賊倡亂擾及邊境府縣飭令往撫於是不惜其身之存亡偕一二有德望者同入賊營指陳利害反覆勸諭賊竟回心向化上憲嘉之以功當賞璉力辭不受晚年惟以讀書教子爲務邑令張舉爲鄉賓卒年七十有七子文最之最皆列膠庠

熊璋字祥男廩生性渾厚多智畧與鄉人同時築室鄰先佔其基之半不與較悉讓之遷居別墅明季寇亂率鄉人築山寨以自衛　國初流氛未靖邑令任稔其能檄令總護邑東十五寨督率義勇悉力捍禦鄉

民賴以安

周文衡文健胞兄弟也衡字旦生健字乾生俱列膠庠當明祚既移流氛未靖順治丙戌六月寇賊猖獗衆推衡爲主盟峙糧於峯山寨畢力捍禦賊久不退衡乃命弟文健夜半潛出請救於官兵而救兵適敗會圍久糧絕不能守衡率衆突圍與賊血戰殉難不屈至於玉石俱焚枯骨同朽節概至今猶凜凜有生氣焉時文健以潛出獲免得延一綫之傳生子六俱庠生而應熊應麒尤爲邑令蕭公恒所器重文健既傷

其兄死於難不忍其抱痛忽諸以長子麟圭衡祀焉

吳士愷字幼和鄉賢國宇子明末爲邑諸生時流賊方熾從父團練鄉勇有捍禦功其後率老幼保於風水山寨因水涸内潰賊執愷繼母韓氏母沈以刼降愷仗義鬪罵遂並遇害子之琦之瑛皆不屈死時崇禎十年閏四月十九日也祟祀忠孝祠鄉人私謚孝勇子之璜庠生

戴華戴世英明洪武間狂賊跳梁難民逃居山谷華依中和里之傳家寨英依太仙里之黄楊寨扼險禦寇各保障一方賴奠安者十萬八千家

吳希顔字椰墩幼業儒智勇絕倫尤善舞槊值明末寇亂屢獲劇盜盜懼不敢犯境有以金帛假道者却之鄉里賴以保全

吳優字太明狀貌魁梧諳武畧明季流氛猖獗優傾囊聚義保衆楊椰墩賊守月餘不能下請相見挺身獨出詞氣激昂賊壯之解圍去

江石字柱吾庠生其先由江右宦楚寓黄岡尋籍安邑曾祖濟以文學起家遂世其業石品學俱優兼嫻武

備明末流賊猖獗村民塗炭石據大峯山爲砦保障一方奈賊來無定遠禦爲難因捐貲就家立砦衆便耕鑿婦女免奔馳之苦焉時羣醜跳梁所在多有石請於官以義勇平之保全甚衆舉鄉飲賓

吳金魁鄉賓之琇曾孫智勇多材由行伍出身積功陞蘄州營把總益奮於職嘉慶五年川楚用兵隨營戰歿　恩給雲騎尉世職子定元承襲以守備用歷署利川等處城守

吳懷建幼業儒年三十值嘉慶丁巳教匪入境於邑北

未旁堵禦奮勇身先為賊所戕上憲賞給撫卹銀兩
族與永清狀魁梧善謀畧嘉慶七年隨營禦匪有功
陞把總
秦如鼎字勳之邑庠生太仙里人也明末流賊肆虐人
情洶洶鼎請於官廟捐貲糧集鄉勇在淨瓶山立寨
守禦由是賊莫敢近一方賴以無警象德之因於山
右建秦氏書院以誌不忘
武生張載輔張雲龍張斌兄弟也嘉慶二年教匪踞河
南仙花鎮距黃陂站洪僅三十里人各惴惴載輔等

督集鄉勇據卡堵禦緝獲探馬二名送縣賊遂由土
脊嶺南竄站鎮賴以保固
金愈考職縣丞康熙十三年譚以從踞仙居頂作亂愈
傾貲督勇偕邑舉人盧爾愷李之瑋等勦撫之賊始
平村鄰得以無患
太學熊文炳與其弟席鼎胞兄弟也嘉慶丁巳春教匪
由豫仙花鎮入境犯東西二土脊嶺邑令仇公必達
諳其家諭令設卡堵禦遂偕堂弟之艮招聚丁壯數
千人分守相要賊不能進越四日天大雷雨圍潰東

嶺之艮死之賊乘間入村焚掠復收餘燼以相拒連
獲二賊即從西遁不敢留是東南半壁得免蹂躪者
炳兄弟力也前縣陳公增慶詳請
旌卹並顏其門曰義勇名宗
嘉慶二年二月間教匪入境所過焚掠監生熊之艮
以罵賊死劉琨及其叔劉崧姊大女姪女二女俱遇
害監生李炆率族文鼎文福元墡元垚元均及僕丁
有義力堵被戕炆幸免於難炆之子黌序列成均嘉
會雲會俱邑庠與道權字致中於羊角會橫坡衆不

屈死生員黃力忠黃力行黃開泰偕黃楨黃力學等
捐輸集勇堵禦力學與其工人姜世鳳死焉力行死
而復甦此外殉難者三百餘人已邀
卹典黃力忠泰人模於是年在老君山倡捐修寨監生
黃淮於呂王城堵禦七年饑皆設廠施粥此北鄉人
也東鄉有孟道昇孟輝祖孟正樑孟大趾孟對時孟
大縉孟隱揚孟朝相孟大熾尹際隆尹湘等在尹家
河鎮集鄉勇以備先聲奪人賊乃西遁太守𠢎來安
深慰勞之餘詳兵事

附殉亂名單

劉　琨生員　熊之昇監生　劉　崈　劉其玉　熊萬輝
吳志中　易奉倫　劉金名　熊朝文　熊輝楚
吳崇謙　熊孔朝　吳兆進　王以成　熊立舉
熊大研　張承順　易丙權　吳　岡　吳世隆
吳長雲　孫國棟　高崇元　熊于朝　熊太朝
熊正乾　王太榮　吳登雲　孫瑞岐　石萬玉
熊啟達　熊國言　萬啟揚　王啟榮　吳正直
熊雲朝　熊國允　熊東揚　孫玉采　王得榮

吳瑞珍　熊志其　熊志儒　熊文遠　吳正奎
孫良甫　王步雲　熊化朋　熊貴堯　熊貴玉
吳志隆　吳會國　孫元善　熊貴賢　熊銀海
熊緒海　王大成　吳國名　吳國甫　熊宗連
熊宗萬　熊漢雲　陳明奎　吳懷元　錢萬秀
熊立朝　熊允林　熊萬仁　魏華國　周遺高
吳禹恆　聶有德　熊立有　況正興　李在明
陳金文　錢如賢　況朝進　況安國　況定國
李廷秀　周廷燿　吳銀玉　況允章　況方秀

況金科　吳子陞　陳大勝　錢萬海　況允青
余仲勝　金士得　吳希聖　吳士國　吳金國
余宗勝　李志洛　劉洪得　劉相文　甯根意
李廷華　余天相　陶天只　陶洪學　陳啟文
李朝高　王士洛　陶大發　李再禹　喻時文
劉崇禮　李朝相　周耀愷　王朝武　涂兆興
涂兆義　周允岐　鄒起林　吳金太　陶歲金
陃見中　周得友　周正啟　謝仲仁　鄒正名
李子六　劉九疇　劉志仁　沉有文　孫大元

戴文采　胡國龍　胡在國　伍中貴　周萬雲
周文昌　李化龍　伍見盈　段士達　段成得
何得名　謝耀文　謝夢瑞　錢朝獻　楊青瑞
李國太　鄒金林　蕭正太　吳成一　潘士賢
易朝貴　楊青名　吳炳交　周光雲　錢長青
閔錦文　盧季瑞　董　四　黄興占　何　五
謝名華　易奎萬　熊宗萬　況天相　謝夢黄
謝九州　左成龍　盧茂伯　盧志高　黄耀名
戴輝列　吳繼文　周萬明　周聲揚　周漢章

周宗朝　吳以珍　任朝傳　張世雄　周天夠
劉允名　吳允和　謝名甫　劉正朝　謝名得
張榮燿　何朝子　陶國相　左正有　戴紹勝
萬廷甫　黃八　王榮山　丁世元　周中勝
鄒必文　吳玉采　吳四六　陳連　劉金傳
蔡朝選　謝得升　劉東只　熊奉宜　陳國太
方有得　熊方恆　左正太　戴貴華　李華
劉仲友　黃士吉　萬金冊　黃金仲　劉萬青
黃士珍　余宗文　戴萬春　吳必獻　吳兆舜

吳世賢　羅名揚　甯有成　徐國隆　左之昆
易向隆　馬再艮　汪朝太　蕭利見　陳具選
黃茂升　周能甫　吳瑞祥　熊炳正　韓大雅
侯正順　吳自懷　邱正岡　錢伯冊　汪大海
王志達　高國友　易豐儀　萬先正　黃茂林
聶文昱　聶有愷　王啟富　周仲主　吳楚舒
吳之倫　陳雲貴　余紀岡　陳觀南　李尊路
孫恆遠　易奉林　陳仲友　陳東發　陳宇文
陳仲顯　黃洛從　吳兆唐　曾得方　曾仲貴

張起鳳　吳從得　吳之顯　張得周　錢應保
錢正名　張得保　易得坤　易對生　萬宗夠
李從龍　萬奉汝　李裕名　萬風宜　易豊來
易宗貴　沈位武　彭朝勝　劉成先　李豐敖
萬啟雲　李見都　蔡勝宗　沈金勝　李自化
張希列　彭元朝　萬子順　萬國珍　沈伯朋
李應龍以上俱入祀忠孝祠
劉大女　劉二女以上俱入祀節烈祠
嘉慶七年十二月奉

上諭陣亡兵丁鄉勇人數多者著以五十人合一牌位設
致祭

以上舊志

新纂忠義

嘉慶二年教匪竄擾熊家河一帶死義者前志已按名表載矣今粵匪屢竄楚北安邑團練有聲賊不犯境者數年既而捻匪合亂擄掠燒殺倍極慘毒民皆各依城砦固守遇賊奮擊身家賴以保全而忠烈之士連年禦賊敢死不悔其義氣誠足嘉也備錄之以風來者

袁志伸咸豐三年六月賊竄本村率衆禦之被縛不屈死

姚熙士咸豐四年二月賊至河口募勇擊之與賊戰於北崗失利被執不屈死同時死者姚正寬黃得勝黃士驥黃起相黃起翰黃清華等得勝妻徐氏聞夫陣亡自縊死

袁惟寅四年三月在本村堵賊被執不屈遇害

李中瑜四年四月十七日在李態塆與賊督戰同姪壻徐東堂陣亡入昭忠祠

涂正山四年四月十八日偕會衆至城攻賊中砲死入昭忠祠

程世秀程國璋四年四月十八攻據城賊登城中砲死

戒林寺僧樂道廣法四年四月十八入城與賊力戰陣亡入昭忠祠

吳克勳四年帶勇堵賊同時吳本旭吳本昱高爲先耿端午曾元龍周皮匠李慶蕭光樂余四程篾匠孫永太王窖匠皆陣亡入昭忠祠

高桂芳四年督家丁與吳承周勦賊至城北河岸持梃當先連鎗數賊復前追伏賊突起被刃死許憲嘉其忠義賞米五石

金鳴謙四年四月仝衆攻城先登與賊巷戰陣亡

車天和陳甫理黃萬春汪南國四年四月十八圍城攻賊陣亡

楊春景四年四月禦賊被執被戕殞命

秦載諫四年四月勦賊陣亡官卹以米入昭忠祠

楊元勝錢如蘭董福四年禦賊俱陣亡

夏鎮東四年六月禦賊被執脅令造烟民册東不從死

王世暹同子承福承運四年六月禦賊被執父子三人同時身死

鄭啟高楊餘慶江千志等咸豐五年隨督勇首士楊玉輝勦賊於淋沙河軍步山等處俱陣亡首士玉輝捐貲殮其屍並恤其家入昭忠祠

張慶元訓導雲錦弟五年正月邑令許屬雲錦帶勇淋沙河共擊賊慶元從二月賊大至被擄賊將刃雲錦慶元慨然以身代遂遇害

錢宗清同姪人理五年隨太守許在淋沙河擊賊陣亡入昭忠祠

尹鍾楚職員隨太守許帶勇勦賊至齊安陣亡其弟紳琮保七品銜

謝殿選五年至圻水勦賊選尤勇敢殺十數賊被圍數重陣亡

劉之本許彥聰熊春海六年充本會勇在黃州清淮門外擊賊陣亡

吳德元號同壽與馮元咸豐八年四月十七日鳴鑼督勇共抵城下與賊戰力竭俱死入昭忠祠

程見龍文童與堂兄五十八年四月督勇在西門河勦賊自辰及未轉戰至南河沙洲同時陣亡入昭忠祠

耿文清八年四月在南門外儘先堵賊衆寡不敵陣亡

余怡大吳九喜八年四月在城堵賊陣亡入昭忠祠

王尚貞陳六如八年四月隨城守司勦賊陣亡

天明寺僧增秀仙佛寺僧月殿八年四月十九勦賊陣亡入昭忠祠

余達榮八年四月督勇勦賊勇潰被戕入昭忠祠子二邦霖邦燮俱貢生

張登榮八年四月十五在西門河督勇攻賊被賊刺死

詹起龍八年四月堵賊被執不屈死

梅德昌德台八年四月同衆勦賊陣亡

軍功陳鳳文阮義富劉忠稜陳清太徐在邦徐在天徐在長徐在玉徐應宗徐六吳佑朝王東陵王占敖王名魁王德魁劉志達曾耀才劉恒發僧竹連八年四月十五十六日抵城攻賊衆寡不敵皆陣亡入昭忠祠

永安寺僧能智蔡家堂僧某八年攻賊陣亡

趙錫齡字與三八年四月賊犯境損貲募堵十九日身親七戰手刃数賊陷入陣與勇丁姚玉山同遇害時

年廿六邑令林帀文有舍生取義殺身成仁等語入
昭忠祠
江成模手執大旗率武天章武光皓黃象發李金龍崔
仁富陳士助吳璜吳映堂吳六十等與賊力戰俱陣
亡入昭忠祠
趙宗楚八年督勇勦賊與趙崇達趙錫誥葉宗起等奮
力爭先奪賊旗幟馬匹追至葛毛會榨屋河血戰陣
亡邑令楊優卹之
何大餘泰在仁八年助官軍勦賊皆陣亡

蕭可洗八年見賊擄害怒罵之受傷無數死年七十一
盧元銀八年五月賊自安轉竄麻元銀隨團勇堵勦被害
馮前雅馮前獻武光連武光旦武習愷武習均武華科
等俱咸豐九年六月勦賊於小河溪陣亡
黃耀古九年十一月隨營勦賊在石牌陣亡
夏德勝咸豐十一年春捻賊猝至率勇禦之中火蛋死
羅永華十一年同衆禦賊被執怒罵致死子錦雯監生
陳澤厚十一年在光邑教館歸遇賊被執不屈挾走數
十里義不從賊遂被害

龔學舜堵賊被執不屈死時年七十五
趙載珍十一年二月同官軍勦賊黃梅境至大同鎮陣亡
尹謙雄十一年三月賊竄尹家河時避亂者蟻赴尾斗
山賊環圍肆污行雄怒罵被刃死
吳秉鉞布經歷廩堂次子少業儒同治元年髮捻入境
督勇堵勦遇害時年四十三子守約庠生
陳世慧號敏亭監生爲人倜儻慷慨少孤事母孝讀書
識大體元年禦賊殉難學師柯作七古歌輓之
張應昌張子相張子順楊安元楊奎昇元年九月隨城

守潘勦賊由老山會師古墩河口地方截賊進竄保
全居民旋以衆寡不敵皆陣亡入昭忠祠
張子朝張二意楊恒盛楊光照在余家河集堵賊陣亡
入昭忠祠
熊大勇余三元隨城守潘紮營河口九月初五賊大至
衆潰二人力戰殺數賊被圍力盡不屈死
韓錫寺僧維志在新集堵賊力戰陣亡入昭忠祠
華光榜廩生華封兄友愛甚篤元年九月賊至弟兄率
族人逐之度不可禦挈家避山中封被賊執榜趨語

賊願以身代賊並驅以行至廣水驛謀夜遁封得脫
榜死之
程式玉監生同治三年髮捻入境被擄逼降任敲扑不
屈賊怒火焚其肢體氣絕復甦子貢生兆文冒險尋
父尚存殘喘面受遺囑終
程文楷程定國張秀春張秀槐張永耀張家模程用純
俱三年四月被賊擄脅降不屈死
耆民王文光年八十二三年五月髮捻由河口東竄文
光督勇未齊賊突至被執大罵不屈賊支解之次日

其姪庠生棟殮其屍怒容猶未釋邑人袁惟穀作壯
氣歌贈之
蕭漢鄉儒童屢拔前茅卒禦賊殉難
吳登林性剛方老愈壯堵賊被執不屈死年六十三
楊公煥儒士年逾古稀家貧課徒爲業三年賊至煥自
館歸隨勇擊賊衆潰被執大罵賊刃死
耆民張凝坦字鼎象廩生炳瓏次子三年督勇堵賊被
擄遇害
鄭遵仁三年隨叔祖炳榮督勇禦賊賊旁攻衆潰散仁
挺身先鬬遂遇害
劉春台三年五月督勇禦賊轉戰三日手刃二賊陷圍
遇害壯勇劉全順仲勤學同時陣亡
程拓財家貧業木工三年奉諭防堵雙山壟等處程茂
學領勇拓財督隊五月初五夜賊由新集蜂擁而至
財率隊擊之衆寡不敵與程高德程祖喜程三六閔
守信閔本朝俱陣亡
陳宗佑陳宗仁陳宗禮陳開萬陳步起陳澤化陳澤華
陳學理俱沙平會人三年三月堵賊被擄不降遇害

陳澤煒文童三年五月賊肆擄掠時仝妻孟氏各抱一
子不肯降賊皆投水死
陳宗屏五月在嚴家畈遇賊擄掠屏隻身堵禦追賊至
鐵林畈被執遇害
張永祿江宗信張紹全三年賊至黃站祿等堵禦陷陣
被執不屈死
袁志偶袁志財袁惟寅袁惟科袁惟哲袁惟盛袁紹愷
袁紹向袁紹美袁明德袁高發俱三年五月在本境
禦賊殉難

石席行三年同勇追賊至麻界七里冲戰兩日夜陣亡
晏邦彥庠生在詹店砦堵賊被擄不屈死
耆儒鍾清湜年七十四從弟清濬年六十三三年五月
率勇堵賊被執皆遇害
耆民盧家貴三年五月初十賊至貴喊鄉民堵禦令婦
女逃避全活甚衆貴遇害
戴玉蘭三年賊至村前擄掠婦女蘭率衆禦之遇害
永安寺僧容海宏澈三年七月在本會堵賊陣亡
秦國用庠生三年七月仝衆堵賊被執不屈死

李有賡三年七月隨胞兄庠生雄飛在本會督勇堵賊
力戰陣亡入昭忠祠
吳行謹吳行讓吳行道江良桂僧雲霞三年八月廿六
在寺後山嶺同鄉勇僧勇七十餘人堵禦四百餘賊殺
斃執旗賊六人衆寡不敵謹先受傷死讓道桂皆被
賊戕斃雲霞被賊尸解
程茂學屢聞賊警倡首督勇前邑侯許獎以頭銜不受
三年八月賊蜂集長堵率勇堵禦衆潰被執勺飲不
入口越六日死同時與難者吳文貴徐方炳張金奎
父子王文華汪光烈汪其富孟春景子姪三人黄六
兄弟二人
吳鴻賓庠生倡練防堵三年八月督勇與賊力戰被賊
戕死入昭忠祠
王覲熙監生同治四年與堂姪儒童學詡堂弟覲德督
勇堵賊被執不屈死入昭忠祠
趙錫謨趙錫志趙錫甲四年七月堵賊陣亡錫甲妻吳
氏痛夫殉難家貧無子誓以死守可謂忠節雙全
王兆渙邑庠錫祿季子膂力過人同治四年十二月宗

族男婦百餘口避賊水口寺賊圍門外渙炮斃二賊
賊索之渙曰予救衆人獨從屋上大呼躍下且鬬且
走賊追及縛而沉於水衆獲無恙後殮其尸面如生
同時死者風能侯達侯齊敦才職員學深皆入昭忠
祠
李義德同治五年十一月髮捻竄至德在謝家堡同衆
出隊連斃數賊被圍陣亡
吳紹武鄧宗矜同治六年正月髮捻大股由河口下竄
圍易城砦數十賊騎據砦西橋頭武率敢死士與賊

奮擊二人傷賊礟死鄉勇蹤至賊始遁
陳守瑄六年正月廿九日在同心砦堵賊中砲死
徐文第徐華第六年二月初一督砦勇堵賊陣亡
武生吳崇杰職員吳天銀監生羅典瀛監生羅典禩童
生羅樹坦羅培等六年二月在詹店砦禦賊殉難
余之景與弟之秀姪耀琳六年四月仝衆堵賊破執皆
受重傷死
吳寶善監生吳文賢吳崇貞徐起賜徐昌煥徐昌俊王
學勤儒童吳春澤俱六年四月堵賊身亡

楊念一楊家昇六年仝衆擊賊陣亡
鍾丹桂李金魁鍾萬發張興發咸豐八年在安徽桐城
打仗陣亡入昭忠祠
秦厚倫石廷甲華承先聶有貴鄒星元周登洋鄒恒朗
潘長林阮鳳明王奎元王本元王明萬王大啟范得
勝俱以練勇勦賊陣亡入昭忠祠
王字福高帷仁吳占元石武魁曹永貴倪大新金啟炳
王林惠李天元柯士麟黃九洲周得勝羅長太周家
固李金題劉對華劉映海張國保柯炳南蔡發俱勦

賊出隊陣亡入昭忠祠
韓紹全在九龍冲堵賊遇害入昭忠祠
王侯益在江南勦賊陣亡入昭忠祠
劉鵬翼從九保舉縣丞咸豐八年在廬州勦賊陣亡
胡世雄咸豐十年在外帶勇勦賊陣亡
張楚英六品藍翎與鄢映堂曹兆寬耿成玉俱因勦賊
陣亡
吳樂堂保授花翎遊擊銜同治三年會勦回紇陣亡
金志忠同治三年七月從征回賊戰於長沙舖陣亡

盧春洋同治四年在陝甘帶勇勦賊陣亡
郭翼字國臣江南守備歷千総同治四年在甘肅帶勇
勦賊陣亡入昭忠祠
詹宗義明末立砦保衆流寇攻寨其妻周氏知必破引
石碎首死砦破義亦被害 補報
黃力忠道林庠生嘉慶丁巳教匪入安境忠與熊太學
招勇堵賊於土眷嶺受重傷調治始愈晚年訓子課
孫尤精風鑑子二長華灼附貢孫梅甫庠生 補報
熊志有志盛貴槐過太俱嘉慶二年堵勦教匪身亡 補報

熊滔字銀海嘉慶二年賊匪齊王氏竄擾安界海與族人熊宗璉等聚勇土脊嶺堵截因衆寡不敵陣亡補報

生員秦楚材縣試冠軍入泮咸豐四年六月率衆禦賊因大雨勇潰被執不屈遇害入昭忠祠子夏聲庠生

秦步瀛儒童督勇堵賊被執不降罵賊死

李三萬黃永澤李振春李光輝李景瑜雷大容徐永泰周福昌俱於咸豐年間堵賊陣亡

李正廷李正朝李正起黃竣基俱在外勦賊陣亡

涂文台張金華李效理陶三保李元伍正起李宗發吳

得意古耀忠石正順黃祖純黃荀俱因堵賊陣亡

外委藍翎李大啓在上海勦賊陣亡

按粵豫二匪先後竄擾安邑死義者三千餘人俱採入昭忠祠各列牌位姓名甚繁無庸備錄茲惟據舉報者載之惟祠宇新建祀事宜修邑紳公議學內書門等朋捐喜賞每逢歲考共捐烒錢拾貳串正科考共捐烒錢陸串正爲祠內祭費立有案庶祀典綿而陰靈亦慰矣

新纂忠義

楊濠字屏翰武生以軍功授衛千戶銜時寇盜充斥募勇團練保障一方元孫國安武舉官錢塘游擊家世忠勇科第不絕

汪國明有膽畧膂力過人嘉慶初教匪入境隨熊太學至土脊嶺防堵持矛斃三賊賊蜂至哭圍出身受重傷病三年卒時口吟云可憾天可憾天白蓮賊下東山雖然命運該至喪何苦三年受熬煎

熊登相咸豐八年遇賊不屈死

陳宗元咸豐五年二月初十勦粵匪於黃岡金舖山陣亡

王劻聰字登才咸豐辛酉督勇禦賊被執不屈死年七十有二子一學成

車栢林咸豐八年督勇勦賊率僧兵數十人輒登先陷陣以軍功賞給五品頂戴

戴繩武號襄臣咸豐年督勇隨郡守許勦賊屢獲戰功同治年復督勇至麻城張店禦賊陣亡邑侯文詳請旌邺世襲雲騎尉

太學鄒恒朗號心齋隨湖北撫標志字營辦理文案因克復金陵保授盱眙巡檢同治二年赴任遇苗逆被執不屈罵賊而死同時殉難者五人有庠生王殿賔即心齋妻弟也

陳兆奎太學生少讀書明大義嘗慕顏常山文信國之爲人同治元年九月糾勇禦賊衆潰被執賊欲置之幕中奎誦正氣歌一篇罵賊不絕口遂遇害士林傷之

李大勝號魁雄勦辦寗夏府𤞤逆陣亡誥授武顯將軍

世襲騎都尉罔替雲騎尉

李大洪號厚菴同治三年在左宫保營勦驅𤞤匪克復寗夏延安一帶地方同治十二年克復肅州古牧烏魯木齊吐魯番光緒二年在瑪納斯陣亡加贈太子少保銜奏准入祀昭宗祠世襲騎都尉兼一雲騎尉

華勝堂隨禮字中營堵禦𤞤逆在甘肅陣亡將軍憐之賜貲扶櫬旋里

儒士戴崇濂咸豐甲寅春髮逆犯境督勇防堵屯法雨山賊突至衆潰身受重傷陣亡

秦得勝副將銜同治五年寗夏陣亡

太學郭清棟性慷慨有膽畧少習儒未遇咸豐年髮逆犯境捐貲團練隨邑侯許衛城池所向輒先入以頭隊軍目之以軍功保五品銜因敢戰受重傷未幾歿時年四十一

宋步雲字海樓廩生善屬文援筆立就英年遊泮旋食餼授徒最嚴尤精岐黄全活無算咸豐年率生徒赴郡試賊猝至被擄脅至隨州不屈遂遇害隨人憐其忠義收殯之後胞弟雲山尋至啓棺視之面目如生

議者謂有文文山氣概云

陳高明年七十同治六年督勇堵賊衆潰罵賊遇害

秦兆華性孝友咸豐四年賊竄本境華負母携妻避匿山中賊猝至以身禦之被執不屈死其妻單氏見夫遇害痛詈不絕賊亦及之人以爲夫婦雙節焉

都司銜秦必勝隨營勦賊殞命疆埸

黄金堂攻勦肅州陣亡世襲騎都尉遞襲恩騎尉罔替

秦在金督勇禦冦咸豐四年殉難入昭忠祠

王宏盛咸豐初應義兵募勦賊邑侯許詳給八品頂戴

後隨李欽差營屢立戰功保加五品藍翎同治二年從大軍至潼中與賊力戰身帶重傷見副統領余落馬負回營嘔血數升卒

田文祺咸豐四年四月十五在縣勦賊陣亡

戴青暘號梅仙太學生咸豐間髮逆騷擾奉邑侯許諭捐貲勦賊歷麻岡蘄羅等處屢立戰功卒年六十六子四一監生一庠生

陶德新性果毅咸豐年粵匪騷擾同弟開元禦賊有功賞六品銜

庠生王淼性爽直多力善射咸豐年賊屢逼城淼倡首團練防堵北門賊不敢犯以戰功保五品銜子四三入邑庠從學生徒顯達者甚衆

李振春字全貞邑庠生性忠義膽畧過人咸豐年偕族弟印綬帶勇勦賊屢獲戰功保加六品銜旋陣亡入昭忠祠子光照授都閫府

盧春濂字永清咸豐年奉邑侯許諭督勇擊賊兼籌辦糧餉不惜勤勞後議叙八品濂曰爲民禦寇敢邀功乎辭不受以太學終

萬方勝劉宏遠咸豐辛酉年均在黄陂七里崗陣亡

李宏林號福山同治初隨營勦賊江皖間屢立功旋至甯夏以儘先副將用擊退狪逆數破賊砦保提督銜記名總兵賞戴花翎額騰依巴圖魯統帶英禮等營同治八年十一月初五日陣亡將軍金親視入殮派員扶櫬旋里奉　旨入城

張玉霄上庠生有經濟兵法術數皆極精通嘉慶初教匪入境督勇立數處寨堡教以陣法賊至戰於張元村左斬首數千賊悉遁後賊復經其處相戒曰張監

生偉人不可犯偃旗趨避境内得安鄉人立碑紀其功至今屹然

張之學剛正不阿夙具膽畧嘉慶年教匪入境至姜家堂店獅子口等處勢極猖獗學捐貲督勇堵禦之卒衆力戰身被重傷衆以死救之後尋卒

熊建柱有膽畧隨營勦賊臨陣必先以戰功保授藍翎外委旋陣亡

黄鶴鳴號笛樓庠生咸豐年團練禦賊屢建功邑侯許保授六品銜

袁步雲號青台咸豐年髮逆竄境邑侯許諭督勇勦之追至黃岡倉子埠賊盤踞入夥因甚雲潛歸家竭貲助之旋賊潰皆美其功答曰此衆力也我何與焉

胡經魁中和里人同治三年五月罵賊不屈旋因賊衆投水死

鍾清遐同治三年五月十一督勇拒賊自辰至午戰數十合旋因賊衆難敵從容就義

何呈洙性倜儻咸豐年奉邑侯許諭練勇禦賊屢立戰功保給八品頂戴卒年七十餘子四長肇聘監生

郭際會由江南戰功保藍翎千總同治三年隨將軍都剿狪逆累保花翎遊擊四年寗夏陣亡 賜協鎮銜並 諭沿途設祭撥差扶柩回籍

庠生秦再瀛性剛直博覽羣書秋闈十餘次數薦未售同治三年捻逆竄城兆被執不屈罵賊而死

石廣華同治三年捻逆入境被擄罵賊不屈而死

秦戴質咸豐六年在黃岡隨練勇殉難

太學張錦士字士玉好詩書禮師儒篤友誼其里居界連豫省道光丙午年捻逆竄境士捐貲督勇勦之自是逆不敢南覬邑侯許詳請褒獎力辭不受卒年六十八子藻文監生

附生張步月同治三年在籍督勇勦賊陣亡賞給雲騎尉世職襲次完時給予恩騎尉罔替

楊業煩六品軍功隨許憲勦賊至黃州界陣亡

江永祥咸豐四年隨許憲堵賊陣亡

孝友

孝者天之經地之義人子所當盡非以爲名也然舜以大稱武周以達稱閔不聞於人言曾見善於養志固難以庸行忽之矣至於一門之内兄弟怡怡又孝之根心而生者安邑戶誦家絃渲風未泯[illegible]黨所交推非宰所樂得而志之者歟志孝友

葉元安邑未建之先承命鎮守金廠河父年老齒盡豁元嚼食以奉之急公慕義化導頑梗車牛擔負以充國稅朝廷旌其忠孝

隋采號左山灄源里人父文明早逝公性至孝讀書山寺常以母繫念歸省無定期嘉靖癸卯以麟經舉於鄉授河南泌陽令壽陞四川威州刺史遷敘馬驢兵備僉事時公年五十從事行間聞晝角聲愴然泣下動歸養之志屢求兩臺疏上不遂値上表[illegible]其請欣然就道歸置宅城中奉母以居朝夕依依膝下若孺子然卒年七十二祟祀鄉賢

周日昂字民翹中和里之孝子也里人感其孝因其世居雙墩遂稱爲雙墩先生然非椎魯未學者比少治麟經工詩古文兼精二王張旭眞草筆法父病卒號慟盡哀廬墓六年無時不作孺子泣又念母梅氏春秋高屬妻黃氏奉養謂父母均屬天親而事死事生一身不能兼子媳且各分任皆愛敬罔間時有馴虎繞阡白鳩巢墓之異信乎至性所感足以格天地泣鬼神矣宏正間有司上其事賜詔旌表至今皆稱爲周孝子云

王威幼失父母從父時瑩撫之比長娶婦張氏瑩病卧床十餘年凡坐起飲食櫛沐洩溺諸瑣事必躬親之

瑩病劇嗜好怒詈俱失常尤曲意將順瑩沒威夫婦哭泣盡哀祭葬盡禮無何嬸母亦病泄痢且危甚醫云得溲味辛甘尚可活威取嘗焉及卒威哀毀過度亦相繼殁張氏勵志苦守耿恭簡高學憲立合傳以明孝節可風云

趙任字伯衡少穎敏日誦數千言舉止有成人風父學博才雄中年弗遇家益落四壁蕭然鬱鬱不得志常遷怒獨好客任受田數畝藜藿不充每委曲以承父歡一日父病客咸往省父命治具須豐腆舅私語任

日而侍湯藥安得如而父言諸客固知而貧止以鷄黍饌可矣父觀之大怒任長跪請罪竟日不起諸客解之不得舅復解之任奉朴泣下膝行而前曰兒不孝不能得大人歡大人甫聞奈何復傷之舅父其重扑任也以寬大人怒一時坐客爲之俱泣

李學梅字平橋家貧爲臯幕父分產厚於諸弟大父不平梅跪曰父愛弟卽同我愛矣懟焉不幸母早卒父再娶亦相繼卒廬墓六年煢煢棲莽間暑雨一蓋嚴冬一櫜感及物類有鹿爲伴鳩爲侶之異或他往深

夜必還一夜溪漲不得過望墓而號曰兒在此比達旦積雪數尺有老儒往視之見雪中隱隱一髻亦復不僵死後明世宗崩諸司哭臨梅伏庭下哭獨哀郡守邑令皆贈以額加旌表唐伯虎高學憲耿恭簡皆爲之傳曾孫李仲友母病篤籲梅墓前割股以進母尋愈又有李友林者亦梅之曾孫也家病疫死傷過半母染疫幾不起友林亦割股以進母亦愈嗟乎學梅以孝著於前二孫以孝彰於後至性格天淵源有自其爲家門光也宜哉

盧漑字源長邑廩生事親以孝聞待兄長循循有禮性恬淡寡營重然諾恤孤寡嘗與族弟靜下帷攻苦後靜登賢書未幾卒妻方氏苦節尤加意賙恤之晚年讀書樂道日以教子弟爲事每謂其子曰讀書縱不得利達獨不可淑心性乎古今聖賢皆從此做出汝曹毋自棄教三子俱成通儒年八十卒

盧廷篪字心齋少嗜學治胡氏春秋兼習尚書與兄廷簡廷籌同食餼試輙高等九入棘闈數奇不售性孝友執母喪貧無以葬昆季皆不得舉元配余氏望族

女也悉出其衣服簪珥以助喪事歲大饑氏乞糴於姑妯間夜將歸有童子見二豎子燃炬俟於道旁詢狀曰衛盧太君也頃之氏果至咸傳以爲異嘗値歲除偷兒潛入其宅獲焉偷兒紿曰歲暮無以將母故來竊公几上肉耳郎以其卒歲之物半給之後當歲薦例得司訓不就越明年子堯臣舉於鄉又明年卒崇祀鄉賢

耿汝思字九一仲臺季子恭簡公最愛之敭歷中外所至與俱十五補諸生旋捷南闈四上公車不第遂絕

意仕進益修明家學生平孝友醇摯而意致豪爽閎
里有小忿爭輒就質公立爲排解崇禎丁丑民部郎
周君之茂以公名上達下詔徵之而公先巳赴玉樓
矣

吳國寍字敬庵灄源里人好學篤行母黃氏早逝奉父
及後母以孝聞父病日久侍湯藥嘗糞度不起痛哭
幾絶父没廬墓三年未嘗見齒有幼弟三皆繈出初
父欲析産寍曰兒筆耕可自贍無需此盡推其所有
以屬諸弟教之成立得列青衿學以主敬爲宗不屑

屑於章句尤善治家人生産歲或不登卽出其蓄藏
以賙貧乏者孝昌貧士鄒某以貧故鬻妻寍聞亟鐲
金數十贖還之爲德於鄉多類此後以貲卽補星渚
倅移吉水丞未幾歸數年而卒崇祀鄉賢

盧爾悌字以申號子孝中和里人早歲補弟子員博通
子史尋入南太學會前明纂修玉牒告成恩例准貢
時冢宰李公夢白聞公名欲破格用之公謝不往見
性至孝父堯臣晩著書曰三不朽卷帙汗漫編摩常
夜分不寐公侍側父寢乃寢父病嘗藥糞及卒廬墓

三年事母姚孺人色養兼至壬午賊襲城公棄妻孥
不顧獨負其母以逖巳卯賊復壓城邑人乏食乃悉
其所有以佐守禦身冒矢石傷股不墜有全城功他
如敦族睦鄰殯師葬友刦盜贓歸難女多盛德事而
未嘗以告人生平律巳以約不置姬妾生九子俱一
乳經綖成進士絳與出繼男緯登賢書維兹纁縉
纓皆食餼列明經卒後以子綖貴贈承年知縣崇祀
鄉賢

盧爾愷字未一號衡麓痛母節孝之亡易字少慕生而

夙慧襁抱時能識父莛中字四齒就傳讀孟子至益
避禹處輒笑曰看益如何轉來八歲能文父見背遵
母訓由選拔登丙午北闈賢書屢赴春官不第歸與
修本邑志多所筆削闔邑奴僕叛公詣兩臺請平之
豫匪嘯聚鄰境遣仲子諭撫之至其刼還人故劍之
謝千金活縞紵之友不恤巳産爲孤姪孫償負尤稱
難及以母苦節不憚跋涉陳情得請旌表及母卒五
年不釋哀哀毀罹疾瀕彌留猶大呼吾母者三卒年
五十有四子六人紀慈統慈紘慈統慈緄慈紀慈俱

有才呼若盧孝廉者其可謂孝廉矣

盧純慈字熙叔號椿圃父爾惇官四川巴州以孤城抗賊死純少孤依母於家念父歿王事至巴收骸骨聞有武弁昔與父共患難未死在某境某峒中子身往尋得之是人已衰病不能起呼使近榻矚視嘆曰盧官人有子官人當日殺賊過當賊已支解矣壯士至有屍耶純慟哭幾絶慰之而還及母卒廬墓三年子雲鳳庠生復入巴招埜著有巴州公案刊刻行世

盧紀慈字念倫孝廉盧爾慥長子也少時折節讀書下

筆極雄秀飄宕之致年十三受知於督學狄公補弟子員父客京華十四五年紀奉祖母匡節孝母樊理家政暇則督課諸弟父歸杜門著述左右承歡多所校讐族子某佃紀田貧不能舉父喪悉捐租助之善堪輿祖母與父相繼没卜馬鬣雖寒暑登陟不少輟父易簣時指幼弟紏慈命紀曰此黃口兒但令明理足矣紀泣拜受命暨免喪館村墪棄諸子獨携弟往弟每嬉戲不加譴斥惟涕泣呼父自責冀弟觧悟也越三年弟以能文名掇衿食餼焉母卒哀毁成疾死苫塊中年四十有八

江楫邑庠生善屬文弱冠補弟子員父病侍湯藥晝夜不倦以勞瘁久遂伏膏肓然終不語人恐益親疾也父歿哀毁骨立未逾月卒

吳應選至孝性成父疽發背瀕危展轉床褥者五閲月洞胸穿臆臟腑俱見臭惡四聞選侍湯藥口吮舌舐呼號數絶父病忽瘳族黨驚異請於縣邑令張公扁曰能竭其力達於府郡守戴錫曰孝行可風

張榮字錦樹侍講張希良季子也少穎異年十八補邑

庠隨父宦京邸旋丁母彭氏艱七日不飲勺水朝夕繞哭柩傍家禮之外他不寓目惟性理書則於收涕之下時時涵泳葢其所篤嗜也然體益加瘠竟以嘔血死年二十有一聞者傷之

盧纓字蘇浦風度端凝德性渾厚同胞九惟纓最少而穎異特甚父母鍾愛之父没甫九齡哀毁備至寡言笑惟閉戶讀書事母如嬰兒戀戀母亦爲觧頤及母死讀禮無遺行兄經卒子幼未厝纓卜得佳地臨終命與兄合葬其孝友皆出於天性如此

金光化幼失恃事後母如所生母舉季弟凡父所遺悉以美者推之尤篤宗黨誼罄貲以賙貧乏捐產以助婚葬置館塾以教鄉里之子弟不責脩脯年五十餘猶講習不輟以數奇不遇卒

黃色純色綉色緯兄弟三人皆邑庠其先高曾祖三世同居以孝友名耿恭簡額其門曰雍睦一時其子若孫繩繩繼起宴鷹揚者二領歲薦者二補廪增者各一列黌序者五子姓蕃衍皆恪守先業從事詩書豈非孝友之報歟

石台三鄉民也父昆瑞臥床幾斃台三皇遽失措投醫不良投巫不驗乃焚香爇禱願以身代私割股肉以進父病尋愈族黨交稱焉

張鵬翮字圖南少聰穎工舉業十五遊膠庠屢試棘闈不售乃嘆曰制義一道沈埋英雄何必為所束縛哉遂不習經生家言訓子孫和族黨排難解紛里人多賴之父廷萃壽九十而終時翮年已七十矣哀毀骨立不離苫塊人咸稱老孝子服闋邑令嘉其賢請鄉飲贈以額曰齒德並尊卒年八十有七子若孫英才蔚起克守家訓

張經錫字瑝受博學好古每遇奇書必手自抄錄尤篤於行誼父母喪諸兄在外凡賓客弔唁春秋窀穸之事獨肩之兄中飛禍驚產營救得免子婦余姓者家饒於財余歿無嗣群生覬覦錫正色斥之嗣乃定他如瘞暴骨還遺金皆好行其德者也以明經除城步司訓先期卒子八人列黌宮者四皆有父風

吳之璜字渭卜有夙慧好學不倦讀書一二過輒不忘髫年冠童子軍及長博涉經史騁於文詞詩宗長沙

而語多雋拔書法得率更南宮筆意而獨出匠心尤慷慨任俠每揮金濟人性純孝待孀母余氏左右不離及卒廬墓憂思竟以咯血逝人稱死孝云後崇祀鄉賢子應庚能世其業成進士授隆昌令晉銓部副郎

秦中理字大輿號雲山少孤事母陶氏以孝聞年九歲母患心胃痛醫稱不治私刲左股以進年十三補弟子員食餼甲午恩選應順天鄉試擬元未果於是設館授徒貲館穀以奉孀母他如養巳嫁之姑卹朋友

之子辭鬻子之謝孝之善推者也母卒三年苦塊哀
毁成疾殁年四十有九子繼芳世成俱邑庠

何遜字任長性嗜書雖兵戈搶攘中猶手不釋卷母吳
早卒事繼母賀至孝年十二入泮十八食餼從學者
多知名士所得館穀悉以奉母先意承志得母歡心
母卧病幾兩載朝夕侍湯藥不倦雖蔆價昂必拮据
以進母没哀毁骨立不知爲異母子督諸弟迴逼過
嚴或以母憐故稍從寬然偶不率教必自擊觸壁唏
嘘徹宵不寐後皆率教康熙甲戌逼成進士遜之力

也年四十貢成均未仕六十有八卒子三爲邑庠生

程之龍字見侯號松門逼今博古兼精書法性孝友庭
闈之間無間言任道州學博多所栽培弟之鳳之獬
之鐸聯翩黌序

程之渫字井汲號清泉少卓犖不羣弱冠補邑庠食餼
居鄉恂恂然遇疏族諸父輩執禮必恭侍父左右竟
日無倦容輕財好施族子女幼孤撫如已出悉經營
其婚嫁嘗搆别業於會城之胭脂山顔曰梅花書屋
延名士肄業其中膏火餼糧之具鬻産佐之後屢赴

棘闈不售以恩拔入成均考授縣令未仕而卒

周世寀字永清大司空諱思敬之孫八歲失怙事孀母
以孝聞奉畫荻之訓十四補弟子員尋食餼以祖蔭
序當承不肯就惟潛心經史以遠大自期督課弟姪
攻苦下帷專以身教凡田園婢僕彼此多寡概不問
其友愛處皆善體親心者也卒年五十四子承禔能
繼其業

江惟清字汝秩分宜令載清季弟也少失怙泣血擗踊
哀慼路人及長好學不倦善屬文年二十補弟子員

旋食餼與人交推誠去僞人有過必面規之後以歲
貢入試成均授竹谿司訓未赴任而卒

耿麟宗字嚴庵年十七補弟子員事孀母以孝率妻秦
氏無寒暑晨昏侍奉罔間居喪哀毁如制學博林公
瑾以其實行申之督學使部公加優獎焉屢入棘闈
不售遂絶意仕進隱處以終

彭鴻功字偉男兖州太守諱繩祖長子也篤學力行性
孝友視昆弟子如已子子姪中之幼者亦忘其所自
出也後以選拔入成均充教習課藝刻成均集中方

以遠大自期竟殁於京邸士論惜之子之英之華之蘊克承家學

曹維翰字子宗泰仙里人姿性穎異家貧性至孝父艮杜喜施捨毎先意承志竭力以供雖窘急必委曲以應無難色兄弟相敬愛三世同居克敦孝友邑令蕭鼎重之以副貢考授學博未仕隱居山林栽花種竹督課兒孫自訂其文稿曰遺書卒年七十六子二有庚有甲皆庠生

泰珣芳字玉華父景和食貧有五子毎餐各分饘一盂

佐以糜粥珣輙留以饍母父卒哀毁不欲生幾至暈絶壬午賊襲邑珣負母渡河爲舟濕貸衣飢貸食無心顧妻子徐亦漸相聚築室五雲山竭力養母壽八十一男四長登膠庠季如光壬子鄉薦

彭大興純孝性成祖病篤父頗知醫胗之泣謂興曰脈絶矣奈何大興泣夜半割左肱肉爲羹以奉之漸有起色數日病愈後祖知其事視其背驗之則血痕如掌存焉

阮林遠字星吉曾祖啟毗以避流寇失母所在呼搶欲絶徧歷州縣求之閱三年終不獲里人稱其孝林遠其曾孫也母盧病乳日益劇日夜祈以身代一夕恍惚見祖母授以藥曰用此當愈以手受之實無有也而香聞一室母病竟痊人稱曰小孝子

盧聚慶父卒貧無以斂乃質身於周姓以其值葬父事畢役於周甚勤周義之爲折券遣歸同族盧明善盧紹先皆以貧苦負擔乞米養親親病無錢市藥刲股以進親病竟痊至今鄉黨宗族猶稱其孝

孟之繩號其武太學生至孝性成幼隨父任東光父卒

繩年方十四號搶欲絶艱難萬狀始得扶櫬南歸家居儉約謹飭好學不輟子道漢早卒孫曾皆能世其家學

孟大聰字聖宗生而貧窶年十三傷父母艱食躬負販以養長通醫學積有餘貲父殁事母益謹毎昏定必親理衾枕而後即安酒後作孺子態執板唱歌以承母歡時年已六十矣友愛諸弟甚篤終其身未嘗析居異財于謙益亦以孝聞居親喪旦夕坐臥靈前足不入内室讀喪禮見殯殮不能如古則大慟念父母

以辛苦起家終身布衣蔬食欲少展孝養已不可得則又大慟蓋至性所感雖行路亦不忍聞也

吳緒字擬升邑庠生少耽書籍博學能文早歲有聲黌序性純孝母氏見背敬事繼慈承歡養志無間言平居以孝友勤儉信義謙和誨諸弟子姪惜天不假年三十六歲而終以孫中理贈文林郎

吳文煒字含章號蘊山博學多能善楷草書尤精勾股嘗力學致疾母憂甚遂輟舉業以體親心同胞三人先析箸未幾兩兄嫂俱歿子女皆幼復合爨飲食教

誨不啻已出姪倩有貧不能娶者則貲之有小功女弟適陂邑周姓苦節四十餘年貧老歸依母家暨歿爲之傾囊棺殮歸葬于周鄉鄰搆爭必出貲排解有佃戶納稞踏以水漲斛而摻木屑弗與較亦不易佃其器量宏遠多類此以子中理贈文林郎長孫性誠贈奉直大夫

韓錫勇字毅然邑灄源里人也品端方尚氣節倜儻慷慨每爲人排難鮮紛侃侃而談不畏強禦人皆畏而愛之性純孝父歿喪具一身獨任不以累昆季繼丁內艱悲父痛母廬墓三年生平好施不望報陂邑有窶兒某貧無依攜歸育如己子長爲之娶產男女各一且將予之田宅期永久其人聽婦言數求去其寬容仁恕類如此壽八十易簀時無他語但云碎身難報父母恩誠篤孝哉子兆元力學未遇孫四伯季皆成均仲邑庠三大榆郎致中嘉慶戊辰領鄉薦

王光嵩字中岩歲貢生庠生王有才幼子也性純孝承顏順志無不得親歡心伯兄廩生光華掌教書院相從讀書事如嚴父善屬文著有斯謂編文集曲臺擬題待

梓後邑令戴延爲萃英山長造就甚多子玉璋玉青亦敦孝友列青衿孫鈞弼庠生鴻翥優廩生

王之格性孝友親病侍湯藥不假手於人及歿茹蔬廬墓日夕號泣未嘗見齒兄之極無子客死於外訃聞重繭奔赴扶櫬歸葬以其次子承祧子顯衡顯琳顯名孫明瑞明教明鼎明體俱庠生

王之相字衡甫性純孝母歿廬墓三年未嘗見齒父遘疾前後刲股以進者三壽延八載邑令胡旌之曰溫清勵操邑令宣詳請旌扁曰貞孝傳家

吳永華字如山少孤事孀母以孝母病延醫於陂道遇虎歎曰天絶我也但母愈吾死何恨因與虎約歸而食我言畢虎搖尾去歸則母病亦痊矣生平輕財好施每飯必留有餘乞無弗與乾隆五十年及嘉慶七年十二年歲荒無不捐粟以賑路不缺食竈不缺炊焉卒年八十有四子三長家柱國學孫廷敬庠生

吳永松字長青幼失怙恃事兄嫂如父母居恒語人曰吾不逮事父母飲泣終天所賴撫畜者兄嫂耳吾事之毋負天顯後成立析爨第三兄早逝分財利必讓

姪或詰之曰弟不可先兄兄雖故姪在卽兄在也性慷慨任事鄉里有爭必捐貲勸解値嘉慶二年流賊入境募鄉勇曉以大義一方賴以安堵卒年七十三子家榘邑庠

程溢性肫摯以兄淮誣累被刑溢請以身代人咸義之

熊泉字大川庠生父歿廬墓三年蔬素終身鄉多虎泉每適墓屢與虎遇虎必避人以爲孝之感云精岐黃家中多備藥物富者求診示以方貧者求診兼施以藥子鳳翽鳳儀庠生國光太學生鳳翥儒醫孫錫元

泰學泗學治胞兄弟也泗字會東邑庠治字望魯國學父母俱年逾耄耋兩人白首斑衣孝思罔懈會東教讀望魯摒擋世務同居垂老無間言望魯外出夜歸會東必坐以待望魯亦不久羈歸後必坐述一日之事數十年以爲常有族孫某幼失怙恃兩人引而撫養之並囑子孫爲之立室家謀生計族有鬻產者後貧不能償以產還之併焚其券會東子大樟姪大模常教之以立身行已之道老來足不入城者二十餘年兩舉鄉飲賓不就壽八十有六以孫光宸　貤贈

奉直大夫望魯性耿介嚴取與嘗因嫁娶購漢鎮綢緞數十金店忘之矣仍如數還之娶胡氏岳家無嗣願以產業書付辭不受管修學田及書院文昌宫多有創造享年七十五邑令梁表其門曰孝友傳家子若孫俱方興未艾云

何大任字伊爲雍正時人性嗜學工詩古文詞數奇不遇父早逝事母顏氏至孝母歿廬墓三年一日墓側忽湧出清泉以供飲食邑令聞之給扁旌其門服闋復居二載方歸歸後井泉枯竭至今里人猶傳之

職員皆能好善樂施想見貽謀之善焉

陳中錦中鋑中鑌皆以孝行著錦增生父歿廬墓三年寒暑不輟事祖母程母氏吳備盡孝養暇則讀書惜不永其年鋑優附貢事繼母胡以孝聞母病輒廢食愈乃色喜友愛異母弟中銑教以詩文入邑庠後以舉優未就援例分發粵東署肇慶府德慶州悅城鄉司未幾卒於官鑌國學毋胡氏年九十餘先是目失明鑌日侍左右依醫言以舌舐可愈三閱月適生元孫目復明人以為孝思所感云現五世同堂子中璜孫正漢曾孫世台元孫德籀積善之報正未艾也

戴凌雲廩生家貧力學有孝行父久病纏綿床簀一十三年雲侍湯藥不少懈病稍瘥即讀書父歿廬墓三年

吳遵路字示周廩監考授縣丞義勇過人賊肯劫財刃逼其兄路奮身擊之賊遁去子若谷歲貢若古太學谷字抑懷亦慷慨好義乾隆癸卯奇荒設漿以活者甚衆邑令吳深嘉獎之子承秀承恩承祜俱列成均古字珍懷天性醇篤父歿廬墓三年子承芳國學

吳一孔字秀崖孝友嗜學明季與弟一相同遊邑庠值流寇有欲殺其幼弟者誤執孔孔不置辯遂遇害時年六十五胞伯國宦明歲貢弟一湘明鄉飲賓

吳餘鳳孝童也年十餘齡祖母病重私刲股以進病愈以壽終童隨殀從叔宏初作孝童傳其後有吳克敏者少孤家貧採薪養母母病篤嘗二次刲股以愈母病後敏疾劇謂家人曰吾夢對簿陰曹以刲股事增壽一紀卒如其言

董憲字思吉增生中和里人事父母以孝弱冠奉親命

偕弟步月越境從師家計悉兄懋料理憲體親心下帷攻苦後丁父母艱斷葷酒者三年兄弟友愛彌篤至老無間教授生徒多知名士如貴州守孟正芴襄陽學博袁履謙皆出其門長子醇庠生孫益清與懋孫謙俱克承家學

程五爲字懋根父之渡以罵賊死爲方髫年遵母訓讀書成名由貢士候選訓導工詩文品學兼擅孫堵廩生天達邑庠曾孫邑庠並能世其家學

江孔殷邑廩生孝友誠慤舉止安詳父偶墮於水殷救

之父甦而殷槃學使胡深爲惋惜卹銀以葬且弔以詩銘其墓曰孝子

江鑾字驂唐庠生至孝性成母彭早世事繼母汪如所生汪性嚴時有嗔怒甚加鞭撻鑾順受之仍依依母側凡所祖遺擇其尤者以讓弟體母意也母七十三卒哀痛盡禮焉

江澤臨兄弟三已與仲業農使季澤孚讀旋入泮不永乃以母遺膳田給其孤爲膏火俾繼父業其仲弟次子昌梓早歿妻鍾氏苦守尤加體卹屬家人咸善待

之

孟正發字尙賢副榜春櫛之祖早失怙恃甫長諸昆析爨釆幾仲兄卒遺孤寡無依發事嫂如兄愛姪如子教養成立仍合居量能容物橫逆不較知醫某婦託病邀診脉執其裾而挑之絕裾而去其方正類如此子大任字聖摸少孤事孀母以至孝聞溫凊定省無少間與堂兄析產能推讓無芥蔕與弟同居至没齒一堂兄老無子加意賙恤之任卒兄哭之慟言及輒垂涕云

吳宏程字宋輿諸城令之珍次子邑增生性恬淡動循規矩邑令賈延爲鄉賓子舞鳳列膠庠胞弟宏禮字上周少失怙呼號慘怛哀感行路事兄宏初俱愛敬備至性敏有雋才以力學致疾卒子詢起鳳均庠生

吳義鳳字魏依吏部考功司應庚長子也以國學考授州同因父宦京邸家居侍奉祖母杜及母氏韓不就職閉戶讀書嘗取齊安人物志徵實而論列之名曰黃國故錄弟威鳳翥鳳威字抑士以國學考授州同未就惟肆力天文易數諸書子兆棋孫大毓俱國學

翥鳳字景雲品學純正學師張以優行舉邑中大事多所贊勷著有經義史畧詩編待梓子楚湘孫茂槐俱列膠庠

吳濰勤儉樸誠恢廓先業撫三弟友愛篤摯教子姪以孝友廉節爲先晚歲五世同居內外食指百人靡不恪守規矩

江維新字穆孫庠生性恬淡美鬚髯讀書天窩書院中經年不出工詩古文詞下筆立就善書事親以孝著居憂時父母皆耄耋維新已年踰不毀猶哀哀作孺

子涖三弟俱有時名樹德庠生舉鄉賓黄庠生文選歲貢祁陽學博維新本朋季宦族自經兵燹壁覩簪纓非公不及長吏之庭屢散金粟以周貧乏晚年作五岳之遊挐舟洞庭備覽三湘九嶷之勝壽臻古稀而逝

吳鑾字帝載少孤能文以國學屢薦鄉闈未售後咨補河南汝陽二尹以終養辭子孫以功名顯族吳尚字自牧聰頴過人讀書數行下早年食餼膺歲薦事嫡母韓以孝聞

處士鄭道亨字嘉會祖籍黄岡進士鄭真之裔父應璧康熙間遷居安邑亨性純孝母患癰藥無效舌舐之而痊又患瘋疾三載親調湯藥衣不解帶母終父繼歿哀毀成疾廬墓三年時有白鶴繞墓之異雍正二年施粥賑飢嘗宿旅店被竊越數日夜忽有扣門者啓戶則竊物在而人不見矣又無故被人寇詈閉門不與較天忽雨仍開門給以雨蓋衣服其人感悔而去寬忍含容類如此子三廷揚貢生亦好善樂施逢嚴冬恒以衣食賙貧乏有穀商負重債因失事不能償館焚其券夢華庠生性耿直見義必爲倡修高橋不辭勞瘁廷錡優廩生授徒不計脩脯歲飢命子之蘭設粥以賑里有獨傳四代者貧無妻助金以娶是皆有父風焉

鄭之亘字理襄天性肫篤十六入泮屢試前茅乾隆癸卯闈卷已擬魁三題子産聽鄭國之政文承題有子産鄭之亘也句拆彌封疑而擯之後遂澹於進取與弟之僑之羽菽水承歡大被同眠垂老無閒臨終囑合葬鄉人咸嘉其孝友

楊斗奎伯仲四各爲活計奎善居積稍有贏餘助伯娶婦伯歿撫姪成立終身不娶招仲季甘苦與共至老

張希元字乾子庠生贈君百程三子也敦孝友勵品行澹於進取早謝名場兒石虹太史深愛重之後在官邸聞訃哭以詩有地下逢而母雲端侍我翁獨餘阿大在頭白哭秋風之句其後裔科第聯翩方興未艾也

金作礪邑諸生幼失恃父疾九載親調藥餌刻不離膝及歿斯夕哀毀致疾而卒生平敦族尚義有族姪自

洳子毋遠寄豫省母死自鬻爲僧訪購歸俾得成立邑令李文芳題其遺像云古貌古心存古道儒冠儒服繼儒宗過今誰是澹臺者惆悵真容笑貌空可以想見其爲人矣

金之埆貢生先失怙事母以孝聞母病衣不解帶湯藥必親不假婢僕手居喪廬墓三年春秋祭掃猶作孺子泣嘗建塾延師以訓族中子弟修祠刻譜以篤宗支里黨咸欽服焉

金懋邑諸生博涉經史兼工草楷詩賦天性友愛伯仲

四和好無間與季廪生志時以問學相攻錯授徒之暇風雨連床不異姜家大被也子之堂之坦之均志之子之堵俱列邑庠

王儒字淑尼明萬歷間邑廪生戊子丁酉庚子三中副車早失恃事父至孝事繼母如所生明季徭役繁興南北兩京糧絹税重儒躬運兩京交兌時饑饉洊臻官吏追呼不給族多逃亡遺其家屬嗸嗸待斃儒討口周之官吏催迫一身獨任族賴以全析爨之日以美產讓弟而自取其薄者當事錫以匾曰賢良方正

郭天明幼失母躬耕負薪以養父父病侍湯藥衣不弛帶疾篤割臂和羮以進復嘗糞知不可起搶地痛絶及卒廬墓六年妻死亦不顧有白兎馴擾之異終身衣冠縞素值父母忌辰必哭奠當道屢旌其廬

周文昶幼孤家貧服賈養母母病聞信遄歸日夕侍湯藥焚香告天願以身代復割股以進母病頓愈邑紳士韓成山借象匾旌之

許正明字耀雲父病篤籲神割股烹湯以進父復甦謂其壻曰余夢大廟牌懸金字云感動天和地保結十

五春等語後閱十五日卒

秦文玆父枋久遊滇省不歸玆隻身尋親備嘗艱苦值滇疫不得父所忽有神人告之遂匍匐往果見父僵臥於馬伏波廟中氣不絶如綫哭且呼及蘇云得水可活玆急取水且覓醫調治越二月父病愈苦饔飧不給乃爲人傭以供踰年還里適流氛甚熾有弟讀書於麻邑被賊執去玆入賊營尋弟亦爲所縛將殺之尋獲釋與弟潛遁賊覺追之不及復避亂三山寨寨不守妻女亂亡玆不顧止抱週歲姪以奔得俾免

吳泓之筵之葉兄弟皆庠彥也友愛素篤少侍父教以
兄弟既翕毛詩學宜三復遂終身凛之父遺房屋數
間薄田數畝析箸時弟讓於兄兄不私焉各以硯田
爲生計每際赴館兄弟必泣涕而別所獲俸貲以有
濟無以多濟寡人謂有怡怡之氣象

邱世瑜字國彩性純孝家貧藉館穀以供甘旨遊幕襄
樊以歲所入寄兄作洗腆費後數年歸省舟次陽邏
聞母病以憂鬱成疾卒子四承鰲太學孫肇基太學
鼎和庠生

鄉飲賓程天赦字紫垣徽州府歙縣忠壯公元追封忠
烈王靈洗裔也前明遷居中和鄉品誼純正族之續
遷者皆依之嘗建塾以訓族中子弟諄諄以孝友相
勗即名其所居之地曰徽州坂使後人不忘舊籍也
生子五長國士學邃而數奇事親以孝聞與異母弟
庠生國麟等能守父訓友于克敦孫應聰應泰聰早
没遺孤文輝甫數月泰撫之成立輝官鞏昌卒於任
一子方六歲泰之子文亨值兵燹之餘携兄眷併扶
兄櫬歸定撫侄成立有父風邑令楊公之琳表以孝

友傳家額

州判黃景灝源庠生雯之子也雯卒景年十二常以不
得承歡爲戚事孀母宋氏至孝母病親調藥餌不假
奴婢手卒之日哀毀骨立幾以身殉待堂兄庠生思
憲思顯不啻同胞邑侯咸器重之每因公便道造訪
民瘼卒年八十三子三長待時國學和平雍穆有長
者風次待試州同好賙卹晚歲經管祖田積金欲修
祠宇未遂而歿其子曰槐繼之立碑歸美焉次待選
國學早逝孫鳳翥曰蘭曰藻曰椿曰杞曾孫星壁星

炳星煒星釗元孫登第多蜚聲黌序能世其家

邑庠生宋璵太學生環庠生琦兄弟也天性純篤父歿
昆季皆廬墓三年終日悲號哀毀骨立母疾日侍湯
藥衣不解帶疾篤焚香同禱爭以身代後病痊人皆
以爲孝感兄弟和好無間璵年近八旬環琦事之惟
謹古所稱田荆姜被無足多焉璵子廷桂庠生環子
廷楷琦子廷格琦孫文煜俱列成均曾孫宗斌庠生

武應酉庠生濤之子早失怙事母以孝聞有三弟俱幼
撫之成立以產居讓之筆耕自活卒年八十五

新纂孝友

天經地義惟孝能備伯仲昆季惟友克諧求之世俗往往難之然而人無論賢愚家庭骨肉閒亦有本其至性篤於庸行甚而以奇情著者皆足維持名教聽其湮沒可乎特紀錄焉於人心風化不無裨益云爾

孝子詹煥章號堯臣貢生幼聰慧爲父所鍾愛性至孝凡父命敬奉無違常得歡心父老多病親侍湯藥朝夕扶持數年不少懈及父病篤衣不解帶者數月父歿哀毀骨立孺慕不已塑像事之一如生時每供奉

猶爲孺子泣焉生平篤行純孝宗族里黨咸稱美之咸豐十年撫憲胡訪聞詳奏蒙

恩賜銀三十兩准建坊入祠中丞手書百行之原旌之邑侯學師並贈孝道可嘉額懸於祠宇

羅正玉家貧耕鑿孝養父毋父病數月割肝和肉以進父次日愈逾年歿玉居喪哀毀過甚毋慰之曰倘有毋在爾死將誰養始飲粥奉毋終身里人重之

王守禴性至孝父朝卿病篤割股和藥以進病立愈並享大年

董其椿本城人咸豐四年六月奉老毋祁氏出南門避賊河水漲不得渡賊追及被拘乞以身代毋賊推椿入河死毋得脫常泣訴於人

張家栻昆仲三栻居季父卒栻方總角哀毀自盡伯叔救之後事毋孝數十年無難色家務甘自挫折無傷毋心卒年七十七

王南照舉人南杰弟性至孝年廿八失偶子週歲不再娶家貧兄弟五人照獨以筆耕養毋四十喪明泣曰吾瞽不足惜其於毋何期年目愈養毋如舊

王萬勝勤種爲業性孝友毋患風疾艱步履事奉數年無倦同治六年逆匪入境勝負毋逃遇賊力爭被害族里憐之

盧得意目不識丁毋病醫治窮焚香告社割股以進毋病即愈

吳國輔監生子定元庠生兩代以孝著生致養病割股死則廬墓國輔有副榜張忠坦贊定元有進士劉秉琳贊

楊玉柯號曉峯郡庠生事毋孝課徒得脩脯悉以奉旨

甘家甚貧但得親心悅處之晏然其他惜字紙勸善舉皆孝行所推也子桂森業儒

李天叙監生母染瘋疾服侍左右衣不解帶越五寒暑毋卒廬墓三年見者淚下至老每值祭期號泣如故

熊葬天母病割股三次毋喪廬墓三年

儒童彭大興性至孝祖母病篤幾不起割股暗置湯中進之立愈

袁應奇性孝其母徐氏病垂危割股救母得愈

周祥墀事親孝母張氏染病数月不起湯藥罔效焚香

祝割股和羹以進病旋愈母現七旬精神猶健想亦墀之孝格天也

何成純家貧不能娶妻母李氏抱病数年侍湯藥親滌洗傭工為菽水資嘗嚴冬雪後母思鮮魚徧求以奉有卧冰風毋九十二歲始卒

黃鳳鼇監生昆仲五兄出繼合爨一堂友愛同居百餘口內外聽命無間言訓子弟業精文武性剛直濟困排難人皆悅服因丁衆分箸後其子錫祿貢生遵勤儉訓恪守無違尤好義舉於修志派費外另有樂輸銀兩孫四璦布繼歷待聘翰林待詔瑛琮俱業儒一門務耕讀率本真長幼咸秩然云

張文藹字源昌性友愛出繼嬸母張氏竭力承顏出告反面偕伯仲行不愆雁序每遇佳節奉嗣母及生父母團聚一堂供膳逮昆季談叙家常世故情意藹然族里有忿爭婉言排解遇事退讓不競卒年五十九子曉春監生朗春貢生出繼

江楚正庠生鑒孫父澤臨以孝友入前乘正事親孝醇厚簡朴有古風與兄析居後出入起居依戀無間菽

羹疏食亦共嘗之言笑怡怡孫曾十餘半業詩書

李正賢字希聖監生三入北闈未第父如鳳早故奉母惟謹叔如龍有子七析居時家産聽分弗較乾隆末歲飢全家設粥廠多所全活賢子三長隆逵理家政次桂季長益均列膠庠孫國學夢華夢斗邑庠春馥春輝煥奎儒士集奎集泮亦孝友有祖風道光時七房合箸八十餘人雍睦有禮學師呂顏其閭曰五世聯芳

陳炳焜字心房庠生少孤母氏吳以節孝登邑志焜承

顏諭志惟恐少拂教子以義方長子常甲子副車次
鳳翥壬戌進士官山左三四皆入庠生平篤孝友睦
宗族並精堪輿歿年七十五
楊龍光庠生性孝友父母歿廬墓三年昆季析居時伯
兄仲兄早逝歲飢將已得田產出售分給兩嫂生平
剛直不阿人咸推服子兆蘭積學未遇孫輝祖監生
皆有祖風
李錫朋號義園庠生兄弟友愛博覽羣書尤長於詩賦
屢試不第士林惜之歿年六十餘

盧兆甲敦孝友父故事母氏韓惟謹母年八十能始終
養志隨兄任所怡怡相得著有湘遊詩草
鄭作梁職員父監生光台母耿氏好推解梁亦如之順
事二親若孺子然及歿哀痛幾絕鄉有孤貧者鬻妻
養母聞之亟竭金贖還嘗倡育嬰事多所全活咸豐
十年聞於上給庸行千古額
毛聲亮廩生士偉子甫四齡得佳果輒懷歸遺母啖以
雞亦然年十四侍父疾刲股者再年二十母病侍湯
藥兩月餘不解帶刲股以進母疾尋瘳及親歿泣血
失明哀絰廬墓三年嘉慶元年學使王以純孝衍澤
額旌之
毛志訓聲亮子殷色養有父風父病割股者三嘗侍湯
藥人無倦容父憐之命就寢潛立門外聞呻吟聲疾
趨入父好施輒名鄉鄰貧者緩租還券年八十二猶
哀呼父母若孺子慕焉與父同爲學使所旌
張家隆儒士生平慎取與敦倫紀親卒後事兄家儒門
飢寒怡怡然無倦色晚因丁繁析爨田產自取其薄
人咸稱其孝友云

余生蓬監生少以孝友聞父母歿弟兄守墓霜雪不避
兄生蓬嫂蔡氏先後染痨瘵蓬侍奉無怨兄嫂卒遺
孤錫椿甫十月教養有成常分金粟濟人遐邇稱之
高登甲事父鳴九母黃氏盡孝親教嚴敬受鞭撻不怨
母歿繼母朱入門兩載父故甲事之無二後朱九旬
餘艱步履甲年七十出入扶持仍若孺子之依膝下
者然亦恭兄雖各居覘兄所無必與之
楊應讜性沉毅尤重倫紀事祖父母及父母溫席奉杖
無倦容祖歿捍衛塋墓十餘年子承時水中孫監生

家榜均守彝訓凡修書屋恤寒儒設粥廠濟飢苦数世俱以敦倫修行名

萬心正好讀書事毋色養兼至毋病数百日侍奉晨昏罔間長兄失偶正遵毋命行奉杖疾視藥夏拂暑冬温衣十数年毋有餘歡兄無於邑皆正之盡道焉

孟竹瑞號六宜樓增生其弟儒士謙珏性同孝友因家衆析居二人産業盡讓兄而瑞以教讀珏以儒醫自贍有餘時並周貧乏事親承顔養志均得歡心今瑞孫亦以醫術濟世珏夫婦久病其子光久善體父志

兩次割股療之稱孝行者徧鄉黨焉

周逢祖監生孝父毋進膳必愉色婉容年六十親没作孺子泣除服後猶哀慕不忘於涂家廟修大孝佛置田建燈永供香火友兄弟賑貧窮兩徵鄉飲大賓年八十餘卒

李元趙家極貧親老常卧不起侍奉弗離左右親没後兄元超往天台採蕨度荒死於外趙未讀書枕兄尸哭信口吟云採蕨到天台兄弟兩分開前日生人去今日死尸回哀泣数日死

帥文秀性孝友六世同居一堂雍睦姪孫煩父毋早逝撫養教誨入邑庠

黄錫侯庠生孝父毋食必親奉親病日夜省覗湯藥不假於人妻陳氏以孝佐夫翁姑有憂時每謂不順於親對夫自責人稱淑媛子二長鏞次鍾俱監生

何體乾職員兄弟三耕讀爲業守孝友家風傳及孫仍同居六世共爨数十餘人皆雍睦無間姪啟祥貢生映祥職員孫多業儒

閔啟洸監生兄弟析居後貿易與安十餘年蓄積甚厚

兄歿家日替憫兩姪孤苦携入陝延師訓讀俱入商學旋以巳萬金三分之予姪二子一郡守錫以孝友情篤額

秦輔國庠生與胞兄庠生夢元早年析居元無嗣産亦盡身故後喪葬費國皆承任命次子庠生定侯承祧宗房侍奉長嫂崔氏終身孝友永敦族黨推重

鄒仁華事親盡孝父没廬墓三年風雨不避其弟三子紹駿有父風華卒亦廬墓三年

周文郁監生剛直信義排觧紛爭孝事高堂慈撫猶子

延師訓子有成學使給敦行毋怠額子之楨之翰俱
庠生之楠之楷監生
徐滇與弟瀚如楹之子也孝友傳家滇早故瀚撫兩侄
與二子無異視訓以謹節謙恭加之炯戒後輩咸敦
雍睦六世同居至男婦百有三人始析箸諸孫入成
均者四曾孫聯珠廪生士林永清俱庠生餘捐國學
職員九人猶守家風
陳玉懷號小奎監生孝友性生大父年耄出入扶持惟
謹事兩親色養備至毋多病與妻吳氏侍奉湯藥晨

昏無懈昆季三子姪甚衆分析後迎兄嫂同居供膳
膳怡怡相依生平公恕待人心無城府年六十餘卒
子三德宏德元德寶皆業儒
張齊堯與弟齊舜好善樂施醫藥濟世教子弟家法最
嚴七世同居家丁九十餘人皆敦孝友孫春福春椥
春台俱監生春浩從九曾孫兆麟庠生天耀監生
萬紹甲性孝友毋晚年多病晝夜侍不倦病劇時甲迫
夜跪雪中誓以身代親夢神授以九而愈兄紹奎艱
於嗣甲三次私賣産代兄續室緜祀以博親歡

王治璧監生傳家忠厚訓子義方六世同居一堂雍睦
年六十一卒子三長世泰國學次世魁庠生三世英
博學工詩孫培應元吉俱貢生章煥增貢生桂林道
長俱監生克守孝友家風
何之法事親至孝親歿廬墓三年弟兄友愛異常訓子
姪均成就年九十餘卒子鳳皋監生啟瑞鳳翔皆庠
生餘業儒孫東漢入成均
何耀南監生事親以孝聞親歿廬墓三年周貧乏樂善
不倦排解紛難人咸稱之子錦台致和皆監生致祥

增生餘業儒
陳澤鏞監生宗翰子年十八同治三年五月翰被擄鏞
願替父生賊釋其父挾鏞行至北塔河與賊力鬬死
陳澤元事毋孝毋氏劉年老目瞽同治三年五月初十
賊蜂聚元負毋逃十五日賊復至元諭家人各散負
毋入室被擄不屈中数槍投門首塘死
李文運城內人咸豐十一年九月奉毋逃亂均被擄賊
欲殺運願以身代毋遂遇害毋獲全
金孝元字舜臣庠生兄弟友愛和睦無間性慷慨善排

觧咸豐四年四月賊肆擄掠率鄉勇堵禦五月賊竄
城督勇攻之後從許憲勦賊黄郡加五品銜仝衆立
砦於龍王山鄉民賴焉

王心恭號大賓事父母以孝聞親歿後孺慕終身家事
委諸昆弟惟力於學讀性最魯必力索以求解館豫
十餘年成就多人至今猶景仰之見貧苦親鄰時温
恤不吝年六十四卒餘詳璧峯儒林傳

吳芳春號侍階少岩長子姿聰頴讀書十行俱下工詩
文善書法許太尊蔡別駕深爲器重事祖父母與兩

親悉得歡心敬諸父友昆弟循循有禮應黄州試聞
母病寢不安一晝夜馳奔二百里歸家侍奉不離床
蓆數月因勞致疾卒士林惜之子行健業儒

趙坦號淡齋性孝父監生然鰲染風痺數年汚穢床蓐
坦親拭濯屢焚香籲天願以身代父愈而坦已榮瘵
病革謂子監生錫三儒童錫印曰余生未養親死未
葬親卒後以衰麻殮俾得屍孝焉

蔡必洪幼失怙恃數歲祭墓泣慟幾絶叔救得甦年長
得父遺屬書因大慟欲廬墓以兄患痿痺左右扶持
未果後管祠事建祠置產族人重之孫光楷太學曾
孫殿輝殿元俱庠生餘業儒

周啟三同弟啟四乾隆乙巳歲大祲流亡塞途將分乞
遠方及半里許手足不忍離遂偕歸投環死恐受飢
生全難保同時自盡事近愚而友愛之情實可哀已

王風盃兄弟四伯仲叔均生于夭折以已子分承其嗣
同居皓首相對怡怡子名魁庠生

蔡科逵事親盡孝父歿母患病垂危醫藥罔效枓痛哭
無計割股和藥以進母遂愈

黄彪性友愛家赤貧父在時命與其兄廩生黄鍾析居
各謀生鍾病魔挈家徙弦境諱姓名爲人傭彪往訪
勸歸不聽旋歿乃護兄喪迎嫂歸養子姪飲食婚娶
皆自任之有姪媳徙沔陽字他姓彪往控理得歸聚
子道明宏潤宏濟宏源皆監生孫報捐四人

新纂孝友孝子附

庠生盧雲鳳性至孝祖殉難巴州父純慈尋骸不獲臨終以繼志囑鳳兩次入川骸仍不獲具棺招葬南龕下忠魂託焉品學素優前邑侯李公行修請為鄉飲大賓又延為社學師著有巴州公案巴遊草卧堂存稿

副榜夏秉中性樸誠事親孝年逾五十猶依依孺子慕焉子暢春庠生孫德逵庠生

李允泌字源潤性至孝得父母歡兄弟六母喪葬事泌

皆盡禮居鄉多施濟繼親志也凡輯家乘建宗祠修橋路靡不倡首捐貲四兄早歿孤子兆蘭無依泌撫之晚年無子因繼兩房嗣焉前　邑侯諸贈耆民額孫焱亭監生

熊三義者灄源里居民也兄弟三長清義次清禮三清智性孝友五世同居人遂以三義稱之享壽俱踰八旬　學憲馮題有三壽作朋額其後嗣蕃衍和睦猶存

太學盧延年性孝友三世同居尤喜施舍凡道塗津渡義舉捐貲不吝至今鄉里思之不置云

熊文灼少習儒不遇遂絕意仕進晝率僮僕躬耕夜輒挑燈讀書性孝友嘗隨三兄承父母歡怡怡如也兄俱豪爽不親細務灼督理家政豐儉得宜同居三世內外無間言蓋兄篤友于而灼尤善居季云

增生周金鏞生六月而孤事母以孝著常有忤逆者耳其名陰窺動靜適鏞為母滌穢衣遂感而興孝焉兄弟讀書有成皆鏞力也慕年尤精堪輿子四良翰積學早逝維翰宗翰均入泮文翰軍功八品

庠生盧國光性孝友兄弟中有極難處置者善調停恩義兼盡尤好善捐貲修玉川磯上石橋至今往來者德之

庠生程昌洛性至孝父其達設教遠方歿於館洛匍匐奔喪舊東富室某愛其才將强贅之固辭賧扶櫬歸時年甫十六也迨娶後生子二在襁褓而妻遽逝洛前課生徒後育嬰孩或勸之續絃殊不介意卒年八十三

盧治鐸性孝友兄弟五鐸養親尤得歡心父病割股和

藥以進有弟不慧盡情撫之平生守正不阿嘗道拾遺物候失者至與之不告姓名而去鐸歿後子學源哭泣盡哀十餘年未嘗見齒兄弟析爨不計財産綽有父風人稱爲一門孝友云

太學程步墀字楚善孝事親色養備至嘗貿西蜀夢母病殆歸行至清潭舟覆聞人語曰此孝子也恍惚間已登岸因得無恙卒年五十子鍾敏監生

太學王道坦性孝友胞叔早逝妻李氏子道平尚幼坦教養成立事李如母後平夫婦相繼歿遺二子坦仍

厚待之五世同居卒年七十子二次文銘監生事孀嫂如事母鄉里頌之

盧堃兄弟二少孤以養母自任嘉慶初入城避寇謂家人曰若城陷吾止能衛老母爾等善處置勿貽前人羞他如掩枯骨焚逋券戒訟救荒殆孝友所推與子五長幼業儒孫八多入膠庠列成均者

耆民孟謙發事嗣父母以孝聞待兄厚以所得家貲析半與之後發漸饒猶能不私所有篤愛同胞至老不倦

吳之麒事親以孝著處鄉里日以孝弟勉人聽者悅服性和靄而見者無不起敬焉卒年八十四子六

太學江傑性樸誠少從父貿西蜀父歿舟行至半途風大作伴舟盡覆傑伏柩側呼號船獨無恙同治甲子賊掩至負繼母逃妻子皆不遑顧尤好善歲終輒出穀米以濟族之貧窮至建祠與祖捐貲經營不稍吝焉卒年六十七子一理成業儒

何鳳翎字鳴萬性慷慨兄弟三事親皆孝翎居季更得歡心親歿哀毀骨立居鄉善排解村前河橋翎捐貲

購造行人德之歿年七十子二長三星次步華監生

孟正英品端方兄正芳隨父客瀘州父歿英聞之匍匐奔喪比至兄又逝獨扶櫬歸跋涉千里號哭之聲道路感泣事母亦以孝聞撫二姪成立子大棣監生孫來儀庠生

張才貴家貧至孝母病求神罔效割股和肉食以進病立愈

陳源信性孝友其父病割肝和肉進之病即愈　邑侯陳公贈有孝通神明額並跋見藝文志

太學鍾慶雲少習儒事親孝母病未解衣帶者半年母
歿痛絕數次二兄早逝事孀嫂亦盡禮課子姪以詩書
姪書詔九成姪孫鳴俱庠生皆雲力也
孟光達字書堂研究經義以身體力行爲主事親孝待
弟友愛倡修家塾培植子弟薰其德者至今猶稱道
焉
張應興性至孝父母病與親嘗藥餌禱諸神願以身代
後親卒哀毀泣血廬墓三年
余達民盡孝養凡親所嗜好必羅致之父患疽藥罔效

醫云必得鹿骨肉食之可愈達奔走四方求之卒獲
歸以進病果愈
孟光顯敦孝友出自天性兄負販至暑月輒身代之後
中鬱卒子一立源業儒
董成宇風亭性友愛兄弟三皆早逝以次子賢華爲弟
基端嗣撫諸姪成立卒年五十一子二賢鎔庠生
孟謙祥性孝友服賈黔中以資孝養父母歿卜兆修墓
一身任之父遺田産概歸二兄子二光達光榮
楊崇福字席祿幼失怙恃與兄宗連孤苦自立常以不

能孝養爲憾兄弟友愛至老不衰或兄有怒必婉言
以釋之兄年七十七卒哭泣不食者數日卒年七十
二
監生蔡光楷昌烈子也烈家教嚴厲楷曲意承順惟恐
不得歡心因母病醫罔效精習岐黃兼濟鄉人亦多
所全活母卒哀毀骨立居喪三年人罕見其面丁父
艱亦如之迨老且病手輯治家格言示子孫嘗云盡
性工夫先在家庭下手居家事件即從日用起頭餘
詳善行昌烈傳

耆民程光楷性方直好施與不望報子五長華山監生
次見龍殉難入昭忠祠華幹醫術濟人孫曾林立一
門孝友族里賜有五世同堂額楷卒年九十一
詹正發性孝友族黨無間言妻孟氏事翁姑能順夫志
弟正元亦盡悌道元無嗣以次子人壽繼之蓋孝友
出於一門云
梁德明性至孝母方氏染風疾久困床蓐明與妻李氏
侍奉十餘年無倦容後母歿哀毀骨立竟以憂卒
孟大宇性篤厚父早逝事母以孝聞母病親嘗藥餌衣

不解帶者數月母卒廬於墓側日夜號泣弟大順亡嗣宇數爲聘婦僅一女以次子謙發繼之

張其方性孝友父患癱醫治罔效以口吮之卽愈兄達翁家恒不給所需食用多方給之頻年不倦卒年六十

程溢性天篤厚胞兄淮有株連事案已定代白其冤兄得釋鄉里稱之

恩貢徐卓成號玉渠家貧力學親歿後每念及輒隕涕甲子歲粵匪猝至被擄長子譽麟願以身代賊遂舍

成而擄麟去未幾麟亦歸是年秋麟入泮食餼今明經矣人以爲孝行傳家其報不爽云

陳高耀五世同居治家井井有條尤好善倡首重修楊德橋鄉里至今稱之

黃亦詔號明軒性至孝父力學嘉慶年殉教匪難詔痛不欲生讀歷代忠義傳輒號泣不忍卒讀事母以孝著母病侍湯藥衣不解帶者數月見里中高年必拱立致敬稱者翕然子二登雲職員登選監生

涂正大性友愛胞弟錦標東昇先後遊庠皆資訓誨捐

貲建家塾族中子弟賢不肖悉令讀書貧者代備束修不取償焉年七十卒

張家矩父早逝事母以孝聞母卒哀痛泣血後因食指繁兄弟析居矩不得已以應得之產半讓兄弟族人稱之

孟光達字通人事孀母色養兼盡季弟光顯早逝遺孤甫二齡撫之如已子待人極謙和遇窘苦者尤周恤之

庠生程承寵學業精通數奇不遇因篤修家政倡理譜

牒訓示宗人以和睦友愛爲先至今猶遵家法焉

耿文炳事親孝兄弟三親歿後喪葬事一身任之弟文華早逝無嗣待弟媳王氏盡禮以三子普昌繼之撫養成立家不豐極好義見貧苦輒佽助之年五十六終

黃鳳彩生三月而孤母錢氏苦節撫之成立事母孝待兄弟友愛甚篤析箸時廣厦數重讓與兄詔適詔北上無貲廢產助之其天性爲不可及云

庠生張楚士父早逝母苦節撫之甫數歲就讀母勤紡

績以助膏火學偶懈倨衔怒不食士長跪母前必俟母色霽而後起及長色養備至務得歡心後母卒廬墓三年

何呈潤性樸實事親孝友于極篤兄弟歿待姪逾己子後與姪析爨悉以田宅之美者與之鄉里高其讓德焉年六十六終子新甲職員

曹承遞幼失怙母撫之長力農桑孝事孀母母卒哀毀幾絕于田時號泣之聲聞者莫不墮淚子耀祖孫曾林立

貢生黃錫祿號崑山幼失恃事繼母以孝聞母年八十

凡起居飲食必親理之兄弟三伯仲早逝無嗣祿以巳子繼其禋祀卒年六十

張錫爵品行端正與人交接情恕理遣終不設機械心事父母尤以孝聞士林稱爲純儒焉

庠生孟祐謙父早逝以筆耕事孀母自茹蔬母膳必豐弱冠入泮年二十九因攻苦致疾卒

監生黃聯選性方鯁積學能文兩薦鄉闈未售教人以忠孝節義爲先曾作文詞以勸鄉人風俗爲之一變焉年八旬猶作詩文自娱

曹功義聰穎過人有重瞳之異就讀時師器重之性至孝親病侍湯藥晝夜不倦課子弟甚嚴後　撫憲諭孝廉方正邑令李以義應之尋病卒

庠生張載鸞孝友純篤延師課子弟禮意殷勤不惜費弟兄入泮登科多賴培植之力子廷和亦綽有父風孫四俱監生

江蔚章性極孝母患痼疾奉湯藥十餘年不倦病篤時默禱神明願以身代病尋愈與父俱年近九十終人以爲純孝所感云著有全史要編蔚草堂文集待梓

監生武士珍性孝友髫年失怙號泣呼天死而復甦者數次兄士琦承嗣胞伯琦早逝無嗣珍以子錫齡嗣之受室甫四月病歿珍又爲之立嗣焉

附貢戴貢楠字讓生少失怙事母最孝年六十猶若嬰孩母病侍湯藥月餘衣不解帶及母歿廬墓期年兄弟力勸始歸劉崑圃贈以詩云把酒論文猶後事賞心先在悅親時咸豐初奉　憲諭練勇禦賊尤積勤勞　許太尊贈一聯云性如烈火心猶赤力挽狂瀾鬢已斑卒年八十

文童阮維城兄弟四城居長待弟友愛篤摯好讀書風
雨連床以學問相劘終日怡怡年未冠其文名便噪
一時惜青年早逝子一鴻渚業儒
張庚雨字友蘇貢生父席賢品學純粹設館授徒不計
脩脯嘗教其甥劉崑圃謂異日必成宅相友蘇能繼
其業生而孝友少時爲父買藥赤脚涉層氷中毛孔
皆血後陰雨輒痛每年七十餘友蘇亦逾耳順出告
友面老人無睡扶持抑搔終夜無倦容兄早亡遺一
女撫養過於所生與弟明紳怡怡然終身如一日晚

年血衰竟以氷寒沁骨膝以下皆腫潰卒
孝子張樑才
孝子詹漢光
孝子江炳燮
劉豪 明性篤實處家庭極孝友父携兄遠貿西蜀道光
年豪聞父病星夜赴蜀迎歸親侍湯藥數月衣不解帶
及殁喪葬盡禮時痛長房人覊蜀地迨子監生秉 華
尋歸遵遺囑也至其受人寄託然諾不欺並倡修[illegible]家
廟猶 餘書耳卒 年六十三

宦績

儒者學古入官贊鴻猷著偉烈尚已次則膺一命之
榮綰半通之綬於物亦必有所濟孰謂非百里才不
可展其驥足哉夫前事者後事之師也故據所採聞
錄於篇以俟後君子矜式焉志宦績
也先不花元勳戚先世家西陲宋靖康從戎南渡祖百
夫父萬山俱贈提領不花官左丞見元史宰相表封
提領王平章黄州路兼鎮桃花站有功德於一方今
百望山書院遺碣猶存但文多磨滅惟年月官職姓

氏可稽蓋元至順癸酉歲也子孫以爵爲姓隸本邑
沙河子君用襲父也先不花爵元末大亂據險保境
明太祖平陳定武昌率衆歸之解兵柄從守黄州
鄒來學字時敏太平里人宣德癸丑進士初授戸部主
事轉員外郎從靖遠伯王驥征麓川以功陞郎中母
憂服闋改通政司右叅議督儲於永平山海正統己
巳虜犯京師擢右僉都御史節制軍務巡視畿甸東
北諸關隘時人情洶洶廷臣懾息惟謀守城公請擇
文武大臣各帥軍據險以要虜歸路大軍從而逐之

內外夾攻宜無不殄滅者於是命公帥所部趨紫荊
關易州等處偕昌平侯楊洪追躡虜後方當百務叢
脞之際公綜覈名實刻期樹功繕倉庾轉芻粟築城
浚池立屯堡精器械舉將練兵事爲之所京師賴扞
蔽焉景泰癸酉陟副都御史命兼制居庸倒馬白羊
龍泉等關而邊境無虞矣甲戌東南數郡大旱百姓
騷然朝廷材公又改命巡撫蘇松常鎮賑之於是蠲
逋負免徭役發廪勸分興水利督耕作詢察吏治旌
良儆貪詘謗不恤上疏畧曰天之降災未有如今日

之甚民之饑饉未有如蘇松之甚臣巡歷郡邑體驗
民情死者相枕連途生者號啼盈市棄家蕩產鬻妻
賣子在在有之臣巳令郡縣稍有倉廪者按月關給
賑濟或移粟於鄰壤或貸種於富家凡未完糧草買
辦差徭之類俱令停止人心僅安生理稍遂奈疫疾
流行匪直蘇松雖嘉湖常鎮亦然生民之患莫重於
此又小麥將熟忽皆黄朽事出不測空腹待食惶惶
失望以士沃民庶之地變爲嗟怨愁嘆之墟推其所
自必有所召皇上中興以來法祖敬天愛人節用豈

期鄰邑之官忍心害理科歛侵欺詞訟旁午而不問
囹圄充盈而不理里閭奸徒包納供應以官錢爲私
貨以公廪爲家資大家豪户淩虐小民剥削膏脂罄
空杼柚其他宿弊不能枚舉臣將巳甚者執問如律
餘令警省自新夫守令生民之父母巡撫又守令之
表率今災異如此雖守令之過寔臣之罪也伏望慎
選剛明廉幹者任巡撫之責庶天心可回災患可弭
矣上褒答之公又請存京儲以備賑濟復輸任以省
勞費時善其議竟以勞瘁成疾及歸議事而道卒上

遣官致祭命有司歸喪營葬崇祀鄉賢孫騏登進士
歷都給事中出補參議

周隆字懋修賦性英偉善談兵法明太祖起兵時慷慨
從戎屢獲戰功以軍功授副將軍洪武二年由江西
饒州卜居齊安後建安邑至今號爲太仙里人

周文二字厥祥雄健勇畧諳孫吳之法官指揮使凡遇
軍事獨奮武勇罕有輕犯者又周孟揚素有胆畧談
兵事如指掌官至驍騎將軍後解組歸隱居歸元山

鄒瀠天順壬午舉人授石泉令時經番夷之害民多逃

徙濙善於招撫復業者甚衆四川龍安各官
吳琛字文錫西山先生子也少篤學修父業與兄琳齊名授衢州府同知盡心奉法政多偉績
黃伯垓中和里人成化進士累官少卿宦成之日居不數椽田不百畝分給八子若儒素然少司馬耿叔臺題其卷曰清白遺風
周思敬字子禮號友山隆慶戊辰進士起家水部郎出備兵寧州時寧有巨寇嘯聚莫敢攖公至以計擒之渠魁授首副使廣信參政涪州皆著奇績尋擢光禄

卿三遷至南戸部侍郎主事趙學仕使年有罪恃奥援爲觧公劾之擬戍時議援朝鮮公抗陳不可得俞旨報罷朝野震服以疾卒於官贈工部尚書孫世寧博覽羣籍事孀母以孝聞
方民懷字懋元少循謹長志古人之學從道峯毛先生遊弱冠舉於鄉家食二十年絶跡公府嘗寓旅舍有女奔者公正色叱之女跪曰父爲債窘故爾公亟取囊金赒而遣之葢有魯男子之風焉謁選爲林縣令五載有惠政平生恥爲媕阿有監司臨以非禮公拂衣起曰廿年不出正慮此也隨賦歸歸之日囊無一金杜門却掃即族里召不赴家徒壁立而日以酤醪自娛其風致又如陶靖節云伯兄憲副有子没無嗣家累鉅千珍綺稱是公臨其喪覩之恚曰此禍胎也不顧而去任其婣黨恣取若將浼焉安陽閣學郭東野林鄰封人也稔公治行趣令復起卒不出晚自爲贊曰一個模様如癡如拙一個心腸如石如鐵一個義字如粟如帛一個利字如蛇如蝎人問不知向人不説事到頭來自信自决里人士傳誦之咸謂無媿

辭云祟祀鄉賢
方民悦字懋德號三河泰仙里人父孝廉生子六公居五少有異姿一見輒成誦稍長博通秦漢諸史下筆千言戊子舉於鄉乙未成進士除六安知州陞禮部員外郎歷本部郎中當分宜之初入相也公聞而歎曰天下自此多事矣後咸服其識俸滿出爲廣東兵備副史多惠政士民樂之先是海南富商以飄洋爲大利時伏莽竊據其間商苦甚公百方緝擒獲者衆商人德公比歿海南之民爲之罷市者三日櫬歸

白衣冠送者數千人立祠以奉公祀
周家棟字隆之號鶴陽太平里人萬歷戊子己丑聯捷南宮授臨海令清理徭役民懷其惠築湖堤尤利及一永八蕁擢御史巡鹽兩浙老穉數百里遮道歡呼曰此我曩時父母也卒祀名宦初採礦命下安邑有金場河姦胥妄指以累平民桁楊桎梏相望於道公力爲奏罷鄉人德之亦祀鄉賢
吳化字敦之號曲蘿萬歷乙未進士授鎮江推官數斷疑獄出人意表民有壓死者誣爲諸生某撲殺公案

之曰撲人者右其手理宜橫今縱而左非撲也民乃服遠近神之其敏綀類如此累官禮部主事卒年七十二有遺集若干卷子光龍克世其家學
王之策萬歷中由選拔授通江令茹蘗飲冰鋤強剔蠹善於撫字崇祀四川名宦
秦楠字立之萬歷己未進士授全椒令未下車卽發諸吏奸蠹狀至則杜苞苴除耗羨薄稅通商調桐城去惟攜布被一篋而行崇祀江南名宦方公家食時偶小集有拍板以侑觴者公異其狀叩所來對曰某本

江左書生以令親典學政見黜心煩不甘特訪至此公曰文在乎應曰在出諸袖中公覽竟擊節曰故知君非常人也遂以其文謁司衡者白其事司衡亟發篋視所落卷乃知以油汚燭燬未入目使復其衿後聯鑣爲海內知名士蓋李君叔元也又在官時一勢宦因壻家中落欲悔絲蘿速之訟丐囑於公公曰第以白金數百來令女一出質斷之易耳宦家如其言比就鞫公誚曰君所以如此者嫌壻貧耳今不貧矣女立從一余爲伐焉因呼女入署治奩具嫁之時論

無不稱快後公殁二人皆不遠千里致生芻之奠焉
吳士仲字季舒號果石吉水丞國寧第五子父倅星渚時母程氏產仲於官舍星令陳公夢緋衣人入倅署覺而異之遣訊則仲誕生始也髫齡失怙執喪禮如成人十九入庠廿二遊成均三十八除南典膳署東城兵馬司事時闖逆犯順金陵公上衛南十三欵分守正陽朝陽二門賊不敢近著有司城紀略以直忤時謫溧水簿甫涖任委視鄖篆招叛綏艮績載羅志旋攝申州修城垣集流亡賊攻甚急公親冒矢石捍

方略擒殺甚衆圍解晉秩新昌士民扳留久乃得去越十餘年申人追思愛戴立碑城南頌德焉既抵浮豫撫用守申功題補桐柏令未受事而歸教子之珍成進士就養東武提命尤切暮年里居寄情物外曾族屬濟飢寒凡有益於宗黨力行不倦時復拈弄筆墨著雉山園小吟年七十七夢呂祖呼梅溪道人授以五月落梅之句已而果卒

耿應輿字公明以恭簡恩蔭官刑部郎中爲人倜儻好奇多大志官刑部時値獄監一囚犯貌聳神異心奇

之舊例典監必朴責壯囚公既奇其人不復責退而饋之食囚食畢不謝但云寄語耿公我必不相悞後値滿輪他郎中典監如例朴責是囚夜半逸去向使非公奇之則失囚之罪公當之矣公嘗痛本邑南糧轉運大不便於民方謀改折而公歿時年三十有四子幼公之奇行無爲表述者僅傳其一二深可惜也

程繼善字明起號勉公太平里人爲人沉毅有志五中副車以歲薦考授安慶府司理其治皖也訟無留滯有悍將驕横郎日請命逮繫世爵崔某者祖墓木爲健兒竊伐反受誣抵重辟爰書既成力爲請釋崔德之立祠祀焉自是兵輯民安皖人至今誦之解組歸流氛四起立堡大勝山訓練保聚隱然爲一方保障邑中利弊無不剖陳精確爲歷任邑大夫所推服早辰西山之役軍需旁午公與吳公西瀛酌量調劑力言於當事徭役悉均晚年與邑中賢士講道論學立義塾訓族子弟叨黌序者五十餘人初爲諸生時嗣父被盜害號泣欲絶訶得渠魁六七人鬻産醵足請討於院讞決時論快之六子登仕籍者三食餼廩者

三壽八十一

王倜號孟庵以明經授河南羅山教諭陞四川長寧知縣長俗諸生著草履上公庭充里役一到郎革除士風丕變折獄明決觸俸賑饑給民牛種民多德之晉敘州別駕未久引疾歸年七十五卒孫瑛克繩祖武

周世鎮字元樸太仙里人幼失怙事母以孝聞賦性穎悟夙負磊落之槪年十六入邑庠以恩蔭補太常典簿在官刻意勤職秩宗葛公屺嶦少宗伯張公元始雅器重之列薦剡其考語略云駿奔宗廟襄禮樂以

修明執掌簿書典彝牲而肥腯擬擢計部郎先是南中市猾乘亂報仇殺人利其家資一時蠭起公密白掌中臺者榜嚴諭之亂風始息旋以疾歸里年尚少耕鑿數畝逃情稼穡間深自韜晦
國朝徵求隱逸賢良當事以公應力以疾辭晚年益精性理諸書尤熟資治通鑑博涉古今不屑屑章句好施與族黨多賴之卒年六十

劉之楨字永濟太仙里人淹通經史酷嗜尚書刻意爲文其簡潔處尤得訓詁之遺弟兄師友每屆秋闈必結七藝會課忽拈士不可以不宏毅題終日不成一字及應天啟辛酉鄉試闈中恰分是題公搆思仍無一字至夜分心思頓生伸紙疾書七藝俱就遂獲捷初授石首教諭時兵燹之餘士民多規避公加意招徠是科中式者惟石首最盛尋擢石泉令泉固巖邑城郭闕如公廨傾圮乃捐俸完堞搆署地逼興安兵民雜處爲之嚴紀律使戍卒不敢騷動代撫王公器重之欲登薦剡旋以老疾乞歸未幾卒

江載清字子厚號雲輿中和里人沉酣經史端愼醇樸

黃安縣志　人物卷八　宦績　十

絕去矜躁浮夸之習與人交初若落落難合久之無間崇禎己卯登賢書癸未徐公九一分校禮闈得公卷深加歎賞擬首薦以卷末投桃報李四字抑徐太息不已贈以詩有老淚數行悲李廣及門諸子歎劉蕡旋以萱堂垂暮不赴公車終母養服闋授江夏學博辛卯擢分宜令甫下車問民疾苦除煩苛革虛冒積弊如報減浮糧其大較也琴鶴蕭然無時不以致君澤民爲念竟以疾卒於官貧無以斂司理王公儆庵聞於撫軍助其喪乃得扶櫬歸士民數千人泣送於道崇祀名宦迄今猶有甘棠之慕焉

耿應衡字玉齊明徵君老廉汝思伯子也義方之訓極嚴委曲將迎無不承顏順志幼弟應衡友愛出於至性早歲補弟子員食餼旋由徵辟授遵化司理
國初累官鄜州兵備道寧紹台副使熟知利弊凡所因革悉協時宜先是安邑賦役雖有條鞭之法而里甲不清胥役飛詭民受其累公爲倡畫一之議始稱平至今公私稱便卒祟祀鄉賢弟應衡字季通以諸生入成均性倜儻任俠好行其德子宗埴字篪伯以明經

黃安縣志　人物卷八　宦績　十一

授浙江上虞令有政聲書畫詩歌皆名世嶽副之貽
謀者善也

鍾琇號青巖白其爲諸生時已慷慨有大志旋由選拔
登進士除袁州司理多决疑獄有巨家子爲賊所脇
兵執之公爲申釋民失盗指鄰牛公以牛誤入爲解
袁介楚粤山谷之間流亡結集謀不軌議用兵公諭
降之尋陞民部督糧通州轉正郎典試江右旋守漢
中一意與民休息省徭役闢荒畝卒以耿介忤上去
之日攀轅道左者不知其幾千百也歸里與兄龍沙

鶴髮連牀著有心遠堂集卒年七十三子應遂應遜
應逌能世其家

彭繩祖字若昭號正圜性至孝幼穎異成童列膠庠試
輒冠軍由選拔除泉州别駕時大軍集厦門職任轉
輸芻茭糗糧俱備攝泉永春晋江三邑篆緩催科决
疑獄民有誤食斷腸草斃者疑爲怨家所殺一訊驗
其寃釋之以轉餉功陞惠州司馬捐修東坡西湖勝
地署博羅顴免丁徭羅人建祠祀之入名宦長寧山
寇猖獗指畫方略渠魁授首督撫交章題敘軍功擢

石阡守值大軍屯黔三閱月軍需供應咸稱敏給尋
丁外艱歸服闋補兖州守脱辟四百三四十人戊申
六月東省地震旋澇陳救灾十策制軍據疏請
勅下其議通行六郡蒞兖五載兩攝道篆清名惠政東魯至
今猶能道之解組歸芒鞋蠟屐踏月衝泥兩袖清風
度越千古

吳之珍字貞吉號西灝父士仲爲南光禄署正庭訓極
嚴公先意承志無不得其歡奉兩繼慈以孝聞幼時
好擊劒及長折節讀書攻苦益力順治辛卯壬辰聯

捷成進士先是賊氛肆虐山寨不守母周氏被執罵
賊死公抱屍慟哭幾不欲生庶弟病革尤篤同氣之
誼甲午分符東武首興文教值天旱齋戒步禱行烈
日中須臾雨立霈邑近海舊設防衛芻茭糗糧供億
不貲公力請報罷邑多逋賦公詳核其逃亡故絶者
蠲之田畝荒蕪力爲勸墾有江南客仇姓者因討得
宿債夜過東武邏卒偵之誣爲盜公知其寃訊釋之
併遣役護送出境又常夜行道中聞呼寃者命役迹
之無所得乃親索之亂葦叢棘中則吏胥詐財者也

亟爲之拘獲抵罪他如革兩稅羨餘禁緝逃株連諸多惠政旋以親老乞歸行李蕭然持百錢相餽者絡繹於道歸里後凡有利於桑梓者爲之無不力里有小忿爭得公一言而解父歿哀毀骨立未逾年公亦卒長子宏初登賢書次宏在宏禩暨孫曾輩皆能世其家學

盧繩慈字昭許幼穎悟年十二入泮隨父惇官巴州刺史歸應試會獻賊踞川父力戰死聞信走竟陵不得入望三峽號泣晝夜不絕念尚有母在抱痛而歸日

進甘旨與弟純篤友愛毋痛父死王事骨未歸輒相對而哭旋以選拔入成均授松陽令鋤豪強决疑獄時海氛初靖軍需供給一槩不以勞民卒於官祀名宦生平與張石虹之父樸園爲死生交臨歿執樸園手祇以未及迎養老母爲憾餘無一語及他啟其笥得薄俸數金松人哀其廉始歛金以其喪歸子扶邑庠生早卒孫二能讀父祖之書

盧經字叔向號蕙浦父爾悌兄弟九人皆以春秋名乳時多病輙呱呱啼不絕父偶遇僧人懶拙忽問曰二郎安否父曰惟善哭僧曰吾友也念我耳往視之遂不哭順治丁酉與弟綖同舉於鄉戊戌成進士授興化司理時海賊屢寇閩憲檄附海五十里者限三日遷內地公請寬其期居民始得從容遷徙其未及五十里者多存之蒞任一載於疑獄多所平反活死囚二十有三人暇則與文士講學著莆陽課士錄以父憂去官服闋補重慶司理未抵任卒于家年三十有六著有長安秋興春秋文稿若干集

耿起宗字文倩丰神諧暢議論風生豪於酒好客如孟

嘗中年家漸落然客至則典衣沽酒仍無虛日後以歲貢任安鄉訓導貌恭而言莊不復當時豪舉矣每課士猶必開尊杯酒論文娓娓忘倦士人愛之如慈父母焉年三十九卒於任子三

程之澍字歲霖號傅巖初就塾讀四子書即能以意解後領鄉薦屢上春官不第揀選改就學博任郴州郴人士經兵燹喪亂之餘未暇治禮義公至講學論文歲有程月有課士始嚮學甲子應豫章秋闈聘有干謁者峻拒之比撤棘所得皆知名士家食時有議設

弁駐防安乜者士民驚怖公詣臺院歷陳利弊事遂寢艱於嗣息八八閩有川袁姓幼婦爲賦小星婦至兩眉顰蹙涙痕斑斑在頰詢知夫以逋負不償罹於罪鬻妻以求活者公立還之不索其値曰吾不忍以似續故割他人絃其在郴諸生有以掘地受礦誣訟獄大起公請於上憲力白其冤未幾卒於郴年六十五郴士立祠祀之賻以歸

劉茂基字大生號楊溪幼讀書敦行誼與人以誠不設城府登順治甲午鄉試武榜歷任燕山右衛江南掌

印守備陞都司僉書全椒六合上元廣武間民多散處爲撫流亡清旗甲新增諸羨悉裁之歲飢道殣相望除逋欠千餘兩滁陽間至今稱明威將軍之功繼母胡年九十三公年亦七十矣而孝養倍篤繼母所生弟死以自卜壽藏窆焉舉大飲賓年八十終

孟之春字元時生而穎悟以恩貢授荆州府學司訓丁毋艱起復補湖南會同縣學博攝縣事吏治明察士民愛戴隨丁外艱服闋補荆州府學司鐸三庠皆先德行而後文藝旋致仕歸家居二十餘載爲人排難解紛扶危濟困邑有公事踴躍倡先不辭勞怨以孫正芴　貤贈文林郎子二長道文字揆一邑庠生天性純粹好學不倦因攻苦過甚積勞成疾年四十卒以子正芴　封文林郎次道益字錦城優增生品學一遵庭訓遊四川永寧道幕道憲深器重之

吳之暐字爾德號北陽萬歷庚子舉人甲辰進士官大理寺少卿兼都察院副都御史中歲移居霍山崇祀彼處鄉賢

吳泝字雉山文鳳子乾隆丁卯解元壬申成進士歷任

山東茌縣陵縣德平皆有政聲方伯尹公嘉銓贈以額曰民之依暨壬午丁亥恭逢
聖駕南巡兩次辦道蒙
恩賞緞加級在內勘辦水災二次蝗災三次賑郵得宜乙酉戊子兩校棘闈所拔查公瑩孔公繼涑等皆山左名宿庚寅復値次年
聖駕南巡辦理差務於工次得疾詳請解組卸事卒官槖蕭然請領貧員路費始克歸葬子大棐國學大棨大桀詩俱聯翩黌序孫東地業熊均庠生大桀字櫟園性

孝友與兄衆撫育兄孤同仔無間工書法客江淮數十年名流相推重晚歸倡修祖塋亭堂石橋類皆好行其德有古君子風焉

吳中理字淑黃號順齋乾隆丙子舉人授保康學博修黌宮建齋舍勤講課恤寒儒旋陞長沙府教授丁未選山西浮山縣令縣人不發科因於學官前買民房撤去之科名遂盛民有貧鬻妻女者償金贖還他如除陋規懲蠹胥善政畢舉族有赴科者緘金爲勸積負者代償之年七十一致仕歸宦槖蕭然惟存書數

千卷而已越明年卒子三長性誠字恒之號樸菴任福建彰化知縣有政聲次愷誠邑庠次向仁字靜山甘肅候補主簿旋分發江西以縣丞用孫三人長咸邑庠次晉候選布政司經歷次豐太學生以長子性誠贈奉直大夫

韓廷敬字同野邑庠宗孟子也生三月而孤賴節母吳氏教育以成及長奉叔父宗正公訓由明經學博授廣西賓州倅蒞任興利除弊士民愛戴秩滿將遷賓民不捨適州任缺憲檄護篆賓民喜曰吾今借得寇君矣未幾丁母艱扶櫬歸里服闋當起任澹於仕進以疾辭

韓邦哲字貽初號郢川明萬歷辛卯舉於鄉壬辰會副初任武昌教授日進諸生講學尋陞四川涪州牧廉明耿介士民畏而愛之秩滿晉東昌郡司馬發奸摘伏羣邪斂跡檄所屬罷煩役省浮徵佻猾之風一變熹宗朝慨魏璫擅權乞休歸邑人立去思碑崇祀名宦

韓張楩字因孺順治甲申歲貢任應城訓導遷漢郡教

授訓士有方熊鍾陵嘗贈句云黃郡久經推老宿漢江今始得先生秩滿擢阜城令創立義學延師課士興利除弊訟獄衰息阜民德之解組歸建祠於學官側懸愷悌君子額春秋奉祀不衰

韓庚寅字子白號奕棨康熙己酉舉於鄉癸丑成進士時同宗慕廬公菼雲飛公竹愼庵公士修皆於是科讀中秘書以公不得與咸爲搤腕而公泊如也分符宜陽清廉明恕崇奬正學丁卯秋河南同考試官薦拔皆知名士元魁出其門明年丁外艱歸服闋起唐

縣令有政績直撫卓薦銓部以職方主政鈌行取入
都供職年餘以疾卒於官
秦人藩字巨屏號桂庵太仙里人少篤學年十三與父
同遊膠庠方冠登雍正乙卯賢書壬戌會試登明通
榜任湖南龍山縣令修學宫拔單寒築隄防興水利
後調繁苗疆尤以修文化俗養士愛民爲急案有株
連者反覆申理不惜捐俸以生之擢常德府通判解
餉赴成都盡瘁以事秩滿加通判銜及解組歸宦橐
蕭然惟琴書自樂而已邑令延爲書院山長多所造

就壽八十五終子光楚乾隆己酉拔貢
張炳鯤字南池邑中和里人乾隆辛酉拔貢館教習滿
以知縣用歷任陝甘前後凡十餘城多善政有富室
孟賈等大獄連年不結片言折之官無私焉陝有邑
民間産子必報民苦累多不舉其子下車立弛其禁
代讞三水獄悉心研鞫得其情釋株繫三百人乾隆
壬辰選甘肅之隴西土瘠民貧故事頻年請賑而賑
務積弊知牢不可破即引疾不受篆力乞歸里行李
蕭然以米肉餽者相屬於道其揖葭州也代貧民完

逋糧其令大荔也强藏屏迹道不拾遺其令涇陽也
力詫提兵私牧之害民者悍卒攝服風聲凛然涇人
以成案鐫諸碑誌入名宦在扶風則郤里長之供給
在寶雞則革里馬之苛派終宰郃陽上辦賑條陳糾
剔採買舊規諸議識者韙之郃民爲立祠與明名宦
葉夢熊並祀焉生平持躬謹嚴子弟不令仕署嘗有
句云能吏不如循又云如我不嫌常坐獨奉公安冀
與升同後自郃陽病歸家居修祠譜設義塾卒年六
十一臨終誡其子忠坦孝坦毋吝於爲義後值乾隆

乙巳奇荒暨嘉慶丙辰丁巳邪氛入境二子皆力爲
周卹保障以承父志子三長忠坦次孝坦次起唐孫
九人以錫謙貴　晉贈奉政大夫
吳大杭字孟仁郁子也乾隆庚寅舉人性孝友幼稟家
訓好學洽聞先館固陵申陽繼主鰲山書院丁未大
挑二等以教諭銜借補應山訓導新學宫表節孝士
之貧者輙資以膏火丙辰丁巳賊匪竄應與縣尹修
城垣設守禦賊逼城率衆登陴衣不解帶者二十七
晝夜解銀鞘火繩入大營者數次郡守奬其勞以勤

職詳各憲庚申截取知縣未及赴部卒弟大棖字季和乾隆壬子舉人性肫摯能與人共甘苦鄉人廹追逋輸粟代償同年某病都中遣僕送歸自任炊爨精岐黄而不名遇危疾治之無不效座師范督學湘潭摯與偕悉心校閱毫無所苟壬戌下第膺疾歸未幾卒

孟應瑄字禮乾存謨長子也生而早慧有神童之目以選拔入成均考授教習改學職任瀏陽教諭與課勸學文風蔚起攝縣事多善政尋遷德安教授旋擢東

光知縣興利除弊方欲有爲旋以疾卒聞者惜之弟應琮應璜俱庠生琮秉性剛方不隨波逐靡璜則渾厚敦樸有古君子風焉

吳國賓字毅庵明嘉靖中肄業成均考授陝西狄道縣丞在任仁惠廉明周悉閭閻疾苦常進都人士講學儒風漸振旋以疾乞歸宦槖蕭然發篋惟金城松子一囊曰彼材美且易植故攜歸以種先人兆耳子一宙孫之翼庠生

耿昭震字東發弱冠有聲庠序乾隆丁卯副元肄業成均選故城二六在任矢公矢愼恪守官常乙未歲恭逢

聖駕南巡蒙

恩記名未幾以疾卒於任年方五十時論惜之

戴正揚少孤力學困於童試援例貢成均旋以議敘宦安徽之銅陵襟懷瀟洒有元亮風邑名士多以文字交及解組贈詩盈几選貢錢策有儒冠曾未悞刀筆自非倫又不染人間俗方知吾道親之句

楊明輝字耀寰任江西新淦縣尉時盜賊竊發莫能治

縣正奇其才詳請委任不數月獲渠魁十餘人羣盜屏息事聞擢新淦縣倅精勤明恕吏畏民懷以勞瘁告病歸淦民勒碑紀其事

鄧文煜字宏學號瓊峯幼篤學英年食餼由歲貢官咸寧訓導捐修學宮教授生徒先德行而後文藝旋以老乞歸卒年七十六于泮庠生

程均字純初學博之龍曾孫也家學淵源髫年入泮爲知名士康熙丁酉舉於鄉任京山教諭維學校作育人材士人悅服子鏊錫爵孫東陽皆列黌序

吳萬選字署録光第之次子幼好學三十食餼以歲貢候選訓導子大杰膺福國學孫業焯庠生其胞弟青選字震揚少穎異有英氣孝友能文雍正己卯選拔肄業成均北闈兩薦未售乾隆甲子中本省副車任當陽教諭師道克敦子成學庠生大崧歲貢崧性強敏亦能文其子孫皆以功名顯

秦德懋字步高由例貢任甘肅口外廸化州吏目界連外域盤察關隘不辭勞瘁俸滿保舉應陞在廸病故程途萬里一子幼穉妻徐氏籲請烏魯將軍恤寡給

咨由驛發口糧始得扶櫬歸葬

秦如芫字青選康熙壬子舉孝廉性聰穎善屬文下筆千言立就邑令張建立鼓樓屬芫爲之記初司鐸江陵轉鄖陽陞桐栢知縣政通人和官聲籍甚士民爲立匾製帳以頌之

張梡字殿村太史希良季子也工詩文慷慨好義扶卹族黨以廪貢授襄陽訓導學校修舉襄人勒碑紀之子炳黼孫循坦曾孫錦心俱庠生

張炳翰字以蕃舉人欒子太史希良孫也積學敦行有文名諸生時與修府志旋由選拔司鐸遠安教士先德行而後文藝致仕歸操行益謹嘉慶二年教匪入境招勇防禦凡修理學宫管修學田與有力焉壽八十四子長光坦庠生有隱德歲飢某糶爲價卹而止之次兆坦國學次允坦陝西試用縣尉孫錦程錦山俱國學鎮附監

張炳蛟字雲池廪膳生釆子也由選拔任巴東教諭課士論文儒林悅服後卒于官櫬歸一時執紼者咸爲流涕以孫錦珩侍御叠荷

恩綸積厚流光信然　族廪生志昆績學以制藝名于時

吳斗文字台輔少力學年二十選上舍屢膺薦未售教授生徒多所成就以歲貢選石首訓導德藝飭修致仕歸卒年八十六子宏典宏化庠生

吳世奇字遇安英敏出群好學不倦事親以孝問弱冠食餼後入明經任咸寧司訓捐修學宫嚴立課程多所成就及致仕家居引誘後進鄉黨咸沐薰陶焉孫耕書騰芳均庠生

張條康熙乙酉舉人任衡山知縣有異政解組日民建

去思碑歸田後栽花種竹課子讀書壽八十三卒子
炳鯨太學生舉族服其公正孫綬坦以堂姪錦鈳
貤封朝議大夫

程文輝字含實少失怙賴節母胡及叔父應泰教育以
成明萬歷間由太學選四川叙州府長寧縣主簿余
酋之難郡邑披靡縣主遁去輝獨奮忠義與其弟文
亨率居民據城保險城賴以全後以功陞肇昌經歷
亨亦饒武畧上憲知其名俾供武職亨固辭輝卒於
任遺孤六歲妻范氏妾李氏俱青年官囊蕭然士民

悼之相率賻贈始得扶櫬歸葬

以上舊志

新纂宦績

國家澄叙官方期收實用士子服古入官職無論尊卑
皆本素蓄爲展布苟其政聲卓著治績昭垂自足光
簡策而示來兹據續報者載入邑搢紳可知所取法
矣

宋朝宦績

李沆字太初謚文靖唐相絳公之後爲宋丞相公嘗侍
曲宴太宗目送之曰沆風度端凝眞貴人也世居秦
有譜圖遺像元順帝時英烈將軍李牧林公籍楚世
傳至今楊龜山贊公像氣宇顒昂瑟彼圭璋儀容儼
雅金玉爾相盛德大業綱舉目張文華巨族譜牒輝
光

李若水字清臣謚忠愍文靖公四世孫也擢上舍第爲
濟南府教授靖康初使虜除著作郎還擢禮部尚書
改吏部侍郎兼開封府尹建炎初贈觀文殿大學士
年三十五罵虜死虜相謂曰大遼之破死義者十數

人南朝惟李侍郎一人張九成贊公像云惟節與義
天下大閑杲杲龍驤爲人所難死輕鴻毛名重泰山
兇徒逆儔胡不厚顏

李綱字伯紀謚忠定文靖公六世孫也政和二年登進
士乙科八年除太常少卿起居郎宣和初同知貢舉
靖康初除右丞尋知樞密院罷爲觀文殿學士高宗
即位除尚書右僕射紹興二年除觀文殿學士湖南
安府使五年復除觀文殿大學士江西安撫使六年
召赴闕九年除湖南大帥守潭十年薨年五十八贈

太師王佐贊公像云剡職戎樞膺國重寄偉烈堂堂
光昭萬世　國朝崇祀文廟
李宗勉字强父謚文清文靖公七世孫也試禮部第一
除著作佐郎兼權兵部官改兼侍右郎知台州尋召
擢監察御史時出師汴洛公言修内治嚴邊備毋貪
近利毋尚虚名進左司諫兼侍讀殿中侍御史除工
部侍郎兼給事中復上疏言憂不可遺於宴安劇切
不可銷於便佞除端明殿學士同簽書樞密院復以
不主和議拜左丞相兼樞密使公身居台輔家若貧

儒薨於位贈少司馬廷鸞贊公像云禮榜魁名南州
撫字論奏騰章匪時至計樞軸兼持不違其志豈而
能貧清儀棣棣

明朝　官績

王德甫字義徙號仰山廪生明易公次子也年十四通
五經及唐宋諸史洪武間成進士丙子歲授四川綏
府均蓮縣令始下車俗脊淫民多桀驁公治之其風
一變及一載比戶敦詩書講禮讓都人士有召父杜
母之頌額於雉門曰豈弟君子解組歸士民祖餞盈
道歸田後重孝友説仁義鄉黨化之故邑建會館以
公名曰王德會礄曰王德礄寺曰王德寺灣曰王德
灣館山亦曰王子山壽終八十餘　誥授奉政大夫

王道元字大亨舉人任新渠縣知縣莅任時重道崇儒
省刑減稅理案牘剖決如神合邑公頌顏其額曰公
正廉明任滿赴京邑人路餞數十里歸田後課讀延
年無疾終　誥授奉政大夫

王道坦號惺渠拔貢生嘉靖甲寅選江甯訓導幼穎異
年十二為文洋灑書法最工莅任時培文教樂與生

徒唱酧詩賦士民稱為儒宗師範至今猶感頌之
授文林郎

國朝　官績　張家俊

汪潤號玉恬封君德綸之子性英敏幼受庭訓弱冠以
郡首入泮旋食餼道光辛卯壬辰聯捷成進士授工
部四司都水與營繕事倍繁諸曹每歲計算需項例
案紛岐吏胥多舞文侵欺公先後主二司稿奸猾歛
手奉法在部二十年堂官倚之後進僚友遇事諮度
悉開誠相與以是譽隆咸豐元年詔舉中外賢能官

時部堂濱州相國杜文正公薦牘首列公名　召見
奏對稱　旨軍機處記名逾年有坐糧廳之命總八
省漕儲北通糧務向來船艘不能如期抵壩催迎解撥
轉運圓御較往昔尤極繁難兼以東南海運稽覈舊
章心力精敏者恒苦日不暇給公莅任剔除積弊次
第就理一如其治部務時秩滿加道銜授撫州府知
府倉場總督奏留幫辦海任一年簡放廣西左江道
咸豐四年便道回籍以病告致公世芸香家寒素及
顯達任部官凡梓里鄉會試及因公入都者輒體恤

樂爲東道主逮補員外郎遷郎中也承
聖眷兩次分校北闈念巳困諸生久殫力搜羅所得多
寒畯每接見師生之情至爲愜洽同門達士咸感之
製有五十七歲稱祝壽章歸田九年屏除宦氣優游
閒適日與父老子弟親言笑賓客至時進酒躬酌勸
酬酣飲而罷同治二年卒於家年六十八
張際春號煦坪道光壬辰　恩科孝廉幼穎悟承其父
邑廩生炳璣訓文守理法博通經史遠近爭延爲西
席著有選青堂課藝家訓俚吟待梓生平忠厚公正

鄉里不平事輒直言無隱每謂人曰孝弟忠信人之
體也禮義廉恥人之用也體明用達隨處可行以挑
等授沔陽學正培學校育人材文教蒸蒸日上咸豐
四年粵匪竄沔陷城公練鄉勇復沔城倡修文廟膺
保薦升任鄖陽府教授殷勤訓士一如任沔時同治
元年賊竄安襄各屬鄖郡告警郡守總戎以公練達
並督兵出剿士卒奮力血戰圍改奉　上諭加鹽運
同銜二年賊逼境公請兵出巡或謂公無捍衛責公
曰親恩巳盡三年禮應把形骸報主知太守聞之曰

善哉張廣文可謂忠孝無虧矣六年以老辭篆臨行
祖餞者徧河干歸數月忽謂子曰吾以寒士起家稍
置產命三析之尋卒時年七十有八子二長錦樹出
繼公弟懿坦次錦勳業儒　家俊譔
陳玉麒字仁趾以廩貢署通城縣訓導道光壬辰舉賢
書乙未成進士歷任直隸元氏新樂唐山等縣案無
留獄咸感神明閱三年乞終養歸課後進子弟多所
成就著有四書講義五柳堂文稿待刊好施與每値
嚴冬必購棉衣以給老幼遇死無葬者爲助棺木邑

有高橋河圯捐貲倡修遠近稱便卒年五十六以兄
之子德講弟之子唐庠生爲嗣
陳鳳翥字篠岐咸豐壬子舉人同治壬戌進士官山東
萊陽令萊陽稱大邑盡心平反刻無暇晷有李姓以
命案誣累年不决立爲剖斷士民德之甲子充同考
試官稱得士中丞閻公器重之擢同知旋引疾去任
歸値母喪哀毁骨立病益劇越二年卒子三皆業儒
秦洛臣剌史名光宸以進士治完稱升滄州治行爲燕
中最洎去滄民攀留載道因違例止後治遷安武清

滿城遵化暨深與景等處悉如滄循良方之龔遂子
堃任甘肅阜康縣丞權高臺縣事孫悳鈞復令高臺
孟應瑄字禮乾以神童冠軍旋食餼膺選拔入成均考
授官學教習選瀏陽教諭遷德安府教授擢直隸東
光縣興利除害人號神君卒年六十九子之春由恩
貢補荆州府學
黃鳳詔字揀園舉乾隆甲寅孝廉挑發廣東歷任永安
吳川長寗澄邁等縣事風清百里吏治廉明最報循
良　時卓著爲人慷慨端方天姿敏捷與人交和氣
藹然毫無圭角著有四知軒文集待梓壽七十餘終
子五長錫穀六品銜
孟正笏號筠圃十六歲府首入泮乾隆甲午舉人挑知
縣補陝西石泉華陰寶雞等縣充壬子甲寅乙卯考
官由軍功陞員外郎簽分貴州知府署長寨同知借
補清江理苗廳調補貴州大定府署貴西兵備道例
授中憲大夫歷任善政難數著有萬松園詩集卒年
七十五子三次奎慶優生孫祐謙祜謙俱庠生
孟大鈺字汝成少穎異隨叔筠圃宦遊例授江西縣丞

紀功陞南康府上猶縣興學培城文教一新人民安
堵卒年七十一子五長基謙庠生
張允坦號執齋剛方正直由玉牒館議叙未入流分發
陝西七署縣尉郊人謌曰張老到任士民評論督捕
勤能獄囚安靜監門大開無人逃遁去任餞而脫靴
以姪錦珩貴貤贈朝議大夫妻項氏貤封恭人乞老
歸里卒年九十一子四錦城附監生錦裳尙春皆議叙有
職孫紳悳等俱業儒

吳性誠邑廩生隨父中理宰浮山凡甘肅兵餉皆襄辦有條議叙署福建福清縣縣丞弋獲海盜奏補阿緱鎮縣丞建書院觔督士子課程旋升彰化知縣歲飢力籌賑務親歷村市撫卹上海防十策中丞趙笛樓奇其才旋獲盜魁擢淡水海防同知生番雜處寛猛兼施民以爲海南福星云至所歷名勝及人情風土政暇形諸詠歌裒然成集卒乃歸尋松菊怡養林泉享年七十有三子三咸庠生晉布經歷謙監生孫十秉鈞庠生曾孫二十守約德潤并庠生

吳向仁議叙甘肅西林主簿委辦軍需及水旱災賑等務全活民命無算加陞縣丞分發江西監造撥船押運天津授瀘溪縣丞及回籍後尤好善行於村南大河獨建石橋行人戴德焉享年八十四子二溎監生孫二

盧緒號彩浦以歲貢任鄖縣訓導首敦行誼奬掖多方學者宗之丙寅內艱去任起補襄陽府訓導旋陞沅州學正凡詞訟有株連士子者輒爲申理其盡職如此　補遺

盧永阜字國輔弱冠入城均考授南陽別駕累權州牧事所至清潔自厲錚錚有聲後陞鳳陽守操行耿介剛決不可犯勤於治事上下咸稱頌之以　覃恩誥贈中憲大夫　補遺

盧建中字前川康熙丁酉舉人雍正辛丑進士任甘肅

涼州府平番縣令有異政以移建新渠城池告竣陞吏部文選司主事告假歸復起驗封司卒以　覃恩晉封奉直大夫　補遺

盧綖號菽浦同兄緯一乳孿生與兄經同科領鄉薦庚戌捷南宮授直隸永年縣令莅任六載政平訟理永人德之以　覃恩誥贈文林郎任滿去官旋補江南如皋縣治聲丕著解組之日士民焚香遮道有攀轅卧轍風晚年休養林泉杜門不出著有燈松佚吏　以上補遺

程常久字正三𩔗新長子也性揮霍素有遠志弱冠時

以流寇不靖抛界安麻募勇禦敵并督修卓旺山砦竭力保障費不貲無少吝事已兩界諸人送對聯匾帳以志其勲其家居事業已如此旣由俊秀補安徽知縣初署石棣是邑久經賊踞屍骸遍野甫下車捐廉收瘞撫瘡痍培凋敝民命賴以少蘇并攝篆青陽三月上官以能吏目之旋委署太平公因亂離後務以生聚爲先至於斷獄寬刑蒞三邑如一轍焉因丁艱病故時年三十有六（以上五條係光緒八年新纂）

善行

善人不得見孔聖嘗歎之善固可易言哉顧有全體之善有一節之善苟其居心仁厚好善樂施節取之皆可爲薄俗風也志善行

耿大振字鳴甫貌脩偉言論舉止咸有風則禔躬閑家一秉於禮酷暑不袒嚴寒不爐怒詈不出惡聲遇子姓嚴峻曾孫十數不假詞色內外肅然自少至白首足不履公庭配李氏歿不再娶獨處一室終日正襟危坐或時覽書史不樂與俗人接惟儒者至則劇談竟日不倦卒年七十一以孫耿恭簡誥封通議大夫刑部左侍郎

耿金號靜庵廉介仁厚恬淡性成里有劉姓與逸盜同名令捕之時長子天臺爲諸生見知於邑令公使往白其誣劉奉金帛良馬謝不受天臺巡西夏債帥持千金求薦未及門公郎叱遣之家婢樵鄰壤鄰子毆之越數日死公召鄰父慰之曰吾婢實以病死吾不訟也鄰父感且泣有富家奴毆死族子而逃衆欲持其主以挾賄公怒曰毆者奴也何與於主事乃寢天

臺叔臺鄉會捷報至漠然不爲動天臺謫横州判公一號而已無慍色天臺叔臺丁内艱同時起復一撫閩一爲司馬公太息曰吾父子團聚以終足矣如國恩何出門多徒步一小童荷擔隨之其恬淡又如此至若族里之婚嫁喪葬賴公以舉者又不勝紀也卒年八十四以子耿恭簡誥封通議大夫刑部左侍郎

朱則華字嵩山慶歷間篤行君子也一日鄰家有飛烏入室聲嗚嗚然衆驚爲怪皆狂奔去須臾大起風作華舍在下風若紅爐之燎毫毛矣華向火稽首曰作

善降祥作不善降殃倘祈分別之祝畢風反火滅至今傳爲美談焉

吳願學字少華以諸生入太學賦性剛介言行不苟與李卓吾談經論道交相得也吳於邑南稱著族多仕宦願獨敦古處不受名韁羈勤家世席豐厚常備脯饌與宗族敘雍睦以耕讀課子弟族有大故咸取決焉相會必整衣冠拜起如節至今其家典型猶存

鄭稚橋太仙里人寡嗜慾重然諾有人浮家於安一見投契尋浮家者任青州守値世亂孤身獨往以宦囊及二妾託之無何安亦亂稚橋急詢二妾毋族一在杭州一在揚州乃買舟南下親送至揚適青州守解任别郡亦至舟次恰相遇青州守泣謝欲偕之任稚橋固辭歸竟潦倒終身老年始舉子後他徙不知所終

姚應巍邑庠生性端方笑言不苟刻苦自勵冬月讀書以木棉擁足恒達旦不寐授徒羅山羅仞南劉海宇極重之有紈絝子不率教遂棄館歸曰不可以阿堵物誤人子弟嘗以愼獨訓諸子雖横逆頻加含容弗

校江右有書香子流離顛沛出金贖之凶歲有鬻女者覓原聘還之里中不逞結朋入會鄉勇斬其渠魁更議殲其餘黨巍力止之爰爲文勸其釋戈荷鋤莫不感泣悔悟全活甚衆邑令重其賢舉鄉飲不赴年七十六卒

吳光嵛巽寰者中和里人也公直耿介有揮霍才闔族推爲家督族有婚嫁者裁以禮忿爭者遣以情幼孤者經理其産業宦遊者權衡其家計鎮撫其僕從以是人無不德光嵛者又嘗捐貲倡建祠宇置祀田立

宗法使翕然成雍睦之風撫孤姪孳讀書完婚娶卒
爲明經其他類是若崙者殆所謂慕義無窮者歟
鍾繼鳳字左泉篤行君子也少孤依兄嫂執禮甚恭早
歲矢志嚮學連遭諸兄喪百口累身惟耕讀課織稍
致中人産諸兄遺女五爲之辦媵奩遇歲祲族有迫
於飢寒者爲之造絮衣給糜粥其隨事盡力類如此
有子七能以功名顯
江佐清字君翼邑庠生幼事父以孝聞父歿母得瞽疾
飲食起居必躬親之終母之世無少懈壬辰歲大祲

出粟以濟貧者不逞之徒反乘間以掠其餘有司恐
生亂嚴捕之佐曰吾好義不盡於人何尤力爲辨白
事遂寢性樸直不樂聞人過有雌黄人短長者輙掩
其耳邑令屢召鄉飲辭不赴曰吾何德以堪之子楷
梅能世其業
秦斌昔范文正公置義田贍宗族猶謂取諸祿俸餘資
也斌之出處不少概見而九官店離邑十里猶能指
其地爲先年秦文甫立義田處與所建樂壽堂並傳
焉其如田與堂皆不可問僅存遺址惜哉

邱文字静軒號寧安中和里人本姓盧自盧贅於邱邱
乏嗣盧代之正統間鄭州大祲去安幾千里公出穀
一千二百石負擔至鄭賑之有司上其狀奉旨降勅
以旌制曰國家施仁養民爲首爾能出穀一千二百
石用助賑濟有司以聞朕甚嘉之今特賜勅獎諭勞
以羊酒旌爲義民仍免本戸雜汎差徭三年爾尚允
蹈忠厚表勵鄉俗用副朝廷褒嘉之意欽哉故勅正
統六年四月二十四日事也
黄極清字華陽邑庠生中和里人性耿介敦孝友篤學

不倦名噪膠庠教授生徒視子弟之賢者以受脩脯
否則贄幣雖豐弗屑也立家廟正宗範子姓有睚眦
者輙秉公排解不以煩長吏族有戸絶田僕悉爲推
讓一介不取有因亂流落異鄉者勸使歸築室以安
之歲祲出蓄藏周困乏貸不責劵劵不責償甚並忘
其姓氏盛德君子也子承玟貢士
鍾玠字仲玉號龍沙邑庠生太守青巖胞兄也文學爲
里中冠督學蔡公拔置第一邑令蔣尤加嘆賞扁其
堂曰科甲先聲家雖貧好施不倦常有丐者鬻其子

給錢五緡不受契後適他郡遇一人迎宿其家拜謝祠堂上尸祝主姓字宛然詢之則曩鬻子者也應試齊安有蘄水文童覆舟僅以身免將行乞歸珆留寓供給之得與試獲録復贈金爲行資後造謝出息以償不受其濟困扶危類如此邑令李重其行誼恒訪以利弊有被誣爲盜者力爲白之有攫金於市誤捕相似者爲辨釋之至今鄉里猶嘖嘖稱道不衰焉兄弟相友愛終身怡怡課其子若孫皆有文名入庠序者五年八十一卒邑令徐爲文祭之比之郭有道鄭

子眞云

汪霖字甘伯鍾太守高弟子也性磊落具雋才年十六補弟子員食餼膺歲薦以文學名豪於酒每良朋讌集酒酣耳熱抵掌而談娓娓忘倦屢躓塲屋鬱不得志益自放於酒好爲人排解苟可竟其事雖捐貲不惜人以魯連稱之家本素封後中落晚乃自振扳復先人舊業稱貸者或貧不能償輒焚其劵臨歿以藏金百兩付僧人建橋以濟行旅死猶好義若此蓋自祖世洪父本清以及於霖世有種德云

秦儀鳳字應泰號眞樵舉止莊雅以孝友禮讓自飭有同學家疫莫敢近儀獨旦夕視藥劑殯其母而後已薄田五十頃紡織內助口不言貧置祭田烝嘗不缺天窩精舍督理建造與諸名士講學其中亦耿恭簡之賢弟子也

耿文山太仙里人早歲入黌序鍵戸讀書足不越里閈暮年兩舉鄉賓邑令應公贈扁曰理學起家黎公贈扁曰一鄉之善至今登其堂者猶有餘慕焉

汪世洪字小溪中和里人力學未遇退隱山林好施與

里中某以貧鬻身宦家洪傾囊得五十金代贖夫婦感泣而去萬歴初連年荒旱出粟五百石以贍鄉里有操劵來者焚其劵邑令孫公表其門曰善人孫霖明經曾孫熿邑庠

胡轅少失怙好學力行樂善不倦歲大旱盡發其廩粟以賑貧乏子弟請稍留自備轅曰天灾流行豈忍坐視同里枵腹而自擁倉箱哉又建義塾以教族里之子弟嘗自歎爲長而無述因自號無述子臨終謂所親曰愼毋作浮圖事乃瞑

張高號牛石好讀書不樂仕進著有竹軒集松露集詩若干卷俱兵燹中猶留讀史一絶云建安作者間誰工盡付咸陽一炬紅千古至文三不朽出師佛骨上高宗又有聯云隱居求志心意內將猿馬牢拴行義達道名利外把韁鎖盡斷亦足見命意之所存矣其他行事不少概見有戚余氏者溺愛長子値病篤子他出積金三百兩囑高私以遺之迨其至並呼其弟出金均之歎曰以予不夥生者則有之若謂不欺死者則未也園植柑就熟有孺子入而竊之登樹杪

高見之急掩扉不使覺度已出命伐柑家人詢之以向者告且曰倘汝曹見之必驚墮地傷人子矣年八十應鄉飲者再聞於朝賜冠帶終其身

鍾璞字元音性澹泊惟力行方便督課子孫爲務貧民賴以舉火於寒士多賙給舉鄉飲者再邑令陳扁其堂曰王國嘉賓王令亦贈以扁曰令德壽愷

曾滿字希謙邑初建時捐貲鳩工其勞爲多治家嚴謹而性好施與一夕夢偉丈夫貌甚古鬚髯如戟造門請曰公盛德君子久託比鄰今當遠別特辭焉比覺風雨驟至一龍劈空而去遂號坡公

劉廷臣大仙里人子可贊皆世有積德廷臣舉鄉賓者一可贊舉鄉賓者四先達秦公五梅嘗有贈言云其實行惜無傳矣

張廷舉字懷溪少孤貌魁梧不屑塵俗明萬歷十七年歲大饑闔族苦徭越境避舉獨不徙毅然以身任逋賦奈家貧每値徵比期不免賠累重困以是家益落而前此鄉鄰借貸者卽背施負義亦不較也家世治易獨隨里師治詩適同里有以壁經舉於鄉者乃自

詣河東受章句歸而口授其子鵬翔督課不倦晚有羸疾失音數年乃愈齒脫更生卒以壽考終與妻蕭氏葬大壁山鵬翔之號壁山蓋不忘先墓所在也

劉肅字養虔孝廉劉之楨父也其伯兄早卒遺二孤子家徒壁立肅躬親撫養娶妻成人以自置之產與姪均分之生平行事類多平恕能以忠厚傳其家舉鄉賓至再焉

歐一贊字參宇幼讀書困於童試乃專課農桑家遂饒崇禎辛未蝗大荒人相食出藏粟以賑全活無算鄉

鄰德之時值寇亂居人結寨自衛賊至率先索馬或靳不與贊曰寧惜一馬怒不測之強寇耶以已馬先賊解圍去邑令李舉爲鄉賓扁其門曰善蓋鄉國子若孫列名庠序

江淑清字若昌庠生四歲失恃性恬靜雅志詩書因屢躓棘闈專意訓課子若孫常依次執經問難尤寡絶嗜慾未及三十即異寢處山居四十年不入城市署邑令吳公舉鄉賓贈以扁曰德隆望重後入袠邑令徐公製雙壽文序年八十七夫妻先後卒子四人孫

十人

吳斐然性謹厚輕財好施初不責報兵燹後人多貧乏不能自存至有窘迫鬻子無力贖取者斐然出金代贖俾得團聚歲祲穀價日增富者競起射利斐然發粟三百以賑遠近德之邑令舉鄉賓年七十二卒易簀時呼子孫命之曰早完官課勤苦讀書方是完人言畢而沒子宗曹庠生諸孫蔚起人以爲盛德必昌云

孟之夏號奇峯應宗長子博學工書性剛介不狥時好嘗肄業成均下帷攻苦數奇不遇遂宦遊安徽湖南雲南等省方伯某公聞其名以重幣請深爲器重因病歸里仍日賦詩習字課讀不輟其子孫皆以功名顯

孟應瑜字行之學品純正鄉黨推重邑令劉舉爲鄉賓年七十卒張太史石虹爲作壽序謂名實不愧云子之明邑庠生建塾延師修橋利濟好行其德有父風孫曾輩皆聯翩庠序咸以爲盛德之報

吳錦堂字武元曾堂字東萊兄弟也幼失怙同居孝友

無間存心仁讓生平不知有訟事乾隆戊戌蝗災身先鄉民冒暑驅撲苗稼以全丙午旱災捐貲設廠于保安寺親率子弟辦賑兄弟壽皆八十餘曾堂之子瓌克繼父志嘉慶壬戌偏災倡首捐貲設廠小程山施粥壽今亦八十矣

吳天來號高峯事嗣母以孝聞好施與凡族戚中老弱無依者養之婚姻無費者助之乾隆乙巳歲大祲捐穀以周貧乏嘉慶壬戌復捐貲設廠施粥月餘年八十五終

吳羽鳳字螺莊諸城令之珍孫邵陽訓導宏礽仲子孝友誠樸父疾禱洞庭毋疾禱木蘭山俱立應事兩孀嫂撫四幼孤襄四世大事並能無歉生平勇於爲義凡祖墓祀田族譜家規以至學署城垣社倉無不踴躍從事邑令無棣吳公古蒲賈公俱深器重作文根据理要貫穿經史教人先德行而後文藝以明經應補教諭因母老辭予郁字梅軒亦至性過人好學無間丁卯秋闈薦而未售遂淡於名場家居事親以孝卹寡姊撫諸甥仗義扶危修祠拓産皆樂善不倦教子大杬大柷俱登賢書大棈補增廣以子杬贈修職郎

吳文鳳字闇齋宏礽子孝友能文仁心爲質歲飢邑令勸賑家不貲猶傾儲爲衆先著作皆典雅足知於古蒲賈侯以優行薦葢尤重其品云以子浙封文林郎

韓梧字南塘貌修偉性嗜學妙年遊頖爲諸生翹楚家素封不以自私嘗曰守財奴吾不爲也建義塾賑飢困觸事動念隨遇賙給于五無時不引格言提命皆能力學修行以紹父志大司馬劉莊襄公贈句云襟懷澹月踈星上文字行雲流水間葢諸生時深相契也

韓陶世字用嚴邑諸生父廷棻命往均州途中遇父子泣者詢之云兄負貴人債訟於官急鬻子以償情難割耳如其數與之又遇老嫗哭甚哀問其故曰貧無嗣夫死不能具棺郎傾囊而去歸請資斧父喜曰恤寡憐貧吾素志也汝不愧爹舟矣

韓思純邑庠生家貧好施乾隆戊戌歲大飢道殣相望純典衣鬻産捐粥三次復向富民勸捐全活無算

韓光皋字瑞雲廩膳生文清季子也少從庭訓及長豪邁識大義慕范文正公之爲人倣義田制置田數畝令子弟之賢者司會計以贍族之無告者晚年究心青鳥輒地理要覽一卷子煒邑增生

韓臨海考授州同生平好行其德凡骸骨無主者施棺木殮埋之踵門告急者傾囊與之無少吝鄉里稱善人焉

韓録瀛源里人性端嚴好善樂施乙巳歲飢有餓者輒賙之給以衣食有故人子孤幼無依攜歸教育無異

已子及長爲之畢姻遣歸子在豐慶源俱列膠庠

黃待試字再飛灊源里人也少習詩書及壯就州司馬職家居敦行不怠日與二三父老講明彜敎以訓誡其子弟族里中有貧不能就塾者輒資以膏火遇有糾紛必爲排解嘉慶二年教匪竄境率姪太學鳳翥布經曰蘭出錢粟招集丁壯捍禦賊不能闖壬戌歲大祲設粥廠以賑邑令孫文驊額其門曰好善樂施子三長曰槐邑庠道光二年舉孝廉方正曰杞庠生

張鳳文字淩漢灊源里處士也世有積德父念思生子

鳳翔鳳台鳳舞鳳彩俱早逝鳳文其四子勇於爲義凡修城勸捐諸事與有力焉喜讀書課子姪必謹子鳴珂鳴鑾列優庠姪光甲映洛以附學貢成均大楷總理農事年踰八十力作猶勤諸孫輩庭植聯榮聯芳斯斌希霖春藻希化俱有聲庠序一時五世同堂百餘口其爨邑令朱梓親詣其家獎以五言古一首學師劉雲鶴贈以五世同堂扁額至今猶詩書繼世忠厚傳家誠可爲末俗風也

阮時來字朋悅孝子啟屺孫也幼入江夏諸生從江漢阮長王雲衢遊多著述晚年家居行義愈力縣南七里沖大路旁有古楓樹人或欲伐之卽買而留之以爲行旅蔭至今人稱八百樹村之東溪岸高水深不可涉隆冬愈苦爲捐募置橋行旅稱便家丁甚夥後悉放之曰毋令各祖父蒙羞也其見義必爲多類此

王華繡字錦如號樂天九歲失怙性甘恬退古處是敦創祠宇置祀田同姓之貧不能葬者具衣衾以殮之異姓之死而無主者施棺槨以埋之生平好行其德類如此妻吳氏病卒就殮一日忽聞棺中有聲啟之

復蘇逾年生子一風雅孫庭勇曾孫乘龍皆庠生

王之乾以邑庠入成均性古拙不喜雌黃人物遇不平事輒據理以爭歲大祲有鬻子者代贖還之賑卹宗族全活甚衆建茂陰書屋延師訓讀族戚貧者資以膏火邑令賈舉爲鄉賓扁之曰風高洛社長子顯莘年十四有聲黌序孫曾輩時鏡及灝皆歲貢淳舉孝廉子婦曾氏孫婦江氏俱以節孝稱

王明教字敷五號望山庠生王顯琳次子食餼於庠幼承父訓究心聖賢之業稍長終日正襟危坐一切輕

薄子望而生畏足不履公庭即城市亦罕至惟課生徒嚴庭訓昆弟相處怡怡如也子逢時弱冠入泮進士華犖歲貢時鏡暨風璉皆賴其陶淑其他姓藉玉成者尤指不勝屈

張榮明嘉靖六年販穀至江西值上饒縣年荒盡以所販穀賑濟存活無算地方官上其事勅賜提頁旌表建坊曰好義周急先詳黄岡縣志

程錫九行誼純正鄉黨推重雍正八年邑令梅舉爲鄉賓顔其門曰望重三鄉

熊國元力農自給暇則平治道途邑東鄉地名紅花冲爲南北往來之衝山逕崎岈元時年七十日裹糧荷鍤從事將及一年而工竣至今人咸稱便其從弟國珍亦樂於爲善曾解衣爲鄰人殯者三具棺代葬者五焉

熊夔字子徵廩生學問純正爲教山中循循善誘門下多知名士耿恭簡其一也

周汝揖字楫淮太學生本義方之訓自幼即能文孝友性成且敦儉樸人有睚眦憤争必爲之平心排解郎捐貲息事亦所不辭乾隆甲午戊戌歲飢施粥以濟子二長文蔚國學次亮采邑庠

黄士權字如衡性和暢道貌藹然望而知爲長者家素封昆季二以友愛聞處鄉黨間善氣迎人與父言慈與子言孝莫不虚心樂受如坐春風值牙角之争則片言而解官斯土者咸引重之孫八人多以功名顯重孫輩又聯翩鵲起矣聞嘉慶二年教匪入境所過焚掠而公之裔舉室獲全尤異者賊以油絮縛柱上意在焚其廬乃賊去而火頓熄謂非積善之報歟

金顔肥邑庠生素行敦厚絶跡公庭邑令張表其門曰積善之家仝兄顔近呈請南漕改折事詳南折紀畧

金宇錡太學生弟鳴魁邑庠生皆好善樂施乾隆戊戌巳亥連荒奉公倡捐設廠於雙台庵以賑邑令錢表之曰好善可風乙巳復捐穀麥以濟族鄰嘉慶二年教匪入境督率鄉勇於土春嶺堵禦族弟金國濃死焉孫殿豪庠生鋐笙太學

熊願學字古峯太學生立品端方明末飢饉薦臻學屢出其錢穀以給鄉鄰會兩與鄉飲

宋錫爵太學生規言矩行重義輕財族戚中貧苦者無不緩急相助歲歉必出粟以賑康熙三十七年邑紳盧拱等呈請南糧改折爵始終贊襄其事進士張夔揚未達時寒士也延之課讀多所賙給子瑱琦庠生孫曾皆有聲黌序

石文錦文昭胞兄弟也好善樂施邑紫潭河上流土名樸樹河爲麻陂兩邑要津每河水泛漲行人病涉錦與昭造置渡船併捐田與船戶耕種以垂永久乾隆五十年邑大飢於水岩寺設廠施粥嘉慶七年歲歉

邑令孫勸賑復倡捐錢米他如修葺城垣以及小河便道木石橋梁無不踴躍樂輸可謂好行其德者已

程一鈞兄弟三人家本貧鈞以勤儉置產分與兩弟乾隆戊戌歲大飢邑令李設粥廠四鈞董西廠捐米以賑李侯旌其門曰積厚流光嘉慶壬戌復遭荒歉邑令孫於火王廟設粥鈞與弟一銘姪太學士洛俱踴躍捐輸日夕在廠辦賑銘又捐田二石二斗於東關外東嶽府以爲香火之費是皆好行其德者也

夏廷達字之英號首伯韻異多才品行方正乾隆庚午舉人其父宗曾存心坦白曾於途中拾遺金立候失者還之鄉鄰稱善達雖登科凡淑身淑世必遵父命父殁善事後母教弟成名嘉慶二年教匪滋擾出錢穀集勇防禦卒後葬陂邑洪界山長子朝綱能承父志捐置義田次子大魁乾隆已亥武舉挑兵部差官未就而歸孫元龍邑庠生授衛守備亦好善樂施嘉慶十八九年歲歉飢民載道每爲粥以與餓者鄉鄰德之

陳道賢道文道謨邑長山會人行義不倦康熙戊戌歲

奇荒捐穀二千石糜產八十餘石在長山會土庫店設亭施粥以賑存活無限其後有貢生必隆者亦慷慨任俠濟困扶危里有雀角必爲排解人咸德之

周之健字仲昇中和里處士也性樸而不華質而無僞渾厚以待人正直以處已尤篤於孝慈有胞姪早世遺孤在襁褓撫育如已孫里黨或有忿爭無不秉公排解素精青烏家言爲人擇吉卜地未嘗以計利爲心年八十三卒

恩賜冠帶殁時人咸惜之

孟正麟號仁圃幼慧敏勤讀學有根柢客遊山左二載擬赴北闈旋因手疾遂絶意進取事母孝友愛弟正笏情誼甚篤莅好揮霍重義輕財待人正直無私然諾不苟族黨戚里咸敬服焉

戴昆字茂蘆增生輕財尚義王俊公之亂族人多失所昆罄其貲誓代爲經理賴以安集者甚衆舉鄉飲賓

戴宏偉優庠生制行純美非公不至邑令張仙湖深器重之屢贈以詩去任後猶留一絶云滿樹霜葩晝不成恍如仙子下瑶京何郎一去無消息只得相思賦

廣平又廪生戴世鯤力學註釋東萊博議一部

戴宅三庠生幼慧長豪俠排難解紛里閭賴焉邑令張琮推重之去任時宅三送至羅家坡張留别詩云人生會有相逢處相見如何説此坡莫怪山川名不改教人無奈别離何

陳陵蘭國學仗義好施乾隆戊戌歲大祲捐貲輸粟設厰桐柏廟煮粥以賑多所全活壽八十七終瀛選亦國學乾隆乙巳荒旱與族庠生中鏡各出穀麥以濟餓者選年八十九卒嘉慶壬戌歲旱乏收鏡復捐貲施粥鄉鄰德之

吳懷乾字用九冢宰吳公琳後裔明經吳自信孫也少英敏動必以禮稍長折節讀書不遇勇於爲義邑南糧轉運大不便於民乾率其弟懷漢及子泓之筵同紳耆請於各憲往返三載不辭勞瘁卒獲改折乾與有力焉晚年惟督課子弟子泓之筵之葉孫文郁文林曾孫持理春藻元孫映斗世楠來孫道凝皆蜚聲黌序積厚之澤方長矣

歐鎬字亭岐太學生孝友仁厚管社倉半捐貲息恒倍

乾隆甲午戊戌巳亥飢里黨多賴之族人某妻生子二十日而母卒以呱呱者殆乃出諸棺携歸養之長謀室諸生李倩義之配以孫女鎬與庄一所田三石招其父與居數房賴以嗣焉善醫有道者授以痘科應驗如神書巳廣傳施藥數十年不受一錢一物子光濂孫榮科曾孫炳綬皆入泮

耿輿待字閑之以附監考授州同不赴選家居事祖父及父母以孝聞昆弟四五友愛彌篤從姪昭忠匪毀以于忠維托輿撫養爲之延師教讀凡錢穀出納籍

記之纖悉不遺俟其婚娶成家乃出其所籍記者盡付之生平秉心仁厚處世廉平鄉黨稱善邑令何舉爲鄉賓辭不赴年七十八卒

周士炳字朝文號卓峯品優而學粹父槐積學未遇早歿賴母鍾氏辛勤紡績以助膏火勉讀父書食餼於庠屢薦棘闈不售授徒講學一時從遊者若劉子光斗熊子鳳儀周子希壇王子化李子宗蓮以及楊歐李宋張吳皆爲邑中名宿後以明經應選司訓年老不就著有效顰文稿藏於家卒年七十一子步墀邑

庠生

孟道沅號芷洲歲貢資性明敏聞見博洽以冠軍食餼屢試前茅訓誨後學多所裁成後某縣司訓缺出應補年老辭不就卒年八十三

戴應浩庠生聰穎嗜學雖際亂離手未嘗釋卷行推鄉黨邑令王徵爲國賓

戴化庠生號石泉篤學尚氣節佔嗶外一無置問即閨中亦令通曉內則女經長子之炳以弟子員肄業江漢書院有文名次孫女適秦守節建坊曾孫壽次女

受徐聘徐郎卒守貞不字已三十餘年盍沐浴於義方之訓也年七十舉鄉飲壽八十四歲

孟應璋郡庠生天資穎異德器醇謹教授生徒多所造就學者仰儀型焉

程繼儒號八龍安慶司理繼善之胞弟淮安守之渾胞叔也性端謹踈財好賢明萬歷末有道者來其家肌膚若牛革不知飢寒飽煖處於閒宇七八年忽不知所去向品學兼優惟以讀書課子爲務壽九十有八子五人之至之岵之屺之異之行均列膠庠

程之驥號顧孫善爲文髫年入泮由歲貢任武岡州學正解組後儉樸自持族有大事悉賴剖斷子懋彬孫純矣南矣元孫棟俱邑庠

程鵬號扶九邑庠生純儒也世守書香誦讀之外無他事族有大事悉秉至公纖塵不染子其赴姪其超其達皆庠生孫光洛貢生

張之鐸邑庠生少孤友愛最篤兄弟析居田盧聽其自擇惟以讀書爲事手執一卷至老不衰隱居老山終身不入城市士林咸器重之子襲庠生

耿秉秀太學生世居邑東油榨河父忠懽庠生早卒賴
母劉氏撫育成人好善樂施乾隆乙巳歲大饑捐米
四十餘石以賑妻秦氏生子三長文斐次文斌均國
學三文煥貢生皆克承父志嘉慶丁巳教匪入境葺
寨堵禦壬戌歲饑施粥以賑厥後瓜瓞蕃衍生齒益
繁功名蔚起迄今六世子孫同居合爨上下長幼九
十餘人雍睦一堂孝友無間積善之報方興未艾也
處士夏宗朋誠樸居心忠信服物里有忿爭輒爲排解
其妻陳氏亦好賙䘏夫婦皆年登耄耋五世一堂子

之高尚志孫楚第鼎鳳鳴曾孫封璜俱入泮餘皆勤
守本業尚志行誼純正事親孝與人恭橫逆之來順
受之不與較享年八十二忠厚傳家流澤孔長矣
秦仲武字右泉太仙里人幼失怙事母孝自少卽有大
志創置家業爲人排難解紛遇知名士輒加敬禮嘗
經山僻聞婦哭聲甚哀詢之則以夫繫獄將轉嫁贖
罪者也卽傾囊以贈俾完破鏡又有以無辜株連繫
子者爲出金贖之後參軍江寗多善政未數年觧組
歸益樂於爲善凡煮茗施粥修道成梁合藥救人無

虛日兩與鄉飲年踰九十終孫國鈞廩監國廷國鉉
曾孫啟濡啟澍俱列膠庠
華文海天性肫摯父沒哀號慘怛廬墓三年尤肯周人
之急有楊姓被訟誣累將鬻子海湊金贖之吳姓負
債無償投林自縊海救甦代還生平淡泊自甘三十
餘年不入城市人咸嘉之
徐時熙字宜伯太學生前明石攀龍次子自幼入徐萬
惡爲嗣後本生父母乏嗣時熙兼承徐石兩祀祭掃
如禮熙爲人慷慨慕義好善樂施子四富然貴然榮

然華然與石合祠共祭皆有父風而貴然尤白眉也
邑庠徐士元字疇九貴然孫天成子也與弟貢生士龍
監生士達士林四世同居析箸後孝友無間子三鍾
玉鍾德鍾儒皆早逝玉妻秦生孤開先以節顯儒娉
室王以貞顯兩坊並峙梓里榮之開先太學生堵匪
賑饑凡有益鄉里者捐貲不吝子應麟太學生亦好
行其德統承三祀孫緒節緒貞緒祀緒統分承三祀
置有祀田三石永作鍾玉鍾德鍾儒祭費
徐家珠年十六而孤克自樹立弱冠遊泮性仁厚從無

隻字入公門乾隆五十一年歲奇荒斗粟千錢流亡載道珠傾所蓄積於族鄰量為周濟外每值風雨復同妻陳氏煑粥以食餓者後遇歉年皆踵行之壽八十八無疾而終于三上鰲上國庠生文斗監生

張大地邑北鄉人建縣之始富戶均分丈尺築砌地捐築北城一段生平秉禮好義里黨咸矜式焉

耆儒程亮周淳樸質直敦善行而不怠乾隆五十一年邑奇荒捐米五十石以賑邑令陳旌之曰好善樂施又嘉慶七年荒復捐穀百石邑令孫旌之曰好善可風

時夫婦年均七十四歲無子是年妾竟一胎生二子固為善之報亦

太平人瑞之徵也

戴展穀邑庠生制行端方與人謙謹樂施好善仗義疎財諸如煑粥賑貧葺橋修路不可殫述有古之遺風焉

潘大智少失怙事母以孝聞嘉慶二年流匪竄入集勇堵禦癸酉歲荒捐米助賑鄉鄰德之

江文炳邑庠江太和之長子也幼赤貧負米荷薪以養父母族黨咸憐之長頗饒裕值嘉慶二年流匪入境捐貲集勇堵禦七年暨十八年歲飢鄉民艱食出所藏以濟貧生平好行其德類如此

貢生尹際隆字昭文生員尹輝子也篤於行義凡有善事靡不踴躍稱首傾囊以為之倡雖毀家弗惜也延師課子外有負笈來遊者亦多藉其玉成至今里人皆頌其德

馮四九樂善人也族里有爭訟者輒為排解雖捐貲不計恒修理橋梁以便行旅於河邊建竹隱庵並置田

二石棉地一所以為久遠香燈之費

秦大模捐職理問孝友剛方出于至性痛弟大格早逝弟婦守節終其身不忍入內室族人某貧不能娶為娶妻生子以延宗祀建塾延師以課子姪凡族戚中貧不能讀者資其膏火堂姪光宸成進士及遊泮者十餘人皆藉玉成嘉慶二年教匪入境同堂兄大樟捐築城垣堵禦七年荒開設粥廠捐米以賑管修學田十餘年盡心竭力凡事之有益于衆者無不踴躍倡先善岐黃濟人而不以為利宗族鄉黨交稱焉子

光宇優庠生孫載嶽庠生
吳載瑞字鳴玉磊落不羣偕兄弟子姪同室下帷一時蜚聲黌序者十八人明季賊氛肆虐保衆吳家砦全活甚衆邑侍御周鶴陽未遇時其封君貸金未償一日見侍御頭角崢嶸大異之即焚劵更贈膏火費其修德類如此
吳光廷字爵一好行其德凡施藥捐棺修響水石橋贖胡姓鬻妻諸善事皆嘖嘖人口子二長鴻次鵠鴻早卒遺孤超楚賴鵠教育及長能文弱冠食餼乾隆乙

酉選拔丁節母陳氏艱廬墓晚任枝江教諭學政修舉致仕後家乘宗祠倡先修輯其餘孫曾輩皆蜚聲泮璧爲善之報無涯矣
吳士達字非聞強敏多才順治壬辰與族姪之珍公車同北上以監生候選京邸爲當道所器重後選浙江衢州府參軍赴任未至卒
吳之琬字景三乾隆甲午歲貢生平慷慨有大志早失怙恃刻苦下帷肆力於古作文寢食方家不屑時趨子弟多賴栽成凡修造施予無不踴躍從事子文會亦能文未遇字春邑庠字泰國學泰於賑荒修橋等事亦樂爲之能繼先志孫大渚大洲大渲均國學大湀庠生
吳世哲字育三歲貢氣宇宏深胸襟瀟落行文朴茂有先正風與弟燭建廣文廟爲親祈福子思屺振翮孫見周俱庠生
吳應遇性醇樸仁心爲質精岐黄雖寒暑昏夜求無不往應手而愈謝以金弗受子純鳳年八十一孫入黌序咸以爲忠厚之報云

吳正續太學生品卓行方爲鄉里推重饒於財好賙卹凡名流碩彥下榻相延以父宏芷卒於河南信陽州葬彼地遂偕兄正祿依墓家焉嗣子正嵩以黄安籍入泮
吳騰芳邑庠生學問深醇行誼端正有子四皆庭訓成名長嗣泰三鳴泰均孝廉四啟泰庠生族文奎亦童年遊泮嘉慶丁巳豫匪竄境捐貲建砦壬戌施粥賑飢子業烜邑庠
張鼎字懋勉太仙里人以勤儉持家積米數十石值乾

隆戊戌巳亥連年荒歉悉其所藏以賑乙巳歲又荒家無餘積仍刻日減食族中有飢餓者必分給之孫廷象幼失怙恃教育有成卒年七十六曾孫光斗邑庠生

庠生張國琮慷慨任俠見義必爲康熙三十年間與兄太學張國珩州同張仁庠生張琹廩生張志昆志昂庠生張黄張楚同盧拱等呈請南漕改折上下不辭勞苦南漕得以改入條編與有力也事詳南折紀畧

何鈐字君顯性嗜學刻志讀書不遇隱於鄉琴書自樂足跡不入城市好施與里中貧乏者推解不吝生平正直剛方輕薄子弟咸憚之嘉慶二年流匪入境其子姪親率鄉勇堵禦七年飢復設廠施粥知盛德之貽謀者善也

王鳳融字燮和太仙里人少孤事母純孝工詩文嗜子史每讀忠臣孝子傳輙慨然慕之乾隆乙巳大飢輸粟以賑全活甚衆有某姓餓病於途親携饘粥往食之得不死又有里人侵其田界家人欲與爭力止之且戒曰心乃良田善耕之其利甚溥士田何愛焉遂

書契與之鄉里有不平事必力爲排解不以煩長吏至建祠宇創家塾皆盛德之舉卒年六十六長子俟甄庠生諸子暨孫曾輩皆彬彬蔚起云

劉紹玉灊源里人舉止端方輕財重義鄉黨貧苦者多所賙急族里或有憤爭得紹玉一言而釋乾隆十六年邑令戴延爲鄉飲耆賓旌其門曰公正好善子鎰孫監生源恪守遺訓曾孫四貢生士極監生士柱士桂皆先後卒理問士杰於嘉慶八年春荒捐米施粥以賑士桂子州同文烺士杰長子監生文燮孝友和平守家風於弗替

吳之琇明鄉飲賓士旨次子性仁讓博學多能爲善必果弟之珠無子以子宏道爲之後珠前爲鄉賓道侯選經歷亦與賓筵蓋父子兄弟世濟其美云宏道孫兆瀾二子於嘉慶二年在黄陂站團練鄉勇堵禦賊匪兄弟同日被難里人咸哀之

江澤煋庠生鳳翽子性狷介非其力不食長年筆耕餬口或年荒失館惟閉戸枵腹静坐而已叔父母時推食食之他人餽贈不屑受也爲文冷落如其人卒不

能慱一青衿年七十餘賫志以歿
吳星烜字紫垣庠生其生也父太學生大棻方省親於
山東陵縣卒于署故父子未及一面烜至性過人兒
時即不嬉戲事節母以孝聞母兩患癱衣不解帶恒
累月生養死葬皆如禮諸父恒幕遊羣從中烜居長
内外事一身肩之待人無城府人有急難稱貸無不
與精岐黄不以爲利家置藥物以給貧者卒之日往
弔者無不淚涔涔下也子廷塏廷墉俱庠生
孟道誠字格天兄弟三誠居幼早失怙頼母尹恩勤顧

復性至孝好讀書長兄道雄壯歲入泮益勤苦力學
卒不遇年三十終子二正篚正篋篚字輝祖亦孝友
性成勇於爲義嘉慶二年堵禦教匪七年設厰施粥
皆踴躍從事子對時食餼於庠篋字紹祖性戇直不
喜逢迎好善樂施屢捐貲修造尹家河木橋以濟行
旅次子大鶴善承父志幼子芳鄰入郡庠
孟道新邑諸生勤苦好學設教麻邑遠近師事之多列
膠庠子正賁篤實醇謹以醫術濟人者甚衆
庠生江鼎新字彰緒長文長子也弟彭年俊年岱年俱

成名早世鼎新於所遺孤寡無異視又從弟闢疆孤
寡三世皆爲經紀其家前令賈奓男延爲鄉賓贈以
賓王四世額盍自桂吾而下淑清澍德皆列鄉賓及
新而四也其裔鳳翽鳳翩澤煥澤濂澤春澤瀚澤暉
澤曜俱列膠庠
生員張之錦於嘉慶二年教匪入境捐穀數十石集勇
堵禦族耆氏張雄楚玉杰嘉慶七年指米設粥以賑
吳開泰吳學忠同族人嘉慶丁巳賊匪竄境捐穀五十
餘石督集鄉勇在羊角會横坡衆堵禦値雨甚衆潰

賊得闌入西南壬戌歲飢邑令孫勸賑復倡首於老
山會設厰施粥三月有餘
陳登雲國學慷慨好義嘉慶丁巳豫匪竄境於響山團
集鄉勇賙其衣食堵禦十餘日晝夜不懈鄉鄰頼以
安居年九十三卒
熊年卜字嗣周總角時即異凡兒及長好讀書持躬以
禮鄉前輩稱其有儒者氣象樂善不倦凡邑中諸大
事以一身倡有益桑梓傾囊不惜也前邑候張公琮
深器之舉鄉賓贈以爲民之表扁額子清有父風孫

之見嘉慶二年堵賊死入昭忠祠曾孫天栻亦慷慨急公時謂能繩祖武云

鄭之元字景襄國學工詩文屢赴棘闈不售事父母色養備至父母歿皆廬墓三年精岐黄心存施濟不受謝嘗倡修遇仙崔店兩橋乾隆戊戌巳巳歲荒傾倉施粥鬻田產以賙族戚之窮餓者子四光芴貢生光台國學光綬光麟業儒

李應由江右遷楚卜居今之灄源里積德行善子姓蕃衍至今村以人傳裔孫季廷華同妻徐好善樂施捐

田二石入祠爲祭費族人頌之

黄逵制行謹厚食餼於庠兄弟怡怡惟以力學爲事其弟黄邁黄逈黄遴黄選俱列黌庠選子廩生懋魁懋昭懋璞一家孝友雖家無擔石宴如也宗族鄉黨薰其德而善良者稱頌至今弗衰焉

梅亭字啟會少孤事母純孝多盛德事乾隆甲辰捐貲倡修白馬河橋行旅稱便乙巳大飢悉其所有以貸比熟有不能還者焚其券鄉人至今稱頌不衰焉子調化廩生春華庠生孫兆李開運俱庠生

秦昌發初貧甚傭工苦積置田二石居楊二河之側屢見河水漲漫行人病涉因捐錢六十千置木橋一座恐難久遠復捐田一石瓦屋二間以爲修葺橋梁及施濟茶湯之費家不豐而能行其德可謂賢矣

秦心孔字近思增生好學能文設館授徒寒士不較脩脯每朔望必集族中子弟會課多所造就歲凶捐施粥米鄉鄰德之子有錄年十二入泮後補明經有錦鳳鳴俱國學

程步洛文煥俱庠生好善樂施置義產延師課讀凡鄰

里有志業儒者咸造焉多遊泮水資以補廩出貢著有窓稿

徐如楹性長厚置義田助族中子弟無力延師者嘉慶七年歲飢施粥多所存活焉

趙汝栢元樞密使玉峯之裔也爲人慷慨任俠族里有急難者無不竭力相助雖典衣鬻產不惜也常因歲歉囤戸居奇日昂其價貧民病甚栢命子本立借貲遠運減價接濟市得以平邑人賴之立亦能繼父志友愛克敦析箸時屋產任兩弟自擇里人咸稱焉

蔡傳仁字槐堂存心忠厚立品端方爲士林推重子浩宇巨川體素羸勤學不倦文日精而病亦痊旋遊膠庠事没母以孝定省視膳必親兄弟六人家近百口藹如秩如內外無間族黨有憤爭者必爲之秉公排解課生徒不計修脯及門成名者甚衆卒年四十七遠近咸惜之

邱顯庸善士也醇謹爲懷未嘗凌人忤物而里黨憚若嚴師遇貧苦必解推勿吝凡有義舉無不踴躍爭先迄今五代一堂齊眉舉案承歡繞膝者七十餘人子

懷章孫朝見俱太學生殿選邑庠生現年九十三

詹聞謙字虛舟天性孝友內外無間言處世和平尤樂施與喪葬不能舉者恒助之乾隆乙巳嘉慶丁卯歲洊飢設廠於楊家堂爲粥與食以待餓者鄉鄰德之杖國之年衆爲請　旌壽九十有二子人鳳人麟庠珍孫殿魁殿鰲殿華多成名咸以爲積善之報云

黎源勝存心忠厚好善樂施里中有貧不能娶者資給之俾成家室乾隆戊戌己亥連年荒歉設粥廠於雙台禪院以濟飢民多藉存活前令李之駿錫以匾曰忠厚貽謀子中明亦於嘉慶七年設賑善承厥志焉

徐家桂字懋華存心忠厚秉性耿介居城數十年規行矩步杜門自守精醫貧者施藥以濟里有善事必踴躍倡先鄉黨欽其德範壽八十七終

趙汝崑字希崙行誼純正鄉黨推重厥嗣本煇本煥本燦能承父志修城垣賑荒歉皆捐貲不吝子若孫圜橋泮水克振家聲焉

趙元熬字名楚太學生少習詩書稍長敦氣誼勵廉隅凡修城施粥無不踴躍從事長子坦列膠庠次殿選

列成均皆力學敦行以紹父志

潘萬九明初指揮原籍江西遷安邑太仙鄉爲人剛方正直見義必爲迄今後昆發越積德行仁之報也

余之柏字楚材素行醇謹立品端方乾隆十五年倡捐社穀以備積貯邑令戴旌其閭曰望重鄉邦乾隆乙巳歲荒減家用以周鄉里之空乏者子應聲孫太學達先魁先亦皆能行其德善承厥志焉

金諾邑庠生制行謹厚篤友于之誼幼弟章析居豫省夫婦繼没遺二子年皆幼稺煢煢無依諾收歸撫養

將彼業所入爲之歲積俟姪成立仍還祖宅今子孫昌衍皆諾之力也

吳之璵字孔奐太學生生平折節讀書數奇不遇嘗慕范文正公之爲人凡事之有觸於心必竭力成之修石磯者三施義渡者二建祠宇者一乾隆乙巳歲大祲於村側巖州坂設粥廠以濟自九月以迄麥秋多所存活其子五皆有父風次維鳳四維鶴恢聲黌序孫春暉春華春淮春藻春元鳴珂曾孫掄英皆聯翩鵲起咸稱積善之報焉

吳光漢家貧力農爲業所居村側衆水滙流之處民每病涉漢乃銖積寸累前後三十載獨力捐修木橋者三約費二百餘金年八十三矍鑠若少壯然

謝杞謝俊皆之逕子也少英敏過人及長勇於爲義凡修河橋平道路賑凶荒罔不踴躍從事鄉里咸推重之杞就州司馬職俊少尉職其子孫蕃昌足徵善報

李大見性純篤好施與乾隆戊戌年蝗蝻蔽野見捐貲率衆撲滅田禾不損乙巳奇荒出穀以濟里有夫婦因荒不能活挃賣妻女見亟助以錢米爲之贖取俾得團聚至於修橋梁恤孤苦未可以一二數也己酉秋邑令王承銓表其門曰好善樂施卒年六十九其子孫四世同居家雖貧不替先志

徐家璉太學生事父母至孝又捐祀田以作烝嘗出粟米以賑荒歉邑令錢公李公皆深嘉之

蔡傳經字藝圃太學生偕兄弟傳元傳仁傳福事節母嚴氏均以孝聞母年九十猶勤紡績樂施予經體母志克敦善行乾隆丁酉水漲沖南河渡口石級數丈捐貲修築並歲施夜燈板橋之費乙巳歲歉於徙義

會施放麥種百餘石凡修廟宇埋暴骨於地方公事皆樂爲之漸至家貧無悔焉

余秉剛性恬淡寡言笑家不甚充而踈財仗義遇族戚之貧乏者無不緩急相通經管修學田十餘年凡修培補葺以及錢穀出納皆悉心經理嘉慶元二年教匪逼境偕弟太學秉和捐貲修築陴城備辦火藥燈油分門守禦七年歲飢捐米五十石同邑紳設立粥廠全活甚衆邑令孫公劉公兩次修城皆倡捐力襄其事秉剛以子開縉按經職　贈文林郎秉和以子

開運布經職　貤儒林郎

程一鏵好善樂施乾隆戊戌乙巳歲饑爲粥以食餓者值嚴寒束薪匊置古樓下以待饑民取用子士泮國學亦慕義急公能繼父志孫鳳喈庠生

熊之杰字偉亭少失怙立志讀書撫弱弟之旲訓以大義嘗謂讀聖賢書必躬行實踐乾隆乙巳歲大祲罄所儲以濟鄰里嘉慶丁巳春教匪蹂躪之旲殉難死亦由杰之平日教訓深也

宋祿元提領官也由江西遷漢津站慷慨樂施凡有益

于人者無不爲值時疫站中不舉火者數十家祿延醫施藥爲粥飯以食之其斃者備棺以葬並立漢津廟于站西至今猶存

宋嗣沆字九峯少孤事母至孝乾隆戊子邉賊入寇檄徵馬供役人多藏匿沆獨慨然以所畜數馬獻是秋大祲破産以賑邑令李公延爲鄉賓未赴而卒子廷栁國學光模光楷庠生能繼父志乾隆戊戌壬戌歲饑皆輸粟焉孫天䮍天爵皆入泮天煜庠生曾孫錫麟監生

邱世理性正直好施與戚友劵貸不償置不問凡窮失業者周之死無主者瘞之諸兄雖析居有無相通如故也後居母喪以哀毀致疾卒子承壽大學生

處士王之鑑字金仲喜施濟子二長士冕監生能文早逝次士昱監生性樂好施乾隆甲午歲捐粥賑饑里無溝瘠延師董姓訓子董入學娶室皆賴其資助子四長夢柏出繼士冕次楚善監生三楚俊職員四夢桂均能文好善

武時忠性寬厚教子有方善氣迎人鄉間欽爲長者里有竊其稻者忠見之不與較且舉稻以贈竊者亦感

而歸正行事類如此卒年八十五子五皆有父風庠生元喆偕弟士英士荃士偉於乾隆壬戌歲竭所有以濟荒歉捐資以贖鬻女喆壽八十而終後裔覲光揚烈纘緒皆列膠庠　以上舊志

新纂善行

善行甚多難以枚舉苟繩全體則完人少矣然而天性厚者知能不昧其存心行事持已處世苟卓有可傳亦足令人觀感而興起故於前志後類紀之以資勸勉焉

耆民李成貴賦性渾厚接世和平待諸姪如己子數世同居藹然雍睦憐貧苦輸穀相賙咸豐六年光黄荒歉給穀煑粥以濟飢者鄉黨稱爲善人壽終九十九子二英庠生俊監生姪孫芳圜庠生

監生胡曰璉幼好學博觀經史父早逝諸弟幼輟業持家母氏樊以悲子喪明侍膳問安倍極孝養待弟友愛生平喜賙貧乏每逢荒歉輸穀濟人邑侯孫錫以義民牌族衆懸樂善務施匾於祠宇

甘國武太仙里人先是其父憫一孤兒養爲義子父卒

武爲完娶生男分之貲産以成父志後值粵匪竄擾人多依以避賊武煑粥以食之日夕不倦家有積穀賤值售之又命其子庠生廷餘捐資團練倡爲義舉平生好施與無德色里人咸稱長厚云

張廷鳳字鳴岐性剛直篤厚事瞽父孝父有故譴責和顏樂受昆季分箸嗚咽流涕饔飧食者累日業兼創守家塾延師禮意懇至教子安分守正見貧苦親鄰施與不吝排解紛難剖斷無私生平果敢有爲與人推誠仗義然諾不欺梓里重之壽七十二終以次子家俊職貤封修職郎子長文楷三文蘭出繼四文雅皆監生孫甫春增貢生潤春同知銜遇成煦春職員焱奎武庠曾孫永祿都司銜一門蕃衍咸稱善慶云

王崇亨字光宗性剛正言貌摯最孝友族黨紛難一到即解咸豐四年團練鄉勇勦賊出力每逢道途苦人輒樂施與延師課讀敬禮不懈壽七十三終子三長敬琦三敬瑛守分安命次念祖附生加六品職銜孫暫四人推福報

劉楚峯字雲階品正行端燕處必飭衣冠兀坐無褻容

狎語好善若渴年饑家雖貧常設粥以濟之博學能文晩年猶手不釋卷課讀課耕晏如也壽七十一終子三季瑞麟庠生

董玉成積學好義嘉慶二年教匪入境捐穀集勇賊聞風即遁父與可修宗祠尤以醫濟世成承其志姑祖母望門守節囑子孫享祀不忘族孤貧老寡生飯養死施棺木家藏地理擇抄白燕遊情傳囑長子次攸手著孫儒道原曾孫尚永俱監生儒倡首團練修寨

江澤溢庠生鳳翽猶子性樂善嘗拾道旁遺金守候故

處卒還其人又晨遊畈拾一囊金若干旋有牽驢者返尋亦證以數而還之其廉厚如此

李贇亭字菽林監生積學未遇精岐黃凡貧戶延診却其所酧子弟無力從師者多負笈從之子侄孫輩登賢書入膠庠者代不乏人 餘詳節孝傳

楊玉輝號荆峰職員性慷慨善排解喜濟急踴躍辦公咸豐四五年捐貲練勇隨許憲勦賊陣亡者優恤之將軍魁公保藍翎以直隸州用延師課讀禮意殷勤卒年五十四子炳榮光榮從九煥春監生

李春馥字香山生員學憲茹以論取士獲雋精岐黃業與侄明經中彥合居購藥濟世人咸德焉居鄉善排解性慷慨修祠宇乏費馥出數百金貸與之歿年六十七子四中位中書中直中柱皆上舍生

劉大和世居雙城會比遷上庄會家徒壁立讀書樂善性勤每種植收穫輒倍蓰於人子顯祖貢生

宋光模號治亭優生兄弟友愛刻志讀書置家塾人才多所成就族里不平事力為排解歿年七十 前知縣李過其里有句云其中曾住飄然叟醒裏看書醉裏眠蓋重其人耳

吳世楠優生嘉慶癸酉甲戌洊饑佐邑令劉修濬城池以工代賑全活無算弟職員映垣縣令許創修考棚捐屋數間為一邑倡首人咸義之

熊蔚字式煌好施與雍正丙午年荒里中大窘先捐穀百石約有力者共濟其餘功德尤多

熊鳳翥字鵬萬樂善好施捐修石礄與崎路十餘處善醫年七十餘問病者道遠亦徒步即往不取分毫

周孔明進士家棟父棟督學京畿任御史奏免本邑金廠河金銀兩礦稅邑人德之建祠南街並塑明像今

作家廟餘詳天馬寺記

周圭字玉山事親孝呈請改本邑驛路族人德之著作甚夥兵燹遺失僅留家寺

李振順號和亭家貧不能卒讀服賈養父母道光十五年饑人勸以羸餘置田產順曰乘天災而利之吾不為也盡以所有賑粃麥貸鄉鄰不受券子三孫五源逢庠生源春武生

劉國梲家世忠厚父之珩廣授徒貧不取贄同治五年

賊圍龍王山寨三月遠人皆缺糧梡設廠施粥更勸有力者助之

徐耀珠正直端方解推不吝道光十六年儒學呂梁湖羅培元贈一鄉善士額

涂鳴山監生好善樂施乙巳歲饑族戚售產價極廉山自是幸災吞產非濟急也遂出錢穀以周之不納其券子麟書暨孫會輩多力學遊泮及團練授職者

李承淵號長源兄弟四淵居季仲叔二兄分居外村伯兄夫婦早故遺幼侄二淵撫養倍於親生長侄胣早

逝侄媳單氏苦節淵尤愛禮次侄綸子雄飛入泮頼玉成飲食教誨數十年無倦飛言及深感泣之淵居家儉待人謙持已正排難解紛鄉里引重年八十卒子之璋監生

余開緒候選按經歷篤孝友尤樂施與置家塾課子侄掌司學宮田畝暨修志葺城諸公事始終不憚勞年越古稀卒子五俱業儒

黄德廣號潤軒厥相長子性正直尚氣節以忠實待人父遠貿秦隴迎歸侍疾長夕不解帶延師教弟與子禮文備至不惜膏火資卒年六十七例贈文林郎弟德麟積學未遇次子鵠已未恩科舉人主講萃英書院

張國漢字行芳少孤及長忠厚好施遇歲歉出谷賑饑祖孫五世同居後裔百餘皆務耕讀歿年八十三

張玉璜忠厚樸實取與不苟以忍讓化族子弟爲馴良歿年八十

張玉溪性耿介善排解爲鄉黨所推重焉歿年七十八

鄭炳榮邑中稱善人性和順心無機械喜談忠孝事居

城市與人無爭論好施與有忠厚長者風年八十餘卒子源麗監生孫庭蘭監生

江楚元孝友端方讀書樂善年老修路勞頓不惜子紹先庠生承父志講學濟陽書院侄永昇英年入泮子永宴貢生年六十九夜閱文遽掀髯逝

樊心鶴號九皋貢生慷慨樂施好讀書延師供奉必豐友愛毋弟不計貲財賙濟貧苦人有紛難秉公解之制祀田與家廟修樂善砥柱兩橋弟占魁楚雄姪開榜長子金榜四人同科入泮次子纓亦登歲採芹

王崇讚字松亭監生秉性清廉不干外務橫逆自反不校教讀尤嚴修家乘葺祠宇勞瘁不辭善醫族黨急病疾趨救之晩患目疾訓子孫務樸實常念歷代祖德不衰卒年七十一子敬瑭監生孫五以耕讀世其業

李輝時監生庠生傑孫博學數奇嚴課子讀排解紛難人服公平族里貧者尤樂周濟嘉慶十九年歲歉以穀貸之焚券不責償捐修支譜凡有公舉靡不樂輸子四長燊庚歲貢生

黃芬甲庠生舉動不苟士人以理學稱之手書勤儉謙謹爲傳家格言子三長承玉庠生次承卷三承麟皆陰行善事麟教生徒發軔者衆玉病卷麟焚香祝天願以身代族里稱之

張聯芳號梅村監生幼穎異能文未遇疎財仗義排難解紛鄰里推服太守贈行洽鄉評額善醫濟人不取利卒年七十三次文鼎庠生孫開緒監生

謝炳如字朝福心忠厚品端方於阮家店修石橋通麻邑至武漢通衢乾隆乙巳奇荒施粥嘉慶壬戌歲歉邑令孫勸捐錢米贊勷其事其他義舉尤多歿年八十七

石華堂號華亭監生文昭次子昭於樸樹河倡首設渡船毀壞堂復造借貸不能償者焚其券道光連年水災出餘粟以拯流民施棺掩骼埋胔近有鬻子爲僧者贖還出穀給養子調玉監生葆輝翰林院待詔

謝方珍號樸齋性剛直嘉慶二年教匪入境督修謝家堡癸酉捐修家乘凡貧不能娶與喪葬莛者咸出貲以助卒年八十三子五孫二十七星照監生續譜解

紛紳有祖風里人重之

秦光鼎監生性敏能文里閈難解事一二語折之悉當族嫂戴氏叨恩旌表節孝無力建坊鼎捐貲贊成卒年五十六侄堃任甘肅高台縣丞貤贈宣德郎

戴熠椿號玉階監生倜儻好善施義渡捐修祠寒士多賴培植族戚沐恩者衆道光二十九年水災施粥拯飢後遇荒亦然卒年六十一撫嗣子二長士楨監生次汝亨附生

戴士弁少孤年二十六妻曾氏故誓不娶以孝事母能

醫濟人不取利子長庚監生施藥有父風孫克啟貢生修橋施田給渡人咸德之

王心錦字酉圃監生性溫和孝父母友兄弟隱惡揚善族黨以公正稱排難解紛四鄉咸服戒爭訟課子孫至老不衰歿年八十一子崇岱監生孫四敬琳監生曾孫蕃衍

盧昺雲號雨樵優生善詩文提如鳳搆尤工各體書法得者珍之家無儋儲晏如也主講貴州書院歸校縣志以古學重於時卒年六十餘子若金附貢生

王俟俊字茂陽好讀書行敦篤兄弟四俊居次出繼胞叔風楚生父風國卒窀穸未葬延師擇地經費多貲慨然獨任性溫厚有古風子三長監生次儒士三儀吉廪生孫林立長學典附生

陳學海號東川庠生好善樂施乾隆甲辰歲饑海弱冠請父出穀二百餘石濟不給轉貸百餘石拯之享年八十五無疾卒次子世模庠生世楷克新均業岐黄著有醫評集丹方集各十餘卷待梓孫德燦候選訓導

陳世俶號恬如庠生品學純粹暑夜讀坐帳中渾汗挑燈不輟性孝母病侍湯藥母卒杜門不出惟讀喪禮父在堂身病恐不獲終養遺囑無得正寢其至情類此

熊章文號斐然監生性孝友事父母盡禮兄弟析居不計田產多寡好施與建樂善堂於黄鶴樓左側救生船送纜捨藥種痘施棺木冬給棉衣歲荒捐籌遴開粥厰得上壽終子二長兆周次騰渭監生毀家勦賊保舉府經歷加五品銜孫飛曾過元均入泮

江玉成監生慷慨好施道光辛卯水荒逃至黄陂站者施米與衣以拯之咸豐三年賊擾竭力團防同治二年子樹棠接中丞札練勇三年賊竄河南仙花店捐貲督勇拒界口賊不敢犯又倡捐修碉堡其急公慕義如此

程維翰字少華庠生太學生向榮長子幼聰敏工詩文善書法爲人倜儻不羣於天性中饒風雅見重朋輩以時變倡建大勝山寨禦捻匪無攻不捷待弟監生步瀛武生登瀛友愛倍摯歿年四十八

方時中字忍齋監生鄉有侮中者中不校貸者貧不能償即還其券性情渾厚里黨咸欽其品卒年八十餘子以矩孫厚澤厚蔭厚亨俱監生

王鈞彥字六于歲貢生性孝友有雋才學問見重族黨中年授生徒裁成尤廣凡邑中書院考棚暨前縣志等公事不避勞怨每屬文千言立就一時以博學稱卒年六十餘子利賓庠生孫茂槐職員

盧若金號小樵附貢生性聰穎善詩文工書法凡邑中大公事悉賴贊襄惜年未週甲卒子早逝孫林立俱

業儒

孟隱揚邑庠生質直不阿天性孝友族里不平事解之自息卒年七十子三裕謙豫謙恢謙俱監生

熊德高性和厚處鄉黨無畦畛嘉周貧乏子三孫八克世其家

方崇岳家貧好善見飢寒者推解以濟子二長緒珠出繼次緒玉有父風嘗有無賴子竊其物被獲旋以物與之不洩其姓名長孫永成監生歲飢施粥同治間流寇竄入逃亂者數千施賑亦如是次孫斌庠生

陳家璜字礌溪儒士性剛直好施與附近橋梁道路捐貲修整每歲杪親鄰有告匱者量濟無吝色居當南北衝同治四年自賊巢逃歸者日乞於門給以衣食路費並勸鄰里仝賙恤病死者蓆瘞之逾年賊由河口東竄其三子鶴林之子被擄不數日林院試獲售子亦逃歸人稱爲善報

熊江字紀南庠生歲貢錫亨長子姿醕粹常以尊祖收族爲心族中祀典有已舉忽廢並有從未舉者皆捐貲公積以綿血食附近橋梁道路多倡首捐修年垂

老猶時散粟施茶贖物放生不懈卒年六十餘弟漢明經嘗樂贊成其事善士類聚家教然也

趙然立嘉慶七年歲飢設廠施粥鄉里飽德邑侯孫給孝義可風額

趙載柏載松弟兄道光十一年水荒糶穀米流亡者多賴以存活

王家印監生孝友端方性嗜書創家塾擇名師凡館中供給必親檢點其重道尊師如此壽九十六終子南杰登嘉慶丙子登書

王南煐舉人南杰胞弟存心孝友兄歿時遺一子甫週歲愛如己子姪就外傳親自襁負以養以教俾得成名著有槐亭文稿待梓子殿元監生

涂觀禮監生孝嗣母恐勞親因廢學持家性剛直督子姪甚嚴解釋口角人皆敬服好施與每歲以米粟賙貧無德色道光丙戌歲饑亦輸穀濟人邑侯李贈孝義芳型額嗜詩書延師課子多成名子五錦軸出繼錦春職員因團練功加六品錦林錦雯皆監生錦標庠生孫開甲武庠餘孫業儒

孟奎榮號華峰童試拔前茅未遇制行不苟族里重之乙未歲歉出穀周貧族嫂王氏撫遺守節家貧榮約弟奎慶奎甸歲給錢谷氏亦得舉節孝旌卒年四十五次子祜謙庠生

趙天富居界西陂粵匪告警黃麻多避亂其家富命子監生程鵬率家僮負薪擔水以濟山中柴木聽取不禁有借貸者不記簿人亦不負其德鄉黨稱仁厚焉

彭之述字孔茂自相之子孝友剛方疎財好義遇族黨事排解不阿捐貲倡首多善舉以己苦讀未遇敬延師訓後裔名其書室曰升秀齋年逾八旬鄉里贈以動靜樂壽額八十五歲盥浴正襟危坐而終孫元升近仁俱監生

彭思若號敬亭儒士秉亮子幼失怙母氏汪教養成人思竭誠奉養故派名常誠性廉正樂施與嘉慶間有負債難償者欲以死塞思聞之代償寢事道光乙未弟效祖遇火災思給食用爲搆屋宇好讀書累載延師不懈許憲請勅賜英耆額壽八十卒子五俱能繼父志家近百人循循有禮代續書香

成其祥恂謹好善邑侯以踴躍完租賜盛世良民額裔孫方士居光邑不忘故里置祀田於墮石山成家會

戴克識性剛直仗義疎財凡遠年負積者悉焚其券遇不平事正言不諱里有浮薄者衣冠不整見輒避之自祖父錫三入學手輯四書講義尚書說約外更訂家規十六條故世有賢德云

江昌會戊午科恩賜舉人生平好學敦行絕不干外雖耄而素守不渝年九十餘卒爲人輕財不治生業其弟貢生應昌常分潤之會有儒行應昌亦克盡弟道

矣
帥萬春居恒恂謹喜濟人急家稍裕鄉鄰貧者不時周
以升斗壽八十終孫德明監生
羅大昭性剛直僻紛排難族黨咸服咸豐甲寅賊入境
其中逃出者鄉民不分良莠統以賊論昭保全者衆
卒年六十餘
黃學海監生性正直事親喪葬盡禮嘉慶年督勇勦賊
歲飢多賑濟修家乘建祠宇爲貞嫂吳氏請旌建坊
學憲王獎以敦行不忘額子五三入庠二列成均長

子啓遷出繼貞嫂今後嗣敦孝友許縣憲給五世同居額
黃啟運監生性孝親病侍藥必先嘗親没徃酒戒葷常
泣血妻尹氏敬戒無違八十八歲無疾終子姪皆以
文武成名
黃開榜庠生爲人正直不苟言笑從遊者發達最多思
中牙角片言解釋子二殿韶庠生殿桂職員
吳咸號伯容庠生同知樸菴長子初父卒彰化歲飢捐
廉賑濟親董其事父旋還淡水同知防海善策多所
贊助及歸敦孝友睦鄉鄰凡建考棚修縣志皆首領
焉卒年八十六子三秉鈞庠生
吳晉號慶堂同知樸菴次子少積學能文長以議叙授
布經歷性好善邑南高橋河岸將頹倡捐修整重訂
族譜不辭繁費壽八十卒子三銑監生孫五長守約
庠生
劉鵬萬監生慷慨好義鄉有紛難捐貲排解卒年五十
八子三燃黎監生青藜從九
鍾銑號寶光監生賦性和厚事繼母孝歲杪每出家貲
以賙貧乏卒年六十餘

歐陽炳爵字錫侯太學生天性正直醞樸不欺來往無
遠邇均沾惠澤敦孝友愛讀書急公慕義董修城垣
幫辦漕糧公私倚賴卒後人猶稱其遺直勿衰子二監生
鄭開立號可亭兄弟五立最少析居時家甚寒後以勤
儉漸致豐裕性篤友于胞兄開華早逝身任殯葬不
惜已財附近道路橋梁神廟悉踴躍捐貲以成其美
生平忠厚廉平鄉里賴以排解者多卒年七十八次
子茂桂監生孫春景春梅俱太學生春蘭東山皆庠
生

何光炬事親孝待子姪寛周貧乏樂善不倦鄉里稱之
子文都齋奏廳次兆祥入泮
張載麟號玉書存心仁厚樂施與以醫濟世不取利聞
有貧病男婦召至家調治愈後以錢米給之其素行
類是安徽巡撫何公病請治一藥愈餽百金弗受贈
以道明手應額並八品銜年七十四無疾終子二長
繼其業次廷棟能文未遇孫四維煜庠生維爍監生
維灼維炬業儒曾孫十餘人以爲報施不爽云
張光坦號汝川庠生翰林院侍講希良曾孫生七日失

恃孝事繼母友愛二弟析居時以美産讓弟自留磽
薄乾隆乙巳歲大飢家無餘粟有山林價值數百金
許鄉人採取度日生平古道照人詳家乘年七十八
卒子五錦程錦山入太學孫若純曾孫懋勷均庠生
鄧文炳號斐齋庠生性剛方昆季四友愛最篤生平勇
於爲善嘉慶壬戌歲飢約同志捐設粥廠全活飢民
淡於進取留心課讀子四紹箕紹嵩俱邑庠映階光
璧俱國學孫金庠生漢卿附貢廷傑廷英廷珏曾孫
仲麒慶昌登瀛俱監生

熊一飛字呂溪監生幼失怙孝事母恪遵菻訓性慷慨
排解紛難咸服公直好施與丙辰歲大祲捐積谷百
石並約近鄰有力者同心捐濟卒年六十一子七長
兆南廩生潤南繼鸞庠生周翰從九品周鼎監生
黃離廩生渾樸端謹幼聰穎能文遵其父海晏訓承家
創業義方課子處鄉黨謙和退讓與人從無口角凡
有紛難直言勸解賴以省事者多生平對人譏誚語
不出諸口咸豐年間賊擾境奉　諭團練毫不推委
人以好先生目之卒年六十餘長子愷怡監生

程中亭號竹亭樸實坦率入泮後勤儉持家漸致豐裕
性重交遊凡夙昔同窗友及諸契好以時招聚其家
燕飲歡笑談叙時事原委了然動聽生平退讓人加
以非禮亦不校故終其身無雀角嫌卒年六十餘長
子鵬翰翰林孔目次子鵬翮太學生出繼其弟登庸爲嗣
耆民張文朝忠實樸厚治家嚴肅子弟不敢非爲替人
作事不避勞怨人即欺侮亦不記憾與人交結始終
無背負者好利濟居近河嘗倡首積會造橋以便行
旅管理宗事數十年分毫不私卒年八十二今孫曾

雍睦貽謀固自有也

劉正宙字叔安太學生心仁厚好善樂施乾隆時歲大飢道殣相望捐粟以賑行誼共稱邑令延爲鄉飲大賓巡撫何公旌以匾曰德高鄉國 補遺

徐維煜少失怙事節母雷丞盡孝養性慷慨賙貧濟急無吝色會功貲代嫁貧女立祖塋款墓碑好讀書課子最嚴敎而今三子善排解喜規勸至今人猶稱道不置年六十餘卒子儒達太學生

陳秉哲少孤事母至孝母抱疾奉湯藥不解衣者三載

好施與岡邑水災有鬻女者捐貲全之爲人忠厚大率如此卒年七十二

楊玉朗監生以捐餉加六品銜醞謹篤實不事浮華精醫理施藥濟急多賴全活近於避賊難民量力周給無吝色延師課子禮意殷勤子潤山貢生郁山監生加六品銜寶材保藍翎把總

董海宇廩生生有異相好善樂施明季寇擾督修大峯山砦堡聯絡衆砦保衛一鄉次子文林年十六殺賊陣亡生平公正遇鄰里急難捐貲排解三子百里四子百朋青年同科入泮至今後裔林立貽謀有自也

張布化邑庠生性剛直然諾不苟御世持家心精力果施有義田一石爲族中貧苦者棺木之資卒年六十一子宏光太學生

張文圖太學生幼失怙性樸茂詩書外無所好晚年怡情山水延師課子始終不懈生平無疾言厲色樂與人爲善至今里黨稱之卒年六十二長紹基議叙縣丞次德新庠生

詹閏淮字周南孝友謹厚好善樂施與人無爭競雋字

未入公門卒年五十三例授文林郎子五長人傑次人材人耀人炳以子仕贻贈文林郎季人煌孫十有三文煜邑庠生文泰職員文楷舉人現任漢陽縣教諭

黃景道性忠厚好施與族里貧者罔不周濟妻李氏嘗助之同治元年賊擾西鄉長子職員耀貴被虜其幼子聲隨母在家是夜火光大作覺有白髮老人牽出越數日復團聚氏卒年八十六殆亦善報歟

石常舉字青選貢生工文章重節義推解不惜嘉慶間

歲飢捐谷施濟鄉人賴以存活晚年好善彌篤捐修家乘建祠宇置祀田邑侯李華田詹湘亭嘗造廬嘉其行誼至今猶膾炙人口焉

尹大俊性慷慨愛讀書與士子往來款洽殷勤族中鰥寡困苦者歲畢時量送錢米排解鄉黨紛難正直可風

尹謙俊性倜儻舉子五延師課讀鄉黨俊秀子弟樂爲培植崇儒重道好義輕財人有紛難善爲排解里黨咸欽重之子桂元武庠

熊舒潤號漱芳少英敏博覽羣書因父捐館煢煢孑立援例入成均延師課子始終不懈居家敦孝友其從弟孤寡爲祖與父所鍾愛潤體親意留養三十餘年喪葬有禮建祠宇聯譜牒敬宗收族倍費勤勞每逢善舉慷慨樂輸尤憐枯骨暴露捐貲朋成掩盖生平秉公直善排解鄰里稱之子含五長能文早逝次四俱補弟子員三以職銜受封誥季人詞林

喻鳳池號梧岡增生性頴敏早年入泮屢薦未售教館安麻兩邑造就多人幼失怙事母至孝爲人忠實剛方替人謀身任勞怨不避鄉黨紛爭盡言排解公直不阿子五俱有父風

李輝朝理問土著聖人湖世務勤儉朝更恢張家業性耿直行端方人皆敬服至葺城垣修橋路凡屬公舉均慷慨樂輸鄉里有貧病及婚喪不能舉者每逢歲歉施粥指囷即遠方流徙亦被賙濟咸有善門之稱年七十八卒子三俱有父風

李豊德號培林世書香勤誦讀數奇未遇教授生徒多歷年所生平持公直存心厚事親色養教子義方嘉

慶十六年歲凶售已田以活分居兄弟尤善排解紛爭咸敬服焉卒年八十餘

詹湘字宗坦忠厚和平篤於親里挾睚眦嫌者片言解釋有王彥方風平時課讀毫不干外足未履城市者數十年壽九十四子二文洞文泮孫五長以信監生現今合爨五十餘口猶恪守舊風焉

梅昌鳳字在梧職員輕財好義品行端方乾隆五十年大饑捐穀米數十石活人無算年八十七卒孫占魁庠生曾孫德馨德容俱監生德璵職員元孫輝斗輝

閤皆監生
鄒士彬字雅臣邑佳士也文章純粹性情和厚族黨以孝友稱重道尊師情意懇至居鄉好推奬善類人有不及輙情恕之縣試每高列邑侯許深爲器重比之汝南黃叔度云惜年未三十卒
馮秉珩職員幼失怙恃承祖母節孝趙氏訓從師肄業入成均督家有法族事以爲指南勇於爲義邑公事罔不踴躍尤喜賙濟弟早逝以長子學至承祧就外傳尊師禮意弗衰次學勇學益有父風孫東照監生

吳鴻華正直端方踈財仗義嘉慶二年倡修鵝窠寨以禦寇凡會內事捐資排解十年饑捐谷五十餘石濟之邑侯仇贈養隆庠序額
劉士杰授奉直大夫學問深行誼正嘉慶癸亥歲飢施粥以濟子四半列邑庠玉田職員海屏太學生魚門司馬儀軒少府紹繹從九曾孫玉森國學
車九鴻監生性慷慨好施濟遇鄉里牙角罔不仗義排解咸豐四年賊入境倡首督勇挺身擊賊勞瘁成疾卒弟開弼姪伯林接續辦團帶勇至城襄勷有功詳請加開弼六品銜伯林五品銜
袁鵬程從九性愿謹施與不吝凡古塚養濟院高橋河及城隍帝主各廟無不踴躍倡修貧苦族戚死不能葬婚不能娶者悉捐資助之邑尊王筱華贈以一鄉善士額卒年六十餘子承瀛監生孫履福國學
孟光鄒字濟川監生性慷慨端方族里有爭競善爲排解正直可風
孟步和監生性和藹好施與大父染瘋疾侍湯藥數載不倦施鄢家河渡船及大河木橋矜恤族里孤寡多

善舉焉
吳國舉性和平淡於榮利孝事親睦敦族尤樂施與凡族里中貧不能治喪病不能延醫者罔不助之遇忿爭爲之勸解人咸稱爲忠厚長者子均元監生保舉六品有父風孫皆業儒
戴聿修監生公直善排解和鄉族積祖保祀捐修泉坡石路凡義舉悉樂從之子崇恩鈞恩俱監生
石常塤字聲律然諾不欺慷慨有大節排難解紛見重鄉里好讀書延師課子禮意不衰濟寒士推解勿吝

子得路得親職員均好義克續家聲

車行坦監生性善喜静好施與乾隆五十年散穀濟饑族黨德之里中有貧不能娶者輒助貲成其美惜不永年卒子開癸監生屢次倡捐濟餉施藥數十年不倦孫兆松入成均

王華文字廷揚監生尚然諾敦氣誼家雖中落輕財好義如常有急難請貸者多方應之未嘗告匱遇鄉里不平事力爲排解氷釋乃已後嗣列膠庠者十餘人

王華炳字必大貢生少孤育於嬸毋黃長事之如所生

好讀書明大義經理族事時出家財調劑之至族戚貧者每歲時必餽以粟有劉氏子盲於目爲給衣食終其身凡修廢議賑公事靡不踴躍爲閭里先洵勇於慕義者子風誥監生孫瓊林武庠餘業儒

王灝字師程歲貢生爲文根本六經舉動循禮法接引後進飲之以和薰其德而善良者衆亦士林翹楚也

季弟湣庠生

王侯甄庠生好學不倦與人無欺鄉里以公正名有疑難請質者剖晰詳明帖然咸服爲梓里所重

王廷勇庠生慷慨仗義爲人排難解紛務竭心力比閭重其公直子乘龍耄年入泮

徐新琦字璉軒性質直讀書未遇延師教子終身不倦不苟與取里黨稱之子四振榜軍功振鐸職員振科振軒監生以二子出繼弟瑜山爲嗣孫承祖貢生

李鳳鳴忠厚持家四世同居門臨大河無船筏每水漲輒以木桶渡人歷久不懈年九十卒子九孫十八長孫久富職員

李尊祿監生生平好義能忍讓從未與人爭訟補路修

橋常多善舉年九十卒子八承祚監生承祥職員孫二十一登鵬邑庠大年職員

趙載萬字殿選監生性公直善排解篤宗親和鄉黨族里有婚喪無費者以貲助之年荒貸不責償每歲除出酒米周貧乏修萬選橋建祠宇凡義舉靡不倡先子觀海監生觀學貢生

董對三好學未遇性孝友父增生思吉故廬墓半載齊戒三年兄弟分居曾鬻已田以還公債儒醫濟世爲人古樸端方著有治身治家法戒勸世詩詞其徑道

蔚因兄道坦早故捐已產爲兄立孫有方姓家貧賣
妻自給蔚出貲回贖俾得團聚排紛解難鄉里悅服
孫天恩監生
董攀桂性和順品端方忍讓傳家詩書繼世遇人有爭
競事備酒解釋之存心渾厚類如此子學勤監生孫
基良業儒曾孫賢鎔庠生
陳守常號自典太學生治家和順處世端方疎財濟困
曾有岡邑流落者年荒難以存活給銀十餘兩周之
又本邑某家貧人衆因歲難度投水詐人典復爲救

起給之銀兩力加保全彼此獲安鄉里傳爲美談
秦載垣號星門係炙秀子與堂弟載瑜並過繼堂叔炙
仁爲嗣孝順友愛無異同胞性嗜學書不干外事城
居無市井氣共賈有鮑子風好行方便賙親戚濟鄰
朋至今流播人口卒年六十九子三國鈞鈞朗鈞華克
承父志識者卜其有餘慶也
歐陽從青好善樂施訓讀不倦後裔列文庠者世不乏
前志稱其文孫累葉若編貝然咸豐八年裔孫應元
入泮一綫青衿凡十一世後起者猶喜讀書

耿普亭理問銜慤實端方笑言不苟治家有法內外肅
然遇鄉里忿爭盡心排解並備酒代爲勸釋安麻通
衢土名横坡坳山路險仄損貲修補五里許建造董
家橋行旅稱便咸豐丙辰歲荒出積谷濟飢壽八十
五終子成瑛鹽大使銜
誥封朝議大夫張允坦教諭西園之季子也幼承庭訓
力於學其父謂之曰一家世沐　國恩當圖報効汝
尚勉之屢試未售以從九分發陝西歷代州縣事皆
清愼自矢嘉慶壬午科奉委分巡棘院放闈時見一

生悲甚詢之則試卷被污恐犯規者即代爲婉請於
大憲以他人未至卷易其尾得免帖榜發竟獲中共
他厚德類是數十年致仕歸同寅及紳者贈時成帙
有句云半生宦橐無他物贏得新詩滿篋歸蓋紀其
實也餘詳宦績
吳應剛耆老高礄會人乾隆丁卯年生道光二年七十
五歲報明耆老八十五歲至百復請咨部建坊壽一
百零六歲准餐膳亦瑞人也　附錄
汪澄銘號靜庵性和厚品端方交接間推試相與見貧

苦者量爲賙濟人咸以長厚稱之好讀書命子從名師遊遂以府首入泮壽八十餘終長子澤增生凡考棚城工團練皆與有力保加六品銜孫秀英秀芝曾孫國華輩俱業儒

李國才忠厚居心寬和處世憐貧卹老不惜傾囊濟之一時共稱爲善人壽八十終子二華濃貢生輝廷縣丞捐貲四百緡倡成育嬰會亦有父風

詹鄗字孟桓優廩生元變之曾祖也生而穎異舉動不苟禮法自持人謙厚族里賴以賙濟者衆後輩化之

無紈袴習能肩大事朱公梓嘗造其廬贈云分衍方裘文歷家聲永始遷冠盍儒林世澤長曾孫人俊軍功七品郎職員元孫一桂增生一炳監生

董耀堂純謹篤實和氣迎人精堪輿卜算鄉鄰有擇吉者不避寒暑遠近悉往應之概不取利子玉輝增生玉諧監生

鄭宏陞事親孝父病數月奉湯藥不懈息紛爭𢜰貧乏歲飢出積穀賑之有喪費無出者施棺木外此善行甚多子四炳富炳貴國學炳榮縣丞炳華庠生克承先志孝友同居蓋六世矣

誥封中憲大夫劉載華號效坤其父公行素好義尤憐孤寡曾值歲旱族有困苦數家無力栽秧樂爲出貲灌種其任卹類如此封君於兄弟居次娶張恭人生子秉琳後成壬子進士承刺深州封君中年足疾甚醫六年始瘳嘗自謂再生非積善莫酬由是遇方便事輒喜成之及見崑圃入泮登賢書益勗品學不令與聞外事崑圃得專心教讀歲入脩金歸必酌給族中急者惟孝友昆季一日必數面始懽後故疾復作

臨終惟以子孫當培植根本爲囑以善繼善崑圃仕宦有聲升階晉秩也宜哉張恭人事詳藝文傳

王玉泉邑庠生性溫厚至孝事父母色養倍至工詩文館豫數載成就人材甚衆著有詩賦聯珠待刊卒年六十子敬弼業儒

黄安縣志卷之八

知黄安縣事陳瑞瀾 陶大夏 主輯

善行

秦光運字際昌太仙里人也性慷慨好善樂施道光己丑大祲捐貲分濟鄉里辛丑復出積穀施粥賑飢全活甚衆子三再翔再文再武俱監生克繼父志孫鈞典庠生鈞秩鈞常鈞則鈞芴鈞琳鈞珩俱入太學咸豐戊午倡首捐貲督勇禦賊同治癸亥倡修清風黄金兩砦防堵流寇鄉人賴之

太學秦光鼎字調齋性沈静好讀書爲文苦心孤詣五薦棘闈不售乾隆歲饑族戚就食全活甚衆嘉慶初教匪犯境倡首練勇守城賊旋遁居鄉遇事排解每出一言兩造均服族有節孝戴氏奉 旨建坊苦無資慨然佽助貞珉至今屹然卒年五十五以弟光晟次子再煜嗣煜能文未遇早卒長孫尹鈞官陝西

貤贈朝議大夫

太學程身桂字森馥遺腹生也性樸實丰裁嚴峻幼時家素封村有欲毒害之者賴母氏嚴衛得無恙及長人懼其雪恨桂若忘精青囊術施藥活人不受謝里有不平事從容折之罔不悦服故鄉人叶其森馥字音頌之曰萬家生佛云子五步先步墀步遠步和步明俱太學孫曾數十人多列成均入泮者年五十卒以孫國衡 貤封文林郎

太學江俊字鵠臣少貧力學恪遵庭訓父没事母無間言長棄儒牽車蜀地畧有餘貲每歲臘盡多施穀米以周困乏鄰里德之卒年七十一子二訓成業儒意成監生

太學程步明字月堂性慷慨敦孝友兄弟有五明遠貿西蜀無私積貲有餘輒以施濟同鄉流落在川者量遠近給路費遣之歸其友有顧姓者晚年貧且聾遂供給全家歿後猶厚邮之年四十三卒子四漸逵庠生顯文監生

貢生程煥新字朗卿性慷慨好施與兄弟四二兄一弟均無嗣新皆以子承其祧有善讀書苦無貲者輒贈膏火費以成就之咸豐間捐貲團練捍衛一鄉賊氛亦賴以少熄邑有公事捐輸每身任之未忍苛派遇

雀角爭延至家置杯酒以釋之人咸服其公正焉卒年五十三以長子常八官安徽　誥封奉政大夫

府經歷程兆祺字鼎臣性瀟灑不計錙銖事嗣父母以孝聞貧士應試無貲贈以金無德色與謝映科捐建中和司渡置田造屋并存錢歲修人咸德之歲饑有黄姓某鬻女宋鎮祺見之贖歸詢知爲李氏聘撫養成人歸李不受謝子一本乾幼讀卒年三十有四

儒士張錦璣字少臣性渾厚積學能文院試五取佾生晚乃棄儒爲醫無遠近求診必往不取利且施藥濟

人賴以全活者無算至今猶稱頌之

何玉秀字明萬性忠直好施濟族戚有貧不能殮者給以棺婚嫁乏力者助以費借貸不能償者取其券焚之建家塾廣祀田續譜牒靡不盡力并立碑以志無嗣之墓凡邑中善舉輒捐貲不少吝晚年得子延師課讀禮意不衰年六十有四卒以長子聿修　贈承德郎次鳳標府首入泮三肇修四殿標俱庠生孫林立皆幼讀

程士與字廷顯性仁厚有蔡氏子劉氏子親沒無依與皆收養之及長厚贈遣之去且給棺具濟貧寡族戚力不能娶輒佽助之其好善樂施至老不倦子明則事繼母孝待異母弟亦極友愛孫典鰲貢生典堃太學生

鄒德厚字坤亭性孝友幼聰穎無書不讀年二十餘因目疾精於醫施藥濟世數十年不倦全活者衆卒年七十四子三長聯奎選拔次聯璧太學生醫學能繼父志邑有公事多與贊襄三聯珠能文未售議敘八品

太學生戴文儒字青蓮好善樂施有債戶不能償陰焚其券遠近貧苦士尤加意培植咸豐年有被賊擄逃出者儒施濟之全活甚衆子心芝廩生

王幼墀字彤階性忠直敦孝友咸豐時賊猝至舉家驚惶不暇顧墀負母逃避山中旋妻孥亦集兵燹後尸骸徧野施費收埋培子弟以詩書且日勉以善嘗言積財愛用有盡積善愛用無盡長兄幼魁早逝嫂王氏守節數年歿以長子學典承祀撫養成立光緒丙子登賢書孫賡瑞縣首入泮墀卒年五十族里咸太

息之

太學錢作霖號雨亭工詩文慷慨好善咸豐年太守許諭隨營勦賊捐貲募勇屢立戰功保給五品頂戴他如建考棚修碉堡籌賓興諸大事無不樂捐助公至督修家乘又其親睦之顯著者卒年七十

監生鄧翹薪號竹軒幼隨祖任博涉羣書及長事親尤以孝聞咸豐間團練踴躍從公生平好善樂施督家乘營寺院修橋路輸費不惜尤嚴課讀子有臺增生鵬翥監生孫祥霖舉人俱口授經義焉

張布霖字燕山鳴珂長子慷慨好善墅近通衢路險兩山對峙捐貲鑿山開道建橋行人德之置祀田聯試牒心力俱勞並善排解弟布化布策同遊泮孫文燮增生

太學鄒汝霖字會川性仁厚居鄉有長者風子二次恒貞早逝恒彥貢生幼習詩書長敦氣節樂施與同治年捻逆紛擾被擄逃出者與食施藥量遠近給路費全活甚多又沔陽水災飢民蜂集出米賑之有道亡者並施棺具至於善排解重師道遐邇尤稱之皆謂其善繼父志云孫八學泗子康均庠生

儒士蔡昌烈博學工書文爲孫邑侯所識拔風裁峻整不肖者輒望風引避里中爭訟極力排解無不悅服晚年好善彌篤咸豐丙辰大饑出積穀以貸隣族全活甚衆子光楷監生孫曾登黌序入成均者甚夥

太學石斗輝字星垣少習儒未遇精通内經凡求診視雖道遠徒步不辭多全活不索謝年七十志行不衰遇荒歉貸米賑濟遐邇德之著有醫鏡待梓

職員胡經哲字明齋性慷慨樂施濟道光年蝗災罄儲

以供鄉里稻種不索償咸豐年旱荒煮粥濟饑民稱貸以賙困乏累重債殊無悔心生平守正教子有義方年八十九無疾終子錫朋遊泮

張自述慷慨好施遇歲歉罄積儲賑饑民鄉里德之雪後輒撒穀飼禽嘗於近地高山寺施田一石二斗水口寺施田七斗以作香燈之費其力行善事至老不倦云

王行錫性直樸好行善有祀田被無賴蠹當錫多方蓄積並捐貲贖歸遇里中貧難殮者出費以助之丙辰

荒散財族黨不討值未償者亦置不問卒年七十一
子華璧監生善承父志孫四理才監生
高士望字渭川精習眼科施藥治目疾效如神不取利
道光年間蝗災嘗出穀賑濟無遠近咸以善人稱之
太學戴鈞恩字洪舟性慷慨好讀書培子姪延師不惜
費遇爭訟排解必盡心同治初捐貲督修大佛山砦
團練堵禦賊不敢侵鄉人咸賴之
鄒恒貞字正卿性沈靜不苟言笑好善樂施濟貧不少
吝喜讀　帝君陰隲文捐貲刊刷千篇分給鄉里長

崗山崎嶇行李往往蹉跌捐貲修理險道胥平人咸
賴之子庠生子康捐貲助修城北通衢數處蓋亦善
繼父志云
儒士鄒佩慷慨好義乾隆年奇荒里中有無賴子擬鬻
其女女已先受人聘泣數日不食佩憐之贈以金並
貸以粟婚卒全又南陽賣藥者寄存百金去歸後旋
歿踰三年其子來如數與之客茫然詢其故始拜謝
迄今子孫蕃衍人以獲修德報焉
何志壽慷慨好義遇貧困輒周濟之見爭訟盡心排解
至老不倦與弟志昂募修諸仙山廟宇子監生意成
施田二斗四升以供香火其善行克繼父志焉
藩經歷方春渭字子熊性純篤勇於爲善里有貧乏時
周濟之同治甲子一童自賊中逃出渭詢爲霍山縣
陳姓子留養年餘送歸乃係三房碩果諸父感激厚
謝之概不受邑城北三十里大龍店路沿溢人苦之
渭獨力修治不惜費卒年四十五子一志敬太學
太學熊卓山慷慨磊落尊師儒重義氣性嗜古經史盈
軸古字畫亦多珍藏凡名流過訪禮意特隆遠行者

猶厚贐之里有羅某被株連山出貲解之而羅不知
也既覺詣謝山曰余無此事辭不受至邑中善舉輒
踴躍爭先迄今人猶嘖嘖稱之卒年五十餘邑侯
孫贈有敦行不怠四字額
職員蔡廷庸字颺階性磊落嗜詩書極好善隣有貧者
霪雨牆坍斃三人施棺掩埋更儲甃具數十以濟貧
者尤敬惜廢字嘗編竹器給人收之遇關風化事輒
踴躍贊成年八十臨終口誦經文而逝子四三雲梯
積學未遇就從九職銜其力行尙繼父志焉

庠生鄧兆嵩字朗山性灑落爲文不蹈恒蹊屢膺鶚薦不遇晚乃絶意功名醫術濟人不取利暇則詩酒娛情而已居平息爭訟化强暴樂推解數十年不倦至今人猶稱之子廷佐廷琛俱入泮

從九銜耿文濬字堯臣庠生秉鏞子也幼聰慧舉止莊雅積學未遇遂精於醫凡診脈定吉凶百不失一賴以全活者無算長子普塤能讀父書亦以醫著名

董爲霖字天池世居城與吳某善吳家貧疾卒乏棺具以巳棺與之俾得葬兄弟析居以弟早逝遺二子教養之視逾巳出霖子二長其元次其亨同治初邑宰文諭二子團練霖以忠義勉之生平無片字入公没時猶囑其子以處世治家格言卒年八十一

太學王傑字天柱性磊落好施與居近通衢天暑極施茶道左當髮捻未靖時凡遇擄逃出者給衣食贈路費遣之歸更捐貲助修鄢家河和家河諸義渡晚年家漸落慕義猶不倦焉子二長煥然監生次書麟能文未售其好善樂施葢亦能繼父志云傑卒年八十有七

職員伍萬章字聯元性豁達遇事敢言里有雀角爭章立解凡善事捐貲助費慨然樂從捐祀田葺祠宇修考棚其最著者也卒年六十餘邑主事彭題有艾綬重光額子二長車書廩生次經書職員諸事慷慨大有父風

徐高泰家貧事親孝親卒家漸裕每飯泫然流涕痛親不逮平生敦信義有友存金八百其人暴卒無知者悉送其家又葉某爲人經紀失百金泰如數給之嘗過鄱陽湖風暴起同時三百舟盡覆惟泰無恙葢能得天佑云卒年八十一子立方監生亦好善同治年有二童自賊中逃出各離家數百里方出貲送歸尤善排解苟省事費財不惜鄉里德之

盧扶字擔夫邑廪生選授訓導因親老未任好施濟建八里灣石橋修土雞畈崎嶇路五世同居子銳邑庠生銓郡庠生孫永年庠生嶽年太學生著有頑石齋詩集行世

處士盧夢月端方謙謹喜詩書客尤好陰行善事歲臘有偷兒入戸公覺夜半伺家人睡熟與出以温言慰

之與青蚨數緡縱之去後其人亦化爲善識者謂公
有長厚風孫學淵以軍功保四川縣丞學洲巡檢學
源太學生
從九劉映奎號星階性豪邁積學未遇日以詩酒自娛
棄儒就醫嘗坐牛痘局適痘症流行盡心調治不辭
星夜全活嬰孩無算凡遇善舉靡不竭力贊成卒年
五十歲子三俱成立
耿文瀚號慎堂性厚重敦孝友親老長兄瀾孝廉專精
儒業瀚任家政內外經理勞瘁不辭咸豐丙辰歲大

饑出米濟族人全活甚衆戚里亦波及焉至倡續家
乘善解紛難尤服其公直云年八十卒子五長普源
入太學三鵬飛廩生孫曾林立
黃沅字蘭舟邑庠生性慷慨咸豐初粵匪竄境遵邑侯
許諭團練防禦居民賴以安堵有潑民乘機嘯聚肆掠沅
聯鄰會捕之遂平督部堂官保給五品藍翎凡諸公
事樂捐貲竭力贊助晚年好靜邑令勸恤民隱
輙造訪焉卒年八十子維垣能文早逝維祺庠生維
禧議敘八品孫登瀛州同保花翎五品銜

謝映藻謝映科謝映勳弟兄三好爲善族中建祠宇修家
乘樂爲捐貲賑患難濟貧窮平路十餘處並設中和
司義渡與堂姪明照里人程兆祺捐置田地屋宇以
備船橋歲修銀計用一千餘兩不少惜焉
盧佐字汝弼少業儒尤多隱德嘗有竊其物者佐遇之
不令家人知遣之去後佐殁其人感泣自言凡遇口
角事有就質者延兩造至動以情義皆心服里中即
尊長輩亦無輕呼其名者
伍之榮字清彩幼岐嶷負奇氣行坐端不苟言笑尤好

施與善排解苟事可竟不惜捐貲里黨稱道之子三
孫曾輩林立採芹食餼登賢書者不乏人卒年九十
六學憲賀獎請樹坊表其門曰期頤永耀以曾孫
金燚　貤贈奉政大夫
監生伍萬山性孝友居側嘗置有五桂廳持家勤儉教
子姪多成名更有膽畧咸豐年與弟章首倡團練屢
建功蒙郡侯許詳請保舉六品銜至修考棚捐祀田
尤多善舉妻胡氏相夫治家內外肅然卒年八十餘
族戚贈有眉齊甲舍額子二長經魁貢生

鹽大使楊玉亭號鳳來好讀書尊禮儒士氣慨豪爽捐
貲建義塾修祠宇祖事賴以日興邑有義舉每慨然
樂輸嘗留麻之岐亭同治初因寇亂葺城濠設籌荒
局靡不倡首經營費無少吝尤喜培植士林癸酉秋
闈捐送闔邑試卷卒年八十遠近咸悼之子六長枝
春廪生出繼次希震廪生任漢川教諭餘皆業儒
庠生黄維祺從父沅團練出力甚多咸豐五年隨邑侯
許帶勇勦賊屢立戰功同治間捻匪竄擾與姪登瀛
督修萬山砦保護居民賊不敢窺尤精岐黄施藥濟

世全活甚衆子登詔登奎業儒
周思奇正直待人不設城府尤好善遇鄰里孤獨輒衣
食之有爭財者往訴其門仗義直言無不悅服卒年
九十一歲太守許贈角里春長額
太學程恢緒號梓庭少失怙母撫之成立性好善同治
年捐貲建砦保全甚衆逃難者踵至悉賑之有被擄
逃出者尤多曲護生平好讀書培寒士體恤周至子
澤芬貢生
儒士袁德薰號粹軒慷慨好施咸豐初髮逆紛擾鄰里

困乏捐貲濟之後奉邑侯許諭團練防堵屢立功因
數奇淡功名高志節以終
劉楨久性剛介持家節儉遇貧寡輒周恤之咸豐年髮
逆竄境捐貲勦賊不少吝至築堡修橋暨邑中諸公
事尤協力贊成子銑遠貢生
劉明松兄弟七篤友于家丁百口內外秩然尤好善與
弟明桂捐修馬埠頭西行路十餘處並建蓮花山西
行石橋行人德之卒年六十子俱監生長孫則斌庠
生

陳宗紀字登傑從九銜生平喜施與咸豐丙辰豫有奇
荒光邑胡某携眷逃至將鬻其女紀止之除室與居
給以糧年豐助貲遣歸邑中諸公事無不盡力邑侯
許贈以正直可風額卒年七十餘子三長武庠督標
效力以千總補用次監生三庠生
曹瑞清字虎溪事繼母以孝聞尤好施與咸豐丙辰大
饑出麥百餘石散給鄉里全活者衆
太學黄鳳鸞性天厚事親以孝聞諸兄先歿待姪輩直
逾己子平生正直剛方凡輕薄子弟皆憚之家不甚

豐遇公事捐貲不惜里有雀角爭尤善排解人皆稱
爲古之遺直云子金甲定元孫繼瓊均庠生
太學汪正業性好善嘉慶十九年歲饑捐粟以給族戚
於孤苦尤加厚焉至捐貲修祠宇聨譜牒猶其餘事
子二登第監生慷慨有父風應霖從九銜儒醫濟人
不取利
徐乾一徐廷蘭秦在懷乾隆年各捐田屋於合田畈萬
善橋處備人施茶至今往來者無不歌誦
儒士陶德鉦字少鄉謙恭正直敦孝友平生於書無不

讀課子姪最嚴時以青囊術濟人不取利兄產盡遽
没鉦代理喪葬嫂亦依之以終近村某有事賄以金
斥不受卒爲玉成之咸豐甲寅粵匪犯境倡先督勇
邑侯許與商方畧見佩有玉器因贈以温其如玉額
丙辰歲歉公約族人籌費賑饑全活者衆卒年七十
八子四映彩軍功際唐監生
鍾清雲字玉山忠厚傳家救難濟急修整番家口橋梁
行人德之孫先甲職員亦能繼祖志云
太學秦有鏡字鳳鳴孝友端方和平温厚居鄉善排解

兩造悅服乾隆五十年捐粥濟饑全活者衆子棋淮
太學生孫曾輩列膠庠者十一列成均者十六登賢
書一識者以爲公之善報云
太學詹殿選號啓朝中和鄉人性渾樸忠直端方喜范
文正公下爲良醫之說精通脈理遠近延治不受饋
遺訓子姪嚴而有法姪旭山亦明大義處鄉里型仁
講讓且樂於爲善施茶施藥罔或惜焉
儒士江錦號嶽秋邑宿學也事繼母孝數奇未遇有友
八人結同心社力行善事施藥材塡孤塚撿埋白骨

送種牛痘督修惜字藏點濟堂置田產以期永遠刊
有八端勸世板現存每冬雪後途間遇有饑寒者暗
予錢文臘盡常偵探貧窘家潛計人口以給之受者
不知也尤善友教不計束金及門遊泮者衆卒年四
十有八子一福保
熊清義禮智兄弟三人性好善咸豐六年歲大饑義等捐貲
請移文着子錫魁至河口買米在站會南廟照本分
濟窮民本地賴以保全同治三年有被擄逃出者給
衣食送盤費不計其數迄今義子錫典募修騆馬橋

禮子錫珍智子錫祿每年施藥濟世猶有乃祖風族里稱之

貢生孟立坦字履階性磊落品端方鄉里有爭者一言折服邑中修城築堡諸大公事無不竭力襄舉族有行仁者原立剛之子兼祧胞叔立統統歿仁半廢産坦恐統乏嗣爰約族長廩生祜謙職員兆南為統立嗣並提存立統得分之田屋不許私賣誠善舉也其餘修橋梁平險路恤孤寡猶其善之顯焉者耳現充東方總採帶病辦公至採訪齊而坦歿年六十有七

次子春月庠生

監生孟大棣城東鄉人也性渾厚為人不立厓岸鄉隣有爭必排解百端令其悅服且見貧困則周之遇孤寡則恤之凡近地橋路難行無不捐貲修理焉卒年七十有七次子來儀庠生

庠生趙璧字連城博學能文教授生徒多所成就集有醉吟堂文藝待梓至修考棚理團練立砦堡建祠宇諸善舉猶不足盡璧之長焉卒年七十

太學江玉良性好善同治年粵匪竄境避難者紛紛良施粥食之尤精岐黄有延請者不避風雨輒往多所全活妻熊氏亦好周恤貧苦人稱其賢子八次雁賓庠生

太學李惇典慷慨好義咸豐年髮賊入境邑侯許諭倡首督勷屢立功同治年督修砦堡不惜捐貲至排難解紛每出一言兩造俱服並分財濟困鄉里德之卒年六十四弟惇禮從九銜子元熙貢生姪承烈庠生加花翎守備銜

郡庠生楊玉柯號曉峯性渾厚甘貧苦學生平敬惜字

紙無少懈每遇有關文教善舉殷殷襄贊觀厥成焉嘗訓及門有為善最樂讀書便佳八字至今猶想見其品節云卒年六十餘子兆麒庠生孫二業儒

蕭元解字益亭慷慨好義道光年隨雄文在麥斗關捐銀五十兩修路不著姓名咸豐年大飢減價售穀施粥濟貧子東震貢生同治三年被擄賊詢知為解子遂釋歸人以為施濟之報云

儒士周開運少博學能屬文不遇遂精醫術濟人全活無算晚年好善彌篤戚里有貧苦者輒周恤之並嗜

古名人字畫多所珍藏卒年八十餘鄉里戚族全贈
有眞誠篤實額
陳德潛號孔昭性渾厚居鄉里不與人校即過橫逆處
之漠然時以錢米濟人困乏無吝色並不對人表彰
至若買放魚鱉德體好生尤力行數十年不倦焉卒
年五十四子一宏江業儒
趙錫壽號必得性孝友少失怙事母務得歡心溫凊盡
禮數十年不倦嘉慶初歲祲遵母命偕弟錫禮出積
穀千餘石賑饑民邑侯孫給有體親恤隣額子五季

連城博學工書輯有四書集講成函年三十五未遇
卒士論惜之
鄢天成字永和忠厚端方好讀書尊師道族黨有牙角
爭輒直言不諱人皆悅服里間息訟端者數十年經
理祖事閤族咸服其公咸豐年邑侯許給公正耆民
額卒年七十六子四孫曾林立
程文煦字曉陽貢生家素封樂施與乾隆五十年奇荒
族里嗷嗷待斃煦積穀有年開倉賑之全活萬命
程本楨字先正坦白居心精岐黃常攜藥餌遇急症輒

醫活之不求謝又倡修尾斗山寨保全鄉隣時炎夏
寨中瘟疫流行楨晝夜施藥全活無算
黃啓宸字安太性率真族黨中喪葬不具者輒出貲理
之課子弟耕讀過事忍讓數十年足不履公堂
曹承謨恭儉忠直見善事悉樂從之隣有二巨族微言
構禍各率千人擬決爭鬭謨聞之極力勸解並爲之
泣下二姓感其至誠遂各止息焉子太福孫曾林立
張玉鰲職員胆畧過人遇有急難輒身任之家居驛路
有客車載金數百兩旋梓夜宿孤店忽來寇數人奪

金而去鰲率村丁追得之反金歸客客拜謝頌以大
德再生額
孟謙高好善樂施嘗外貿遇無賴子歲終窘廹逼妻爲
富商妾高見之贈以財物夫婦和好如初後旋梓客
邸有夫借糧銀囑婦藏之婦偶出爲隣家子竊去夫
逼甚婦憤自縊高聞知與夫起救解囊與之婦賴以
活子光祥太學生次光瑞
張希周慷慨好施嘗貿岐亭倡修會館岐人頌焉又倡
修本處要路大橋以濟病涉因疾工未竣臨卒囑其

子象賢繼承其事
儒士張其秀字昇學慷慨剛方生平不干外務時川省
有士與秀相善後病不能行留家調養川士卒秀搆
艮木衣衾葬之家人微有間言秀曰朋友死無所歸
於我殯聖賢之道也又何辭焉
儒士張家構性慷慨遇善事踴躍爲之不惜貲立宗祠
設義塾修橋路一切善舉倍費經營卒年七十餘邑
進士滄州知州秦光扆贈有矩矱雙銘額
張學斌事親孝親病禱神願減巳年益親壽又見五雲

山爲邑文峰廟宇毁敗斌率弟家旺開榛闢莽籌貲
修理廟成樑上存斌旺弟兄重修名字
王正豐字煥先太學生持身正直事父母以孝聞母得
瘋疾飲食起居必躬親之數十年無少懈生平好行
其德置祀田創祠宇族里中有貧不舉火者輒出粟
米濟之死無依者施以棺妻江氏克勤家政亦喜周
恤貧窮子五長子肇基庠生次子學瑚三學璉業儒
幼學璜貢生
孟之梓字子美立品端方存心愷惻勤教讀寒士不取

束修賙濟窮乏甚多捐田以助祭費兼備讀書膏火
族人立碑誌之
張大復字克仁積學砥行遇爭端必力爲排解友教不
取脩金子四幼翊運監生曾佐許憲練勇堵賊率族
鄰建歸元山豔頭山及本村砦堡衆賴保全翊子鴻
逵庠生
張瑞雲字潤齋仗義疎財咸豐丁巳有光邑儒生林作
棟携家避荒至龍頭橋店窘廹甚將鬻妻以養老幼
雲憫之授一廛周濟年餘全其眷屬還梓子二必瀛

貢生與族明耀明揚結育嬰會全活者衆
太學程步逵性樸誠喜周急貿荆沙有麻邑某債過多
將棄妻子潛逃逵止之代償其債並助貲本毫無德
色遇貧者輒濟之卒年五十四子三長文昭監生
上庠生鄒基逵好施與善排解同治年遭兵燹倡修砦
堡以衛鄉里多所保全人稱義士焉
陳登瀛號仙峰性肫摯事親孝祖母汪年近九旬目瞽
慇懃扶持代父侍奉道光乙未年荒羅某鬻妻給粟
以止之族間負債難還者焚其劵修族譜解紛難鄉

里服膺年八十無疾終

貢生謝長灼號蘭亭幼食貧性豪邁貿易沙市鎮家漸裕族人多倚賴之咸豐丙辰歲飢捐百金以濟貧者並施棺木數十倡建清河義渡倡修闔族祠宇子一作霖業儒

副貢鄒象山性謹厚善屬文早年艱於遇而益自攻苦生平無疾言遽色終日端坐默不一言遇橫逆不與校人自欽佩嘗有同村某與人搆釁各聚衆鬭狠見者股栗適山至從容諭以片言均服年七十九入泮

庚午恩賜副榜年八十五卒

太學趙朝勳性篤厚逮事繼母以孝聞堂兄弟早逝代理家政出納必清並爲之立嗣延師課讀維嚴見善事輒捐貲成族里有雀角爭善爲解釋人咸服其公平卒年七十子二長兆麟縣丞銜次出繼

余邦峻質樸好善凡修橋補路皆捐貲以濟里中有侵暴者勸化之常見隣田苗槁輒均已私田水救之不以爲德年九十餘猶矍鑠子文朝太學生

孟謙榮剛正不阿每見鄉里有陵人者輒裁抑之不避兇鋒強既服其直弱亦賴以安尤好善凡施濟之事無不樂從

戴玉輝字蘊山性明決精醫術活人最多不受謝咸豐初髮逆竄擾鄰邑避亂者衆煮粥濟之賊退後按遠近給路費以歸至於培祖祀修家塾解紛難族里猶樂稱之卒年五十七

庠生曾金灼字辛峯性坦白好施與同治年歲歉多所賑濟里有爭端輒捐貲以解釋之卒年七十四

張玉珍性忠厚好施與乾隆年荒歉多所周濟並於城

內火神廟捐田貳石作香火之貲教子弟以篤實務本爲要後裔之璧猶守家訓云

庠生葉凌霄磊落慷慨學以淵博稱妻父周某無嗣願以田數石付婿霄辭不受且爲之立後居鄉樂行善事尤善排解遐邇以公平正直稱之曾孫蔚春現任光化教諭肇春庠生

庠生阮恩詔事父及繼母以孝聞親歿哀毀盡禮勖弟恩元讀書以孝廉官浙同治初避亂山砦施粥賑飢活人無算夫婦皆八十餘終子泰蔭廪貢候選訓導

㳟家騏號綏之貢生早失怙事庶母以孝聞性渾厚品
端正族黨稱之家素封延師課子姪有貧付館者力
爲周邺建修碼路尤多道光乙未蟲旱捐貲買蕎麦
数百石以濟貧民負者不責償村人賴以生活長子
光煥能文早逝次子株三子周俱庠生
胡宗國平生忠實謙讓家不豐好行善遇鄉人爭競盡
心勸解見飢寒者量爲周濟凡修道路樂爲助費年
八十二卒子三光祖光宗光緒皆守父教孫耀奎職
員耀斗耀發曾孫期泰輩俱業儒

袁文恪渾厚老成喜賙貧乏道光十五年咸豐六年兩
次歲荒煮粥以濟飢者捐貲督修五里橋劉家橋子
紹州孫敦厚皆列成均師述歷任枝江江陵監利訓
導志濬早逝媳李氏青年苦節現年六十二歲曾孫
春榮授湖南府經歷維昺授江西巡檢占梅候選布
經歷餘俱列成均恪之遺澤長矣
劉朝瑞儒士能文未遇門臨大河造建船橋捐貲整理
子人成均孫克純貢生慷慨重義延師盡禮曾孫焱
淼森俱列膠庠鑫亦敏捷皆瑞之善報也

程鳳儀號竹山太學生謙恭忠厚性友愛兄弟析居弟殁
遺一女撫育嫁貲一皆從厚好施與捐田三斗三升
於延嗣閣作香燈費化修廣慈菴子耀典英姿磊落
由六品藍翎郎選縣主簿加翰林院待詔孫禮隆鑅
韓宗源敦孝友重然諾喜周急礪行好學其侍生母及
嗣父疾病皆数年無倦色故梓里益重之子嗣昌太
學生
程鳳喈號桐村庠生持身儉約處世和平於家祠課徒
盡心教誨不計脩脯經管修學田勿憚勤勞兩膺房

薦未售年六十餘卒子鴻典監生

陳家琇監生文學淹通品行端正義方訓子耕讀爲務
敬宗睦鄰族里欽之子四登第議叙黄庠生及第庠生光炳監生
黄聯科庠生性剛直鄉里不馴者咸憚之遇事服其排解
嘉慶同治兩次修家乘督團防許憲[illegible]

蔡　榮號秋田監生纫失怙恃廢讀客遊存心公直稍餘積多善舉施藥材濟貧困捐祀田合族賴之生平慷慨仗義磊落不羣喜交文學士曾住京邸遇邑會試孝廉往來欵洽投贈不時子二長槐逵廩生英年早逝長媳秦氏勵志節孝次桐逵太學生候選廵檢

增生盧君佩承其祖歲貢官陂邑司訓家德濟物爲心雖寒素性最蓺見族戚訴苦輒多方體恤豪於酒工吟咏嘗隨許窻登天台祈雨應驗賦詩有驚心急欲舒民困請命惟陳罪已詞之句頗真摯與族弟縣丞

鏞互相唱和鏞性行渾厚亦能詩佩嘗誦其所遊天台詩云天台聳寺與天齊萬壑羣山入眼低一路崎嶇僮作杖層崖崱屴石爲梯北瞻燕豫雲煙外南俯荆襄夕照西遊罷不須鐫姓字蒼苔多少没前題殆善與善契歟

王氏庠生張布化之長媳年二十于歸廿四夫病年餘侍湯藥不怠立侄繼曾爲嗣現年五十四

隱逸

不仕無義隱逸胡可爲也顧或獨行之士泉石自甘烟霞成癖富貴利達若將浼焉跡其塊然一室抱膝長吟寔有俯仰常寛動與天遊之趣此其器量夫豈純盜虛聲借終南爲捷徑者所可同日語哉志隱逸

吳應潤元時人父爲閩南招撫使公七歲而孤及長通儒業習國語博學多能以德義爲鄉里所欽長兄日東山兩淮鹽場司没無後繼以次兄之次子南山亦早逝遺孤五人女六人公撫教如已出男爲娶女爲

嫁旣以已財拓其産業數倍於前又以所置産業與已子均分之暘暹至桃花故達京孔道也地高得水甚艱公鑿井一十九所家汲以濟又其道嶇險不通車馬公爲夷險砌石作橋若干所行李便之每歲施棺以濟死者日施粥以給塗人建義塾招名師以訓鄉里子弟名士大夫若吳草廬曾子暈龍麟洲黄子肅平章乞住忽剌歹右丞扎忽忽台參政龔友　輔御史李子原皆與公交天歷已巳湖省平章司薦公德義不求聞達上遺異珍虡大使陶肅卿齎詔徵之

公不起御書西山二字褒之人至今稱西山先生云萬歷十二年知縣余相申詳學道王圻批允祟祀鄉賢祠錄其後吳自新衣巾奉祀

吳榮一中和里人洪武初隱中和石壁山種蔬養鶴博覽豪吟淩轢巢許嘗荷鑱劚藥濟人後徙於菟厥後有王瓚及思裕者俱以隱德名

吳榮三元末廩生高士榮一胞弟也鼎革後與榮一同志隱居或勸之仕曰吾已食餼於元兄方屢徵不起吾何仕焉性孝友仲兄早沒撫孤養嫂無間家不豐

而好施里人以長厚公子稱子孫散居楚豫移籍固始一支至今科甲尤盛

希貴字龍峯襟期洒落胸無城府雖列膠庠而抱濟世畧時宰見而才之勉以仕不應曰耕山釣水足以自娛論道講書可以共適富貴又何求焉退處林泉咏風弄月乘欵段馬攜小奚童往來村落間陳說孝友睦婣事俗因以淳安城肇造捐貲贊襄子四皆以學行顯國宰國宇尤著

李映珍性潁異以歲薦當授縣令無宦情改就教職旋即告歸有猶子私侵國課貧不能補鬻產代完終無怨色一日奴隸悞失耕牛畏責珍煮酒慰勞畧不介意身棲繩甕中幾卷殘書終日自樂不衫不履無忮無求信有道君子也

秦思過字睿卿父少塘生子二長忠卿次即睿皆遊恭簡之門忠卿以愿慤勝睿卿濟以通變人更樂親之事父孝毋出必告反必面父歿四方弔者冠蓋相望服闋歎曰大事畢吾將作逍遙遊矣遂走雲間望海門徘徊虎邱金焦西覽三峽峨嵋飄然有出世之想

焉

趙文淵字海岳少力學有卓識嘗讀史歎曰物滿人慨人滿天慨今海內不見兵革久矣生齒日繁陽氣太盛殺氣殆將開乎遂偕妻陳氏推鹿車預避於石門山中後果有闖獻之亂生平一介不取或饋以豆強置之而去追弗及乃覆之池中著南華新觧訂譌諸書如國策鷸蚌之語今日不雨明日不雨以雨爲兩字之譌兩者分也且於韻亦叶訂譌凡此類聞者多宗之

張士美字右池中和之逸人也習博士家言嘗啟禎之際慨國步艱難遂隱居泉石多栽木植往往於道旁種樹以蔭行者人咸稱便足不履城市雖姻黨亦罕見其面年八十三卒子四孫十六皆預定其數云

秦文粹字茂林邑諸生學淵博性寬和厭城市塵囂乃結廬於天窩深處溪山環合中搆小樓讀書其上倦則曳杖遊山門聽無生妙諦善鼓琴弄簫尤工坐隱精御法子重庠生有父風

趙光早字爾昂好讀古人書不屑為舉子業高卧山中

三十年不入城市自號蘧蘧子所著有春秋左傳韻府標異丹書集成經濟三書及形家言小品敘文二十餘卷問字踵相接邑令舉鄉賓不赴郡守于公成龍欲召之亦以疾辭年八十作文自壽其人當在袁閎姜肱之間歟

方仲公以字名好讀書工詩賦喜賓客篤友誼與耿子家僧天則善子家嘗遠遊傳聞已死仲公徒步千里往尋之遇諸塗攜以歸僧天則病漢上仲公往問凡飲食藥餌必身親之至歿葬畢乃返生平無蕉葉之量而好客飲每客至必典衣盡歡山居苦無書從人借讀輒手自抄錄殆千卷所作詩以亡時子幼多散佚僅傳其遊石壁冲一絕云百千鳥道蒼烟裏一二行人黃葉中何處晴泉通細響偶當落日映殘紅又傳遊山詩有寒烟斷樹腰知是人家近又重陽有破帽久隨殘葉去夕陽影遞一僧歸不減晚唐傑句也

吳成龍字愼之幼失怙遵母和熊畫荻之訓十五入泮遊國雍例得一秩以母老不赴選性和順喜怒不形奉母外惟陶情詩酒徜徉山水間順治五年賊倚險

叛軍門柯提師滅之纍囚以千計中多良善成挺身入營壘請曰將軍所繫賊耶民耶無令玉石俱焚軍門然其言良善得釋成之學素守雌兹獨以俠聞賢者固不可測也

鍾玗字華玉號石航太守青岩胞弟也康熙癸卯武舉時流寇未靖玗建寨巢山鄉鄰宗族資保障焉宅近港水暴漲往往淹溺玗建萬緣橋行旅便之晚年棲真樂道芒鞋竹杖日與岩棲谷處之士相周旋纂格言數百條訓子姪年八十邑令請鄉飲者再辭不就

以壽終張石虹太史題其畫像有云渴爲之亭病爲之藥施而不倦爲善最樂皆實錄也

孟諭堯論性兄弟行堯字紹唐明諸生博通經史不求聞達與族人論性講明理學宗旨性字原仁性頴異過目不忘偶倣木牛流馬遺制造小牛負塊行於其室父見而怒責碎之長益好學力行與耿天台伯仲輩講學然淡於進取蓬蓽蕭然天台貴顯公無隻字通問晚年天台致仕造廬道故惟蔬菜糲飯以供歡留竟日嘆息而去生平不事著作或問之對曰六經

四書理大備矣其精蘊盡發揮於宋儒徒竊餘論以自矜恥矣

韓邦仕明上舍生年十二以冠軍入泮十六食餼四薦棘闈不售乃隱居教授生徒多所成就著有南陽草文稿

韓溥字乾度生四月而孤節母李氏教育成人及肄業成均兩試北闈未售遂歸侍養母病衣不解帶及母卒哀禮兼盡生平樂與人爲善人有貧苦必賙之無德色晚年捐俗務養清高日誦南華逍遥自適叔祖孝廉光斗贊之曰溫溫恭人皤皤壽考居今之世行古之道若處韜聲懷珍秘寶若住商山應稱五老

戴敦廓生明季遭亂隱處讀書歲祲出粟以賑陶情泉石有箕頴風

戴正深庠生文詞浩博善鼓琴不樂仕進日徜徉山水間憑今弔古人莫測其底蘊自號瑶峯逸叟

彭之藝兖州守繩祖之孫舉人鴻詞子也於書無不讀爲諸生屢冠其曹康熙丁酉闈中得其卷擬元數日矣卒罣副車遂絶意場屋授徒山中前令仙湖張公

耳其名延之不至因公造其廬避不見張徘徊久之曰今泄柳也袖其所注易去

盧國梅如臯令綎孫也父淋工詩梅亦嫻吟詠所居曰見一堂如臯致仕後所築有園有亭有山有池竹林茂密花逕盤紆梅日摩挲其間一石一松皆饒别致客來遊者不問主人主人亦忘其爲客也性迂濶不善治生前令林光祿屢欲助之不却亦不謝晚年尤善睡一睡輒數日人比之希夷先生云

王華甲太學生性清高不與塵俗伍經管修學田數十

年凡興作必親監視否則杜門不出屋後有小圃四時花俱備畜鳴鳥謂有山林幽趣善奕非其人不局喜著飲茗必佳泉必潔活火自煎不假童婢手著茶經一册持論之精多陸羽所未及與妻盧相敬如賓清閑偕老壽踰八十終

金禹聲庠生博涉羣書潛心經學六經皆有纂本而春秋尤屬專門梓有策學注解行世中年後絕意仕進不入城市隱居課其子孫子五文衛文煥太學文煜文顯文燿俱庠生

陳士林字光典性嗜書工舉業數奇不售晦迹山村以所學誘後進邑中儒宿咸器重之生平不與外事秉直不阿規人以正宗族無與違者古所謂有道之士歟子殿勳孫隊鼇俱邑庠

徐承三字元寶明洪武舉人歸隱來楚自置別墅力學不仕一時名宿無不欽其德範也子二長必貴由貢考授經歷次發旺貢生貴生三子長旭貢生次暉由貢考授同知三昶考授吏員與發旺子孫同祭兩分各有祠田至今子姓蕃衍能世其業

新纂隱逸

聖賢無忘世之學肥遯原非所尚然士各有志容有孤傲成性力學敦行不慕寵榮怡然自適於山林中者亦宜續編以見僻壤窮鄉不無高尚士也

儒士盧國棫性恬淡研究經史壯歲宦遊中年歸絕意進取教讀外一無所營惟栽花種竹以山水自娛嫺吟咏興至揮毫立就精醫學不卻問疾人書法極工乞聯箑者門如市著有藝文集賸春秋題經待刊

太學生徐文斗號仰山四入棘闈房荐未售遂絕意名

場放懷詩酒室後闢小圃半畝蒔花種竹聽鳥養魚凡邑中佳山水無不登臨游覽託諸吟咏晚歲廣積書籍以娛天年喜對子弟談孝友事生平非應試不入公堂年七十九無疾終人稱市隱

李夢斗字星衡太學生髫年穎異屢冠童子軍邑令李公榛縣試將置第一以母患風疾未終場遂入國學退居田廬蒔花種竹詩酒自娛書法尤楷模後學殁年六十一長孫華玉夙著文名淡仕進亦乃祖之風歟

江蘼字新田庠生性聰穎工書法兼畫蕉蘭入學後淡

於名逍遥物外特搆一小園吟嘯其中於月影花陰引壺觴自酌或枕石酣眠客來不迎去不問號卧子遊以終

董儒魁號峯山居士天資明敏書法超群喜吟咏爲遇所困不求聞達晚年精風鑑談休咎屢驗歿年六十

劉鼇邑庠生生而頴異多膂力能舉八百觔嘗猝遇虎避不及超騰四十餘步折大樹枝碎嚮有聲舉以擊之虎乃逸生平好學能文善詩知音律以府首入泮卒後其師爲立傳稱其慷慨英敏學總羣書藝涉書

劍日以漁釣自娛著有釣者言集行世

李夢筆字花亭太學生性豪邁積學功深屢荐秋闈不售遂絕意名場杜門養靜屏除外務邑名宿爭延致西席嚴課讀講論忘倦暇則寄情山水吟咏適志而已歿年六十三

董士鸞號清涵好讀書不求仕進情甘山水精卜算善堪輿斷休咎不爽家居無事栽植自娛性尤愛菊蓋其品然也除手抄六經外著有勸善錄詩集年七十八終子文潤克繼書田列成均

王道平號家驥樸實端方潛心經史居城市不染囂塵人談外事置若罔聞見寒士不遇每加優恤以勵其志至今族黨稱之

張布澤性沉靜積學未遇晚課子孫栽花種竹常以琴書自娛口不談人過足不入城市殆處士中恂謹者歟

蔡德炳積學工詩文夙膺痨疾不求進取孝友父兄家雖貧惟恐兄知妨其攻讀生平著作甚富居鄉城數載人無間言

方作文號蹈規性耿直嗜詩文不求仕進家規嚴肅內外秩然見寒士不遇嘗憐恤之晚年情怡山水涵詠優游高尚以終身

張玥號鑑明監生博學能文屢試不第因絕意榮利潛心經史適志林泉精醫理善堪輿尤工書法得者什襲珍之性喜徧遊山水凡所見即託諸歌詠素不爲腰眛事訓子弟以義方洵山林中高士也子四長玉潤國學次玉樹職員三盈科庠生四玉輝太學生孫性尤蕃衍

楊鵬號寒塘監生博學能文屢困場屋遂淡於進取潛心經史適志林泉窮醫理精堪輿尤工書法得者珍襲藏之性喜遊覽山水興所至即託諸詩生平不爲曖昧事訓子弟以義方洵士林中逸士也子四長玉朗國學季玉輝職員三承科早逝次玉亭監大使性公直倜儻不羣人咸欽服孫希震廪貢即選訓導宗震監生餘業儒

趙朗號豁然學養有素沉靜寡言笑好讀書不求聞達著有四書集講成達者衆時稱玉山先生子鳴鑾庠

生事繼毋以孝聞孫華枝庠生

王顯懿字奐叔有夙慧八歲閱史能明大義作文援筆立成嘗夢泛洞庭聞笛賦一絕云水滿洞庭氣正秋數聲短笛入孤舟曉陰隱罩關山月天地長空碧水流自是詩學益進惜數奇不遇卒

張坤璧號聽松山人積學未遇隱居山林暮年築別墅課子弟多成就肥遯以終

盧之英敦品勵學不慕榮利以隱處終著有嘯傲湖山詩草待刊

新纂隱逸

增生陳陟階號金門邑庠殿勲子也少穎異博通經史英年入泮五薦棘闈既而隱居教授善誘人多成就有東道主富翁某無禮於階或勸之鳴於官彼必賄以求免階誓不爲年六十二卒臨危家人環泣止之曰吾自問無抱忝事死亦何恨其生平槪可知矣子二長敦本庠生

太學季光龍號作霖好讀書以古人自期棘闈屢蹶遂隱居治家嚴肅訓後輩以耕讀有不率者善化導之

見寒士尤喜優恤里中稱長者焉子一輝時監生孫五長孫焱庚經魁偉儒宗鑑均從九銜

增生熊紹熊篤行好學爲文不蹈時趨未遇遂隱居老君山下閉戶讀書校正五經句讀晚年尤好靜構石室吟嘯其中有過訪者悉謝之終日怡然無病而卒子天柱庠生

庠生江昌期博學能文屢試未售遂絕意名塲友教以倫理爲先及門多所成就居鄉古樸無少長咸敬憚之長子明溥工詩文早逝次子棪監生

孟奎甸號介侯太守筠園公季子早歲應童子試輒有聲中年無意功名厭城市囂居田里手不釋卷時或吟眺山水以自娛遇紛難則解之見窮困則恤之衣服樸素語言吶吶然人見之不知其爲貴介子也卒年六十有七

庠生趙兆賡號殿聲性沉靜積學能文試輒冠軍遊泮後遂不樂仕進家貧事親以孝著或勸之應試笑以親老辭人爭延西席一就館教讀嚴生平不與俗人交時與邑中名宿怡情山水詩酒暢懷而已卒年五十

張廷棟號鼎臣府縣冠軍博一衿不得士林代爲扼腕棟處之晏如嘗靜坐一室博涉經史至老不輟且循循善誘生徒多遊泮登賢書者生平與人無爭見橫逆輒避之庭訓最嚴世居城子弟無市井氣迄今棟歿已久其家猶守禮法焉子維鈺維鈞維淦俱監生維煜庠生孫林立皆恂謹多善讀

庠生蔡檠號賚臣少聰慧冲年入泮屢列優等性古樸不隨人俯仰家無擔石晏如也善友教一時英俊皆樂從之喜吟咏工書法乞書者盈門雖年老不倦時與邑名宿評論今古聲類洪鐘殆其禀受之厚歟卒年八十有九

江華國中和鄉處士也品高卓嗜詩書遇事有作爲不樂仕進咸豐間賊犯境輸財團練屢著勤勞邑侯許詳給六品銜堅辭不受凡公事身任之不牽連小戸創置合族祀田倡修鄢家河義渡以禮讓勵俗鄉里歿無雀角爭年八十二卒子三俱太學諸孫多業儒

盧淇字抑人性高岸不與俗伍初應試書吏呼其名遂不試琴書適志自號樵人近居潭名玉川磯折流處

有懸石其父純慈題曰硬浪因鐫之每桃花水漲輒携童品茗其上竟日不返云

熊熾錦孝廉飛胞伯也姓耿直工詩文幼屢冠軍未售長遂絕意名場放懷詩酒於村前構一翹秀亭日與高人逸士遊詠其間晚更閉門謝客惟以圖史自娛光羅兩邑名士欲納交而不得洵高士也與弟廷誥俱享年八十八以二老稱

太學江永振性情靜逸閉戶獨居著有養生篇及五經便覽待梓年七十五逝子家駿家驥業儒

文童王學鎔號陶村少失怙母性整潔事之務得歡心家世寒素鎔苦學工詩文善談論雖饔飧不給晏如也戚友有急難輒慷慨維持未常以氣節自詡門無雜賓惟二三名宿相往來而已初應童子試名噪甚卒不遇年五十八終士論惜之

貢生熊兆岐性嗜古今名人字畫不惜重貲購之尤精書法乞書者門如市悉應之不以爲勞好覽山水興所至輒託諸吟咏並精堪輿著有增正地學傳世卒年八十

盧存惠號從寬品學兼粹府縣試屢拔前茅中年離村里許構别墅蒔花種竹聚隣里子弟講學其中一時從遊者免束脩費至今德之著有貽穀草堂課藝待梓

太學王殿選舉人南杰子也幼好學爲文苦心孤詣試輒拔前茅辛丑取佾生卒不遇隱居佛踏山下以琴書自娱平時非高雅士不與往來有叩以世事笑而不答卒年五十子二長瑞芝增生次瑞蘭監生

周維翰號蘭亭性沉靜入泮後諸公事有邀襄理者避之退居林野閉門課子怡如也兄嫂歿撫其女如已出爲之擇佳婿焉卒年七十二子辰南屢拔前茅孫三幼讀

李成蹊力學能文屢拔前茅未遇遂以筆耕爲業生平敦志節有妄以非道相干者嚴絶之好讀書終日吟哦家無擔石處之漠然蓋能不戚戚於貧賤者子二

楊兆蘭庠生龍光子也性耿介寡言笑足不輕出里閈勵志讀書卒不遇時邑修考棚與宅近倡首讓基不計值遂隱居延秀樓下手抄詩文數千紙編題朗誦

病劇有句云死向文昌訴不平其苦學可想卒年七十五子一輝祖監生孫一栁樓積學待售膺祚入成均

尹光燦字會元立品卓越讀書期實踐以忠正廉節自勵不樂仕進潛心教授門下發迹者甚衆子二泰陽泰來皆謹厚綽有父風

江筆華號采卿甘貧苦學以冠軍入泮性篤厚繼父昌燦祖澤遠並以孝稱無意仕進課讀光黄間講學不憚煩碎有古鄉先生風焉著有集先文稿行世

廩生吳煒號彤雲性沉靜寡言笑其爲學苦心孤詣嘗靜坐一室耽精經史居近市不輕與人往來邑中有公事延請輒婉言謝之無事時惟詩酒自娛而已卒年五十

秦俊杰字鏡原性直樸博通經史家貧筆耕餬口教人以敦本爲主生徒多采芹掇科而去杰獨淡於仕進中歲尤好靜不屨城市者數十年鄉里高其品皆以先生稱之不敢呼其姓字也卒年七十三

新纂壽民

郝廩生武纘緒號肯堂光緒丁丑年重遊泮水學憲梁給有對聯扇柄現年八十五

楊應瓊字瑶厚處士志潔行芳不慕榮利壽九十五子承輝儒士天性和樂事親孝壽八十四孫家棨精岐黃著有醫書壽世心傳壽八十二家柴置祀田數處壽八十一家棨捐貲修立各處祖塋壽八十四曾孫元順字步雲壽八十業順字德和壽八十二嘉慶二年元順並蒙　恩勅賜冠帶時皆以爲榮　補遺

韓紹洲年未三十鰥居勤儉持家忠厚待人年一百歲子孫衆多精神猶矍鑠焉

熊廷棟壽一百歲

錢瑞山年九十九歲

曾省三現年九十九好讀書精岐黃施藥濟世孫鵬庠生

石忠治性樸實品端方壽九十八　前邑侯王詳給者老頂戴並親書五世同居額以旌之

監生劉四箴慷慨樂施疏財仗義現年九十八歲夫婦

齊眉子三三丁華庠生

藍氏儒士吳道銘妻幽閑溫惠治家有禮法夫故子一

教養兼施越數年子逝課孫輩殷勤現年百歲目擊

五代同堂孫三次典樂增生

金氏詹金妻孝子詹煥章母生于乾隆四十七年現年

百歲精神猶健

鍾氏熊宏力妻壽一百一歲族戚贈有聖朝人瑞額入

祠

蔣氏吳業隆妻年三十夫故撫四子相繼夭折次媳許

氏遺一子蔣生乾隆四十九年壽一百歲許已進言

旬姑媳相伴勵節數十年

張吳氏年百歲